DEMİRCİOĞLU

SIRTIMDAKİ
RUH İZİ

DESTEK
yayınları

DESTEK YAYINLARI: 1874
EDEBİYAT: 413

BÜLENT DEMİRCİOĞLU / SIRTIMDAKİ RUH İZİ

İmtiyaz Sahibi: Destek Yapım Prodüksiyon Dış Tic. A.Ş.
Genel Yayın Yönetmeni: Ertürk Akşun
Editör: Devrim Yalkut
Sayfa Düzeni: Tuğçe Ekmekçi

Destek Yayınları: Ocak 2024
Yayıncı Sertifika No. 43196

ISBN 978-625-6608-41-2

© Destek Yayınları
Abdi İpekçi Caddesi No. 31/5 Nişantaşı/İstanbul
Tel. (0) 212 252 22 42
Faks: (0) 212 252 22 43
www.destekdukkan.com
info@destekyayinlari.com
facebook.com/DestekYayinevi
twitter.com/destekyayinlari
instagram.com/destekyayinlari

Deniz Ofset – Çetin Koçak
Sertifika No. 48625
Maltepe Mahallesi
Hastane Yolu Sokak No. 1/6
Zeytinburnu / İstanbul
Tel. (0) 212 613 30 06

Destek Dukkan

BÜLENT DEMİRCİOĞLU

SIRTIMDAKİ RUH İZİ

DESTEK
yayınları

ÖNSÖZ

İlham verici tarafa hoş geldiniz. Bu kitapta anlatılan yer, zaman ve kişiler gerçekdışı olsa da deneyimlerin hepsi gerçektir. Bizler bazen gerçekle rüyayı ayırt edemeyebiliriz ama önemli olan hayatın içinde bir rüyada olsak bile oranın farkına varmaktır, gördüğümüz rüyalar da boşuna değildir, yaşadığımız deneyimler de. Küçükken anneannemden sıkça duyduğum Hızır ismini bir yardım kelimesi sanırdım. Hızır'ın bizim hayatımızdaki yerini yaşadığım şehirdeki Hızır Türbesi'ni görene kadar anlayamamıştım, hayatımızda zaman mekân sınırı olmadan yaşayan ve el uzatan varlığını türbesine gidince anladım. Yıllarca hastalıklarla ilgili binlerce deney yaptım, süzdüğüm bilgilerin bir kısmını bu kitapta anlatmaya çalıştım. Bu bilgilerin hayata geçirildiğinde nasıl bir şekil alacağını görmek istedim, aslında yola ilk çıkışım bunu bir film haline getirme fikriydi. Ben kitabı yazmaya başladıktan sonra kendimi bir filmin içinde buldum ve bu film beni kendi deneyimlerimin içinde başrol oyuncusu yaptı. Reenkarnasyon çalışmalarına 1990'larda yaşadığım Antakya'da başlamıştım. Reenkarnasyon gerçeğini görmek için yüzlerce enkarne ruhla çalışma yaptım ve bugün şunu rahatlıkla söyleyebilirim ki hiçbirimiz atalarımızın yükünü almadan gelmedik, atalardan aldığımız yükler bazen hayatımızı pozitif yönde etkilemiş olsa da yaşadığımız çatışmaların çoğunda ciddi bir yeri var. Bu kodlamanın nasıl olduğu, fiziki olarak bu geçişin nasıl olduğu hakkında hiçbir ölçüm cihazı yok fakat bu kadar çok iyileşmenin tam da bu kodlarla ilgili olduğunu gördüğüm zaman buranın önemini anladım. Hastalıkların bütün yükünün omurgada biriktiğini ilk olarak bize şamanlar öğretti, deneyler yaparak anladım ve gördüm ki omurga bedenimizin harddiski, bilgi deposu, ana kaynağı imiş. Birçok bilinçaltı sistemle tanıştım, birçok ritüel öğrendim fakat eninde sonunda bu omurgayı boşaltmanın ne kadar önemli olduğunu yıllar bana öğretti. Benim de, birçok danışanımın da omurgasında onlarca kodla yaşadığını fark ettim; seçimlerimizi kendimiz yaptığımızı sandığımız birçok olayda omurgamızdaki kodların seçim yaptığını öğrendim. Evlenirken, meslek seçerken, arkadaş edinirken içerideki sistem bizi yönlendiriyor. Karakter sandığımız şeyin tamamen bize işlenmiş bu kodlar olduğunu fark ettiğimde öncelikle bunun çok adaletsiz bir şey olduğunu düşünmüştüm, ancak evrenin matematiği içindeki yerine baktığımda direksiyona geçmek için ilkönce buraya bakılması gerektiğini fark ettim. Evet herkes kendi omurgasından sorumlu diyebilirim çünkü biz daha doğarken annemizin babamızın kodlarını önce ruhumuza sonra omurgamıza yüklüyoruz. Hayatın içinde hastalık dediğimiz mesajların hepsinde omurgadaki bu yüklerin ne kadar büyük rol oynadığını deneyerek görebilirsiniz. Daha önce yazdığım kişisel gelişim kitaplarında teknik olarak bunu nasıl yapacağınızı uzun uzun anlattım, bu kitapta daha çok hayatın içinde ve tamamen kendi deneyimlediğim olayları bir hikâyenin içine yerleştirmeye çalıştım. Bu benim için bir ilk, şunu biliyorum ki hayata geçirilmemiş bilgi kalıcı bir bilgi olmuyor. Gerçek bir hayata bu bilgileri yerleştirdiğimde yazarken beni de içine alan müthiş bir serüvenin içinde buldum kendimi.

Hayat sadece içimizden gelen şeyleri yaşamakla gerçekleşiyorsa o içimizden gelen kodun, içimizdeki motorun, bizi yönlendiren şeyin ne olduğunu bulmak o kadar da zor değil. İçinizdeki öfkenin, korkunun, aşkın, çaresizliğin, değersizliğin size yüklenmiş bir kod olduğunu fark etmeniz sizin titreşiminizi değiştirecek, hayat titreşimlerle çalışan bir sistem ve fizik olarak çok fazla örneğini etrafta görebilirsiniz; iki tane piyanoyu yan yana koyduğunuzda birinde do sesine bastığınızda diğerinde de aynı do sesi titreşir, hayatın fizik kanunları tam da buradan çalışıyor. Atalarımızın bütün çatışmaları bizde titreşir ve şunu söyleyebilirim ki hepimiz hamilelik öncesi 1 yıl, hamilelik, doğum sonrası 1 yıl, yani 33 aylık dönemde annemiz ve babamız tarafından kodlandık. Yani çok büyük bir borç batağına giren bir adamın bu tohumunu alan bir çocuk bir ömür babasının borcunu ödemeye çalışmakla bir serüven yaşayabilir ve bunun adına kader diyebilir veya bir ayrılık çatışmasıyla dünyaya gelmiş bir çocuk yaşadığı ilk ayrılık deneyiminden sonra hastalanabilir. Kaderimiz sandığınız çoğu olayın ve hastalığın tamamen titreşimden ibaret olduğunu ve bunun da omurgamıza yüklendiğini anlatmaya çalıştım. Steril bir dünyada yaşamıyoruz ve belki dünyayı değiştiremeyeceğiz ama tepkilerimizi kontrol ettiğimizi sanırken aslında içerdeki bir sistemin bizi yönettiğini görseydik, uzaktan baktığımızda herhalde kendi kendimize gülüp "Ben ne yapıyorum?" derdik. Başkalarını çok rahat eleştirebilmemiz de tam da bu sebeptendir çünkü onları üçboyutlu görebiliyoruz ama kendimizi üçboyutlu göremediğimiz için çoğunlukla dünyanın merkezi sanıyoruz kendimizi ve aklımızı kullanmak yerine kalbimizden geçen bu titreşimlerle hareket ediyoruz.

Kalbimizdeki bu titreşimler bazen bizi iyi yöne de sürükleyebilir ancak kontrolsüz bir titreşimdir burası ve kendi yaşam deneyimize dönmek, kendi hayatımızı yaşamak, kendi ışığımıza dönmek, aşkı da, korkuları da, endişeleri de, yaşadığımız bütün duyguları da anlamamızı sağlayacaktır; aşk kâbusuna, ölüm kâbusuna, güvenlik kâbusuna düştüğümüz yerler tam da buralardır. Farkındalık sadece bilinç düzeyinde değildir, "Bir ben vardır bende benden içeri" diyen Yunus Emre yüzyıllar önce burayı görmüştür. Büyük şairin dediği gibi hepimizin içinde bizi yöneten başka bir titreşim var, burayı anlamak için on yıllardır çalışma yapan bilimadamlarına, yeni Alman tıbbı kurucusu Dr. Hamer'e, yüzyıllardır bilgileri bize altın tepside sunan atalarımıza ve bin yıllardır bu yöntemleri bilen büyük atalarımıza ve şamanlara teşekkürü borç bilirim. Her gün sabah yaptığım canlı yayınlarda onlarca iyileşmeye şahit oluyorum, buradaki hiçbir bilgi bilimdışı ve tıp dışı değildir. Aslında tıp biliminin artık bizim bir makine olmadığımızı, enerji bedenimizin de olduğunu kabul etme zamanı gelmiştir diye düşünüyorum. Çünkü beden sadece bir mesaj kutusudur, mesajları gönderen yer ise enerji bedenimizdir, fiziksel bedende gördüğümüz bu mesajları yorumlayabilmemiz için enerji bedenimiz omurgada konuşlanmıştır, bütün travmalarımızı, kodlarımızı ve bilgilerimizi burada depolamıştır.

Omurgayı boşaltmak için neler yapacağımızı biliyorsak –ki kendimize karşı böyle bir sorumluluğumuz var– harekete geçmeliyiz. Kendimize yapabileceğimiz en büyük yatırım bu olsa gerek, çocuklarımıza vereceğimiz en büyük mirasın bu olduğunu rahatlıkla söyleyebilirim çünkü bizden sonraki nesil de bizim kodlarımızla yüklenecekse, onlara temiz bir enerji alanı bırakmak onlara karşı sorumluluğumuzdur.

Yeni bir bilgi, yeni bir kitap, yeni bir eğitim çoğumuzun düştüğü gizli bir tuzak barındırır. Yeni bir bilgi alırız, yeni bir film izleriz, yeni bir kitap okuruz, "Evet..." deriz. "Aradığım buydu." Bunu üç beş gün hayatımıza geçirmeye çalışırız ve sonra unuturuz. Farkına vardığınız bir şeyi hayatınıza geçirmiyorsunuz, o bilgi zaten artık çöp olmuştur Sistem tam da burayla ilgili aslında, farkındalıkla yetmiyor, farkına vardığınız şeyleri hayata geçirmek için bazı tekniklere ihtiyacımız var. Bu teknikleri kullanarak bugüne kadar hastalıkların iyileşmesini ve hayatın içindeki rahatsız edici duygulardan özgürleşmeyi sağlayan binlerce örnek var dosyalarımızda.

Yaşam yolculuğunuzda geriye doğru bir bakın, ayağınızın takıldığı, coşkuyu kaybettiğiniz, hayal kırıklığına uğradığınız anları, endişelendiğiniz ve gelecekten umudu yitirdiğiniz yerleri fark edin. Bu anların fotoğraflarını çekip, omurgamızda bunların karşılığı olan duyguları boşaltmazsak bu duygular bizi tekrar ziyaret edecektir. Aslında tam da anlatılmak istenen budur hikâyede: Bilinç düzeyinde farkına var, duygularının resmini çek ve omurgandan boşalt. Ondan sonra kendi nefesinize dönmüş ve özgürleşmiş olacaksınız, hepimiz bir elmas parçası olarak dünyaya geldik ve milyonlarca seçenek arasından bir mucize olarak yaşamaya hak kazandık, bu kadar değerli varlıklar olarak kendi değerimizi yok sayıp kendimizi bir akıntıya kaptırıp duygusal çalkantılarla bize sunulmuş hediyeyi yok ettiğimiz yerde hep hastalıklarla tanıştık ve tanışacağız. Hastalıklara teşekkür etmemiz gereken yer tam da burasıdır; bu hastalıkların çoğu bizi var etmek için oluştular, bir evin sigortasının atması ne kadar değerli ise yaşadığımız duygusal şoklar sırasında organların hasta olması da o kadar değerlidir. Sadece bizim yaşadığımız çatışmaya bakmamızı sağlayan mesajlardır hastalıklar, bir hastanın buradan bakması çok kolay olmasa da şuna garanti verebilirim ki bedenimiz aslında iyileşmeye geldi. Beden bize şu mesajı veriyor. "Sen önümden çekil, ben zaten iyileşmeye geldim." Yani bedenimizin önünde duran, atalarımızdan devraldığımız ve yaşam deneyimimizle daha da ağırlaştırdığımız yükleri omurgamızdan boşaltmadan, gerçek bir sağlığa kavuşmamız ve özgürlüğe kavuşmamız mümkün görünmüyor. Şu kısacık yaşam deneyimimizde hiçbir şey kaybetmeyeceğimiz, büyük ihtimalle kazançlı çıkacağımız bu uygulamayı tavsiye ediyorum çünkü binlerce kişi gibi siz de omurgayı boşalttıktan sonra kendi kanatlarınızla uçmaya başlayacaksınız.

1. BÖLÜM

Şiraz Meydanı, İran, 18 Eylül 1971

"Gerçekten biz ölüleri diriltiriz, onların önceden yapıp
gönderdiklerini ve bıraktıkları eserlerini yazarız.
Zaten biz her şeyi açık bir kütükte, bir 'imamı mübin'de
(ana kitapta, yani Levh-i Mahfuz'da) sayıp tespit etmişizdir."
(Yasin Suresi, 12. ayet)

Şiraz'da meydanın ortasında bir idam sehpası. Büyük bir kalabalık toplanmış ve bu sahneyi izlemek için adeta birbirini eziyor. Hızır Suriye'nin tanınmış şifacılarından. Aslen Tahran Üniversitesi Tıp Fakültesi'nden mezun olan Hızır bir süre İran'ın çeşitli şehirlerinde mesleğini icra ettikten sonra geleneksel tıptan tamamen ayrılmıştır. Artık bu bilgilerin ona fayda sağlamadığı inancıyla tamamen enerji beden ile ilgilenmeye başlamıştır, yüzlerce çaresiz kanser hastasına şifa dağıtmıştır ancak şah rejimi tarafından "Allah'a şirk koştuğu" gerekçesiyle idama mahkûm edilmiştir.

Hızır'ın asıl adı Davut olmasına rağmen yıllarca şifa dağıttığı kişiler tarafından "Hızır" ismini almıştır. 18 Mayıs 1932'de Tebriz'de doğmuş, aynı şehirde öğrenimini tamamlamış, 1955 yılında tıp fakültesini bitirmiş, doktor olarak göreve başlamıştı.

Anne ve babası Azerbaycan Türkü olan Hızır birkaç yıl hekimlik yaptıktan sonra diplomasını rafa kaldırarak geleneksel tıptan bağımsız tedaviler uygulamaya başlamıştı. Yıllarca rejim ve şah karşıtı olarak yaşadığı için, İran'ın sert kurallarına karşı durduğu için kaçak bir hayat yaşamak zorunda kalmış ve en sonunda şah askerleri tarafından yakalanmış, idama mahkûm edilmişti.

1960 yılında uzmanlığa ilk başladığı senelerde o dönemim devlet tekelinde olan İngiliz ilaç firmaları tarafından engellenmeye başlamış ve bu mücadeleyi yıllar boyunca devam ettirerek mesleğine devam etmeye çalışmıştı.

Ve bugün 39 yaşında arkasında 4 bin kanser iyileşme vakası, 10 bine yakın çeşitli iyileşme vakaları bırakarak idam sehpasında celladının boynuna ilmeği geçirmesini beklemekteydi.

Hızır ilmek boynuna geçirildiği anda bir tek şeye üzülüyordu. Ölümü tanıyor ve biliyordu, böyle bir korkusu yoktu; bugüne kadar bildiklerini kâğıtlara dökmüş ancak insanlara ulaştıramamıştı, bu bilgileri bir kitap haline getirecek zamanı olmamıştı ve bu bilgiler kendisiyle birlikte yok olup gidecekti. Bir gün yakalanacağını, sonunun geleceğini biliyordu ancak biraz daha zamanı var sanıyordu. Birkaç öğrenci yetiştirmek ve bildiklerini bir kitap haline getirmek için biraz daha zamana ihtiyacı vardı.

İran'ın en büyük ilaç tekeli İran şahının yeğeni Rıza'nın tekelindeydi ve Hızır'ın yakalanması için en çok çabayı o harcamıştı.

Şahın yeğeni Hızır'a tuzak kurarak, halkın inancını küçümsemek, Rusya'yla işbirliği yapmak ve rejime hakaret suçlamalarıyla yakalanmasını sağlamıştı, şah rejiminin istihbarat örgütü Savak tarafından takibe alınmış ve üç günde mahkemesi sonuçlanmış ve hemen idam sehpasına getirilmişti.

İlmek boynuna geçirildiğinde Hızır geride kalan bir tek yaşlı annesi ve hiç görmediği evladını düşündü, onlarla vedalaşmasına bile izin verilmemişti. Tıp fakültesine girdikten sonra mesleği bırakıp enerji ve şifa ilmiyle uğraşmaya başlamıştı, doktorlar tarafından çok tepki toplamıştı. Annesinin ve hiç görmediği evladının ne kadar üzüleceğini düşünerek içi sızlasa da artık biliyordu ki ölüm bir son değildi. Babasıyla tekrar kavuşacağının sevinciyle kendini ölüm kapısına hazırladı. Ölüme yaklaşma deneyimi yaşayan binlerce hastasından biliyordu ki, ruh ailesine kavuşacaktı. Ancak kalbinden tek bir dua döküldü:

"Allahım bildiklerimi başka bir faniye aktarmam için bana yardım et, başka bir bedende tamamlanmam ve anlatmam için bana bir şans daha ver. Ve sevdiklerime dayanma gücü ver, arkamdan yanan ateşlerinin sönmesine yardım et."

Kalabalığın içinde ön saflarda onun idamını meşrulaştırmak üzere iktidar yanlıları ve Rıza'nın avenesi duruyordu. Arkalarda başörtüsünü başından çıkarıp ona doğru sallayan kadınları, elleriyle ona dua eden erkekleri gördü. Biliyordu ondan şifa bulanlar ona dua etmek için gelmişlerdi, ancak rejimin acımasız polisleri onları kırbaçlamaya başladılar. Suçluyu övmek iktidara karşı gelmekti ve rejime başkaldırmanın cezası çok ağırdı. Onlar zarar görmesin diye başını yan tarafa çevirerek görmezden geldi.

Ve artık zamanı gelmişti, boynundaki ilmek sıkılaşırken elleri arkadan sıkıca bağlanmıştı. Hızır bedeninde hiçbir acı hissetmiyordu çünkü zaten fiziksel bedeninden ayrılmayı çoktan öğrenmişti. Başına siyah örtü geçirilmeden hemen önce Rıza'ya bakarak gülümsedi ve seslendi. "Allah seni affetsin çok kişinin günahını aldın." Rıza hızla cellada el hareketi yaparak siyah örtüyü Hızır'ın başına geçirmesini emretti.

Ve cellat hızla altındaki sandalyeye tekme attı. Hızır çırpınmadı bile çünkü cellat tekmeyi atmadan bir saniye önce fizik bedeninden ayrılmıştı. Eylül ayında birdenbire hava bulutlanıp dolu yağmaya başladı, ancak buz parçaları yumurta büyüklüğündeydi ve sanki kalabalığın üstüne taş yağıyordu. Normalde meydanlarda bu sahneler idamdan sonra saatlerce kalabalığın sloganlarıyla devam ederdi. Beş dakika içinde meydandaki kalabalık dağılmıştı bile. İnsanlar birbirini ezerek kaçışıyordu çünkü buz parçaları yaralıyordu.

Meydanda bir idam sehpası ve Hızır'ın sallanan cesedinden başka hiçbir hareket kalmamıştı.

Eylül 1931. Yer İran, Tebriz'in bir kenar mahallesi. Nadide âdet kanamalarının kesildiğini göreli iki ay olmuştu. Henüz 16 yaşında evlenmiş, iki kere düşük yapmıştı. Ne bedeni ne de ruhu anne olmaya hazırdı. Eşi Azer erkek bir çocukları olsun istiyordu ancak Nadide'nin yeni bir çocuk istemediğini biliyor, kararına saygı duyuyordu. Kendisinden on yaş büyük olmasına rağmen Nadide'yi bir çocuk gibi değil bir kadın gibi görüp evlenmişti. Nadide teyzesi tarafından büyütülmüş öksüz bir kızcağızdı. Annesi ve babasını Eylül 1920'de Rıza Han'ın İngilizlerin desteğiyle Tebriz ayaklanmasını bastırdığı ve işgal ettiği dönemde kaybetmişti, işgalde sağ kalan teyzesi onu kaçırmıştı. Yaşı on altıya geldiğinde geçim sıkıntısı çektiği için onu apar topar Azer'le evlendirmişti. Hiçbir zaman mutlu olmadığı bu evlilikten kendini kurtaramamış, gidecek bir yeri olmadığı için boyun eğmek zorunda kalmıştı. Nadide hamile olduğunu düşünmeye başlamıştı artık ama Azer'i bu durumdan haberdar etmiyordu, daha önceki hamileliklerinde kızgın şişle bebekleri düşürmeyi başarmıştı ancak bu bebek inat ediyordu, denemeleri başarılı olmamıştı. Etraftaki kadınlardan duyduğu kocakarı ilaçlarının hepsini denemişti, bildiği bütün yöntemleri uygulayarak bu çocuğu düşürmeye çalışmıştı ancak bir türlü düşürememişti. Bir bebek istemiyordu ve zaten evliliğinde de mutlu değildi. Bu çocuk inatla düşmüyordu ve en son komşusunun tavsiye ettiği bir kadına gitmeye karar verdi, o dönemin tanınmış şifacılarından bir kadının evine gitmek üzere yola çıktılar, bu kadın kürtaj işleri ile ilgili nam salmıştı. Komşusu Efser Hanım daha önce bu kadına gitmiş kürtaj yaptırmıştı, o dönemlerde kürtaja izin verilmediği için bunu gizlice halletmeleri gerekiyordu. Azer'e haber vermeden bir at arabası ayarlayarak yola çıktılar. Oturdukları yerden kadının evine giden yol biraz taşlık ve dar bir yoldu, yağmurlu bir gündü ve yerler kaygandı. İnce bir patika yolda ilerlerlerken bir anda bindikleri at arabasının tekerleği yerinden fırlayarak devrildi. Çığlık çığlığa yağmur altında arabanın altından Efser Hanım'la çıkmaya çalıştılar, faytoncunun da yardımıyla hafif yaralanarak arabanın altından kurtulmayı başardılar. Atlattıkları bu kaza sırasında Nadide'nin bir kanaması oldu, Nadide o anda düşük yaptığını sanarak canı yandığı halde büyük bir rahatlama hissetti. Düşük yaptığına o kadar inanmıştı ki arabacı tekerleği tamir ettikten sonra eve geri dönmek istedi. Kanaması o kadar fazlaydı ki Efser yine de şifacı kadına görünmeleri gerektiğine Nadide'yi ikna edemedi ve mecburen kanama bölgesine bir bez basarak eve doğru yol almaya başladılar.

Azer bu gelişmelerden haberdar değildi ve eve geldiklerinde hava kararmaya başlamıştı. Nadide o kadar kan kaybetmişti ki yüzü bembeyaz olmuştu. Azer kapıyı açtığında Nadide yere yığılmıştı, hızla onu kucaklayarak eve geçirdi yatağa yatırdı, konuşamıyordu. Bu esnada Efser Hanım'a neler olduğunu sorduğunda, beraberce Efser Hanım'ın bir şifacıya giderken kaza geçirdiklerini anlattı ona. Suçu üstüne alarak Nadide'nin sırrını saklamış Azer'i inandırmıştı. Azer koşarak yakınlarındaki bir şifacıyı almaya gitti, Efser Hanım da kanama bölgesine sürekli bez basıyor, kanı durdurmaya çalışıyordu. Nadide at arabasının altında kaldığında tekerleğin paslı tarafı kasığını yırtmıştı. Azer yanında şifacıyla geldiğinde Nadide kan kaybından artık konuşamıyordu, bembeyaz olmuştu. Acil durumlarda ne yapılacağını bilen bir yaşlı şifacı bitkilerden yaptığı bir karışımı hızla kanama bölgesine sürerek kanamayı durdurdu. Nadide bu kazadan dolayı çok acı çekse de, bebeğini düşürdüğünü düşünüyordu, bu düşünce çektiği acıyı hafifletiyordu. Bir çocuğun yükünü kaldıramayacak durumdaydı, başına gelecek her şeye razıydı. Şifacı enfeksiyon riskine karşı limon küfünden yaptığı karışımı Nadide'ye vererek gerekli uyarılarını yaptı ve evden ayrıldı.

Nadide Azer'e hiçbir zaman aşk hissetmemişti, ondan bir çocuk doğurmak istemediğini onun yüzüne karşı söyleyemezdi. Nadide Azer'in kokusuna bile tahammül edemiyorken onunla birlikte olmak zorunda olduğu gecelerden nefret ediyordu. Hatta bu yüzden ilk iki hamileliğini de eşinden gizlemiş, hayatını tehlikeye atarak kızgın şişi rahmine kadar ilerleterek düşük yapmıştı. Azer çok mutlu bir yuvada yaşadıklarını düşünür, bu ayrıntılardan hiçbir zaman haberdar olmazdı. Birlikte olurken Nadide'nin onu arzulamadığından bile haberdar değildi. Nadide her birlikte olduklarında tiksinme ve acı hisseder, bir an önce bu işkencenin bitmesi için içinden dua ederdi. Aslında her seferinde tecavüze uğruyordu ama nikâhlı kocasını reddetmek çok ayıplanacağı için bu görevi sessizce yapmak zorunda hissediyordu.

Gecenin geç saatleriydi, artık uyku vakti gelmişti. Nadide kanepede uyumak istediğini söyledi, Azer böyle bir durumda ona karşı çıkamazdı. Nadide'ye iyi geceler diyerek odasına geçti.

Nadide aldığı ilaçların etkisiyle kendini çok yorgun hissediyordu ancak ne uyuyabiliyordu ne de uyanabiliyordu.

Uyku ile uyanıklık arasında bir yerde huzursuz bir şekilde kanepede bir sağa bir sola dönüyordu. Bir taraftan bebeğini düşürdüğü için mutlu olsa da içini kemiren ölüm korkusu ve huzursuzluk yakasını bırakmıyordu. Çok kan kaybetmişti, şifacı ona içmesi için sıvı bir karışım hazırlamıştı ancak yutamıyordu bu sıvıyı. Aniden uyandı, sanki sabaha çıkamayacak gibi bir korku sardı içini. Geceyi Azer'in kollarında geçirecek kadar korkmuştu Nadide, Azer'i çağırıp yanında yatmasını istedi. Sabah olduğunda tekrar şifacıyı çağırdılar, şifacı durumun ciddi olduğunu, en yakın hastaneye götürülmesi gerektiğini, sorumluluk alamayacağını söyledi. Tebriz'de Rusların yaptırdığı ve İngiliz doktorların çalıştığı bir hastaneye at arabası üzerinde Nadide'yi taşıdılar. Hastaneye girdiklerinde çok kan kaybetmişti, doktorlar onu yoğun bakıma alıp kan verdiler. Nadide'nin hayatta kalması pek mümkün görünmüyordu, bu durumu Azer'e bildirip hazırlıklı olmasını söylediler. Azer yaklaşık bir hafta boyunca yoğun bakımda Nadide'nin yanında durdu, hiçbir yaşam belirtisi göstermiyordu. Umutsuzluk o kadar artmıştı ki Nadide'nin yakınları tek tek gelip hastanede onunla vedalaşıyorlardı, hatta Azer mezar yerini bile hazırlamıştı. Doktorlar artık umut kalmadığını söylüyorlardı.

Bir hafta sonunda bir sabah Nadide gözlerini açtı, odada yan kanepede uyuyan Azer'e seslenerek su vermesini istedi. Azer bunun bir rüya olduğunu düşündü başta, hızla koşup su getirdi ona ve hemşirelere haber verdi. Doktorlar tekrar muayene ettiklerinde "Bu imkânsız!" diyorlardı. Bir haftadır hiçbir tepki vermeyen hatta solunumu durma noktasına gelen bir hastanın buradan hayata dönmesi imkânsızdı. Nasıl bir mucize buna sebep olabilirdi? Karnındaki mucizenin varlığından haberdar olmadıkları için bu sebebi hiçbir zaman anlayamadılar. Nadide kendine gelmiş, konuşmaya başlamıştı, hatta yemek bile yiyordu. Hastanedeki ikinci haftasında yarası hızla iyileşmişti, neredeyse yürüyecek hale gelmişti. Bu süreç içinde hamileliğini kendisi bile unutmuştu, bu durumdan tamamen kurtulduğunu sanarak yaralarının iyileşmesini bekliyor, eve dönmek istiyordu. Bir hafta içinde normalden çok daha hızlı bir şekilde iyileşmiş, vücudu toparlanmıştı. Sanki içinde bir güç onun iyileşmesine yardım ediyor gibiydi, bu iyileşme hızı sadece doktorları değil etrafındakileri de şaşırtmıştı. Hormonları değişiyor, içinde bir mutluluk duygusuyla uyanıyordu her sabah. Üçüncü hafta doktorlar Nadide'nin tamamen iyileştiğine karar verip evine gönderdiler. Asık suratlı, hayattan kopmuş, mutsuz ve güçsüz Nadide gitmiş, sevgi ve şefkat dolu sevecen Nadide gelmişti. En başta Azer ve etrafındakiler bu değişimden çok mutlu olmuşlardı. Bu hastalık Nadide'yi tamamen değiştirmişti.

Aradan biraz daha zaman geçtiğinde, karnı büyümeye başladığında bebeğini düşüremediğini, aslında hamile olduğunu fark etti. Bebeğini reddetmedi bu sefer, hatta içten içe bebeğinin onu iyileştirdiğini ve ona güç verdiğini seziyordu. Hormonlarının değiştiğini ve bir annelik duygusuna girdiğini hissedebiliyordu. Bu bebeği doğurma isteği başlamıştı içinde, sanki bebekle kendisi arasında gizli bir sözleşme varmış gibi içinde bir elmas parçası saklamak gibi bir hisle bebekle bağ kurmaya başlamıştı.

Zaman geçtikçe karnı belirmeye başladı ve bu durum garip bir huzur hissettiriyordu Nadide'ye. Karnı büyüdükçe vücudunu yenilenmiş gibi hissediyordu, hormonları çok daha düzenli çalışıyordu ve işin en önemli tarafı, içinde büyük bir huzurla yaşıyordu. Olaylara sert tepki veren, içinde sürekli öfkeyle yaşayan, inatçı, geçimsiz halleri bitmiş, sevgi, şefkat, anlayış dolu bir kadına dönüşmüştü. Azer bu durumdan oldukça hoşnuttu, neler olduğunu anlamasına gerek yoktu, bu durumun tadını çıkarıyordu. Nadide hiç bu kadar sıcak davranmamıştı ona ve sebebini hiç merak etmiyordu.

Aradan aylar geçti ve Nadide'nin doğum zamanı geldi çattı, ilk doğumu olmasına rağmen bu doğumdan korkmuyor hatta bir an önce karnındaki mucizeyle tanışmak istiyor, doğum yapmak için sabırsızlanıyordu. 18 Mayıs gecesi hafif bir sancıyla uyandı ve Azer'i uyandırarak ebeyi çağırmasını istedi; o kadar emindi ki doğumun başladığına, Azer biraz beklemeyi teklif etse de Nadide onu ikna etti. Gecenin karanlığında komşuları Efser Hanım'ı uyandırdı Azer, ondan Nadide'nin başında beklemesini rica ederek at arabasına binerek ilçedeki ebenin yolunu tuttu.

Ayşe Hanım hemen hemen ilçedeki bütün kadınların doğumunu yaptıran deneyimli bir ebeydi. Azer kapısını çaldığında, Ayşe gece yarısı misafirlerine alışık olduğundan fazla zaman geçmeden kapıyı açtı. Ve deneyimli olduğu için Azer'e bazı belirtilerin başlayıp başlamadığını sordu; boşu boşuna gitmektense, doğumun başladığına emin olmak istiyordu. Suyunun gelip gelmediğini, sancılarının durumunu, ağrısının olup olmadığını sorduğunda Azer bunların hiçbirinin olmadığını söyledi, Ayşe gülümseyerek sabaha kadar beklemesini, bu durumunda doğumun olamayacağını Azer'e anlattı ve onu ikna etti. Azer ikna olmuş bir halde evin yolunu tuttu ve eve doğru yaklaştıkça bir bebeğin ağlama sesiyle birlikte evde bir kalabalığın toplandığını fark etti. Hızla eve girip neler olduğunu anlamaya çalışırken Nadide'nin bebeği doğurduğunu ve kucağına aldığını hatta gülümseyerek onu emzirdiğini görünce şok geçirdi. Üstelik Efser Hanım bebeğin göbeğini kesip düğüm atmıştı, Nadide doğumunu tek başına yapmıştı. Her şey o kadar çabuk ve yolunda gitmişti ki komşuları eve gelene kadar o doğumunu gerçekleştirmişti.

Bebek bir şifacı olarak dünyaya gelmişti ve ilk iş olarak annesini şifalandırmıştı. Dünyaya ilk geldiği anda bile ağlamıyor sanki etrafta olup bitenleri anlamaya çalışıyordu. Nadide bebeğe hayranlıkla bakıyordu, onu hayata döndüren mucizeydi o, sanki bir doğum mutluluğundan çok yüzünde yıllardır görmediği birine kavuşma mutluluğu vardı.

Azer'e dönerek "Onun adını ben koyabilir miyim?" diye izin istedi. Azer hem şaşkın, hem mutlu, hem de coşkulu bir şekilde onayladı. Nadide bebeğin kulağına eğilerek "Senin adın Davut olsun" diye üç kere fısıldadı. Bebeğin yüzünde belli belirsiz bir gülümseme belirdi, ismini sevmiş gibi annesinin memesine gülümseyerek yapıştı.

Davut çok sağlıklı ve güzel bir bebekti. Yıllar yılları kovaladı, Davut yedi yaşına kadar her çocuk gibi sağlıklı tepkiler veriyor, özellikle doğada olmayı çok seviyordu. Okula başladığı sene Davut'ta bazı değişiklikler baş göstermeye başladı. Okula başladığı sene diğer çocuklar evden ayrılmakta zorluk çekiyordu ancak Davut ilk günden alışmıştı. Fakat okula gittiğinde ders aralarında arkadaşlarıyla oynamak yerine ağaçların arasında, toprakta bir şeylerle ilgilenip duruyordu.

Bir gün öğretmeni onu bir ağacın dibinde onlarca solucanı eline almış onları incelerken fark etti. Hızla yanına giderek ne yaptığını sordu. Davut aslında uzun zamandır solucanlarla oynuyordu ancak okulda öğretmenler bu durumu yeni fark etmişlerdi.

İlkokulun başladığı günden itibaren dört ay boyunca Davut solucan besliyordu. Solucanların nasıl ürediklerini inceliyor ve yavrularının tepkilerine bakıyordu. Okulda öğretilen gereksiz bilgilerden daha çok doğadaki bu canlıların tepkileri dikkatini çekiyordu.

Öğretmeni ona bağırarak hemen elindeki solucanları bırakmasını ve ellerini yıkamasını istedi. Davut özenle beslediği solucanları ağacın kovuğuna yerleştirip öğretmenin sözünü dinledi. Davut yaşından çok daha olgun bir çocuktu ve solucanların bir zarar görmesini istemiyordu. Bu yüzden sanki küçük bir yaramazlık yapmış gibi davranarak öğretmeninden özür diledi.

Aslında çok önemli bir deneyi sonuçlandırmak üzereydi. Doğada bulduğu on tane solucanı okulun ilk gününden beri topladığı kuru yapraklarla besliyordu. Öyle ki ders aralarında solucanlar sanki Davut'un yaprak getireceğini biliyormuş gibi teneffüs zili çaldığı anda bir ağaç kavuğunda toplanarak Davut'un gelmesini bekliyorlardı, üstelik zamanla sayıları 100'e ulaşmıştı. Zamanla kovuğun içine yumurta bırakan solucanların yavruları doğduğu anda toprakta gezmeye başladığı dönemde, Davut geldiğinde kovuğun içine geliyorlardı. Davut yavruların bu bilgiyi anne babalarından aldığını keşfetmişti. Canlıların yaşamını etkileyecek bir deneye imza atıyordu; canlılar anne ve babalarının bilgisiyle dünyaya geliyor olabilirlerdi. Okulda çok rahat bu işi sürdüremeyeceğini anladığında bir plan yaparak solucanları bir kavanozun içinde eve götürmeye karar verdi.

Davut diğer çocuklar gibi top peşinde koşturmak, oyuncaklarla oynamak yerine sürekli doğayı inceliyordu. Evlerinin yan tarafında depo olarak kullanılan odaya solucanlarını yerleştirdi. Ancak deneyi solucanlarla da sınırlı değildi; kertenkele, arı, akrep vs. gibi birçok canlıyı besliyordu ve hepsinin günlük tepkilerini inceliyordu. Okuldaki derslerden sadece doğayı ilgilendiren konular ilgisini çekiyordu. Bir gün derste öğretmeni arılarla ilgili bilgileri verirken okulun yanındaki arazide arıcılık yapıldığını anlatmıştı. Bu durum Davut'un çok ilgisini çekti. Okul çıkışı hava kararmadan önce hızla o araziye gitti. Beyaz giyimli adamların ellerinde duman çıkaran bir aletle arı kovanlarının etrafında dolaştıklarını gördü. Yanlarına gitmeye çalışsa da oradaki bekçi buna izin vermedi. Arıları görmek istediğini, sadece yapılan işlemi incelemek istediğini söylese de izin alamadı. Uzaktan arılara neden duman verildiğini anlamaya çalıştı ancak bir sonuç alamadı. Bu denemeyi değişik günlerde birkaç kez yapsa da o araziye girmeyi başaramadı.

Bir bayram günü okulda çıkış zili erken çaldı. Evlerine dönmek için bütün öğrenciler kapıya yığılmıştı ve Davut her zamanki gibi evinin yoluna değil, arı kovanlarının bulunduğu araziye bakıyordu. Arazinin ortasında küçük bir kız çocuğu olduğunu fark etti. Kalabalığın dağılmasını bekleyip yavaşça araziye doğru yürüdü. Küçük kıza seslendi ve orada ne yaptığını sordu. İşin tuhaf yanı kapıda bekçi de yoktu.

"Merhaba burada ne yapıyorsun?" diye sohbet etmeye çalıştı. Kız çocuğu ürkek gözlerle Davut'a bakarak, "Babamın işini bitirmesini bekliyorum" dedi.

"Adım Davut, yan taraftaki okulda okuyorum ve öğretmenimiz bize arılarla ilgili bir ödev verdi ancak bana yardım edecek kimseyi bulamadım, bana yardım edebilir misin?"

Kız çocuğu çok yalnızdı, hiç arkadaşı yoktu, üstelik arılarla ilgili çok fazla bilgisi vardı.

"Sana yardım edebilirim. Adım Ayda. Arılarla ilgili her şeyi babamdan öğrendim."

Davut bu duruma çok sevindi, hızla arka arkaya sorular sormaya başladı Ayda'ya. İlk olarak arılara neden duman verildiğini sordu. Ayda bunun arıların beslenmesi ve kilo alması için yapıldığını söyledi.

"İyi ama neden duman verilince kilo alıyorlar?"

Ayda bunu bilmediğini ama çok işe yaradığını, hatta kısa bir süre içinde bu teknikle kilo aldıklarını anlattı. Davut ikna olmamıştı ve canlı koleksiyonuna arıları da dahil etmek niyetindeydi. Ayda'dan bir şey rica etti:

"Bana birkaç tane arı verebilir misin?"

"Bu mümkün değil, arı kovanını açtığımız anda bütün arılar kaçar ve bizi sokarlar."

"Peki ben bir arı bulmak istersem nerede bulabilirim?"

"Eğer bir balarısı bulmak istiyorsan bol çiçekli bahçelerde bolca bulursun, ama dikkatli olmalısın arılar zor durumda kaldıkları anda iğneleriyle seni sokarlar."

"Peki arılar ne yerler?"

"Bal ve çiçek tozuyla beslenir. Bu yüzden çiçeklerin üzerinde gezerler."

Davut kafasında hemen planını yapmıştı. Buradan bir arı almak mümkün olmasa da evlerinin yanındaki komşularının çiçekli bir bahçesi vardı, oradan istediği kadar arı toplayabilirdi. Ayda ile bir süre daha sohbet ettikten sonra ona teşekkür edip evine doğru yol almaya başladı.

Bayram olduğu için çoğu aile evlerine yakın yaylalara birkaç günlüğüne gitmişti. Eve gider gitmez bir kavanoz bulup komşunun bahçesine daldı, çiçeklerin yoğun olduğu kısımlarda gezmeye başladı. Çiçekler arasında beklediğinden daha çok canlı olduğunu fark etti. Burada günlerce kalıp her bir canlıyı ayrı ayrı inceleyebilirdi. Nihayet bir arı buldu ama onu yakalamak için kavanoz yeterli değildi. Aklına bir fikir geldi. Koşarak evden annesinin tül başörtüsünü aldı ve gelip birkaç arı yakaladı. Arıları kavanoza yerleştirip üzerini tülle kapattı ve çiçeklerin özünden alarak kavanoza bıraktı. Beş tane arıyı dünyasına katmış oldu. İki tanesini başka kavanoza alarak gelişimlerini izlemek istiyordu. Arılara her gün biraz su, biraz çiçek tozu verirken üç arının bulunduğu kavanoza her gün biraz yaktığı kartonların dumanını dolduruyordu. İki arının olduğu kavanoza sadece su ve polen bırakıyordu. Üç hafta içinde aralarında ciddi bir fark oluşmuştu; üç arı diğer iki arıdan neredeyse iki kat fazla büyümüştü. Davut bu deneylerden müthiş keyif alıyordu. Bu deneyi geliştirerek duman yerine yaktığı küçük kâğıtları kavanoza atmaya başladığında da sonuç değişmemiş, üçlü grup oldukça beslenmişti. Yangın korkusunun canlılarda kilo sebebi olabileceği sonucunu çıkarmıştı.

2. BÖLÜM

Tahran, 1950

Davut 18 yaşında atletik ve yakışıklı bir delikanlı olmuştu. Küçüklüğünden beri doğadaki her ayrıntıyla o kadar ilgilenmişti ki doğanın içindeki canlıları inceleyerek, kitaplarda anlatılanlardan çok daha fazla bilgi edinmişti doğa ve biyolojiyle ilgili. 1946 yılında Azerbaycan Milli Hükümeti Şah Rıza Pehlevi tarafından devre dışı bırakılmıştı. O yıla kadar bölgede yönetim Cafer Pişeveri Hükümeti'nde olduğu için bütün eğitimler Türkçe yapılıyordu. Davut bu yüzden çok iyi derecede Türkçe de, Farsça da okuyup yazmayı öğrenmişti. Ancak tıp fakültesinde okumak istiyordu ve en iyi tıp fakültesi Tahran'daydı, sınavlara giren Davut o yıl okumayı çok istediği Tahran tıp fakültesini kazanmıştı. Tıp fakültesine girmesinin iki sebebi vardı. Birincisi canlıların bütün ayrıntılarını merak ediyordu. İkincisi doğada tıpla ilgili binlerce ayrıntılı bilgi edinmiş ve bunu insanların faydasına kullanmak istiyordu. Küçüklüğünden beri doğadaki canlılarla ilgili binlerce deney yapmıştı, zamanla anlamıştı ki insanlar da tıpkı hayvanlar gibi tepkiler veriyor ve bu tepkileri içgüdüsel olarak gerçekleştiriyorlardı. Aslında sağlık alanında birçok deneyi vardı ve şimdi tıp fakültesinde bunu hastalara uygulama şansı yakalayabilirdi. Sanki doğuştan bir görevle gelmiş gibiydi. Sağlığın kazanılmasının ilaçlarla ilgisi olmadığını çok küçük yaşta keşfetmiş ve hayvanlar üzerinde çok fazla deney yapmış, bunu insanlığa uyarlamak için bir arşiv oluşturmuştu.

Üniversiteyi okumak için Tahran Üniversitesi'ne kaydoldu. Eskiden Türkçe-Farsça eğitim veren üniversiteler artık tamamen Farsçaya dönmüştü. Ancak Türkiye'deki tıp kaynaklarını Farsçaya çevirip kullanmaya devam ediyorlardı. Oturdukları bölgeye otobüsle 12 saat mesafedeydi Tahran, babası onu Tahran'da bir öğrenci yurduna kaydetti. Üniversite hayatının başladığı gün Davut özgürlüğüne kavuşmuştu, başlarda küçük bir kenar mahalleden gelmenin ezikliğini hissetse de zamanla Tahran'da yaşamaya alışmıştı. Çok arkadaşı yoktu ama bunu hiçbir zaman sorun etmemişti. Zaten küçükken de çok arkadaşı olmamıştı, doğadaki canlılar en yakın arkadaşlarıydı.

Üniversitedeki ilk senesinde anatomi dersleri başlamıştı. İnsan vücudunun en ince ayrıntılarını inceleme şansı yakaladığı için çok mutluydu. En çok kadavraları incelemeyi seviyordu. Kadavra başındayken ruhun bedenden çıktığında bedenin bir elbise gibi nasıl anlamsız hale geldiğine baktıkça, ruhun asıl kaynak olduğunu gözlemliyordu. Her kadavra başına geldiğinde zihninde arka arkaya sorular oluşuyor ve hocanın anlattığı anatomik bilgilerden çok, organların ruhla ilişkisine kafa yoruyordu.

Genellikle sokakta kimsesiz olarak ölmüş kişiler tıp fakültesinde kadavra olarak kullanılıyordu. Nadiren de üniversitedeki hocalar yaşlandıklarında bedenlerini kadavra olarak bağışlıyordu. Ancak bu hocalar çok yaşlı oldukları için organları çok zarar görmüş oluyordu, dolayısıyla genç bedenler derslerde daha kıymetliydi. Sokakta kimsesiz olarak ölen bireyler daha çok genç bedenlerdi.

Bazı kadavraların bütün organları sağlamken akciğerleri zarar görmüştü, bazılarının böbrekleri, bazılarının karaciğeri. Davut'un kafasında hep aynı soru beliriyordu. Ruhunda aldığı yaraların organlarla bir ilgisi olabilir miydi? Neden herkeste farklı organlar zarar görüyordu? Madem beden önünde bir elbise gibi duruyordu ruhları mı yaralanıyordu bu insanların?

Bu konulara o kadar kafa yoruyordu ki benzer organları hasar görmüş kadavraların ruhlarında benzer yaralar almış olabileceğini zamanla düşünmeye başladı. Fakat bu konuda nasıl bir çalışma yapabilirdi? Bu deneyi yapmak için kadavraların hayatını bilmesi gerekiyordu.

Kadavraların ölüm raporlarını bulmak zor değildi, ancak nasıl bir hayat yaşadıklarını da bilmesi gerekiyordu, bu kısmı asıl zor olan kısımdı.

Bu konuda araştırma yapmaya başladı ve fakülteden ölenlerin raporlarını bir şekilde ele geçirdi. Toplamda yaklaşık 84 tane kadavranın dosyasını ulaşmıştı, sadece kendi üniversitesindeki kadavralarla yetinmemiş diğer üniversitelerin kadavralarının ölüm raporlarını da ele geçirmişti. Bu incelemeler sırasında çok ilginç şeyler olmaya başlamıştı; önceleri Davut sadece kadavraların hepsinde organların hasarını inceliyordu, fakat zamanla kadavraların belli bölgelerinde bir kırmızılık fark etmeye başladı, ışığa benzer bir parlaklık her kadavrada farklı bölgelerdeydi, farklı bir organ kırmızı renkte ışıldıyordu. Bunu ilk başta çalışma arkadaşlarının da gördüğünü düşünüyordu, sanki vücut ölürken orada bir iz kalmış gibiydi, bir mesaj gibiydi. Biraz temkinli bir şekilde arkadaşlarına bu durumu anlatmayı denedi, ancak onların şaşkınlıklarını ve garip karşıladıklarını görünce anlatmaktan vazgeçti. Kadavraların ölüm sebebi tam da o kırmızı ışıklı gördüğü yerle ilgiliydi ve 84 tane dosyayı incelemeye başladı, dosyaları ayıkladı. Öncelikle benzer organlarla ilgili ölümleri bir araya topladı, 13 tane karaciğerinden sorunlu kadavranın bilgilerini toparladı, incelemeye bu organla başladı. 13 dosyanın hepsinin özgeçmişini incelemeye başladı, bu 13 dosyanın 11 tanesi sokaklarda kimsesiz bir şekilde ölenlere aitti, iki tanesi üniversite hocasıydı fakat kafasına takılan soru şuydu: "Acaba benzer hayatlar mı yaşamışlardı?" Nedense buna dair bir inanç gelişmişti içinde, öncelikle en genç olanından başladı, 28 yaşında sokakta ölü bulunan Süleyman'dan. Dosyadan Süleyman'ın yakınlarına ulaşmaya çalıştığında hayatta kalan tek akrabası olan teyzesini buldu ve teyzesini ikna ederek hayat hikâyesini öğrendi: Süleyman zengin bir ailenin çocuğuydu, annesi babası boşanmıştı ve hayattaki tek varlıkları çocuklarıydı. Süleyman Tahran'ın tanınmış bir ailesinin tek çocuğuydu, annesi babasından boşandıktan hemen sonra yeni bir evlilik yapmış ve babasını trafik kazasında kaybetmişti, fakat annesi henüz hamileyken daha doğrusu Süleyman yeni doğduğunda babası büyük bir iflas yaşamıştı. Zaman içinde evlilikleri tökezlemiş, maddi sıkıntıya dayanamayan annesi babasından boşanmak istemişti. Süleyman okul hayatını çok sevmeyen bir çocuktu, babası tarafından yani annesinin yeni evlendiği eşi tarafından şiddet görmüştü. Öz babasını bir trafik kazasında kaybetmiş biri olarak sırtını dayayabileceği bir ailesi kalmamıştı; annesi yeni evlendiği eşi tarafından tehdit ediliyordu, annesinin eşi Süleyman'ı istememişti. 15 yaşında Süleyman yatılı okula verilmişti, yurtta sık sık parasız kalıyordu, sadece teyzesi ona harçlık gönderiyordu, annesi bir daha arayıp sormamıştı. Süleyman'ın bedeninde en çok kırmızılığı gördüğü yer karaciğeriydi. Süleyman yatılı okuldan mezun olduktan sonra ailesinin evine dönmek istemiş ve babasından kalan bazı mallardaki hakkını annesinden istemişti, annesi büyük bir depresyona girmişti ve artık aklı başında değildi ve annesinin yeni kocası annesine ait bütün hakları ondan devralmıştı, çünkü akıl sağlığı ile ilgili sorun olduğuna dair bir rapor almış, dolayısıyla 18 yaşına gelen Süleyman annesinin yeni kocasıyla çatışmak zorunda kalmıştı. Annesinin yeni kocası ona zırnık koklatmıyordu, üstelik Süleyman'ı evden kovmuştu. Teyzesi onu yanına almak istese de Süleyman 18 yaşında sokaklara düşmüş, uyuşturucu ile tanışmıştı. Süleyman'ın ölüm haberini alana kadar teyzesi onu arayıp durmuştu. Süleyman'ın genç yaşında karaciğeri iltihaplanmış ve siroza dönüşmüştü, ölüm sebebi raporunda bu şekilde görünüyordu.

Acaba Süleyman'ın yaşadığı senaryonun benzeri diğer karaciğer hastasında var mı diye hızla araştırmaya başladı Davut. İkinci kadavranın hayatını incelemeye başladı: Vahap 34 yaşında ölmüştü, ölüm sebebi ise karaciğer kanseriydi. Zaten bu raporu görmese de Davut Vahap'ın karaciğer bölgesindeki o ışığı fark edebiliyordu. Artık yavaş yavaş bu gördüğü ışığın kendisine has bir yetenek olduğunu fark edebiliyordu. Dosyasından Vahap'ın kuzenine ulaşarak onun bilgilerini de topladı. Vahap'ın hayat hikâyesi de Süleyman'ınkinden çok farklı değildi, anne babası boşanmamıştı ancak Vahap bir miras çatışması sonrası bu hastalığa yakalanmıştı 32 yaşında babasını kaybettiği zaman dört erkek kardeşten biri olan Vahap çok güvendiği ağabeyine bütün yetkileri devretmişti. O dönemlerde bir aile geleneği olarak, aileden bir büyük öldüğünde kalan para ve mal evin en büyük kardeşinde toplanırdı. Büyük kardeş kalan kardeşlerinin paylaşımını yapardı. Onlara babalık yapması için bu hakları kardeşler ağabeylerine devretmişti fakat ağabeyi hiçbir kardeşine herhangi bir malı vermediği gibi aksine onların hayatlarına yetecek paralarına bile el koymuştu. Davut gittikçe heyecanlanıyordu çünkü bu vakada da bir hak kaybı vardı, yine bir paraya el koyma vardı ve yine bir karaciğer vardı. Hemen üçüncü dosyaya bakmaya başladı, ismi Berdan olan bu üçüncü dosyadaki şahıs sokaklarda ölmüş 51 yaşında bir beyefendiydi. Onun hayat hikâyesine baktığı zaman çok zengin bir işadamı olduğunu öğrendi özgeçmişinden ve tam 48 yaşında iflas ettiği zaman aynı zamanda eşinden boşanmıştı, 48 yaşında sokaklara düşmüştü. Davut'un kalbi küt küt atmaya başladı, dördüncü dosya beşinci dosya altıncı dosya hızla incelemeye başladı. Hepsinde bir para kaybı vardı, hepsinde bir kandırılmışlık, yoksun bırakılma vardı ve hepsinde adaletsiz bir şekilde yalnız bırakılma vardı, gelecek kaygısı vardı ve aileleri ile sorunluydular.

Bunların bir tesadüf olamayacağı fikri ön planda olsa da Davut için bu veriler yetmiyordu çünkü inanılmaz araştırma şevki olan bir gençti. Kendi kendine bir şey keşfetse bile onun sağlamasını yapmadan bırakamazdı, öyle de yaptı. Bu sefer sekiz tane kalbinde ışık fark ettiği kadavranın yakınlarını bularak hayatlarını incelemeye başladı. Kalp sorunu olan kadavraların kalp damarlarından kaynaklanan enfarktüs vakalarını incelediğinde, üç dosyada da ortak bir özellik keşfetti. Çılgınca çalışan bir sisteme doğru adım adım yaklaşıyordu. Bu üç dosyanın hepsi de emeklilikten sonra kalp rahatsızlığı geçirip ölmüştü, üstelik bu üç dosyanın üçü de öğretim görevlisiydi. Öğretim görevlileri emekli olduktan tam bir yıl sonra kalp hastalığı geçirmiş ve ölmüşlerdi. Çok geç emekli olmuşlardı ama üçünün de çok zor bir hayatı olmuştu.

İncelemelere devam ederken kırmızı ışığı kafatasında gördüğü dört tane kadavrayı incelemeye karar vermişti, dördü de beyin kanamasından ölmüştü ve dördünün hayatını incelediğinde yine şok oldu; dört kadavranın dördünün de babalarıyla sorunları vardı, ya babasızdılar ya da babalarıyla ayrılmışlardı.

Davut'un heyecanı artıyordu, dosyalarının tamamını incelemeye ve gruplara ayırmaya karar verdi. Aylarca kadavraların hayatlarını araştırdı, o kadar çok kadavra incelemişti ki artık canlı insanların bile bedenine baktığında bazen o kırmızı ışığı görebiliyor, bu mucizevi yeteneğiyle insanlığa çok büyük bir katkıda bulunabileceği düşüncesiyle sürekli araştırma yapıyordu. Derslerini aksatmaya başlamıştı, çok daha başarılı olabileceği okul hayatını ikinci plana atarak vasat bir öğrenci haline gelmişti.

Öğrendiği her yeni bilgi ile heyecanlanıyor ama yetinmiyordu, sanki hep eksik bir şeyler vardı. "İnsanların ne yaşadığını nereden bilebilirim? Bunun bir formülü olmalı, bir ortak noktası olmalı" düşüncesiyle araştırma isteği her gün daha çok artıyordu.

Aylarca bu araştırmaları yaparken her organın yaşanan bir olayla ilgili olduğunu her gün biraz daha anlamaya başladı. Aslında fiziksel beden değil ruhsal beden hastalanıyordu ve zaman içinde bu durum fiziksel bedene yansıyordu. Bu kadavralar ona o kadar yol göstermişti ki ve o kadar göz aşinalığı olmuştu ki insanların bedenlerine baktığı zaman onların hangi organlarında sorun olduğunu anlayacak kapasiteye ulaşmıştı.

Davut bu çalışmalarla bir yılını geçirdi, bir yıl boyunca hiç aksatmadan her gün kadavralarla ilgili çalışma yaptı. 250'ye yakın hastalığın aslında hayatın içinde yaşanan travmalarla ilgili olduğunu arşivledi ve bu bilgileri asla kimseyle paylaşmadı. Çünkü bunlar gerçek birer sırdı ve hayatın ona altın tepsiyle sunduğu bu sırrı iyice pekiştiremeden, iyice öğrenmeden kimseye anlatmak doğru değildi.

İkinci sınıfa geçtiğinde yine kadavralarla ilgilenmeye devam etti. Hareket sistemi, sindirim sistemi, dolaşım sistemi, üreme sisteminin her biriyle ilgili ayrı ayrı yüzlerce bilgi toplamıştı. Bu verilerin hayata geçirilmesi için sabırsızlansa da, daha fazla yol alması gerekiyordu. Üniversitede ikinci sınıfın ortalarına kadar incelemelerine devam etti, tam 546 tane kadar kadavra inceleyerek hastalıklarla organların ilişkisinin gruplamasını yaptı. Geceleri de çalışıyor, üstelik sadece bununla kalmayıp tanıştığı insanların veya klinikte gördüğü hastaların vücudunda gördüğü kırmızı ışıkların sebebini araştırıyor, hastaların hayat hikâyelerini öğrenmeye çalışıyordu. Örneğin hastanede yatan testis kanseri bir hastaya hayat hikâyesini sorduğunda büyük bir kayıp yaşadığını fark etmiş ve testis kanseri birçok hastanın hayatlarında çok değer verdikleri hatta evlatları gibi gördükleri bir kayıpları olduğunu fark etmişti. Bu dosyaları da toparlayıp gruplandırdı.

En ilginç olanlardan biri de meme kanserinin oluşma şekliydi. Meme kanseri yaşayan kadınların hikâyelerini öğrendiğinde eşle veya evlatlarıyla ilişkilerin yolunda gitmediği gerçeğini defalarca fark etti. Ama işin ilginç yanı yuvadaki bu çatışma çözüldüğü zaman kanser ortaya çıkıyordu. Büyük bir coşkuyla ilerliyordu ama derslerden neredeyse tamamen kopmuştu, bu çalışmaları tek başına yaptığı için iyice asosyal olmuştu. Tıp fakültesinde sevdiği iki arkadaşı vardı. Biri Türkiye'den okumaya gelen Murat, diğeri de sessiz ve sakin Amir. Onların dışında okulda sohbet ettiği kimse yoktu. Ne olursa olsun tıp fakültesini bitirmeye niyetliydi çünkü bu çalışmaları yapabilmesinin anahtarı o diplomaydı, diplomayı almak onun için hiç de zor değildi. İkinci sınıfın sonlarında geri kaldığı dersleri toparlayarak bu çalışmalara ara vermeyi düşündü. Fakat ara vermek ne mümkün? O bıraksa bilgiler onu bırakmıyordu. Anatomi, histoloji, mikrobiyoloji, embriyoloji derslerini inceledikçe ne kadar ezber bilgiler aldığını, aslında sistemin çok farklı çalıştığını fark etse de duruma sessiz kalarak diploma alma yolculuğuna devam etti.

Dördüncü sınıfa geldiğinde klinikte hasta bakma dönemi başladı. Davut artık tıp fakültesi öğrenciliğinden doktorluğa doğru bir basamak yükselmişti, kliniklerde hasta bakmaya başladı. Asıl onu bekleyen sürprizler işte o kliniklerde olacaktı. Kliniklerde gruplar halinde her bölümün hastalarını hocalar eşliğinde günlük yarım saat inceliyorlardı. Derslerde öğrendikleri ders konularına göre o bölümün kliniğine gidip hastaların hem test sonuçlarına hem de klinik bulgularına bakarak teşhis ve tedavi konusunda ders alıyorlardı. Davut bu incelemeler sırasında hocalarının ve diğer öğrencilerin asla görmediği o kırmızı ışığı görüp duruyordu. O dönemlerde tanı koymak o kadar da kolay değildi, görüntüleme yöntemleri gelişmemişti, klinik ve laboratuvar bulgularıyla bu teşhis konulmuştu ve genellikle teşhisler eksik kalıyordu çünkü bütün vücudu görüntülemek imkânsızdı. Sadece kan testleri, organdan parça alma ve hastanın klinik belirtileri ile teşhis koyuyorlardı, iç organları görüntülemek mümkün değildi. Yumuşak doku görüntülemekle ilgili herhangi bir cihaz yoktu.

Yine böyle bir klinik gününde bağırsak kanseri teşhisiyle yatan bir hastayı ziyaret ettiler. Hastaneye kaldırıldığında çok fazla kanayan bağırsaklarında kan durmuştu fakat genel durumu kötüye gidiyordu. Davut hastanın kötüye gittiğini anlamış ve hastayı incelemeye başlamıştı. Hasta bir kadındı, 58 yaşındaydı ve hastanın asıl probleminin bağırsakta değil pankreasta olduğunu vücuduna baktığında anladı, çünkü pankreas bölgesinde kırmızı bir ışık yanıyordu, ilk başlardaki bağırsak kanaması ikincil bir gelişmeydi ve bağırsakları şu an iyi görünüyordu. Ancak pankreasta çok hızlı bir şekilde ilerleyen bir kanser odağı olduğu için hasta her gün hızla ölüme yaklaşıyordu. Bu bilgiyi gizli tutmasına imkân yoktu çünkü hastanın çok az ömrü kalmıştı. O gün hocasına bu durumu bir şekilde anlatmak istedi, bu sorumluluktan kaçamazdı. Bu durumu hocasına nasıl anlatacağını düşünürken aradan iki gün geçti ve hasta gittikçe fenalaşıyordu. Artık daha fazla bekleyemeyeceğini hissedip kendini hocasının odasında buldu. Babür Hoca'nın kapısını çaldı, kapının aralığından "Sayın hocam size bir şey açıklamak zorundayım, vaktiniz var mı?" diyerek izin istedi. Babür Hoca çok sert hatları olan hayatını tıpa adamış onkoloji uzmanı tanınmış bir profesördü. Babür Hoca okuldaki öğrencilerin adlarını bilmez, onları çok umursamazdı, onların hayatlarını önemsemezdi. Hayatında disiplin ve kariyer dışında hiçbir şey yoktu. "Sen kimsin?" diye kabaca sordu Davut'a. Hemen cevap verdi:

"Hocam ben Davut Sultani, dördüncü sınıf öğrencisiyim, bir vaka hakkında bir bilgi vermek istiyorum size."

Babür Hoca arkasına yaslanarak şaşkın bir ifadeyle, "Hayırdır? Buyur söyle Davut, nasıl bir bilgi vereceksin nedir bildiğin anlat bakalım?" şeklinde ona biraz ukala biraz üstten bakan bir tavırla cevap verdi.

"Kıymetli hocam iki gün önce ziyaret ettiğiniz Şahika Hanım'a bağırsak kanseri teşhisi konulduğunu bize söylemiştiniz, fakat hastanın pankreasında sorun olduğunu düşünüyorum, çünkü genel durumu hızla kötüye gidiyor ve bağırsaktaki kanaması kesildi. Eğer bağırsak kanseri sebebiyle genel durumu kötüleşseydi kanama kesilmezdi" diyerek hocaya uygun bir dille açıklama yapmaya çalıştı Davut.

Babür Hoca'ya, "Şahika Hanım'ın pankreasında bir ışık gördüm" diyemezdi, böyle bir şey söylese fakülteden atılırdı. Kısa bir sessizlik oldu ama Davut başına ne geleceğini kestirebiliyordu. Babür Hoca çok sert mizaçlı biri olmasına rağmen kocaman bir kahkaha attı.

"Oğlum sen derste iki satır ezberledin diye bir kanser vakasına teşhis koyabileceğini mi sandın? Daha kırk fırın ekmek yemen lazım. Ben bu mesleğe elli yılımı verdim, sence biz her şeyi atlayıp sadece bağırsağa mı bakıyoruz? Pankreası nereden çıkardın?" diyerek kahkaha atmaya devam etti.

Davut biraz sıkılmış olsa da, sorumluluk hissiyle bir hamle daha yaptı.

"Hocam ne olur pankreası muayene edelim o şekilde değerlendirin, ben size belki anlatamıyorum ama eminim bu hastanın pankreas kanseri olduğuna. Lütfen bir test yapalım, küçük bir kan testiyle ortaya çıkarabileceksek uygun olan teste siz karar verin, ama ben hastanın çok vakti kalmadığını düşünüyorum."

Duydukları karşısında Babür Hoca gülümsemeyi kesip hiddetlenerek "Soyadını ve okul numaranı söyle bana!" dedi.

Davut bir an umutlandı. "Soyadım Sultani, okul numaram 2314 hocam."

Babür Hoca önündeki kâğıda notunu aldı.

"Bu sene sana her hafta sonuna nöbet yazıyorum, madem bu kadar heveslisin hafta sonlarını klinikte geçireceksin ve bir daha bilmeden belki her işe burnunu sokmamayı öğrenirsin."

Davut için bu durum cezadan çok ödül gibiydi, bu ceza umurunda bile değildi ama hasta gidiyordu, hastayı kurtaramayacaklardı. Yüzü kızararak başını öne eğdi. "Özür dilerim hocam" diyerek izin isteyip Babür Hoca'nın odasından çıktı. Babür Hoca'nın yanıldığından emindi çünkü bugüne kadar kime baktıysa vücudundaki o işareti görebiliyor fakat kimseye bu durumu açıklayamıyordu. Hastanın öleceğinden emindi. O dönemlerde yasal olarak ölen bir hastanın ailesi talepte bulunursa otopsi yapılıyor, bu otopsi sonucu hasta yakını isterse raporlanıyordu, bu durumu buradan belki ispat edebilirdi ama iş işten geçecekti, hasta kaybedildikten sonra otopsinin de hiçbir önemi yoktu.

Davut'un Babür Hoca'yla konuşmasından tam iki hafta sonra, Şahika Hanım'ın bütün vücudu ve akciğerleri enfeksiyon kaptı. Babür Hoca panikle hastaya uygulanabilecek en ağır ilaçları uygulasa da asla sonuç alamıyordu. Zaten iş işten geçmişti çünkü pankreas kanseri o kadar hızlı bir yayılım sağlamıştı ki bütün organlar devre dışı kalmıştı. Artık hasta nefes alamıyor vücuda oksijen girmiyordu. O dönemlerde hastayı entübe etmek diye bir şey yoktu, sadece tüple oksijen oksijen verilebiliyordu ama hasta artık nefes alamıyordu ve kandaki oksijeni neredeyse sıfırlanmıştı. Hasta daha fazla yaşama tutunamadı ve hayatını kaybetti. Bu durum herkesi şaşırtmıştı çünkü bağırsaklardaki kanama durmasına rağmen hastanın sağlığı bir türlü düzelmemişti. Şahika Hanım'ın kocası Musa Bey umutla beklerken eşini kaybetmenin verdiği şokla gözyaşlarını tutamıyordu. "Hani iyileşiyordu? Hani iki haftaya kadar evine gönderecektiniz ne oldu? Bana şimdi ölüsünü veriyorsunuz!" diyerek koridorlarda bağırıyordu. Cenazeyi alıp morga götürdüler ve defin işlemleri için yıkayıp hazırladılar. Şahika Hanım'ın kocası cenazeyi almaya gelmişti ve kapıda Davut'la karşılaştılar. Davut adamı görünce içinde garip bir suçluluk ve sorumluluk hissetmişti. Oysa elinden geleni yapmış, okuldan atılmayı göze alarak bu durumu Babür Hoca'ya anlatmaya çalışmıştı.

Musa Bey karısına büyük bir aşk hissetmişti. Musa Şahika Hanım'ın ikinci kocasıydı, Şahika Hanım ilk evliliğinden sonra yıllarca yalnız yaşamıştı. İlk evliliğinde defalarca kocasından şiddet görmüştü ve boşanmak için çok mücadele vermişti. İlk eşi boşandıktan sonra bile ona huzur vermemişti. Bir süre sonra Musa Bey'le tanışıp evlenerek biraz huzurlu yaşamıştı. Ancak bu mutluluğu da sağlık sorunları yüzünden ancak 4 yıl sürmüştü. Evlendikten sonra hayatın değişeceğini düşünmüş, çok mutlu ve çok huzurlu bir hayata başlamış, geçmişi unutmaya karar vermişti, çünkü hayatı boyunca mutluluğu, huzuru tadamamıştı. Musa'yla yeniden doğmuş gibi hissediyor, geçmişiyle ilgilenmiyordu. Ta ki bağırsağından kan gelene kadar çok mutlu bir dönem yaşamıştı. İlk başlarda çeşit çeşit doktorlara gitmiş, çözümler aramışlardı, fakat o kadar oyalanmışlardı ki yanlış teşhis yüzünden pankreas toparlanamaz hale gelmişti. Davut usulca Musa'ya yaklaşarak "Başınız sağ olsun" dedi. Musa Davut'u önlüklü görünce doktor olduğunu düşünerek "Hani iyiye gidiyordu, neden kurtaramadınız eşimi?" dedi. Musa aklı başında birine benziyordu ve çok acı çekiyordu. Davut Musa'yı bir kahve içmeye davet etmek istedi. Musa reddetti çünkü kimseyle sohbet edecek durumda değildi.

"Sizinle konuşmam gereken bir şeyler var eşinizle ilgili..." dedi. "Fakat bu ikimizin arasında sır olarak kalacak."

Musa şaşkınlıkla ve meraklı bir şekilde Davut'un gözlerine baktı. Nasıl bir sır olabilirdi ki ortada? Davut'un yüzüne aynı ifadeyle bakarak, "Nasıl yani? Eşim öldü ve benim bilmediğim bir durum mu var?" diye sordu.

"Musa Bey bugün eşinizin cenazesi yıkandı ve hazırlandı, bu akşam morgda kalacak, yarın size teslim edeceğiz. Ama bugün sizinle çok önemli bir konu konuşmam gerekiyor, bana bir saat zaman ayırın ve okulun arka tarafındaki kafede size bir kahve ısmarlamama izin verin ve lütfen bu aramızda kalsın."

Musa büyük bir hata yapıldığını anlamış gibi bakıyordu Davut'a, hem öfkeliydi hem şaşkındı ama bu bilgiyi almak zorundaydı. Böyle bir acıyla baş edebilmesi mümkün değildi şu an fakat öğrenmek zorundaydı.

"Tamam..." dedi Davut. "Saat altıda kafede beni bekleyin ben de işimi bitirip geleceğim."

Musa saat 17.00'de kafeye gitmişti ve merakla Davut'un ne anlatacağını beklemeye başladı. Saat tam altıda Davut kafeden içeri girdi. Musa ayağa kalktı, "Hata mı yaptınız? Sizin hatanız mı?" diye bağırmaya başladı.

Davut sakince "Bana izin verin size bildiklerimi anlatayım, ama lütfen sakin olun çünkü yapılabilecek her şey gerçekten yapıldı. Fakat benim bildiğim bir şey var evet, sadece beni sessizce dinlemenizi rica ediyorum. Acınızı anlıyorum ama şu anda vereceğim bilgilerle belki başkasının kurtuluşuna vesile olacaksınız" dedi.

Musa yerine oturdu. Davut konuşmaya başladı.

"Musa Bey ben bu okulun dördüncü sınıf öğrencisiyim ve birinci sınıftan beri çeşitli yöntemlerle araştırma yapmaktayım. Benim araştırmalarımın hiçbiri akademik çalışma değil ancak insanların bedenlerini, kadavralarını inceliyorum ve bazı enerji alanlarını fark edebiliyorum, kısacası eşinizle ilgili bir hata yapıldığını düşünüyorum."

Musa ayağa kalktı, "Biliyordum!" diye fırladı.

"Hayır..." dedi Davut. "Sandığınız gibi değil asla, bu benim gördüğüm bir şey, bunu hocalarımın görmesi mümkün değil, çünkü onlar bildiklerini uyguladılar. Belki bundan sonraki hastalarda en azından bu hataya düşmeyi engelleyecek bir bilgi verdim onlara, eşinizin hastalığı pankreasla ilgiliydi ve hızlı ilerliyordu. Bunu ısrarla söylememe rağmen kimseyi ikna edemedim."

Musa Davut'un sorunlu bir öğrenci olduğunu düşünmeye başlamıştı. "Senin hocaların profesörler bunu bilmiyorken sen bunu nasıl bilebilirsin, sen nasıl bir testle bu sonuca vardın?" diye sordu. Davut Musa'nın elini tutttu.

"Musa Bey bunu anlamanın tek bir yolu var, kanunen kırk sekiz saat içinde eşinize otopsi yapılmasını talep edebilirsiniz, kırk sekiz saatten sonra bu talebiniz kabul edilmeyecektir, karar sizin, ben eşinizin pankreas kanserinden öldüğüne eminim. Tabii bilgilerimi ve gördüklerimi birleştirerek size söylüyorum. Bunu bilmek eşinizi hayata döndürmeyecek ama en azından daha sonraki hastalara faydalı olacaksınız."

Musa'nın gözünden yaşlar döküldü. "Yani eşimi parçalatmamı mı istiyorsunuz? Benden eşimin parçalara ayrılıp neden öldüğünü bulmamı mı istiyorsunuz? Böyle bir şeyi ben nasıl kabul edebilirim? Sizce ben böyle bir şeye razı olabilir miyim?"

Davut Musa'nın elini daha sıkı tuttu.

"Çok haklısınız fakat başka çaremiz yok. Bunu anlamanın keşke başka bir yolu olsaydı ama maalesef yok, dediğim gibi karar sizin ve ben bunu size bir daha teklif etmeyeceğim ama sebebini ispat edebileceğim tek yol maalesef bu. Bunu ispat etmek eşinizi geri getirmese de en azından benim bu uyarılarımı biraz dikkate alınacak bir durum oluşursa, diğer hastaları yalnız teşhislerden kurtarabiliriz."

Musa kahvesini bitirmişti, Davut'a döndü.

"Bak çocuğum, belli ki çok heyecanlı bir gençsin ama ben bilime saygılı bir insanım, senin o özel yeteneklerinle ilgilenmiyorum. Benim için gerçek olan bilimdir, teklifini tabii ki kabul etmiyorum. Seni hocalarına şikâyet etmeyeceğim ama bil ki bu yolda ilerleyemezsin. Okuluna ve derslerine geri dön."

Musa ayağa kalktığında Davut içindeki fırtınayı anlatamayacağının farkına vardı, Musa ile vedalaşmaya hazırlanırken kalbinin sol tarafında, kalp damarlarında bir kırmızı ışık olduğunu fark etti.

"Musa Bey sadece kendiniz için bir şey yapın o zaman, kalp damarlarınıza bir baktırın, tıkanmış olma ihtimali çok yüksek."

Musa gülümsedi.

"Ben hayatım boyunca kendime dikkat etmiş, sigara içmeyen, spor yapan, beslenmesine dikkat eden bir insanım. Uyarın için teşekkür ederim delikanlı, ama tekrar söylüyorum benim için bilim esastır, onun dışındaki bilgilere çok prim vermiyorum."

Davut hiçbir şey anlatamayacağının farkına varmıştı, hiçbir şekilde Musa'yı ikna edemeyecekti. En sonunda "Tanıştığımıza memnun oldum, söylediklerimi yine de bir düşünün, eğer fikrinizi değiştirirseniz ben sabah dokuzda eşinizin yattığı klinikte derste olacağım, beni orada klinikte dolaşırken görebilirsiniz. Eğer kararınız değişmezse saygı duyarım" diyerek izin istedi. Musa bey aslında Davut'un söylediklerini önemsemişti ama kafası çok karışıktı. Ayrıca genç bir delikanlının ölüm sebebini nereden bileceği konusunda ikna olamıyordu. Omuzlarını düşürmüş bir şekilde elleri cebinde yola koyuldu, yürüye yürüye evine doğru yol almaya başladı, arabaya binmek istemedi çünkü kafasının karışık olduğu zamanlarda bir yol bulmak için çoğu zaman yürümeyi seçerdi. Tanrı'dan bir işaret göndermesini istedi, iki arada bir derede kaldığı her durumda bunu yapardı, şu anda da öyle bir durumdaydı ve dua etmeye başladı:

"Allahım bana bir yol göster, bir işaret göster, eşimin otopsisini yaptırmalı mıyım?" diye sordu. O anda bir ağacın dalından çok güzel bir kuş tüyü önüne düşüverdi.

Musa bu işaretlere inanırdı, şu anda tam ikna olmasa da biraz daha yakındı otopsi yaptırmaya. Eve vardığında derin bir uykuya geçmeye çok hazır ve yorgun hissediyordu. Ancak yatağa geçtiğinde öyle olmadı, yatakta dönüp durdu bir türlü uykuya dalamadı, bütün gece uyuyamadı. Eşinin morgda ne halde olduğunu düşünmekten kendini alamıyordu, o orada buz gibi yerde yatarken kendisinin yatakta huzurla uyuması mümkün değildi. Sabaha kadar yarı uyanık bir şekilde kâbuslar, uyanık rüyalar görerek yatakta döndü durdu, uykuyla uyanıklık arasında bir yerdeydi bir türlü çıkamıyorum kâbustan.

Nihayet sabah oldu ve sabah ilk iş olarak hastaneye koştu. Davut'u bulup yakasına yapıştı. "Bak çocuk..." dedi. "Eğer dediğin doğru çıkarsa gerçekten senin çalışmaların için maddi manevi bütün desteğimi göstereceğim, benim hatırı sayılır bir çevrem ve param var ama eğer yanlış çıkarsa seni okul idaresine şikâyet edeceğim bunu kabul ediyor musun?"

Musa "Kabul ediyorum" dedi.

"İnanın doğru olanı yapıyorsunuz, benim derdim kimseyi yargılamak değil ama ileride diğer hastalara yardımcı olmak istiyorum."

Bu konuşmadan sonra Musa başka hiçbir şey demeden üniversitenin idari bölümünün sekreterliğine doğru gitti. Kapıdan içeri girerek: "Ben Şahika Hanımın eşiyim, eşim dün vefat etti ve eşimin otopsisinin yapılmasını istiyorum, tıbbi bir hata yapıldığını düşünüyorum" diyerek bir başvuru yaptı, ona bir form doldurması gerektiğini söyledi sekreter ve ona bir form uzattı. Eşinin bedeni ile ilgili otopsi yaptırma yetkisi, eşinin annesi babası hayatta olmadığı için, sadece Musa Bey'e verilmişti... Musa elleri titreyerek o formu imzalarken bir taraftan karısına ihanet etmiş, sanki ona zarar veriyor gibi hissediyordu. Diğer taraftan da başka çaresi kalmadığını biliyordu, formu imzalayıp sekretere teslim etti.

Sekreter Musa'yı uğurladıktan sonra hemen Babür Hoca'yı arayarak haber verdi. Çünkü bu durum çok alışılmış bir şey değildi; genelde Babür Hoca'nın hastaları ona çok güvenir böyle bir işlem yapmazlardı.

Öyle bir hak vardı yasal olarak ama genellikle uygulama aşamasına kimse geçmezdi. Babür Hoca bir yerlerde bir gariplik olduğunu sezmişti, üstelik bu vaka ile ilgili çok emin olamadığı bazı durumlar vardı. Davut'un dediği gibi bu vakada bir taraftan kanama kesilmesine rağmen genel durumu çok kötüleşmişti. Bunun yanında Babür Hoca meslek ahlakı olan bir hocaydı. Otopsi yapmadan önce sekretere Musa Bey'le görüşmek istediğini, Musa Bey'i odasına getirmesini istediğini söyledi. Sekreter koridorda bekleyen Musa Bey'in yanına gelerek Babür Hoca'nın bu isteğini iletti. Musa Bey itiraz etmeden kabul etti ve beraberce Babür Hoca'nın odasına doğru ilerlediler. Sekreter kapıyı çalarak "Hocam, müsait misiniz?" diyerek girmek için izin istedi. "Evet müsaidim buyurun lütfen" diyerek Musa'yı ayakta karşıladı.

"Başınız sağ olsun, elimizden gelen her şeyi yaptık ve tıpta her zaman her şeyi çözemiyoruz maalesef, fakat emin olun eşiniz için bütün ekip canla başla uğraştı."

Musa Bey artık Davut'un söylediklerine ikna olduğu için, hiç renk vermeden Babür Hoca'ya, "Haklısınız fakat ben yine de böyle bir otopsinin yapılmasını istiyorum. İkna olmadığım şey sizin tedavi şekliniz değil, bedende neden her şeyi birdenbire ve bu kadar hızlı ters gitti bilmek istiyorum, bu konuda kararlıyım" deyince Babür Hoca artık daha fazla ileri gitmeden başını salladı, çünkü hastanın böyle bir hakkı vardı. Musa konuşmaya devam etti: "Eşim hayatta olsaydı ve aynı durum benim başıma gelseydi, o da aynısını yapardı bu hakkını kullanmak isterdi."

Babür Hoca Musa Bey'e tekrar başsağlığı dileyerek sekretere ameliyat ekibine haber vermesini söyledi. Süre dolmadan otopsi yapılması gerekiyordu, okulda klinik öğrencileri de bazen otopsiye katılabiliyorlardı, bu durumun farkında olan Davut otopsi ekibinin yanına izleyici olarak katılmaya karar verdi. Bu otopsi sonucunun ne olacağını çok iyi biliyordu, o sonucun onu mutlu etmeyeceğini de çok iyi biliyordu ancak başka çaresi kalmamıştı. Ve nihayet otopsi başladı, ince bir bisturiyle öncelikle göğüskafesinden aşağı doğru derin bir kesi atıldı, deri kaslardan ayrılırken bir doktor cerrahi işlem yaparken yanındaki diğer doktora bilgi veriyordu, notlar alınıyordu. "Kalp temiz, damarlar temiz, karaciğer temiz, pankreas..." dedi ve durdu doktor.

Pankreasın yarıdan fazlası kaybedilmiş, kalan parçası öbek öbek parçalanmıştı. Doktor devam etti:

"Bağırsak temiz, mide temiz, böbrekler temiz." Ve tekrar pankreasa döndü. "Pankreasın arka duvarı yok, kanser kitleleri mevcut. Hastanın ölümü pankreas kanseri sebebiyle gerçekleşmiş" dedi. Tekrar tekrar incelediler ve pankreasın ölüm sebebi olduğuna iki doktor da onay verdi. Davut biraz sonra olacakları düşünmek bile istemiyordu. Gördüğünün gerçek olduğunun ispat edilmiş olması onu mutlu etmiş olsa da, biraz sonra ortalık karışacaktı ve kabak başında patlayabilirdi. Otopsi bilgilerini aldıktan sonra sessizce odadan çıktı.

Asistanlar otopsi raporunu Babür Hoca'nın odasına götürdüler fakat ikisi de korkuyordu, çünkü hastane sorumlusu Babür Hoca'ydı ve hocanın tepkilerini bilemiyorlardı. Babür Hoca'nın ne zaman ne yapacağı belli olmazdı, ancak mesleki hayatı boyunca her zaman dürüstlükten yana olmuştu. Asistanlar korkarak kapısını çaldılar, sanki kendi suçlarıymış gibi elleri titreyerek Babür Hoca'ya otopsi raporunu uzattılar. Babür Hoca bembeyaz saçları olan genç dinamik, yaşına göre sağlığı gayet iyi durumda olan bir hocaydı, raporu kendinden emin bir şekilde eline aldı, gözlerini raporda gezdirmeye başladı. Beyaz tenli bir hocaydı, bir anda yüzü kıpkırmızı oldu, hem kendine hem asistanlara kızıyordu. "Biz bu durumu nasıl atlayabiliriz!" diye kükredi. "Böyle bir hatayı nasıl yapabiliriz!" Asistanlar yere bakıyorlardı, şu an gelecekleri tehlikedeydi, ilk defa başlarına böyle bir şey gelmişti. Asistanlardan biri "Hocam siz ne dediyseniz onu yaptık, biz kendi başımıza hiçbir şey yapmadık" diye cevap vermeye kalktı, Babür Hoca daha da hiddetlendi. "Ben her hastaya yetişebilir miyim!" diye bağırdı. "Siz uyuyor muydunuz? Ben bu tedaviyi yaparken kaç tane hastayla uğraştığımı bilmiyor musunuz?"

Babür Hoca öfkeli olsa da aynı zamanda mantığını kullanabilen bir hocaydı. Sandalyesine oturup derin bir nefes aldı ve asistanlara dönerek otopsiye kimlerin katıldığını sordu. Asistanlar isimleri sayarken Davut'un da ismini sayınca Babür Hoca'nın yüzündeki öfke yavaş yavaş kaygıya dönüşmeye başladı.

"Bu çocuk bu teşhisi nasıl koyabilir? Hangi veriye dayanarak bunu yaptı?" diye düşünmeye başladı. Bir tarafı Davut'a hayranlık duyarken diğer tarafı gelecek kaygısıyla doluyordu, meslek hayatını bitirebilecek bir olayla karşı karşıyaydı. Hemen toparlanıp asistanlara, "Bana Davut'u çağırın" dedi, hızlı bir şekilde asistanlar daha fazla fırça yememek için kapıdan çıktılar ve Davut'u aramaya koyuldular.

Davut dersteydi ve aslında bu sonucun getireceği kıyametin farkındaydı, o yüzden mecburi olmadığı bir derse girmişti ortalıkta görünmemek için. Asistanlar her yerde Davut'u arıyorlar, arkadaşlarına soruyorlardı, yarım saat içinde Davut'u buldular, Babür Hoca asistanlara özellikle tembihlemişti "Bu rapordan kimsenin haberi olmayacak" diye. Nihayet Davut'u dersten çıkarken gördüler ve hemen asistanlar Davut'a doğru yürümeye başladı. Davut iki asistanın hızla kendisine doğru geldiklerini fark ettiğinde hemen sebebi anlamıştı, fakat geri adım atmaya hiç niyeti yoktu, başına ne gelecek olursa olsun doğru bildiğini yapacaktı. Asistanlar Babür Hoca'nın onu çağırdığını söylediler, sebebi bilmesine rağmen yine de asistanlara sebebini sordu. Asistanlar hedefe kilitlenmiş ve ağız birliği yapar şekilde "Bilmiyoruz" dediklerinde Davut olayın sandığından daha büyük bir hale geldiğini anladı.

Asistanların arasında Babür Hoca'nın odasına doğru yürüyüp kapıyı çaldılar. Davut içeri girdiğinde Babür Hoca asistanlara el işareti yaparak dışarı çıkmalarını istedi, çok gergin görünüyordu. Ve yine el işaretiyle Davut'a oturmasını işaret etti, hocanın odasında hiçbir öğrenci oturamaz normalde ve Davut bunun bir uzlaşma hareketi olduğunu anlamıştı, ama tedirgin de olmuştu. Çünkü olay çok ciddi boyuta gelmişti ve bu durum Babür Hoca'nın kariyerini tehlikeye sokabilirdi, biraz kaygılı bir şekilde iki ayağını birleştirerek nazikçe oturdu. Babür Hoca elindeki raporu gösterdi.

"Bu kâğıt var ya..." dedi. "Benim 50 yıllık meslek hayatımı bitirebilir, sen bunu nereden bildin? Bunu bana söylemezsen ben bu kâğıdı yok ederim ve hiçbir şekilde bu durumu ispat edemezsin, bana çabucak bunu nereden bildiğini söylemek zorundasın."

Davut Babür Hoca'nın gözüne bakarak, "Hocam..." dedi. "Daha önce de söylemiştim sizi çok iyi anlıyorum ancak ben insanların bedenine baktığım zaman hastalıklarını görebiliyorum, daha doğrusu enerji alanlarının zedelendiği yerleri görebiliyorum, bunu tıp bilgisi ile birleştirdiğim zaman faydalı olabileceğini düşündüğüm bir sistem geliştirmeye çalışıyorum. Belki kulağınıza garip gelecek ama küçük denemelerim çok fazla işe yaradı, en azından şu aşamada teşhis konusunda tahminlerim tutuyor, bununla ilgili sizi uyarmak istedim."

Babür Hoca'nın yüzündeki sert çizgilerden eser kalmamıştı, sadece "Peki..." dedi. "Sana inanıyorum, bak seninle bir anlaşma yapacağız, bu raporu kimse bilmeyecek ve öğrenim hayatın boyunca istediğim bütün yolları açacağım, bütün araştırma kapılarını açacağım, kariyerini şimdiden kurtarmış olacaksın. Başka seçme şansın yok, eğer bu rapor ortaya çıkarsa senin tıp hayatın bitecek, seni asla buradan mezun etmeyeceğim."

Davut Babür Hoca'nın yüzüne bakarak "Hocam..." dedi. "Size saygım sonsuz, ancak ben böyle bir anlaşma yapamam, benim enerji alanım zedelenir kendime dürüst olmazsam. Sizin meslek hayatınıza zarar gelmesini tabii ki istemem ancak hastanın yakınının bu bilgiyi edinme hakkı olduğunu düşünüyorum. Musa Beyi'n bu hakkını elinden ne sizin kariyeriniz ne de benim geleceğim alabilir."

Babür Hoca bir pazarlığın içinde hissediyordu kendini ve el yükseltmeye karar verdi.

"Bildiğim kadarıyla çok zengin bir ailenin çocuğu değilsin, sana maddi imkânların da kapılarını açabilirim ve bundan sonraki çalışmaların hepsini katılabilirsin."

Davut'un kulağına çalışmalara katılmak fikri hoş gelmişti, bir an düşündü; evet belki bir hasta yakınına haksızlık yapacaktı ama bütün hastaların hayatı kurtulacaktı. Fakat içinde vicdanı hemen devreye girdi, hiçbir şekilde ikna olmayacağı bir yer vardı ki vicdanının sesi diline vurdu:

"Hocam maalesef imkânsız, benim gözümün önünde yapılan otopside gördüklerime sessiz kalamam, içinizdeki adalet duygusuna güveniyorum, sizinle bu işbirliğini yapamayacağım."

Babür Hoca hayatı boyunca her konuda çok dürüst bir insan olmasına rağmen, ilk defa kariyerini hasta haklarından daha çok önemsiyordu. Şu anda çok güzel bir kariyeri vardı ve içinden şunu geçirdi: "Evet ben bu raporu örtbas edebilirim, Davut'u güler yüzle uğurlarım ve onu gönderdikten sonra hiç kimseye belli etmeden onun okuldan atılmasını sağlayabilirim." Babür Hoca yüzünde bir gülümseme ile "Peki evladım..." dedi. "Sen dürüst bir çocuksun, her şekilde seni destekleyeceğim, emin ol haklısın, genç yaşına rağmen çok dürüst bir davranış sergiliyorsun." Ayağa kalktı. "Biz de resmi işlemler tamamlandıktan sonra bu durumu hasta yakınına bildireceğiz." Davut ikna olmamıştı ama en azından içindeki enerji bedeni ile uyumlu davranmıştı, çünkü bunun dışında davranma şansı yoktu, kendine ihanet edemezdi. Ayağa kalkıp resmi bir şekilde başıyla selam vererek "Teşekkürler hocam saygılar sunarım" diyerek kapıdan çıktı. Kapıdan çıkar çıkmaz Babür Hoca asistanlarını hemen odasına çağırdı ve o iki asistana gözlerinden ateş çıkarcasına şunları söyledi: "Raporu değiştireceksiniz, sizden başka hiç kimse raporun değiştiğini bilmeyecek, otopsiye giren öğrencilerin listesini çıkaracaksınız, hiçbir hata istemiyorum." Asistanlar şaşkınlıkla birbirlerine baktılar çünkü Babür Hoca'nın tarzı bu değildi, o çok saygı duydukları hocaları şimdi öfke ve korkuyla onlara işbirliği yapmaları için emir veriyordu. "Eğer..." dedi. "Burada en ufak bir hata yaparsınız tıp hayatınızı bitiririm. Yaptığınız işbirliğini ödüllendireceğimden emin olabilirsiniz."

O zamanlar İran'da profesörlerin çok büyük etkinliği vardı, bir hocayla takışan öğrencinin veya asistanın kariyerine devam etmesi mümkün değildi. Bir asistanın ufak bir hatasında mesleği elinden alınabilirdi. Asistanlar bu pazarlıktan memnun görünüyorlardı, başlarını öne doğru sallayarak işbirliği için onay verdiler. Babür Hoca tekrar yaklaşarak, gözlerin içine bakarak, "Bu konuda yaşanan en ufak bir sıkıntı olursa ikinizi sorumlu tutuyorum ona göre" dedi. Asistanları hızlı bir şekilde yeni rapor hazırlamaları için gönderdi, asistanlar Babür Hoca'nın tam da anlattığı gibi hastanın bağırsak kanserinden kaybedildiğini ve bağırsak geçirgenliği sorunu yüzünden mikropların kana karıştığını ve kanının zehirlendiğini rapora yazdılar, iki gün içinde raporun hızla heyetten onaylanmasını sağladılar. Son imza için Babür Hoca'ya getirdiler, bu arada Musa da sabırsızlıkla sonuçları bekliyordu ve sık sık fakülte sekreterliğin kapısını aşındırıyordu. Her gün sabahtan geliyordu iki gün sonra sabah geldiğinde sekreterlik "Raporunuz hazırlandı öğleden sonra buradan alabilirsiniz" dedi. Musa sekretere merakla "Sonuç nedir, ne oldu?" diye sordu. "O konuları ben bilemem efendim, sonuçla ilgili bilgim yok, öğleden sonra size rapor sunulacak."

Musa öğleden sonrayı beklemeye başladı, öğle tatilinden hemen sonra yine sekreterliğe geldi, "Burada oturmak istiyorum, raporun geldiği ana kadar bekleyemeyeceğim" dedi. Sekreter gayet mülayim bir şekilde "Tabii ki oturabilirsiniz" diye kibarca ona yer gösterdi, bir saat sonra bir görevli elinde bir zarfla içeri girdi zarfı sekretere uzattı. Musa hızla ayağa kalkıp sekretere verilen raporu aldı ve zarfı açarak raporun sonuç bölümünü okudu. "Evet yanılmamışım işte!" diye coşku hüzün arası bir sesle önce bağırdı, sonra ağlamaya başladı; yarım akıllı bir öğrenciye inanıp otopsiye razı olduğu için oturduğu yere çöktü. "Canım karıcığım senden özür dilerim, senin iyiliğin için yaptım sandım ama yanılmışım, paramparça ettim seni!" diyerek hüngür hüngür ağlamaya devam etti. Sekreter elini omzuna koyarak "Musa Bey üzülmeyin, o zaten bunu hissetmedi." Musa Bey kendini toparlamaya çalışarak "Teşekkür ederim, siz bilemezsiniz" dedi. "Ben onun tırnağına zarar gelsin istemezken aptal bir öğrenci yüzünden onun paramparça edilmesine ikna oldum, müsaade ettim, kendimi hiç affetmeyeceğim."

Bu sırada Davut Musa Bey'in raporunun o gün çıkacağını ve sekreterlikten alınacağını bildiği için kapıda bekliyordu, Musa kapıdan çıkar çıkmaz Davut'u gördü ve hızla ellerini boynuna dolayarak ona saldırmaya, yüzüne yumruklar atmaya başladı. Davut çok çevik bir çocuktu, Musa Bey'in ellerini tuttu, ama çıldırmış gibiydi Musa:

"Geri zekâlı!" diye bağırdı. "Hangi akla hizmet beni kandırdın? Derdin neydi? Neden acaba saygı duymadın? Ben her şeye razıydım, niye karımın bedenini bana parçalattın?" diye çığlık çığlığa bağırıyor koridorlarda sesi yankılanıyordu. Araya insanlar girerek Musa Bey'i sakinleştirmeye çalıştılar, Davut yanına yaklaştı, "Müsaade edin otopside ben de vardım" dedi. "Yalan söylemedim size, bu rapor gerçek değil, değiştirilmiş."

Musa'nın gözleri fal taşı gibi açılmıştı: "Hâlâ yalan söylemeye devam ediyorsun" dedi. "Hâlâ utanmıyor musun yalan söyleme-ye?" Yüzü kıpkırmızı olmuştu, Davut ona bakarken Musa'nın o anda kalbindeki parlak kırmızı ışığın daha da arttığını fark etti. "Musa Bey iyi görünmüyorsunuz, hastaneye yatmanız gere-kiyor" diyerek onu uyarmaya çalıştı. Musa Davut'u iterek "Bırak artık beni, düş yakamdan sana inanmıyorum, sana inandığım güne lanet olsun, hâlâ saçmalıyorsun!"

Üstünü başını silkeleyerek köşedeki sandalyeye oturdu. Da-vut gördüğü şeyden emindi ancak onu ikna edemedi. Hastane-deki hastabakıcılar Musa Bey'i sakinleştirmeye çalıştılar, bu ara-da ne Babür Hoca ne de asistanlar ortalıktaydılar. Hastabakıcılar Musa'nın koluna girerek ayağa kalkıp evine gitmesi için yardımcı oldular, hatta evine kadar eşlik ettiler. Musa yol boyunca bağırıp durdu: "Ben nasıl böyle bir şeye izin verdim, ben nasıl kendi el-lerimle eşimi parçalattım?" diye sürekli tekrar ediyordu. Musa Bey evine girene kadar hastabakıcılar eşlik etti. Davut'un derdi Musa Bey'in kalbinde gördüğü ışıktı, evini bilse gidip onu evden alacaktı, ancak onu ikna etmesi artık mümkün değildi.

O gece yarısı Musa Bey ağır bir enfarktüs geçirdi, kimselere haber veremedi ve evinde çaresiz bir şekilde öldü. Sabah kapısını açan temizlikçi Musa Bey'i yerde yatarken görüp hastaneye ha-ber vermişti ancak yapacak bir şey kalmamıştı. Hastaneye getir-diklerinde çoktan ölmüştü ve onu morga kaldırmışlardı. Davut hemen ölüm raporunu inceledi ve gördüğü ışığın gerçekliğine bir kez daha inandı. Davut o gece Musa Bey'i ikna edebilseydi bir kan sulandırıcı iğne ile onu kurtarabilirdi. Göz göre göre ölmüş-tü ve Davut içinde büyük bir suçluluk ile birlikte sorumluluk his-setmişti. Belki de Babür Hoca ile anlaşma yapsaydı ve hastanın bu bilgiye ulaşmasını engelleseydi bütün bunlar yaşanmayacak ve Musa hayatta olacaktı. Fakat içindeki sistem buna izin veremezdi çünkü Davut kendi nefesine ihanet edemezdi. Ne kendini ne de başkasını kandıramazdı, bazen olacak olanı durdurmak imkânsızdı. Birkaç gün okula gitmedi, gece gündüz kendini sorguladı. İnsanların başına gelecekleri ve organlarındaki hasarları görebiliyordu, bunu görmesi bazen erken teşhise sebep olabilirdi ve insanları kurtarabilirdi fakat bunu yapabilecek yetkisi yoktu, elinden hiçbir şey gelmiyordu. Muhtemelen Babür Hoca onun okul hayatını zorlaştıracaktı, üstelik bir tanığı da kalmamıştı. Babür Hoca hayatında ilk defa bir hastanın ölümüne sevinmişti, artık onu suçlayabilecek kimse kalmamıştı.

Davut birkaç gün okula gitmedi, hafta başı artık toparlanmak zorundaydı, sınavları başlıyordu. Sınavlarına çalışamamıştı ancak yine de çalışmadan bile olsa o sınavlara girmek için okula gitti, kaldı ki kendine güveniyordu sınavlar konusunda, çünkü derslerle o kadar ilgili bir öğrenciydi ki sınavlara çalışmak çok da gerekmiyordu. O gün patoloji sınavı vardı, en sevdiği derslerden biriydi, saat 10.30'da sınav başladı, herkes gibi soruları cevaplıyordu, ilginç bir şekilde amfide iki tane asistan gözünü sürekli Davut'a dikmişti, sanki onun bir hata yapmasını bekliyorlardı, Davut cevaplarından emin olduğu için sınavda gayet rahat herkesten önce kâğıdını bitirdi. İki gün arayla hem biyoloji hem de histoloji sınavları vardı, onlara çalışacak, tekrarını yapabilecek zaman olacaktı, patoloji ile başlaması onu mutlu etmişti çünkü kolaylıkla verebileceği bir dersti.

Sınavın ertesi günü sınav sonuçları sekreterliğin camekân kısmındaki bölüme asıldı. Davut kendi isminin karşısında yazan nota inanamadı. 100 üzerinden 20 almıştı ve patoloji sınavı baraj bir sınavdı, yani bu sınavı geçmezse sene kaybediyordu. Aldığı nota tekrar tekrar baktı, gözlerine inanamıyordu, hemen sekreterliğe girerek "Bir yanlışlık oldu herhalde, benim sınav sonucunda 20 yazıyor, ben sınavdan çok iyi bir not bekliyordum" dedi. Sekreter hiçbir şeyden habersiz Davut'a bir dilekçe yazmasını söyledi. Ara ara sınavına itiraz eden öğrenciler oluyordu ve bir dilekçe yazarak kâğıtlarının yeniden incelenmesini isteyebiliyorlardı. Davut başına gelen olayın sebebini anlamıştı, umutsuzca dilekçesini yazdı, sonuç alamayacağını adı gibi biliyordu, fakat başka çaresi yoktu. Dilekçesine cevap bile verilmedi, diğer sınavlarda da aynı şey başına geldi, Davut o yıl sınıfta kalmıştı. Babür Hoca'nın tuzağına düşmüştü, karar verdi ve Babür Hoca'nın odasının yolunu tuttu. Hocayla görüşmek için özel sekreterinden randevu alması gerekiyordu, sekreterin odasına girerek Babür Hoca'yla görüşmek istediğini söyledi. Sekreter hocanın bütün gün toplantıda olacağını, sonra ameliyatlara gireceğini, hiçbir şekilde müsait olmadığını söyleyince artık dönüşü olmayan bir yola girdiğini anladı. Belli ki hoca onunla hiçbir şekilde görüşmeyecekti. Çaresizce bu seçenekten vazgeçti, geriye tek seçenek kalıyordu; Babür Hoca'nın derslerine girerek onunla konuşmanın bir yolunu amfide bulacaktı.

Salı günü Babür Hoca'nın dersi vardı, özellikle Babür Hoca'nın dersine erkenden giderek en önde oturdu. Ona yakın olursa belki konuşma imkânı bulabilirdi. Ders saat 11.00'de başlıyordu, Davut amfide en önde yerini almıştı. Babür Hoca her zamanki sert tavır ile sınıfa girdi, girer girmez de Davut'u gördü, hemen o anda gözlerini kaçırdı, sınıfa dönerek sert bir günaydınla hemen konulara girdi. Dersin bitmesi için dakikaları sayıyordu, nihayet ders bitti ve Davut Babür Hoca'ya yaklaşmaya çalıştı. Babür

Hoca ise Davut'un onunla konuşacağını fark ettiği için ders bitti-
ği anda hızla toparlanıp dışarı çıkmaya kalkarken Davut koşarak
koluna sarıldı, "Hocam lütfen beni dinleyin" dedi. İki asistanı iki
muhafız gibi Davut'un ellerini tutarak hocanın kollarından ayır-
dılar Davut'u. "Hocam bana söz vermiştiniz" diye seslendi, hoca
merdivenlerden o kadar hızlı iniyordu ki burayla yüzleşmemek
için arkasına bile bakmadan gözden kayboldu.

Artık yapacak bir şey kalmamıştı, bu diplomayı alması im-
kânsız hale gelmişti, Babür Hoca'nın bu kadar ileri gidebileceğini
tahmin etmemişti. Çaresizlik içinde evine döndü, artık tıp hayatı
bitmişti, burada kalmanın da bir anlamı yoktu.

Tarih 30 Nisan 1951. İran'da muhaliflerin sesi Musaddık meclis-
teki çoğunluğun oyunu alarak başbakan olarak seçilmişti, ülke
iki direksiyonlu bir yönetime geçmişti. Musaddık göreve gelir
gelmez ilk iş olarak üniversitelerdeki kadroları değiştirmişti, o
kadar ani olmuştu ki bu değişim öğrenciler bir sabah geldiğin-
de bütün hocaları değişmişti. Davut iki gün evden çıkmamış ne
yapacağını düşünürken kapı çaldı, gelen arkadaşı Amir'di. Kapı-
dan girer girmez Davut'a müjdeyi verdi: "Yeni başbakan iktidar
yanlısı bütün hocaları görevden aldı, başka yerlere atadı. Babür
Hoca da gitti."

Davut hakkında resmi olarak bir tutanak veya ceza yoktu, ta-
mamen Babür Hoca'nın şahsi çabasıyla okuması engelleniyordu.
Hızla ayağa kalktı, "Okula gidelim hemen, neler değişmiş gö-
relim" diyerek Amir'le birlikte okula gittiler. Okulda büyük bir
taşınma vardı, bütün odalar değişmiş yeni yeni yüzler, hocalar
etrafta dolaşıyordu. Hemen Babür Hoca'nın odasına çıktı, oda-
sındaki ismi çıkarmışlardı, Babür Hoca kâbusu bitmişti, onun

boşalan makamına hiçbir şeyden haberi olmayan başka bir hoca atanmıştı. Davut o seneyi araştırmalarına devam ederek geçirmiş, gönüllü olarak klinikte hasta ziyaretlerine eşlik etmişti. Notları artık resmi olarak sınıfta kaldığını gösterdiği için beklemek zorundaydı. Ertesi sene Davut derslerini toparlamış ve okulun gözdesi haline gelmişti, üniversite sonuna kadar yüksek notlarla sınavlarının hepsini verdi. Davut'un son sınıfta araştırmaları daha da derinleşmişti, mezuniyet günü bu işi kendi muayenehanesinde kendi bildiği yöntemle yapma kararı aldı, artık rahatlamıştı çünkü bu diplomaya ihtiyacı vardı, bu diploma onun için daha fazla hastaya ulaşabilme imkânı idi. Herhangi bir uzmanlığı seçmesine gerek yoktu, zaten bütün hastalıkların sebebini görebiliyordu ve hastalıkların çözümlerine odaklanma zamanı gelmişti. Bugüne kadar hastalıkların sebeplerini bulmayı başarmıştı, hastalığın hangi organdan kaynaklandığını görebiliyordu. Erken teşhisi yakalamayı başarırsa da bunun ne işine yarayacağı ile ilgili henüz tam bir çalışma yapamamıştı ancak artık özgürdü.

3. BÖLÜM

Antakya, 1986

Saadet aslında hiç istemediği bir evlilik yapmıştı. Henüz on altı yaşındayken evlendirilmişti, zengin bir müteahhit babanın kızıydı, babası bir anda iflas edince apar topar evlendirilmişti. Babası o kadar bonkör bir insandı ki, o kadar kişiye yardım etmeyi seviyordu ki sonunda tükenmez sandığı, bitmez sandığı varlığı bir imzayla sona ermişti. Bütün varlığını bir gecede yakın bir arkadaşına kefil olarak kaybetmişti, o güne kadar ailesini bolluk ve bereket içinde yaşatmıştı. Saadet evin tek çocuğuydu, bolluğu, bereketi yaşayarak on altı yaşına kadar gelmişti. Fakat öyle bir yokluğa düşmüşlerdi ki İhsan Ağa kızını hızla evlendirip kendince kızının hayatını kurtarmıştı, o kadar hızlı davranmıştı ki Saadet bile ne olup bittiğini anlayamadan kendini bir çocuk olarak görürken, bir adamın karısı olarak buluvermişti, üstelik bu fikri Saadet'in annesi Lütfiye de destekliyordu.

Saadet henüz bir genç kızken serpilmişti, mahallenin en gözde genç kızı olmuştu. Tam da o sıralarda İhsan Ağa'nın yanında marangoz olarak çalışan Sami Bey'in oğlu Kerim askerden henüz gelmişti. Kerim ilk günden beri Saadet'i çok beğenirdi, kendisinden yaşça çok daha büyük olmasına rağmen gözü başka bir şey görmüyordu Kerim'in. Sami ustanın altı tane çocuğunun en küçüğüydü, yokluk içinde yaşamış, okulunda çok başarılı olmuş okumuş bir çocuktu ve hiçbir zaman varlığı tatmamıştı. Kendi çabalarıyla, annesinin babasının haberi olmadan liseyi okumuş ve üniversiteyi kazanmış mühendis olmuştu, hatta üniversiteyi kazandığı zaman babası bilet parasını zar zor toplamış, İhsan Ağa da okumasına yardım etmişti. Üniversiteye gittiğinde her ne kadar İhsan Ağa ona maddi destek verse de hemen ek işlerde çalışmış, babası gibi bir marangoz atölyesinde iş bulmuştu. Babasından öğrendiği sanatı çok iyi yapmakla birlikte derslerini de aksatmamış, bu üniversiteyi bitirmeyi başarmıştı. İhsan Ağa inşaat işleri yaptığı için Kerim'in mühendis olması yönünde onu yönlendirmiş, okurken desteğini esirgememişti. Okul tatile girdiği dönemlerde ilkönce İhsan Ağa'nın kapısını çalar elini öpmeye gelir, sonra ailesinin yanına giderdi, bir nevi İhsan Ağa'nın manevi oğlu olmuştu. Bu ziyaretlerde Saadet'in yaşı küçük olmasına rağmen onun güzelliği dikkatini çekerdi.

Saadet küçük yaşına rağmen insanlara güvenmeyen, sürekli ailede huzursuzluk çıkaran bir kızdı. Kerim'in matematiği çok iyi olduğu için hem marangozlukta hem de mühendislik fakültesinde çok başarılı olmuştu, okulunu dört yılda yüksek dereceyle bitirip memleketine dönmüştü. Askere gittiğinde dönüş için işi hazırdı; İhsan Ağa'nın yanında mühendislik yapacak, belki de işlerin çoğunu devralacaktı. İhsan Ağa Kerim'e çok güvenirdi, ona daha üniversiteye ilk başladığı yıllarda bu teklifi yapmıştı, zaten İhsan Ağa olmasaydı Kerim mühendislik yapamazdı, bunun için sermayesi yoktu. Ancak işler ters gidince Kerim'in de planları suya düşmüştü, İhsan Ağa Kerim askerdeyken iflas etmiş oturduğu ev dışında hiçbir mal varlığı kalmamıştı. İhsan Ağa Kerim'e hissettiği suçluluk duygusuna istinaden onu Saadet'le evlendirmeye karar vermişti, üstelik eski çevresinden tanıdığı bir arkadaşının yanında ona iş bulmuştu. Lütfiye Hanım da Kerim'i evladı gibi severdi, kızının tanımadığı biriyle evlenmesindense, yakınında olması ve tanıdığı biriyle evlenmesi fikri ona da cazip gelmişti ancak Saadet'e kimse sormamıştı. Ancak Saadet'e kimse sormadı, doğal olarak bir çocuktu ve bu evliliği istemedi. Ne ara gelin kıvamına düşmüştü ağa kızı Saadet? Bir anda çocuk gelin olmuştu. Çok hızlı bir şekilde nişan, düğün yapıldı ve büyük çatışmalı evlilik orada başladı. Kerim hayatında verebileceği her şeyi Saadet'e verse de Saadet'e hep az geliyordu, çünkü Saadet zaten bu bollukla büyümüştü. Ve Kerim bu durumu anlamıyordu, elinden gelenin fazlasını yaptığı halde Saadet'i mutlu edemiyordu.

İlk zamanlar hamile kalsa da üç defa düşük yapmıştı, üç yıl sonra bir kız çocuğu dünyaya getirdi Saadet. Her hamile kaldığında içine bir korku düşüyor, düşük yaptığında mutlu oluyordu, ancak bu sefer düşürmemiş çocuğu doğurmuştu, ilk çocuğu dünyaya geldiğinde o kadar şaşkındı ki bebeğine içten içe bir nefret duyuyordu. İlk bebeğiyle birlikte kendini kapana kısılmış hissediyor, bunun suçlusu olarak bebeğini görüyordu. İlk bebeğin adını Rana koymuşlardı, Kerim annesinin ismini koymak istemiş Saadet şiddetle buna karşı çıkmıştı. O dönemin popüler ismi olarak bu ismi koymak konusunda diretmişti. Rana'ya hiç sevgi gösteremedi, hatta ağladığında bile onu kucağına almıyor, yalnız bırakıyordu. Bazen dövüyordu, tekme atıyordu, sinirleniyordu ve sonra kalbi acıyıp tekrar ona sarılıyordu.

Kerim'le o kadar farklı dünyalardan geliyorlardı ki evde her gün kavga oluyordu, evde dengeler hiçbir zaman oturmamıştı. Ne Kerim ne de Saadet hiçbir şekilde bu evliliğe adapte olamıyordu ama Kerim Saadet'e sevgiden çok bağımlılık geliştirmiş asla ondan ayrılmıyordu. Saadet ise düştüğü bu cendereden kurtulmaya çalışırken daha çok kapana kısılmış, çocuğu yüzünden çaresiz kalmıştı. Yıllarca bu durumla baş etmek zorunda kaldı, hiçbir zaman aşkı hissetmediği gibi, âşık olanlara nefret duymaya başlamıştı ve aklında hep boşanma fikri vardı. Her ay mutlaka kavga edip annesinin yanına gidiyordu, bu gidişler onun için nefes aldığı zamanlardı. Sonrasında Lütfiye Hanım ona kızıyor ve tekrar evine dönmek zorunda kalıyordu.

Evliliğin içinde çalkantılarla yaşarken ve her gün evlilikten nasıl kurtulacağını hesaplarken günlerden bir gün tekrar hamile kaldığından şüphelendi, regl kanamaları kesilmiş üstünden iki ay geçmişti. Bu sefer kesin kararlıydı; bir çocuk daha dünyaya getirmeyecekti. Bir çocuk daha dünyaya getirirse o evlilikten asla çıkamayacağını düşünüyordu, onun ölüm fermanı olacaktı bu hamilelik. Kimseye haber vermeden apar topar doktorun yanında aldı soluğu, doktor muayenesini yaptıktan sonra "Korkacak bir şey yok hamile değilsiniz. Sadece birkaç haftalık bir gecikme yaşamışsınız. Bunun dışında bir sorun yok" diyerek onu rahatlattı. Saadet sanki hapishaneden çıkan bir mahkûm gibi, özgürlüğüne kavuşmuş bir insan gibi, mutlulukla muayenehaneden çıktı. Fakat gel zaman git zaman karnı büyümeye başladı, Saadet panikle tekrar doktorun yanında aldı soluğu. Bu sefer doktor daha uzun bir muayene sonrası "Senden özür diliyorum embriyoyu görmemişim, maalesef hamilesin ve şu anda bu çocuğu alabileceğimiz bir durumda değilsin" diyerek kara haberi ona verdi. Saadet'ten daha çok doktor şaşırmıştı bu duruma, çünkü meslek hayatında böyle bir hatayı daha önce hiç yapmamıştı. Saadet o kadar yıkılmış, o kadar üzülmüştü ki "Sen ne biçim doktorsun, ben bu çocuğu istemiyorum! Bir doktor hamileliği nasıl görmez"? diyerek doktora isyan etti. Hiçbir şekilde bu çocuğu doğurmak istemiyordu. Çünkü bu çocuğu doğurmak onun için ölümle, mezara girmekle eşdeğerdi.

İlginç bir şekilde sanki bu çocuğun doğması gerekiyor, alınması mümkün olmasın diye garip bir kader yaşanıyordu. Yine Kerim'e söylemeden etrafındakilerden yardım isteyerek bu çocuğu düşürmek için değişik ilaçlar içti çok etkili olan ve neredeyse her kadında düşüğe sebep olan ilaçlar dahil hepsini denedi. Değişik hareketler yaptı, asılma hareketi, eğilme, kalkma, ağır taşıma hareketi hepsini denedi. Bu çocuğu istemiyordu. Fakat sanki dünyaya gelmeye ant içmiş gibi bu çocuk da ısrarla düşmüyordu. Ve Saadet oturup kaderine razı olmak zorunda kaldı, ağlaya ağlaya her gün bu çocuğun düşmesi için Tanrı'ya dua etti ancak bebek sanki ant içmiş gibi ısrarla düşmüyordu.

Hamileliğinin son ayına geldiğinde bir rüya gördü, bembeyaz kundakta bir bebek boynunda iple asılmış bir şekilde Saadet'e bakıyor ve yardım istiyordu, kısık bir sesle "Sana geleceğim, lütfen beni kabul et ve bunu kimselere duyurma" diyordu. Ve çocuğun gözlerinden yaşlar akıyordu. Saadet büyük bir korkuyla uyandı, adeta şok geçirmişti. Uyandığı halde bebeğin sesi kulaklarındaydı ve bu durum bir rüya değil sanki bir gerçekti. Yaşadığı bölgede sık sık reenkarnasyon hikâyelerine şahit olmuştu ve her seferinde enkarne olacak kişiler hamile annenin rüyasında onlara haber verirdi. Yatakta çığlık atarak uyandığında Kerim ne olduğunu sordu. O kadar korkmuştu ki adeta dili tutulmuştu. Sadece kötü bir rüya gördüğünü söyleyebildi. Bu durumu kimselere de anlatamadı, kaderine razı olmuş bir şekilde doğumu beklemeye başladı. Kalan aylarda bebekle ilgili hiçbir şey düşünmek istemiyordu ama artık bu bebeğin gelmesi gerektiğini hissediyordu. Sık sık aklından bebeğin boynundaki ipi geçiriyordu. Neden boynunda bir iple görünmüştü ona? Reenkarnasyon hikâyelerini çok dinlemişti insanların, bu yüzden aklına sürekli iple asılarak ölen birinin yeniden bedenlenmiş ve dünyaya gelmek için kendisini seçmiş olabileceği düşüncesi geliyordu. Fakat ilginç bir şekilde, sanki bebeğiyle sözleşmiş gibi bu sırrı kimseyle paylaşmıyordu. Bebeğinin annesi gibi hissetmiyordu kendini, sanki bir görev için seçilmişti ve itiraz hakkı yoktu. Gerçekten de itiraz edebileceği bir seçeneği olmamıştı.

Ve doğum anı geldi çattı. Çok kolay bir doğum oldu, sanki bebek nasıl doğacağını biliyor gibi her şey yolunda gitti. Çok kolay bir doğum olmasına rağmen bebek boynunda hafif mor bir ip iziyle doğdu. Zor bir doğum olsaydı veya kordon dolansaydı doktorlar bu durumu izah edebilirlerdi ancak hiçbir zorlukla karşılaşmadan doğan bu bebeğin neden boynunda bu iz vardı? Hiçbir doktor bu duruma bir anlam veremedi. Bir tek Saadet sebebini biliyordu; gördüğü rüyanın gerçek olduğunu, bebeğin iple asılan bir yaşam deneyiminden geldiğini adı gibi biliyordu. Ancak bu durumu kimselere anlatamazdı çünkü bebeğiyle sözleşmişti. Çocuğuna karşı bir annelik duygusu hissetmiyordu, çocuk dünyaya geldiği anda onu kucağına almak istemedi. Hatta kendi çocuğuymuş gibi de hissetmedi, çocuğu sarıp sarmalayıp annenin yanına verdiklerinde o kadar uzaktı ki çocuktan memesinden süt bile gelmedi çocuk annesinin memesini istiyor ancak süt gelmiyordu. Sütün gelmemesine bile seviniyordu. Çünkü bu bebeğin kendisinin bebeği olmadığını hissediyordu ve beyni de ona yardım ederek emmeyi yani memeden süt gelmesini durdurdu. Dünyaya aç bir bebek olarak geldi. Tabii ki o dönemin çok sağlıklı olduğunu düşündükleri mamalarla onu beslemeye başladılar. Ama Demir annesinin bu davranışını aslında bebek olarak seziyordu Ve böyle bir hikâyeyle dünyaya gelen Demir hayatı boyunca bu duyguyu sorgulayacaktı. Bu tohumun onun hayatını değiştireceğini kimse bilmiyordu, zaman içinde Saadet'in içinde annelik duygusu ve acıma duygusu ağır bastı. "O çaresiz bir yavrucak, benden başka ona bakabilecek kimse yok, onun bir günahı yok" diyerek içindeki o duygunun yerine şefkat ve annelik duygusu aldı. Ama Saadet doğum anında ve hamilelik döneminde çocuğuna yaşattığı travmadan habersizdi ve Demir her çocuk gibi normal bir hayat yaşayacak sanıyordu. Demir normal bir bebek değildi, bütün şartları zorlayarak anne rahmine tutunmuş ve bir görev için gelmiş gibiydi.

4. BÖLÜM

Antakya, 1997

Dışarıda deli gibi yağan bir yağmur inanılmaz bir gök gürültüsü. Demir altı yaşında, Saadet ve Kerim şehre ayda yılda bir gelen bir tiyatroya arkadaşlarıyla gitmeye karar vermiş ve o yıllarda Saadet artık bu evliliğin içinde kendini sosyal hayata adamıştı. Yardım kuruluşları, yardımseverler dernekleri, kadınlar kulübü, kadın toplantıları gibi bir sürü sosyal kulübe üye olarak evdeki hayattan kaçmaya çalışıyordu. Ve artık büyük çocuğu olan evliliğinin kelepçesini ilk hissettiği Rana'ya kardeşini emanet edip rahatlıkla her yere gidip geliyordu. Rana onun ilk prangasıydı ve bu yüzden ona hep öfke doluydu, bu öfke Rana'yı incitse de, annesinin sevgisini kazanmak için elinden geleni yapıyordu. Kerim de zaten Saadet'in isteklerini yerine getirmekten başka bir şey yapamıyordu. Çünkü hayatında tutunacak bir dal bulmuştu Saadet, sosyalleştikçe normalleşiyordu. Kerim'e katlanır hale geliyordu ama bir hafta evden çıkmazsa kıyameti koparıyor, kavgalar çıkarıyordu ve Kerim burayı hep destekliyordu başka türlü huzuru bulamayacağını anlamıştı. Gel zaman git zaman bu gece çıkmaları, toplantılara Kerim'i de katmıştı. Ve yine öyle bir günün gecesinde şehre bir tiyatro gelmişti. Saadet ve Kerim üst komşularıyla birlikte tiyatroya gitmişlerdi ve gittiklerinde inanılmaz bir yağmur başlamıştı. Gecenin bir yarısı Demir yatağında yatarken büyük bir gök gürültüsüyle uyandı ve koşarak anne olarak benimsediği Rana'nın yatağına gitti. Rana henüz on bir yaşında bir çocuk olmasına rağmen onu sakinleştirmeye çalıştı, inanılmaz bir yağmur yağıyordu, durmadan devam eden gök gürültüsü vardı. Bardaktan boşanırcasına yağmur yağması değil ama o gök gürültüsünün patlamaları karşısında Demir her seferinde kulaklarını kapatıyordu, böyle bir gök gürültüsünü daha önce duymamıştı ve bir şeylerin ters gittiğini düşünüp duruyordu. Rana'nın sakinleştirmesi yetmiyordu, çünkü Rana da korkuyordu ve bu korkusu fark ediliyordu. O da bu kadar büyük bir gök gürültüsüne şahit olmamıştı, bir yandan "Korkma bunlar normal" derken bir yandan kendisi de yorganın altına saklanıyordu. Bu durum yaklaşık bir saat kadar devam etti ve iki kardeş yorganı çekmekten başka hiçbir şey yapamadan sadece anne babalarının gelmelerini beklediler. Yataktan çıkmaya bile korkuyorlardı çünkü kendi içlerinde kurdukları hayali artık birbirlerine söylemeye başlamışlardı. Rana evdeki odalardan sesler geldiğini, Demir de evde bir ayının dolaştığını söyleyip duruyordu. Rana Demir'e saçmalama derken bir yandan da kendisi de bu duruma inanıyordu. Bir saat boyunca Demir kapıya bakarak kapının arkasında bir ayı olduğuna inanıyordu. Hatta kapının askısına asılan kıyafetleri ayıya benzetmişti ve gerçekten ikna olmuştu. Evde bir ayının olduğunu ve o ayının onlara saldıracağını söyleyip duruyordu. Hatta yataktan çıktığı anda paramparça olacağını düşünüyordu, ölüm korkusunu ilk defa tattığı yer orasıydı, yıllar sonra komik bir anı olarak anlatacağı bu olayın hayatında neleri değiştireceğini kendi de bilmiyordu.

Yaklaşık bir saat sonra anahtar sesi geldi, kapı açıldı ve Demir artık emin olmuştu ayının harekete geçtiğinden, acaba hangimizi önce parçalayacak diye düşünmeye başlarken anne ve babası içeri girip ışığı açtılar, gülerek çocuklara bakıyorlardı. Çocuklar tam bir saat işkence çekmişti. Kerim zaten hayatın içinde temel ihtiyaçlar dışında insanın hiçbir ihtiyacı olmadığını düşünen bir kişi olarak yaşamıştı, gülerek "Ya niye korkuyorsunuz? Yağmur bu" diyerek çocuklarla dalga geçmeye başladı Saadet annelik içgüdüsüyle çocukların yanına gelip onlara sarıldı. "Korkmayın ben buradayım" diyerek onları sakinleştirmeye çalıştı. Fakat o gün Demir'in hayatında bir şey olmuştu, uzun yıllar kendisinin de fark edemediği bir şey olmuştu. Ve bu fark edemediği şeyin hayata geliş amacı olduğunu bile yıllar sonra anlayacaktı. Saadet çocukların yatağına yatarak yanlarında on dakikalık zaman geçirerek onları sakinleştirdi ve yatağına gitti. Ama Demir rahat değildi, gece yarısı yaklaşık yarım saat sonra kalkıp tekrar annesinin babasının arasında odasına girerek arasında yatmak istedi. Saadet hemen kucağını açtı, Kerim'den kurtulmuş gibi hissetti o anda çünkü yataktan kaçmak için her şeyi yapan bir kadındı Saadet. Kerim sinirlendi, fakat Saadet hemen müdahale ederek "Çocuk çok korktu, bırak burada uyusun" diyerek onu da ikna etti. Ve Demir annesinin kollarına sarılarak huzurla uyumaya başladı. Demir o zamanlar anasınıfına yeni başlayacaktı, o yıllarda ilkokuldan önce kreşler yoktu, ilkokuldan önce ana sınıfları vardı ve anasınıfına bir çocuğu göndermek çocuk için çok büyük bir iyilikmiş gibi düşünülürdü. Hoş anasınıfı gerçekten faydalıydı ama Saadet bunu daha çok bir moda gibi algılayarak göndermişti, ayrıca kendisi için de daha çok sosyalleşmek anlamına geliyordu. Çünkü Saadet'in hayatında sosyalleşmek o kadar önemliydi ki hayatın içinde ne kadar sosyalleşirse o kadar kendinden kaçabiliyordu. Çok kalabalık bir arkadaş grubu vardı ve arkadaş grubunda bir şey yapılırsa geri durmuyordu. Kerim'in ekonomik gücü izin vermese de bunu yapmak için bazen sıkışıyorlardı. Örneğin bir gezi olduğu zaman ilk başta Saadet gidiyordu. Herkes çocuğuna yeni bir şey alıyorsa yine grubun başını Saadet çekiyordu. Mutlaka grubun içinde olmak zorundaydı, gruptan çıktığı anda ölecek gibi hissediyordu.

Anasınıfının ilk günü. Annesi Demir'e yeni kıyafetler almıştı ve tabii ki şehrin en görkemli anasınıfına gönderecekti onu. Çünkü grubuna rezil olamazdı. Ve o zamanlar tek tük anasınıfı vardı. Bir tanesi çok gözdeydi, Gazipaşa İlkokulu'nun anasınıfına göndermeye karar verdi onu. Yer Antakya. Demir annesinin onun için bu kadar özene bezene kıyafet aldığını ilk defa görüyordu, ne olduğunu çok da anlamıyordu, düğün gibi bir şeye gideceğini sanıyordu. Annesi Demir'e birkaç tane. çocuklara özel takım elbiseler, tişörtler, gömlekler, değişik değişik ayakkabılar almıştı. Tabii her zamanki gibi Kerim bu alışverişe önce bağırıp kükreyerek sinirlenmiş, sonra Saadet onu bir gece romantik bir geceyle yatıştırmıştı. Çünkü hayatı boyunca istediği her şeyi böyle elde ediyordu, Kerim'e romantik bir gece hediye ederek bir ay sakin kalmasını sağlıyordu. Anasınıfın ilk gününde annesi Demir'e eşlik etti Demir ilk defa bu kadar çocuğu bir arada görüyordu, çocukluğu boyunca kuzenleri dışında kimseyle çok da oynamamıştı ve anasınıfının kapısından girdiği anda okulun nasıl bir yer olduğunu biraz anlamıştı. Bütün çocuklar Demir'den önce gelmiş ve tek başlarına orada oturuyorlardı, Demir'in annesi de onu sınıfa bırakıp kapıya yöneldiğinde Demir bir panik yaşadı. Çünkü ilk defa bu kadar kalabalık bir toplulukta yalnız kalacaktı.

Anasınıfı öğretmeni Nurten Hanım önceden uyarılmıştı; Saadet Hanım'ın çocuğu olarak özel bir ilgi gösterilecekti ve Nurten Hanım direkt olarak Demir'i kucağına aldı. Nurten Hanım'ın anne gibi kokan ve sevecen kucağını hissetti Demir. Annesinde hissetmediği kadar şefkatli davranıyordu ve çok güzel kokuyordu. Ve orada kalabileceğini düşünerek annesine el salladı. Fakat Nurten Hoca on dakika sonra onu kucağından indirmek zorunda kaldı, çünkü diğer çocuklarla da ilgilenmek zorundaydı. Ama Demir o anda sınıfın en özel çocuğu olduğunu sanıyordu. Nurten Hoca'ya baktığı zaman ilk defa hayatında birine baktığında hissettiği bir şeyi hissetti. Nurten Hoca'nın etrafında altın rengi sarı bir halkayı görmeye başladı. Altın rengi bir halka, Nurten Hanım sanki bir yumurtanın içinde hareket ediyordu. Hayatında ilk defa bağ kurduğu biriyle ilgili olduğunu çok sonra öğrenecekti ama Demir Nurten Hoca'nın bir garipliği olduğunu düşünmüştü o yaşta ve biraz da çekinmişti. Nurten Hoca ona her yaklaştığında bir adım geri atmaya başlamıştı. Hem onu çok seviyor kucağına gitmek istiyor, hem bir taraftan da korkuyordu. Elinde olmadan onunla bir bağ kurmuştu. Titreşimleriyle ilgili olduğunu da çok sonra öğrenecekti. Gel zaman git zaman bu sarı halkanın varlığına alışmıştı. Nurten Hoca'nın bir parçası olarak görmeye başladı onu ve onunla bağını devam ettirdi, sınıf içinde arkadaşları arasında çok fazla yalnızdı. Çocuklara yaklaşmaya çekiniyordu ve Nurten Hoca her teneffüste onun yanına geliyordu, kucağına alıyordu. Yemeğini yediriyor ve bir şekilde annelik yapıyordu. Başlarda Saadet Hanım'ın isteğiyle özel ilgi göstermeye çalışmışsa da sonradan Nurten Hoca da Demir'le gerçek bir bağ kurmaya başlamıştı. Çünkü Demir'in ona teslimiyetini hissetmişti ve onun da bir çocuğu yoktu, çocuğu gibi hissetmeye başlamıştı. Ve Demir anasınıfının o yalnızlık dönemini Nurten Hoca sayesinde çok keyifle atlattı. Ama hiçbir arkadaşıyla bağ kuramadı. Ve arada sırada Nurten Hoca Saadet Hanım'ı okula çağırarak Demir'in hiçbir arkadaşı olmadığını, hiç kimseyle sohbet etmediğini, hiçbir şekilde oyunlara katılmadığını anlatıp duruyordu. Saadet Demir'in psikolojisiyle ilgilenmiyordu. Arkadaşlarına rezil olduğu bir yer olduğunu düşünerek Demir'e kızıyor ve hakaret ediyordu. Onun geri zekâlı olduğunu, insanlardan niye kaçtığını anlamadığını, aptalca bir şey yaptığını söyleyip duruyordu. Ama bunlar Demir'i insanlardan daha da uzaklaştırıyordu. İşin kötüsü Demir "Keşke Nurten Hoca benim annem olsaydı" diye içinden geçiriyordu. Her seferinde annesinin varlığından sıkılıyordu, hatta onun gerçek annesi olmadığını düşünüyordu, hissettiği duygu bir çocuğun anneye duyduğu his gibi değildi.

Gel zaman git zaman anasınıfı dönemi bitti ve anasınıfında küçük bir gösteri yapılmasına karar verildi. Tabii ki Nurten Hoca organize ettiği için Demir de bu gösteride başrol oyuncusu olarak oynatacaktı. Oyun gereği Demir bir ata binecekti. At gerçek bir at değildi. Çocuklar bir at kuklasının içine girmişlerdi, Demir bunun üstüne binecekti, bir düğün sahnesi canlandıracaklardı. Demir damatlık giyecekti ve bir de gelin olacaktı. O dönemlerde yılın sonuna gelinmesine rağmen Demir hiçbir şekilde kimseyle bağ kurmuyordu Arkadaşlarının ilgisini çekmeye başlamıştı. Çünkü Nurten Hoca her yerde Demir'i ön plana çıkarıyordu ama Demir kendince bunun annesi kaynaklı olduğunu, aslında kimsenin onu sevemeyeceğini düşünüyordu. Nurten Hoca da dahil hiç kimsenin onu sevemeyeceğini düşünüyor, neden böyle düşündüğünü de bilmiyordu. Gösteri günü yaklaşmaya başlamıştı. Provalar başlayacağı gün Nurten Hoca Demir'in elinden tutarak onu spor salonuna indirdi. "Sen..." dedi. "Böyle bir oyunda damat olarak oynayacaksın." Ve bir kız çocuğunu gösterip "Bu da gelin olacak" dediği anda Demir gelin rolündeki kız çocuğuna baktı, ani bir şok geçirdi. Çünkü gelin olarak gösterdiği kişinin de etrafında aynı halkadan vardı. Buna bir anlam veremedi doğal olarak, insanların etrafındaki sarı halkayı bir tek kendi mi görüyordu bilemiyordu, hiçbir arkadaşıyla da sohbet etmediği için bunu kimselere soramıyordu. O günün akşamı eve geldiğinde ablasına ilk defa açıldı. "Ablacığım..." dedi. "Bazı insanlar sarı halkayla geziyor, bunun sebebi nedir?" Rana o anda Demir'in şaka yaptığını düşündü. "Çok film izliyorsun, bence birazcık derslerine bak. Filmlere o kadar kapılma, onlar sadece film" diyerek geçiştirdi. "Ablacığım ben Nurten Hoca'nın etrafında bir halka görüyorum, sarı bir halka görüyorum, yumurta şeklinde bir halkayla dolaşıyor. Ve aynı halkayı bugün tiyatroda gelin rolünü oynayacak kızda da gördüm. Bunu film izlemekle ilgisi yok, herkesin halkası var mı?" diye tekrar sordu. Rana panik olmuştu, zaten Demir'in içine kapanık bir çocuk olduğunu biliyordu ve onun hayal gördüğünden emindi. Küçük yaşında Rana'ya çok fazla sorumluluk verilmişti.

Bunu annesine babasına anlatıp anlatmamak arasında tereddüt etti ve Demir'e sordu. "Nasıl bir halka bana tarif et?" dedi. Bir kâğıt çıkardı. "Buraya çizer misin?" dedi Demir çizebildiği kadarıyla Nurten Hoca'nın karakalem resmini çizip etrafındaki halkayı gösterdi. "Tam da böyle bir şey" dedi. Rana gülümseyerek, "Bu yeni bir oyun mu aranızda oynadığınız? Çocuklar arasında oynuyor musunuz bunu?" diye sordu Demir'e. İlginç olan Demir Rana'da o halkayı görmüyordu ki Rana'yla arasında bir bağ vardı.

"Hayır..." dedi. "Kimseye söylemedim, ilk defa sana söylüyorum." Rana, "Bu aramızda bir sır olarak kalsın, bunu bence şimdilik kimseye anlatma" dedi.

"Neden?" dedi Demir. "Halkalı insanlar, kötü insanlar mı? Sen hiç görmüyor musun halkalı insanları?" Rana Demir'i yatıştırmak için "Ben de bazen görüyorum ama söylemiyorum çünkü insanların bazıları görmüyor, görmeyenleri ikna edemezsin ve senin hasta olduğunu düşünürler" dedi.

Bu Demir'e mantıklı gelmişti. Aralarında bir sır olarak bunu saklamaya karar verdiler ve Demir gerçekten kimseye de söylemedi o dönemde bu durumu.

Gel zaman git zaman gösteri günü geldi çattı. Demir gelin rolündeki Yasemin'le sohbet etmeye başlamış arkadaşlığını ilerletmişti, okulda sohbet ettiği tek arkadaşı olmuştu. Demir'e bir damatlık giydirildi, Nurten Hoca her zamanki gibi Demir'i kendi çocuğuymuş gibi hazırladı. Provalarda Demir gayet başarılıydı, zaten yaptığı tek şey atın üstüne binip gelini atına almak ve gitmekti ama veliler çocukların böyle bir gösteri yapmalarını çok önemsiyorlardı. Gösterinin sahneleneceği gün Demir yine Yasemin'in etrafındaki halkayla Nurten Hoca'nın halkasını düşünmeye başladı, artık bunun kimseye söylenmemesi gerektiğine ikna olmuştu. Aslında asık suratlı bir çocuk olmasına rağmen Demir, biraz gülümsemeyi başararak bu sahneyi gerçekleştirdi ve çok büyük alkış aldılar.

Bu gösteri artık anasınıfının bittiğinin habercisiydi ve yalnız başına bir yıl geçirmişti Demir. Hâlâ bir arkadaşı yoktu, Nurten Hoca'nın zorlamasıyla sınıf arkadaşlarıyla vedalaştı. Bir tek Yasemin'le vedalaşırken üzülmüştü çünkü onu bir daha ne zaman göreceği belli değildi, okuldaki tek arkadaşı oydu ve anasınıfından kalan tek hatırası gördüğü halkalardı. Hayatına bu iki tane halkanın görüntüsünü katarak o anasınıfından ayrıldı. Yaz dönemi geldiğinde her zamanki gibi Saadet'in ısrarıyla Kerim yazlık bir ev tutmuştu. Antakya'ya yakın olan Samandağ kasabasında o tuttukları yazlık eve yaz döneminde yerleştiler, Saadet yaptığı çoğu şeyi arkadaş grubunun hatırına yapıyordu ve arkadaş grubunun en yoğun olduğu sitede bir yazlık ev tutturmuştu. Kerim'in durumu zor olmasına rağmen itiraz edemiyordu çünkü Kerim biliyordu ki Saadet bu durumda kıyameti koparır. Böyle bir şeye mahal vermemek için tereddütsüz olarak kabul etti. Yaz dönemi boyunca kışın olduğu gibi Demir yine yapayalnız ve arkadaşsız bir dönem geçirdi. Rana'nın birkaç arkadaşı vardı ama Demir'in hiç arkadaşı yoktu ve o yazlık evde deniz kenarındaki taşlardan başka hiçbir sosyal hayatı yoktu. Sabah uyandığı zaman ailece denize giriliyor, Kerim hafta sonları geliyordu, hafta içi Antakya'ya dönmek zorunda kalıyordu. Öğlen güneş tepeye çıktığı zaman denizden dönülüyor, apar topar duşa giriliyor ve Saadet bağıra çağıra çocukların yerleri kirletmemesi için fırça çekip duruyordu. Ve Demir şuna anlam veremiyordu: "Biz bu yazlık eve geldiğimiz günden beri annem bağırıp çağırıyor, Antakya'da daha huzurluyduk, orada da öfkeliydi ama bu kadar bağırıp çağırmıyordu. Üstelik burada görev gibi her gün denize gidip gelmek zorundayız, bunun amacı nedir?" diye kendine sorup duruyordu. Ve Kerim her hafta sonu geldiğinde Saadet'le illa ki tartışıyorlardı, Saadet inanılmaz dominant bir karakterdi, Kerim de çok öfkeliydi. Ama Kerim biliyordu ki bütün savaşları Saadet kazanacaktı, en azından vuruşmayı deniyordu ve her seferinde bir iki gün direniyordu, iki gün sonra Saadet'in küçük bir operasyonuyla yelkenleri indiriyordu.

Kerim bir hafta sonu eve geldiğinde Saadet çocuklardan şikâyet etmeye başlamıştı "Ben bu çocuklarla baş edemiyorum, bana bir tane yardımcı lazım" diye. Kerim her zamanki gibi önce itiraz etti ama çok iyi biliyordu ki bunu da yapmak zorundaydı. "Yazlık ev dedin tamam dedim, gezilere gideceğim dedin, tamam dedim. Evde bütün gün bir şey yapmıyorsun. Çocuklarına da bakamayacaksan hiçbir işe yaramıyorsun!" diye bağırıp çağırınca Saadet kıyameti kopardı tabii ki. Çok sürmedi, ikinci günün sonunda yardımcı bakmaya başladılar ve eve bir yardımcı küçük bir kız çocuğunu getirdiler. Yardımcı dedikleri çocuk da aslında bakıma muhtaç bir çocuktu. Ama Samandağ'ın köylerinden durumları iyi olmayan aileler genellikle ergenlik yaşında çocuklarını bu şekilde çalıştırıyorlardı. Tanıdık bir ailenin yardımıyla bu konuyu da hallettiler ve Demir hayatında ilk defa aslında bir arkadaş edinmişti. Gelen çocuk Demir'den dört beş yaş büyük bir kız çocuğuydu. Adı Sıdıka'ydı, sohbet edebileceği bir insandı, üstelik evlerinde kalıyordu ve garip bir şekilde gelen kız çocuğunun da sarı bir halkası vardı.

Demir gittikçe bu durumdan tedirgin olmaya başlamıştı. Neden böyle bir halka gördüğüne bir türlü anlam veremiyordu. Ve çok garip bir şekilde bu sarı halkayı taşıyan kişilerle sadece iletişime girebiliyordu. Sıdıka eve geldiği gün onunla sohbet etme isteği hemen oluşmuştu. Bu durumun bir açıklaması olmalıydı ve gittikçe açıklayabilir hale de gelmişti Demir. Çünkü hayatında sadece üç kişide gördüğü bu sarı halkayı taşıyan kişilerle sohbet edebiliyordu, bunun bir sebebi olmalıydı ve aynaya defalarca bakarak eski fotoğraflarına defalarca bakarak kendisinde bu halkanın olup olmadığını görmeye çalıştı, kendisinde göremiyordu bunu. Yaz dönemi boyunca onlarda kalacaktı

Sıdıka. Demir'in hayatıyla ilgili sorular soruyordu ve Demir'le herkesten farklı olarak ilgileniyordu. Sıdıka'yla çok güzel sohbetleri oldu, onun köy hayatını anlatmasını istiyordu sürekli Demir. Sabah kalkıp ne yaptığını, hayvanlara nasıl baktıklarını tarlaya çıktıklarında ne yaptıklarını... Her şeyi anlattı ona Sıdıka. Hayatında belki de ilk defa bu kadar sohbet edebildiği bir arkadaşı olmuştu.

Yaz döneminin sonuna kadar tek arkadaşı olan Sıdıka'yla sohbetlerini ilerletmişti, fakat yaz bittiği zaman Sıdıka'yı ailesine geri göndermek zorundaydılar çünkü okula gidecekti. Demir hayatında ilk defa bir ayrılık acısı yaşıyordu, yaz döneminde sohbet edebileceği kendini anlatabileceği ve hayatını merak ettiği tek arkadaşından olmuştu. Havalar bozmaya başlamıştı. Kara bulutlar sık sık dolaşmaya başlamıştı ve eylül ayının sonunda yazlık evden Antakya'daki evlerine taşındılar. Demir yine eski hayatına geri dönmüştü fakat hayatında yeni bir hareket vardı çünkü ilkokula başlayacaktı ve tabii ki annesi anasınıfında yaptığı gibi ilkokula başlarken de Demir'e kıyafetler aldı. O zamanlar siyah önlükler vardı. Üç dört tane siyah önlük aldı ve asla aynı önlüğünü ikinci gün giydirmeyecek şekilde organize etti kıyafetlerini. Bütün bunlar olurken Demir'in yeni okula başlamakla ilgili en ufak bir heyecanı yoktu. Sadece yeni bir ortama girmenin korkusunu yaşıyordu.

İlkokulun ilk günü anasınıfındaki gibi olmadı. Okulu anasınıfına gittiği okulun bünyesindeki bir binadaydı ve okula gittiği gün doğal olarak Nurten Hoca'nın yanına koştu. Nurten Hoca yeni çocuklarla ilgilenmek zorundaydı. Ama yine de Demir'i ihmal etmedi kucağına aldı. Fakat sınıfına gitmelisin diyerek elinden tutup onu sınıfına götürdü. Sınıfına girdiği anda ilkokulun anasınıfından ne kadar farklı olduğunu anladı, her yer siyah önlüklü çocuklarla doluydu. Üstelik yaşlı bir öğretmeni vardı. Makbule Hoca yüzünde çizgileri olan sert mizaçlı bir kadındı. Zaten çok hassas bir yapısı olan Demir Makbule Hoca'ya hiçbir zaman ısınamadı. Tabii ki Makbule Hoca da tıpkı Nurten Hoca gibi gerekli uyarıyı almıştı. Ve Demir'e özel ilgi göstermeye çalışsa da Demir bu ilginin gerçek olmadığını fark edecek kadar duyarlıydı. İlkokul hayatı boyunca hiçbir zaman öğretmenini sevemedi aynı anda, okula gittiği hafta Demir'in inanılmaz baş ağrıları başladı. Bunu annesine ilk söylediğinde annesi okuldan kaçmak için olduğunu düşünerek önemsemedi, ama Demir çok ciddi baş ağrısı çekiyordu. Yedi yaşında bir çocuğun başının bu kadar ağrıması normal miydi bilemezdi fakat babasına, annesine herkese söyleyip duruyordu. Babası her zamanki gibi çocuklarla ilgili her şeyde topu annesi Saadet'e atıyordu Saadet de etraf süzgecinden geçiriyordu. Etrafa rezil olur muyuz olmaz mıyız süzgeci onun için en büyük süzgeçti, ta ki Demir bu durumu okulda öğretmenine söyleyene kadar kimse ciddiye almadı.

Bir tek ablası Rana ciddiye aldı ama Rana da söz geçiremiyordu. Sınıfta Demir'in sürekli başını sıraya dayamasından ve derslere katılamamasından şüphelenen Makbule Hoca Demir'i çağırdı, "Neyin var?" diye sordu. Demir ona anlatmak zorunda kaldı. "Benim başım çok ağrıyor, anneme söylüyorum hiçbir şey yapmıyor. Ama benim dersleri dinlemem mümkün değil. Sürekli başımı dayamak istiyorum" diyerek ona derdini anlattı ve Makbule Hoca yapması gerekeni yaparak Saadet'i okula çağırdı. Saadet Demir'in baş ağrılarından çok, böyle bir durumun kendisine iletilmiş olmasına rağmen hiçbir şey yapmamasının ortaya çıkmasından dolayı düştüğü durumdan çok sinirlenmişti ve öğretmene "Hiçbir zaman bana böyle bir şikâyette bulunmadı. Teşekkür ediyorum" diyerek kibarca, nazikçe duyarlı anne rolünü oynamaya devam etti. Ve Demir'i okuldan o gün aldı, yolda başı ağrıyan Demir'i kafasına vura vura eve kadar götürdü. "Beni rezil ettin. Böyle bir şeyi niye öğretmene söylüyorsun?" diyerek bağırıyor ve hâlâ Demir'in baş ağrısıyla ilgilenmiyordu. Fakat Demir'in başı o kadar ağrıyordu ki sadece bu ağrıdan kurtulmak istiyordu. Tabii ki böyle bir durum artık duyulduğu için duyarlı anne Saadet hemen onu doktora götürdü. Ve tabii ki tanıdık bir doktordu ve duyarlı bir anne olduğunu ispat edebileceği bir doktordu. Kulak burun boğaz doktoruna götürdü. Doktor Kerim'in arkadaşıydı, Kerim'le Saadet'in çevresi çok genişti. Tanımadıkları kimse neredeyse yoktu çünkü Saadet her türlü toplantıya katılıp kendini ve Kerim'i herkese tanıtmıştı. Doktor Demir'i iyice muayene etti, o zamanlar sadece film çekmek dışında bir teşhis yöntemi yoktu. Filmde de hiçbir şey çıkmadı, doktor onu bir göz muayenesinden geçirmesi gerektiğini söylemişti. Daha sonra göz doktoru, nöroloji, dahiliyeci, bütün doktorlar kontrol etti ve Demir'in baş ağrısının sebebini bulamadılar. Bunun üzerine doktor "Çok ağrısı olduğunda şu ilacı verebilirsiniz" diyerek bir aspirin yazmıştı ve Demir o yaşta ağrıkesici bağımlısı olmuştu. O zamanlar aspirin dışında çok fazla seçenek yoktu ona da aspirin vermişti. Aspirin ağrısını kesiyordu ancak çok sık başı ağrıyordu ve küçücük yaşında ilaç bağımlısı olmuştu. Fakat Demir o ağrıdan aspirinle kurtulduğu için o kadar mutluydu ki gizli gizli neredeyse her gün o ilacı içmeye başladı. Zaten sabahları çocuklar uyandığı zaman Saadet Rana'ya bir görev vermişti. Rana kahvaltıyı hazırlar, Demir'i giydirir, çoğu zaman da okula bırakırdı. Saadet hiçbir sabah çocuklarını okula uğurlamazdı zaten. Demir sütten nefret ederdi, Rana'nın bilgisi dahilinde her sabah o süt bardağı doldurulur ve Demir onu lavaboya dökerdi, tost yapmayı da beceremediği için birkaç parça kalanını hep birlikte yok ederlerdi. Anneleri çocuklarının her sabah kahvaltı ettiğini düşünerek rahat rahat uyurdu. Zaman içinde Demir'in baş ağrıları artık artarak devam etti. Bu durumun normal olmayan bir durum olduğunu Saadet'in ve Kerim'in kabul etmesi yaklaşık bir yıl sürdü, bir yılın sonunda Demir'i büyükşehirlerdeki hastanelere götürdüler. Ve Demir o yaşta cebinde gizli gizli yuttuğu ağrıkesicilerle yaşıyordu, gizli alıyordu çünkü doktor fazlasını yasaklamıştı. Ama buna mecburdu çünkü konuşurken bile başı ağrıyordu, inanılmaz bir ağrıydı bu. Yapılan bütün muayeneler sonucunda yine bir şey bulunamadı, sadece bir tane doktor bunun göz bozukluğundan kaynaklanmış olabileceğini ve bir gözlük takması gerektiğini söyledi... O yıllarda öyle hafif gözlükler de yoktu, metal ağır gözlükler vardı. Göz doktoruna gittiği gün doktor onda hipermetrop ve astigmat olduğunu söylemişti. Hayatında duymadığı bu terimlerin ne anlama geldiğini de bilmiyordu Demir. Hızla Demir'e göz numarasına göre gözlük aldılar, gözlük takma fikri ilk başlarda cazip gelmişti, bakışlarını bir gözlüğün arkasına saklamak onun içine kapanık dünyası için konforlu olabilirdi. İlk başlarda cazip gelse de gözlük takmaya başladıktan sonra koşup oynarken gözlüğüne sürekli dikkat etmesi zorunluluğu zamanla sıkıntı vermeye başladı. Ayrıca akşamları burnuna çöken gözlüğün ağırlığıyla çok rahatsız olmaya başladı ve tabii ki gözlüğünü çıkardı. Bu durum öğretmeninin dikkatini çekti, defalarca uyarmasına rağmen Demir gözlüğünü takamıyordu.

Makbule Hoca ailesine haber vererek "Demir gözlüğünü takmıyor" diye şikâyet etmişti. Demir'in hayatında yeni bir pranga vardı artık, gece televizyon izlemesi halinde oturma saatinde her durumda gözlüğünü takmasını istiyordu annesi babası. Ve Demir burnunun acıdığını, hatta bunun yara olduğunu söylemesine rağmen onu dinlemiyorlardı. Çünkü doktor bu gözlüğü takarsa baş ağrısı geçecek demişti, kaldı ki baş ağrısı geçmemişti. Aylarca o gözlüğü taktı, kurtulamadığı bu baş ağrısıyla aslında ilaçlarla idare ediyordu. Annesine babasına gözlüğün hiçbir işe yaramadığını söylemesine rağmen yine onu dinlemiyorlardı, bir kapana kısılmıştı takmak zorundaydı ama hiçbir işe yaramıyordu. Eskiden baş ağrısı olduğunda ilaç alıyordu. Şimdi bir de gözlük ağrısıyla uğraşmak zorundaydı.

Bu durum başladıktan iki yıl sonra bir gece uykuya dalmak üzereyken yine baş ağrısı tuttu. Artık başı ağrıdığı zamanlar kimseye haber vermeden kalkıp ağrıkesici ilacını içip yatıyordu. Bütün tetkikleri yaptıran Kerim Demir'in şımarıklık yaptığını düşünüyordu, Saadet da zaten bu durumu etraf umursamadığı sürece çok umursamıyordu. Demir bu ağrıdan kurtulmak için ne yapacağını düşünüp duruyordu, kimseden yardım alamıyordu. Sadece bu durumu Rana'yla paylaşabiliyordu, Rana da artık bunu duymaktan yorulmuştu. Ona sadece zamanla geçeceğini idare etmesi gerektiğini söylemekten başka bir çözüm bulamıyordu. Gel zaman git zaman bu ağrılarla baş edemeyen Demir bir gece uykuya dalarken yine başının ağrıdığı bir gece ilacını içti, fakat o gece "Allahım ne olur beni bu ağrıdan kurtar. Ben bu ağrıyla yaşayamıyorum bu ağrı dayanılmaz bir ağrı. Bana yardım et. Ne yapacağımı bilmiyorum" diyerek küçük bir dua etti. Ağrıkesici ilacını içti ve uykuya daldı, dua etmeyi bilmiyordu, duanın ne anlama geldiğini bile bilmiyordu, enerji alanını bilmiyordu, ruh rehberlerini bilmiyordu. Fakat o kadar kalpten bir dua etmişti ki o gece rüyasında kendini bir zaman tünelinde gördü. Ve birkaç kişide gördüğü o sarı halkanın kendisinde de olduğunu gördüğü bir rüyaya girdi. Evet onun da etrafında bir halka vardı; sarı şeffaf bir halka. Hatta bu bir halka değildi, şeffaf bir yumurtanın içindeydi ve kendini bir zaman tünelinin içinde yolculuk yaparken gördü. Tünelde yürüyordu rüyasında, tünelin içinde yürürken geriye doğru geçmişe doğru gidiyordu. Zaman tünelinde doğruca altı yaşında gök gürültüsünün koptuğu anıya gitti, o çok korktuğu yağmurlu geceye doğru gitti ve zaman tünelinde orada o anın korkusunun bu baş ağrısıyla ilgili olduğunu biliyormuşçasına tünelde o anısını tekrar yaşadı, başının ağrısının arttığını fark etti. O anın korkularını temizledi, her şey kendiliğinden oluyordu, bu çalışmayla ilgili hiçbir bilgisi yoktu. Bu durumun o günün korkusuyla ilgili hiçbir bilgisi yoktu. Sanki çok iyi bildiği bir şeyi yapıyormuş gibi zaman tünelinde altı yaşına gitti. O sahnedeki korku içindeki Demir'in korkularını temizledi ve zaman tünelindeki o yarayı tamir etti. Tekrar geriye doğru gittiğinde kendisini annesinin karnında gördü, anne karnına gidene kadar bir zaman tüneliydi bu ve tünelin son durağında annesinin karnında aynı korkuyu babasıyla kavga eden annesinde gördü. Annesini neden gördüğünü bilmemekle birlikte kendiliğinden bir şeyler oluyordu. Ama rüyasında otomatik bir şekilde anne karnında annesinin yaşadığı, Kerim'in ona çok bağırıp çağırdığı bir anda o korkuyu temizledi, nasıl temizlediğini kendisi de bilmiyordu. Ve zaman tünelinde tekrar bugüne doğru gelmeye başladı. Şimdiki yaşına doğru yavaş yavaş gelerek görevini tamamladı. Rüyasında bu görevi ona kimin verdiğini, neyi temizlemesi gerektiğini, neden böyle bir yolculuğa çıktığını hiçbirini bilmiyordu, yaptığı tek şey rüyaya teslim olmaktı. Çünkü yardım istemişti, yardıma ihtiyacı vardı ve kalpten bir yardım istemişti.

Daha sonra bugüne gelerek zaman tünelinde görevini tamamladı. Uyandığı zaman ilk on on beş dakika bu rüyayı hatırladı, çok önemsemeyerek günlük yaşamına devam etti. Tabii ki gece ağrıkesici alarak uyuduğu için bir baş ağrısıyla uyanmadı ama biliyordu ki biraz sonra okula gidecek, birinci veya ikinci derste yine başı ağrımaya başlayacaktı. Artık bu onun için rutin olmuştu, hatta rüyasını bile hatırlamayarak gidecekti okula, giyinirken gördüklerinin diğer rüyalarla benzer bir rüya olduğunu düşünerek, çok önemsemedi rüyasını. Yüzünü yıkadı, Rana her zamanki berbat tostları yapmıştı, sütünü doldurmuştu, sütünü lavaboya özenle döktü, tostan birkaç lokma yiyerek kalan tostunu yok etti. Çöpe atmıyordu çünkü annesi yakalardı, kalanını cebine koyup yolda çöpe atıyordu. Okula gittiğinde baş ağrısının gelmesini bekliyordu, üçüncü ders geçti, Demir enerjik hissediyordu hem de başı ağrımıyordu ama bu durum arada oluyordu, nadiren de olsa oluyordu. Son derse geldiler ve hâlâ bir ağrı yoktu. Üstelik Demir kendini hafiflemiş hissediyordu. Garip bir şekilde vücudunda bir hafiflik hissediyordu, o gün ne olduğunu hiç anlayamadı.

Akşam oldu eve döndü, tabii ki gözlüğünü çıkarması yasaktı, diğer gün, ertesi gün bir hafta, bir ay, altı ay geçti, Demir'in bir kere bile başı ağrımadı. Ne olduğunu hâlâ hatırlamıyordu ve anlamıyordu ama annesine babasına artık gözlük takmak istemediğini, baş ağrılarının geçtiğini söyleyip duruyordu. Bir süre sonra onlar da bu duruma ikna oldular ve Demir gözlüklerini çıkardı.

Hayatında üç kişide gördüğü o sarı halkayı o dönemlerde hiç kimsede görmüyordu, sadece kendi kendine ettiği dua geliyordu aklına. Bir gece dua etmişti, yalvarmıştı Tanrıya ve o geceden sonra başı ağrımamıştı. Tamamıyla iyileşmesinin bununla bir ilgisi olmalıydı, gördüğü rüyayı asla hatırlamıyordu. Fakat çok mutluydu, nasıl iyileştiğiyle de çok ilgilenmiyordu, çünkü o iğrenç baş ağrısından kurtulmuştu.

5. BÖLÜM

İran, Tebriz, 1955

Okuldan ilk mezun olduğu dönemlerde oldukça bunalmış hissettiği için Davut memleketi Tebriz'e döndü. Çocukluğunun geçtiği bu şehirde dolaşmak ona iyi geliyordu. Tebriz'de evinin yakınlarında çok bilinen bir türbe vardı, burada eski bir şifacının mezarının olduğuna inanılırdı. İnsanlara şifalı olabilecek yöntemlerin arayışı devam ederken bir gün evin yakınındaki türbeye gitti, küçükken de gittiği bir yerdi burası. Kapıdan girdiği anda eskisinden çok daha farklı bir şey hissetti, bütün vücudu elektriklenmişti adeta, o gün saatlerce türbede kaldı, adeta içeride şifalanıyor gibiydi, ruhunun bütün acıları dinmişti burada.

Okulunu henüz yeni bitirmiş diplomasıyla ne yapacağını bilmeyen bir gençti artık Davut artık, doğal olarak annesi babası onun artık evlenme zamanı geldiğini düşünüyordu. Davut'un planları çok farklıydı, hayata karışmak, evlenmek onun için çok uzak düşüncelerdi. Bir muayenehane açma fikri vardı ve böyle bir girişim onun daha rahat çalışmasını sağlayacaktı. Öğrendiği bilgileri uygulamak için Tebriz iyi bir başlangıç olabilirdi. Ancak hâlâ organlarda ışık gördüğünde bunu nasıl tedavi edeceğini bilemiyordu. İçinden bir ses o türbede bunun yanıtının olduğunu söylüyordu ona. Davut küçükken aklına bir şey takıldığı zaman, yatarken Tanrı'ya dua eder, sabah bu sorunla ilgili bir çözüm bularak uyanırdı, birden aklına bu küçük ritüel geldi. O geceyi türbede geçirmeye karar verdi, hiçbir girişimde bulunmadan önce, insanların bedenlerinde gördüğü bir ışıkla ilgili sorun yoktu. Ancak nasıl bir şifalandırma yapılmalıydı? Bunu öğrenmek niyetiyle türbede gece uykuya daldı ve dua etti:

"Allahım ne olur bana yol göster, bana verdiğin yeteneğin farkındayım, bu yeteneği nasıl kullanabileceğimle ilgili bana yol göster."

Bu duadan hemen sonra derin bir uykuya daldı, değişik bir rüya gördü. Rüyasında ince uzun bir mağara gördü, geçmiş zamana doğru giden, ışığa doğru giden bir mağara... Rüyasında bu mağaranın içinde gezmeye başladı, mağaranın içinde her adım attığında bir sene geriye gidiyordu. Mağarada bir oyun bahçesinde gezer gibi geçmişe yolculuk yapıyordu. Sırasıyla üniversite yıllarına, lise yıllarına, ilkokula ve yürümeye ilk başladığı yıllara gitti. İstediği zamana gidip geri dönebiliyordu, anne rahmindeki haline kadar gitti. Öyle görüntüler gördü ki bir yandan merakla bakıyor, bazı anılarda acı çekiyordu. Annesinin ona hamileyken yaşadıklarını bile görüyordu, hatta annesinin onu istemediği anı bile gördü, annesi tarafından istenmemenin verdiği acıyı içinde hissetti, annesinin o yaştaki halini sanki canlıymış gibi görüyordu. Doğduktan sonra annesinin nasıl hisler beslediğini gördü, bunun bir açıklaması elbet olacaktı, o mağaranın bir anlamı vardı mutlaka. Mağarada geriye doğru giderken unuttuğunu sandığı bütün hatıralar canlanıyor, önüne dökülüyordu. Her sene bir hatırası gözünde canlanmıştı. Gecenin bir vakti rüyadan uyandı, türbede kimsecikler yoktu, bütün vücudu ürpermişti, kendini çok iyi hissediyordu. Gece yatarken ettiği dua aklına geldi, bu bir işaretti ve bu işaret aslında ona yol gösteriyordu. İnsanların zaman içinde yaşadığı şeyler birike birike bugüne kadar geliyor, sonra onları hasta ediyordu ancak bu duyguların nasıl boşaltılacağı hâlâ soru işaretiydi. Ama artık biliyordu ki hastalık bugüne ait bir durumdan kaynaklanmıyordu, dünyaya ilk geldiğimiz dönemi de ve hatta anne karnındaki dönemi bile ilgilendiriyordu. Bu bilgi olaylara bakış açısını değiştirebilir, kendini daha da geliştirmesini sağlayabilirdi. Gün yeni yeni ağarmaya başlıyordu, yürüyüş için çok güzel bir hava vardı. Doğayı çok sevdiği için sabah erkenden türbenin bulunduğu köyün sırtındaki tepelere doğru yürümeye başladı. Zihninde sadece annesinin onu istemediği anla ilgili görüntüler dolaşıyordu, orada hissettiği duyguların aynısını karşısında bir kız gördüğünde de hissediyordu. Davut'un o güne kadar hiç kız arkadaşı olmamıştı çünkü Davut kızların onu beğenmediğini düşünürdü hep, tıpkı annesinin onu istemediğini hissettiği andaki gibi, kızların da onu istemediğini içten içe hissederdi.

Bir an önce eve gidip rüyasında gördüğü bütün ayrıntıları kâğıda dökmeye karar verdi. Davut içindeki istenmeme ve değersizlik ateşinin ta anne karnında başladığını keşfetmişti. Küçükken oyunlara katılamazdı, gençliğinde hep kızlardan uzaktı, hayatında bir kızın elini tutmamıştı, kendini hep istenmeyen kişi olarak hisseder kimseyle gerçek bir bağ kuramazdı. Eve geldiği zaman herkes uyuyordu, doğruca odasına girerek bir kâğıda rüyasında gördüğü mağarayı çizdi, gördüğü bütün ayrıntıları tek tek not aldı. Sabah anne ve babası onun evde kalmadığını fark etmemişlerdi. Zaten Davut mezun olduğundan beri ya odasına kapanıyor ya da yürüyüşlere çıkıyordu. Kimse uyanmadan yanına kâğıt kalemini alarak evin arkasındaki tepeye çıktı, orada çok sevdiği ceviz ağacının altına oturdu, aklına gelen her ayrıntıyı yazmaya devam etti burada. Ertesi gün bir daha türbede uyumaya gittiyse de günlerce o rüyayı bir daha göremedi. Neredeyse her akşam aynı duayı ediyordu ancak gelen bir görüntü yoktu. Yine bir akşamüstü evinin arkasındaki tepeye çıkıp ceviz ağacının dibine oturdu, sırtını ağaca yasladığında hafif bir uykuya daldı, türbede gördüğü rüyanın aynısını, geçmişe doğru giden mağarayı gördü, sanki rüyasında bilinçli gibiydi ve bu görüntünün çok kıymetli olduğunu biliyordu. Aslında bir dua da etmemişti ancak o rüyayı tekrar görme isteği içinde o kadar büyümüştü ki sanki artık gerçeğe bürünmüştü. Vücudunda yavaş yavaş bir uyuşma ve kamaşma başlamıştı. Önünde açılan ince uzun mağaranın her ayrıntısını zihnine kazımaya kararlıydı. Mağaranın içinde dolaşmaya başladı, zaman makinesine girmiş gibi anılarını canlı canlı görmeye başladı. Mağarada dolaştıkça anıları tek tek karşısına çıkıyordu; 15 yaşına gidip babasından ilk tokat yediği anı gördü, halbuki çoktan unuttuğu bir anıydı. İstediği kadar gidip gelebiliyordu bu mağaranın içinde, sekiz yaşına gitti okulda öğretmenin ona ilk ceza verdiği günü hatırladı, ilk yürümeye başladığı ve evin salonunda herkesin onu alkışladığı anı gördü. İnanamıyordu çünkü bunların hiçbirini bu kadar canlı hatırlamıyordu, öyle ki bir yaşında gördüğü salondaki her bir eşyayı ve kişileri tek tek sayabilirdi. Annesinin doğum anına gitti, annesinin karnından çıkış anını izliyordu, mağaranın ucunda ne olduğunu merak ederek en sonuna kadar gitti. İnanılmaz bir sahne gördü; henüz annesi ona hamile değilken annesinin canlı canlı anılarını görüyor, hatta annesiyle babasının kavga ettiği ana şahit oluyordu. Babaannesinin babasına annesini şikâyet ettiği bir andı bu, annesi eve geç kalmıştı, babaannesi ev işlerini tek başına yapmak zorunda kalmıştı. Annesi eve geldiğinde babaannesi ona bağırıyordu, kimselerin bilmediği bu anıyı zihnine kaydetti, bu onun için bir çeşit sağlama olacaktı. Görüntülere göre henüz Davut'a hamile kalmadan bir ay önceki bir gün annesi ev işlerini bırakıp arkadaşına kahve içmeye gitmişti ve geç gelmişti, babaannesi annesine kızmış ve oğluna şikâyet etmişti. Bu anı o kadar net görüyordu ki annesinin kapıdan girişini, babaannesinin ellerini kaldırarak bağırışını... Bu nasıl güzel bir hediyeydi, resmen zamanda yolculuk yapıyordu.

Davut hafif bir ürperme hissederek gözlerini açtı, hava çok serinlemişti, içinde müthiş bir rahatlama ve hafiflemeyle uyandı. Dünyanın en büyük sırrını en büyük anahtarını almışçasına mutluluk ve coşkuyla eve doğru yol aldı, Tanrı'nın ona hediye ettiği bu bilgiyi kullanacaktı. Tam da aradığı sorunun cevabı gelmişti; bu mağarayı görmek için Allah'a dua etmesi meleklerden yardım istemesi gerekiyordu. Aklına hemen bir soru takıldı:

"Ben bunu başkaları için de yapabilir miyim?" diye kendi kendine düşünmeye başladı. Başkalarının hayat anılarını görürse ortaya müthiş bir şey çıkabilirdi ve belki de birçok kişi anılarını hatırlayınca hastalıktan kurtulabilirdi. Bu duygularla eve doğru yol aldı, kapıdan girdiğinde annesine babasına hiçbir şey demeden eline bir kâğıt alarak, annesinin ona hamile kaldığı ay ve yılı hesaplamaya başladı, hamileliğin bir ay öncesindeki tarihi ortaya çıkardı. Rüyasında gördüğü o sahneyi olduğu gibi kâğıda döktü, bu durumu annesine sormalıydı çünkü. Annesi akşam yemeğini hazırlamıştı, Davut'a seslendi, Davut usulca gelip yemeğini yedi, yemekte gözünde bir mutlulukla hiç konuşmadan annesine bakıp duruyordu, sanki hayatın büyük bir sırrı ona armağan edilmişti. Davut annesinin çatışmalarıyla dünyaya gel-

mişti, bunu düşünmek onu çok mutlu ediyordu, burası bir baş-
langıçtı, bir müziğin notalara dökülmeden önce hayal edilmesi
gibi olabilecekleri hayal edebiliyordu, çok önemli çalışmalar onu
bekliyordu.

Yemekten sonra evin şirin çardağına geçti ve annesini çağırdı:
"Anneciğim bir dakika gelebilir misin?" diye seslendi. an-
nesi artık Davut'a çok düşkündü, eskisi gibi davranmıyordu,
üstelik okulunu bitirmiş doktor olmuştu ve annesi için üni-
versite bitirmek çok önemli bir misyondu. Artık istediği gibi
ona kız bakabilirdi, bu konuyu sık sık gündeme getiriyordu,
Davut'un bu konuyla ilgili konuşacağını düşünerek yanına git-
ti. Davut çok kibar ve anlayışlı bir çocuktu, annesine hep nazik
davranmıştı.

"Anneciğim ben okulumu bitirdim güzel bir başarı elde ettim,
fakat ben okulda okurken aynı zamanda bazı yeteneklerimi fark
ettim. Bunu benden ilk defa duyacaksın ve belki de şaşıracaksın.
Okul zamanında hastaların rahatsızlıklarının ruhlarındaki yara-
larla ilgili olduğunu fark ettim, bununla ilgili çalışmalar yaptım
ve bazı yeteneklerim olduğunu düşünüyorum."

Annesi onun ne diyeceğini sözü nereye bağlayacağını hiç bil-
meden, hiçbir fikri olmadan onu dinliyor, sadede gelmesini bek-
liyordu. Davut devam etti:

"Bu çalışmalar sırasında bazı bilgilere ulaştım, insanların ço-
ğunun anne karnındayken hatta anne karnına düşmeden önce,
annesinin yaşadıklarından etkilendiğini öğrendim. Bununla il-
gili bazı deneyler yaptım."

Annesi gittikçe şaşkınlaşıyor ama konuyu evlenmekle bağ-
daştıramıyordu. "Sadece bir şey soracağım, bana vereceğin
cevap çok kıymetli ve lütfen benim geleceğimi düşünüyorsan,

ilerideki başarımı önemsiyorsan, insanlara faydalı olmamla ilgileniyorsan soruma sadece cevap ver, hatta sadece evet veya hayır diyebilirsin."

"Tabii ki oğlum cevap verebileceğim bir şeyse tabii ki."

"Birinci sorum şu anneciğim, sen beni aldırmayı düşünmüş müydun?"

Annesi cevap vereceğine dair söz vermişti, neden bu soruyu sorduğunu anlamamasına rağmen cevaplamaya çalıştı.

"Aslında başta istememiştim, ben tabii ki sonradan çok istedim" şeklinde kekelemeye başladı. Davut annesine sarılarak, "Anneciğim bu bir suç değil, her kadın bunu hissedebilir başta, inan ki o anda bunu hissetmen çok doğal" diyerek annesini rahatlattı. "Anneciğim peki beni düşürmek için uğraştın mı?" diye sordu. Annesi ağlamaya başladı.

"Çok cahil ve çaresizdim, evliliğim kötü gidiyordu ve sorumluluk alamayacak haldeydim."

"Bunun için sana kızmıyorum, fakat benim ruhumda senin yaşadıkların benimle yaşıyor, belki sebebini anlatmam çok zor ama inan verdiğin bu bilgi benim için çok kıymetli."

Annesi Davut'a sarılarak "Hayır hayır ben seni çok sevdim, ilk başlarda bir şaşkınlık yaşamış olsam da seni çok sevdim" dedi.

Davut annesinin başını okşarken "Peki anneciğim ikinci soruyu soracağım, teşekkür ediyorum" dedi. Aradığı cevabı bulmuştu zaten, önemli olan sadece bu gerçeğin ortaya çıkmasıydı, hedefine ulaşmıştı. "Sana bir tarih vereceğim" dedi. "18 Nisan 1931 günü, üstünde sarı bir elbise var, ben henüz yokum evden dışarıya çıktın, dışarıda bir arkadaşınla çay içmeye gittin, babaannem evde seni bekliyor ve saat altıda gelirim dediğin halde o gün akşam saat sekiz buçukta eve geldiğinde babaannem öfkeyle seni karşıladı ve elini havaya kaldırarak bağırıp çağırdı. Öyle bir sahne hatırlıyor musun?"

Annesi gülümsedi. "Böyle bir sahne tabii ki hatırlıyorum ama tarihten emin değilim, üstümdeki kıyafeti de hatırlamıyorum, sana hamile miydim hemen öncesi miydi tam hatırlamıyorum. Tek hatırladığım bu sebep yüzünden babanla çok kötü kavga etmiştik."

Davut gülümsedi. "Anneciğim ben cevabımı aldım, benim için çok kıymetliydi, çok teşekkür ediyorum." Annesi şaşkınlık içindeydi, bu anıyı nereden bilebilirdi ki Davut? Kim söylemiş olabilirdi? "Baban mı anlattı bunu sana?" diye sordu Davut'a.

"Hayır anneciğim ben bunu kendi çalışmalarımda gördüm, bahsettiğim yeteneğim tam da böyle bir şey ve yaşadığımız her olay çocuklarımıza geçiyor."

Annesi üzülerek "Sana istemeden zarar mı verdim yani?" diye sordu.

"Hepimizin anne ve babamızdan aldığı yükler var, benim bugüne kadar yaşadığım her şey beni oluşturdu, bana zarar vermedin gelişmeme katkı sağladın."

Annesi tam kıvamı yakalamışken kafasındaki soruyu sordu Davut'a:

"Peki evlilik için ne düşünüyorsun, böyle yalnız mı yaşayacaksın?"

"Zamanı gelince onu da çözeceğiz anneciğim, sadece kısa bir zaman kaldı, muayenehanemi açtıktan hemen sonra o işi de çözeceğiz" diyerek annesini rahatlattı.

Bu konuşma Davut için müthiş bir sağlama olmuştu, gerçekten rüyasındaki mağarada her şeyi görebiliyordu. Sırada sadece bu gördüklerini ne şekilde kullanabileceği, tedaviye çevirebileceği konusu kalmıştı.

Arada sırada yine o ceviz ağacının altına gidiyor ve dua edip o mağarayı görüyor, zamanın içinde geziniyordu. Kafasındaki her şeyi öğrenmek için dua ediyor, meleklerden yardım istiyordu. Bazen cevap geliyor, bazen de biraz daha beklemesi gerektiği bildiriliyordu. Şu an en çok önemsediği şey artık deneylere başlaması gerektiğiydi, daha fazla zaman kaybetmek istemiyordu. Muayenehane açmadan önce bu konuda uzun uzun deneyler yapması gerekiyordu, her gün öğrendiği bilgileri derleyip toparlıyordu. Bir sabah komşuları Şükran Hanım kapılarını çaldı, Davut'un doktor olduğunu bildiği için, oğlunun hastalığı ile ilgili yardım istemeye gelmişti komşuları. Hemen komşuları oğlundaki problemi anlatmaya başladı. "Davut oğlum, Behreng'i biliyorsun, Behreng on sekiz yaşına girdiği günden beri sürekli bağırsakları rahatsız, doktorlar çare bulamadı. Yediği hiçbir şeyi sindiremiyor, sürekli tuvalete koşuyor, bize bununla ilgili yardımcı olabilir misin? Sen yeni bilgilerle belki daha güzel tedaviler uygulayabilirsin."

Davut'un kafasına anında ampul yandı, işte aradığı fırsat gelmişti. "Behreng şu an kaç yaşında?"

"Yirmi dört yaşında."

"Yani altı yıldır çekiyor bu durumu değil mi?" dedi Şükran Hanım'a. Şükran Hanım neredeyse her sabah annesine kahve içmeye gelirdi. "Evet" dedi.

"Şu an okuyor mu?"

"İşletme üniversite son sınıfta" dedi Şükran.

"Peki buraya geliyor mu?"

"Evet, iki hafta sonra gelecek buraya."

"Gelir gelmez yanıma gelsin, faydalı olacağını düşündüğüm bir tedavi uygulayacağım" dedi Davut. Şükran Hanım'ın yüzünde bir gülümseme belirdi, çünkü o dönemin tıp imkânlarından fayda görememişti, bir sürü paralar harcamıştı çocuğu için. "Tamam" dedi. "Ben gelir gelmez onu yanına getireceğim."

Bu sırada Behreng'in doğum tarihini, kaçıncı çocuk olduğunu, hayatında yaşadığı olayları, okulu hemen kazanıp kazanmadığını, bütün bilgilerini annesinden alıp not etti. Çünkü onu ne kadar tanırsa enerji alanı ile ilgili çalışmak o kadar kolay olabilirdi. İki hafta sonra Şükran Hanım sabahtan kapıyı çaldı, "Bugün öğleden sonra Behreng geliyor Davut, müsaitsen sana getireceğim" dedi.

"Tabii ki" dedi Davut. "Lütfen getir, saat üç buçuk gibi onu bekliyorum."

Şükran Hanım saat üçte kapılarını çaldı Behreng de yanındaydı. Davut Behreng'in çocukluğunu hatırlıyordu, ama çok değişmişti, yüzü bembeyaz olmuştu, vücudu doğru dürüst sıvı tutmuyordu, incecik kalmıştı. Hiçbir şekilde yediği yemeği sindiremiyordu, o kadar vitaminsiz kalmıştı ki soluk benizli bir hale gelmiş, vücudunda kemikler sayılıyordu. Uzun boyluydu ama boyundan da rahatsız oluyordu çünkü biçimsiz bir şekilde boy almıştı.

"Biraz erken geldim kusura bakma" diyerek içeri girdi. "Daha fazla bekleyemedim, çok ümitlendim, senden çare bulacağımıza dair bir inanç var içimde, lütfen bize yardım et."

Davut henüz Behreng'in elini sıkarken bağırsak bölgesindeki o kırmızı ışığı fark etti. Behreng'in bağırsakları sürekli kanıyordu üstelik hiçbir besin tutamayacak kadar geçirgenliğini kaybetmişti. Bağırsağın son 20 santimlik kısmında boğumlar yok olmuş, düz hale gelmişti. Tıpta bunun adı "ülseratif kolit" idi. "Elimden geleni yapacağım" dedi. "Şükran Hanım bizi biraz Behreng'le yalnız bırakmanızı rica ediyorum."

Şükran Hanım başıyla onaylayarak Davut'un annesiyle salona geçti. Davut Behreng'i çalışma odasına götürdü, ürkek adımlarla yürüyerek Davut'u takip etti Behreng. Onunla sohbet etmeye başladı, öncelikle Behreng'den bazı bilgileri alması gerekiyordu çünkü henüz sistemin nasıl çalıştığını tam kavrayamamıştı. Behreng Davut'un onu bir denek olarak kullandığını bilmeden, bir doktor olduğuna güvenerek rahatlıkla konuşuyordu ve bu hastalıktan önce nasıl bir yaşamı olduğunu, okumaya gittiğinde neler hissettiğini, çocukken neler yaşadığını, onu çok üzen olayların neler olduğunu tek tek anlattı. Davut her şeyi not alıyordu ancak anne karnı ile ilgili bilgiler de lazımdı. Yine de hastalığın kaç yaşında başladığını bilmesi de çok kıymetliydi. Behreng üniversite okumaya gittiğinde ikinci sınıfta kız arkadaşı olmuştu ve onun tarafından aldatılmıştı, o günden beri bağırsak hastasıydı. Davut bu durumun tek başına onu hasta etmediğini, ama senaryonun bu konu olduğunu biliyordu. Behreng Davut'un reçete yazmasını beklerken kâğıda anlamsız bir şeyler yazdığını görüp şaşırıyordu. Davut ayağa kalktı. "Bana..." dedi. "İki üç gün müsaade et sana bilgi vereceğim." Behreng başıyla onayladı, beraberce odadan çıktılar. Şükran Hanım kapıya doğru koştu, "Neymiş sorun?" diye hemen Davut'a doğru umutla seslendi.

"Teyzeciğim iki üç gün zaman verirsen faydalı olacağını düşündüğüm bir tedavi uygulayacağım."

Şükran Hanım'a mağaradan, gördüğü görüntülerden, kırmızı ışıktan bahsedemezdi, sadece faydalı olacak bir tedavi diyebilirdi. Behreng'i kapıdan uğurladıktan sonra tekrar yürüyüşe çıktı, evlerinin hemen arkasındaki tepelikte güneşin batmasını bekledi, gözlerini kapattı dilinden şunlar döküldü:

"Allahım, meleklerin vasıtasıyla Behreng'in iyileşmesine yardım et, lütfen vesile olmama yardım et ve hayatında neler olduğunu bana göster."

Bunu büyük bir inançla söylüyordu, hayatında neler yaşadığını bilmesi gerekiyordu. Önünde kocaman bir mağara görüntüsü belirdi, Davut bu mağaranın içinde gezinmeye başladı, Behreng'in 18 yaşındaki hali göründü gözüne. Hastalık sebeplerinden bir tanesi burada yatıyordu fakat gerilerde de bir şeyler olmalıydı. Bütün mağarada gezmeye çalıştı ve daha geriye giderek diğer zamanları kontrol etti. Sonuçta Davut bir araştırmacıydı, öyle kolay ikna olmuyordu çünkü kendi mağarasında doğum anını görmüştü, oraya kadar gitmeye kararlıydı ve dua ederek meleklerden mağaradaki hastalık sebeplerini göstermesini istedi. Melekler mağarada onu Behreng'in dokuz yaşındaki haline götürdü. Dokuz yaşındayken çok sevdiği anneannesinin ölümüne şahit olmuştu ve o an gözünün önünde idi. Bu sahne çok önemliydi, çünkü tekrarlar halinde hayatındaki bir kadını bir kez daha kaybetmişti, burayı çok önemsedi. Fakat burada da durmadı çünkü biliyordu ki mağaranın sonundaki doğum anı da çok önemliydi, hatta doğum öncesi bile çok önemliydi. Mağaranın sonuna doğru giderek son görüntüyü de Behreng'in annesini hamileliğin ikinci ayında gördü. Henüz hamile olduğunun bile farkında olmayan Şükran Hanım'ın hamileliğin ikinci ayında, Behreng'in babası annesini kaybetmişti, çok ani bir ölümdü. Davut'un o anda tüyleri diken diken oldu, çünkü hamilelik döneminde sadece annenin değil babanın da kodları çocuğa geçiyordu ve Behreng hayatında üç defa tekrarlar halinde bir kadın kaybetmişti. Tekrar dua etti:

"Allahım, başka görmem gereken bir yer varsa lütfen bana göster" dedi. Melekler onu tekrar 18 yaşa, 9 yaşa ve annesinin hamileliğinin ikinci ayına götürdü. Anladı ki başka bakacağı halka kalmamıştı, ama ilginç bir şey keşfetmişti; bu mağarada sadece annenin değil babanın da yaşadıkları çocuğu etkiliyordu ve babasının yaşadığı bir kayıp annesi hamileyken çocuğa geçiyordu. Bu mümkün müydü? Azer henüz annenin karnındaydı, babanın yaşadıklarıyla hasta olması mümkün olabilir miydi? Ama ikna olmuştu çünkü melekler tekrar tekrar aynı dönemleri gösteriyordu. Sandığından çok daha büyük bir okyanusta olduğunu fark etti, her gün yeni bir şey öğreniyordu. Gözlerini açarak hemen eve doğru koştu, not defterini eline aldı ve madde madde yazmaya başladı:

1. Çocuk annenin ve babanın yaşadığı her şeyden etkileniyor.
2. Anne hamile kalmadan önceki dönemde bile yaşadıklarını çocuğa aktarabiliyor.
3. Sindirilemeyen olaylar bağırsakları ilgilendiriyor.
4. Hastalık başlamadan hemen önce yaşanan kötü bir olay bize konuyu anlatır.
5. Bir insan hastaysa annesinin yaşadıklarına da bakmak gerekir.

Bu maddelere daha sonra bir sürü madde eklenecekti. O gün yeni bir keşif yapmıştı ve içinden Behreng'in iyileşeceğini hissediyordu. Bütün gece Behreng ile ilgili ne yapabileceğini düşündü durdu. Artık geceleri uyumuyordu. En azından hastalanma sebebini bulmuştu, bu bile tek başına büyük bir adımdı, bu olayların onun bağırsağında bir hastalığa sebep olduğunu anlamıştı fakat iyileşme nasıl olacaktı? Hiçbir fikri yoktu, bu yüzden birkaç gün beklemeyi seçti, zaten Şükran Hanım'a birkaç gün beklemesi gerektiğini söylemişti. Şükran Hanım'a Behreng'in doğum tarihinden yedi ay öncesine gidip babaannesinin ölüp ölmediğini soracaktı, dokuz yaşındayken Behreng'i büyüten anneannesinin ölümünü soracaktı, 18 yaşında zaten Behreng'in söylediği kız arkadaşıyla durumu iliyordu.

Davut elindeki bu yeni imkânlarla neler yapabileceğini düşünmeye başladı. Hastalığın sebebini hastaya mı bildirmeliydi, bununla ilgili yapması gereken bir şey mi vardı, bunu onun bilmesi yeterli miydi? Kafasında sürekli bunları döndürüp duruyordu ve daha önce yaptığı gibi gece geç saatlere kadar tepedeki ağacın başında bekledi. Uykusu geldiğinde duasını yaptı:

"Allahım lütfen bana ne yapacağımı anlat, ne yapacağını bilmek için meleklerinden yardım istiyorum" diyerek uyumaya çalıştı, uykuya dalmakta çok zorlandı, bütün gece uyumaya çalışıp cevap almayı bekledi. O kadar heyecanlıydı ki bir türlü uykuya dalamıyordu, günün ağarmaya başladığı saatlerde derin bir uykuya daldı. Düşle gerçeklik arasında bir görüntü belirdi önünde, Behreng'i gördü rüyasında, mağarada geziyordu, sırtında simsiyah bir çuval vardı, çuvalın içinden kütükleri tek tek çıkarıp ateşte yakıyordu ve her birini ateşte yaktıktan sonra Behreng'in vücudunda omurgası boyunca simsiyah katran gibi bir sıvı yere doğru akıyordu. Birinci kütüğü attıktan sonra siyah katran omurgasından toprağa doğru akmaya başladı, birinci kütük küle dönüştükten sonra Behreng sırtındaki çuvaldan ikinci kütüğü çıkardı, aynı şekilde onu ateşe attıktan sonra küle dönüşmesini bekledi ve omurgasından katran gibi bir sıvının yavaş yavaş toprağa doğru aktığını gördü, sonra üçüncü kütüğü de attı ve son kez Behreng'in omurgasına siyah katran gibi sıvı toprağa doğru tamamen boşaldı, son olarak çuvalı da ateşe attı. Bu görüntüyü uyanır uyanmaz hemen not etti Davut, en önemli özelliği aldığı bütün bilgileri kaydetmesiydi.

Aradığı cevabın geldiğini anlamıştı, Behreng'e buna benzer bir uygulama yapacaktı ve bu uygulamanın şekli ona rüyada gelmişti. Uykusunu alamamış olsa da sabahleyin ilk işi bütün öğrendiği bilgileri temiz bir kâğıda dökmek oldu, öğrendiği her şeyi tek tek kâğıda dökmüştü, bu notları defter haline getirip bir kitap yazacaktı. Ertesi gün Behrengi'n annesi öğleden sonra Davut'un kapısını çaldı, Davut geceleri uyumadığı için gündüz uyuyordu, çok derin ve uzun bir uykuya dalmıştı. Annesi Davut'a seslendi.

"Çok uyudun, daha uyuyacak mısın? Bak Şükran Teyze'n geldi" diye seslendi. Davut yatağından fırladı ve "Behreng'i getirmiş mi?" diye sordu. Annesi "Hayır senden haber bekliyor, ne zaman tekrar görüşeceğinizi öğrenmek istiyor" dedi. Davut annesine "Bir saat sonra hazır olurum, bana Behreng'i getirebilir" diye cevap verdi.

Davut hızla kalktı, notlarına tekrar baktı, Behreng'in görüntülerini gördüğü tarihleri kontrol etti ve annesine "Şükran Hanım da gelsin" dedi. "Ona da soracaklarım var."

Ne yapacağını az çok biliyordu artık, Behreng Davut'un ilk vakası olacaktı, içinde çok büyük bir coşku ve inanç vardı. Bir saat içinde kalkıp hazırlandı, hızla üstünü değiştirdi, tekrar tekrar notlarına bakıp önce Şükran Hanım'la konuşmaya karar verdi. Bir saat sonra Şükran Hanım ve Behreng gelmişti, salona çıktı

Davut, Behreng'e sadece 10 dakika izin vermesini isteyip annesini çağırdı.

"Şükran Teyzeciğim belki biraz kafan karışacak ama oğlun için çok faydalı olacak bazı bilgilere ihtiyacım var, bana yardımcı olman gerekiyor" dedi.

Şükran Hanım büyük bir umutla "İyileşecek mi Behreng?" diye sordu.

"Tahminimce iyileşecek ancak senin de yardımın gerekiyor."

Şükran çok şaşırmıştı, onun doktorlukla da hiçbir alakası yoktu, Behreng için nasıl bir yardımda bulunabilirdi ki?

"Anlayamadım?" dedi. Davut bir açıklama yaptı: "Şükran Teyzeciğim tıpla birlikte Behreng'in enerji alanında bir çalışma yapacağım, bu ona zarar verecek bir şey değil, sadece doğum anıyla ve sonrası ile ilgili bir iki bilgiye ihtiyacım var."

Şükran Hanım'a hemen bilgileri doğrulatmak üzere tarihleri sordu:

"Behreng'in babaannesi senin hamileliğinin ikinci ayında vefat etti mi?"

Annesi bu soruya hem şaşırmış hem de bir anda güvenini yitirmişti Davut'a, bu bilginin bağırsakla ne ilgisi olabilirdi? Ama başını salladı sadece "Evet" dedi. "Bunu sana Behreng mi söyledi?"

"Hayır" dedi Davut. "Bunu ben özel bir yöntemle ortaya çıkardım, bu bize lazım bir bilgi. Ve bir sorum daha olacak, Behreng dokuz yaşındayken anneannesini kaybetti mi?"

Şükran Hanım'ın şaşkınlığı gittikçe artıyordu, başını sallayarak "Evet" dedi. "Böyle bir şey oldu fakat hâlâ bunun ne işine yarayacağını anlamış değilim."

Davut hemen söze girdi.

"Şükran Teyzeciğim hiç merak etme, bu bilgileri vermen yeterli" diyerek şükran Hanım'ı salona doğru götürdü. Şükran Hanım Davut'un çıldırdığını düşünmeye başlamıştı ama başka çaresi de yoktu çünkü Behreng için her şeyi denemişlerdi, artık bu son çareydi, başka bir seçeneği de yoktu, hiçbir şey konuşmadan salona geçti. Davut Behreng'i çağırdı, beraberce odaya geçtiler, onu bir sandalyeye oturttu. Behreng işletme okuyordu, tıpla hiçbir ilgisi yoktu, Davut'a bir doktor olduğu için güveniyordu. Davut söze girdi:

"Bak Behreng ben sana yardımcı olacağım, senin bağırsaklarınla ilgili bazı sıkıntılar olduğunu farklı yöntemlerle görebiliyorum, açıkçası geleneksel tıbbın yanında enerji alanıyla da çalışıyorum, eğer müsaade verirsen seninle küçük bir hayal kuracağız ve sonra hastalıkla vedalaşacağız."

Behreng de tıpkı annesi gibi şaşkınlıkla Davut'u izliyor, ancak ona güveniyordu. "Yapmam gereken ne varsa yapmaya hazırım, ancak bana ilaç vermeyecek misin?" diye şaşkınlıkla sordu. Davut, "Bu hastalık ilaçlarla iyileşecek bir hastalık değil, bu hastalığı ilgilendiren 1-2 yöntem var, onları uygulayacağız, lütfen sadece bana yardımcı ol, senden bu konuda işbirliği istiyorum." Behreng başıyla onaylayarak "Tamam Davut Ağabey, ne istiyorsan yapmaya hazırım" dedi.

Öncelikle gözlerini kapatmasını istedi ve her zaman yaptığı gibi meleklerden Behreng'in sıkıntılarını boşaltması için yardım etmesini istedi. Artık ne zaman Allah'a dua etse ve meleklere seslense sırtında büyük bir kamaşma hissediyordu. Meleklerin geldiğini hissettiği anda görüntüler ortaya çıkıyordu. Behreng gözlerini kapattığında Davut'un gözünün önüne görüntüler gelmeye başladı.

"Behreng şimdi ince uzun bir mağara göreceksin, geçmişe doğru giden bir mağara bu." Behreng başıyla onayladı, önceleri görmese de hayal etmeye çalışıyordu. "Şimdi..." dedi Davut. "On sekiz yaşındaki haline gidiyoruz, orada o yaşta kendini hayalet." Behreng yine başıyla onayladı. "O yaşta yaşadığın ayrılık anını hayal et ve duygularını kontrol et. Mağarada geçmişe doğru gitmeye devam et, dokuz yaşında bir anı daha göreceksin, anneannenin ölümünü duyduğun an. O an hissettiğin duygulara bak, yaşadıklarını hayal et. Son olarak mağarada annenin karnında kendini göreceksin, anne karnında küçük bir bebek hayal et, babanın annesinin vefatını hayalinde canlandır. Şimdi on sekiz yaşındaki haline tekrar dönüyorsun ve on sekiz yaşındaki Behreng'i göreceksin."

Behreng ilginç bir şekilde Davut'un söylediği her şeyi harfiyen yapıyor ve bunu nasıl yaptığını anlamıyordu. Davut sordu:

"On sekiz yaşındaki halinin yaşadığı ayrılık anına geldik, kız arkadaşını karşına al" dedi. "On sekiz yaşındaki Behreng kız arkadaşına ne sormak ister? Lütfen onun ağzından bize de duyur."

Behreng bir anda başkası olmuştu sanki, 18 yaşındaki Behreng'in ta kendisi olmuştu. Eski kız arkadaşı Şule karşısında duruyordu. Şule'nin gözlerine bakarak, "Ben sana âşık olmuştum ve sen beni aldattın, üstelik en yakın arkadaşımla yaptın bunu. Ben senin için hayaller kurmuştum, seni herkese karşı savunmuştum. İlk defa böyle güzel duygular hissetmiştim ve bunun karşılığında öyle bir güvensizlik yarattın ki bende, artık aşktan soğudum, hayatım boyu bunu sindiremedim."

Davut tekrar söze girdi:

"Acaba Şule sana ne cevap veriyor? Şule'nin ağzından bize söyle."

"Ben hayatımda hiç sevilmedim, babam tarafından da hiç sevilmedim. Birinin bana ilgi duyduğu anda onun ilgisine cevapsız kalamıyorum. Önceleri sen bana ilgi göstermiştin ve ben bu ilgiden çok mutluydum, daha sonra arkadaşın bana daha çok ilgi gösterdi, ondan da mutlu oldum. Benim hayatımda insanların bana ilgi göstermesi karşısında tepkisiz kalamıyorum, bunu sana yaşatmak istemezdim ama bu benim hastalığım." Behreng çok şaşırmıştı, resmen karşısında Şule'nin konuştuğunu duyuyordu. Davut seansı yönetmek için araya girdi:

"Şule'yi affetmek ister misin?"

Behreng'in gözleri dolmuştu çünkü Şule'nin hikâyesini biliyordu. Şule babası tarafından taciz edilmiş bir kızdı ve hiçbir zaman sevgi görmemişti, temas hissetmemişti. Ona ilgi gösteren her erkeğe gönlünü kaptırıyordu. Aslında kötü bir kalbi yoktu ama bu hastalığı devam ettiği sürece hiçbir zaman erkeklerle ilişkiye giremeyecekti, onun hayatında hiçbir zaman mutluluk olamayacaktı. Başını sallayarak Davut'a "Evet affetmek istiyorum çünkü onun bir hastalığı var, ben onun hikâyesini biliyorum ve onun hikâyesinden dolayı böyle davrandığını tahmin ediyordum. Bunu onun ağzından duydum, onu affetmeye hazırım" dedi.

"Peki..." dedi Davut. "Lütfen ona karşı söyler misin? Benimle tekrar et sadece: Ben yıllarca sana karşı büyük bir öfke duydum, yıllarca senin yüzünden acı çektim hastalandım, bağırsaklarımı bozdum. Ama artık bunu neden yaptığını biliyorum, senin güzel bir kalbin olduğunu biliyorum, sırf bu yüzden bana acı çektirmiş olsan da seni bütün kalbimle affediyorum, belki hayat boyunca bir daha bir araya gelmeyeceğiz ama senin çektiğin bu acıyı ben kalbimde hissedebiliyor ve seni affediyorum."

Davut okuldaki psikiyatri derslerine çok meraklıydı, psikiyatri dersini hiçbir zaman kaçırmaz ve telkinlerin gücünü çok iyi bilirdi.

"Lütfen Şule ile sarıl helalleş, onu öpücüklerle ve gülücüklerle uğurla."

Behreng aynen Davut'un dediği gibi yaptı Şule'ye sarıldı vedalaştı gülerek onu uğurladı. Davut'un aklına rüyasında gördüğü sahneler geldi. Rüyasında gördüğü ateşte yakma eylemi için bu uygulamayı kullanacaktı:

"Şimdi sırtında bir çuval hayal et, benimle tekrar et: Ben yıllarca Şule'nin bana yaşattıkları ile ilgili kavruldum durdum, yıllarca onun acısını çektim, onu affetmedim. Bu yüzden hastalandım ama az önce fark ettim ki aslında onu göndermeyi kabul edememişim. Bugün kabule ve teslimiyete geçtim, onu bütün kalbimle affettim. Sırtımdaki simsiyah çoğunun içindeki Şule'ye karşı duyduğum öfke duygusunu ateşe atıyorum."

Davut Behreng'e yanında bir ateş hayal etmesini, bunun çok güçlü bir ateş olduğunu ve çuvalın içinden koca bir kütük çıkararak "öfke kütüğünü" çıkararak ateşe atmasını istedi. Bu kütüğün küle dönüşünü izlemesini istedi. İyice küle dönüştükten sonra, Şule'ye karşı duyduğu diğer kötü duyguları da çuvaldan çıkarmasını istedi. "Yıllarca hissettiğim aldatılmışlık duygusunu da ateşe atıyorum" diyerek ona telkin verdi. Behreng aynen Davut'un söylediği gibi yaptı, bu arada Davut ona sırtının iyice hafiflediğini, yükünün azaldığını telkin ediyordu. Behreng "Sırtımdaki simsiyah çuvalın içindeki canımı yakan, beni altüst eden, hayatımı zorlaştıran özlem duygusunu da ateşe atıyorum" diyerek o kütüğü de ateşe attı.

Davut Behreng'e sordu:

"Çuvalda herhangi bir kütük kaldı mı?"

Behreng baktı yalnızlık ve çaresizlik kütüklerini de ateşe attı. Çuvalın boşaldığını hissettiğinde sırtında büyük bir hafifleme ve rahatlama hissetti, attıklarının iyice küle dönüşmesini bekledi. Davut son olarak sırtındaki çuvalı da ateşi atmasını söyledi. Davut: "Son bir işimiz kaldı" dedi. "Seninle birlikte sırtındaki bu yükü boşaltacağız" dedi. "Benimle tekrar et: Yıllarca omurgama yapışıp kalan öfke, özlem, yalnızlık ve çaresizlik duygularını boynumdan, omzumdan, sırtımdan, göğsümden, kalbimden, kalçamdan, bacağımdan, ayağımdan toprağa akıp gitmesi için tamamen serbest bırakıyorum" şeklinde birkaç defa telkin yaptırdı. "Bunları söylerken omurgandan ayaklarına doğru simsiyah katran gibi bir sıvının yavaş yavaş toprağa doğru aktığını hissederek söyle lütfen" dedi. Behreng aynen o şekilde yaparak bütün bu enerji yükünü toprağa doğru boşaltmaya başladı. Garip bir şekilde ellerinde ve ayaklarında uyuşma hissediyordu, çok yorulmuştu hatta alnından damla damla ter akıyordu. Davut Behreng'in yüzünü silerek ona su içirdi, biraz dinlenmesini bekledi. Diğer dokuz yaş ve hamileliğin ikinci ay çalışmalarını da aynı şekilde yüzleştirerek omurgadan boşalttı ve her seferinde Behreng'in elinde ayağında uyuşmalar karıncalanmalar oldu, çalışma yaklaşık yarım saat sürdü. Davut bunları kaç kez yapması gerektiğini bilmiyordu, ama birkaç gün sonra bir daha randevulaştılar çünkü sağlamasını yapmak zorundaydı. Malum her zaman sağlamcıydı. Behreng'i ayağa kaldırdı, "Bugünden itibaren günlük tutmanı istiyorum" dedi. "Günbegün vücudundaki değişiklikleri, hastalığında ilgili durumları not almanı istiyorum."

Üç gün sonrası için tekrar randevulaştılar. Davut da çok yorulmuştu, bir şeyleri doğru yaptığına emindi. İlk defa bu kadar somut bir çalışma yapmıştı, çok dikkatli ve özenliydi. Çalışma bittikten sonra odadan beraberce çıktılar, Behreng annesinin yanına gitti, kan ter içindeydi. Şükran Hanım "Bir şey mi oldu?" diye sordu. "Oğlum niye bu kadar yorgun görünüyor?"

Davut lafa girdi:

"Şükran Teyzeciğim hiç merak etme, herhangi bir sorun yok, bir çalışma yaptık ve bu çalışmanın gereği birazcık yoruldu, lütfen izin ver dinlensin."

Şükran Hanım Behreng'e sarılarak evinin yolunu tuttu.

Davut da çok yorulmuştu ve çalışmasının sonuçlarını merakla beklemeye başlamıştı. Aynı günün gece yarısı sabaha karşı saat 03.00'te Davut'un ailesinin kapısı yumruklanmaya başladı, bir çığlık duyuyordu kapıda. Davut hızla yataktan kalktı. "Yetişin oğlum ölüyor, kanaması durmuyor!" Gelen Şükran Hanım'dı. "Behreng kendinde değil baygın bir halde yatakta yatıyor, uyandıramıyorum!" Davut koşarak Şükran Hanım'ın evine gitti. Behreng'in yüzü bembeyazdı, çok kan kaybetmişti "Hemen hastaneye götürmeliyiz" dedi Davut. "Bu durumu atlatamayabilir." Hızla Behrengi'yi kucakladı Davut, komşuların arabasıyla en yakın hastaneye götürdüler. Davut kendi çantasından çıkardığı serumu damar yolu açarak takmıştı bile, hastaneye vardıklarında Behreng'in durumu biraz daha iyiydi. Davut bir yandan Behreng'in sağlığı için endişeleniyor bir yandan da hayal kırıklığı yaşıyordu. Böyle bir gelişmeyi beklemiyordu "Neden böyle oldu?" diye kendine soruyordu. Hastaneye vardıklarında Behreng neredeyse kendine gelmişti, hastanede bir hafta gözetim altında kalacaktı. Davut saat başı onu ziyaret ediyordu. Fakat Şükran Davut'un onu görmesini artık istemiyordu ve hatta Davut'a nefretle bakıyor, her gördüğünde "Oğluma ne yaptın? Neden beni uyarmadın? Böyle bir şey olacağını bilseydim ben izin verir miydim?" diye öfke ve nefretle Davut'a kızıyordu. Davut ise hiçbir cevap veremiyordu, bir şeylerin ters gittiğini ve bir süre sonra düzeleceğini söylemekten başka hiçbir açıklama yapamıyordu. İçten içe büyük bir hayal kırıklığı yaşıyordu, kendi kendine hayal mi görüyordu? Acaba boş bir hayalin peşinden mi koşuyordu? Neden bu hale gelmişti bir türlü anlam veremiyordu. Şükran Hanım Davut'a kızdığı için Behreng'in yanına giremiyor, geceleri hastanenin önündeki parkta yatıyordu.

Davut yıllarca uğraştığı bütün bilgilerden şüphelenmeye başlamıştı, Behreng'e zarar verdiğine kendisi de ikna olmaya başlamıştı, her sabah hastanenin kapısına gelip Şükran Hanım'dan gizlice gidip doktorlardan bilgi alıyordu. Behreng'in kanaması bir hafta kadar sürdü, bu süreç içinde Şükran Hanım Davut'un annesinin kapısını çalıp Şükran Hanım'a hakaretler edip gitmişti. Davut hem ailesine hem etrafa hem de kendine karşı saygısını yitirmişti, küçük bir yerde yaşadığı için bu olay herkes tarafından duyulmuştu ve çok utanıyordu. Ama içinde bir taraf vardı ki doğru olduğuna inanıyordu, her gece ruh rehberine tekrar tekrar dua etmesine rağmen bir türlü onunla iletişim kuramıyordu, bu durum günlerce devam etti. En sonunda Behreng'in kanamaları bıçak gibi kesildi ve hızlı bir iyileşme sürecine girdi. Kanamalar bittikten üç gün sonra yapılan klinik muayenede Behreng'in bağırsaklarında ülseratif kolitten eser kalmamıştı. Davut bu haberi doktorlardan almıştı, fakat Şükran Hanım ısrarla iyileşme sebebinin hastanede yapılanlarla ilgili olduğunu düşünüyordu. Buna Davut da çok emin olamamıştı ancak yıllardır iyileşmeyen bağırsakların hastalık teşhisi kaldırılmış, bir bebeğinki kadar temiz bir hale gelmişti.

Bir taraftan Behreng için çok sevinmişti ama kafasında sorular bir türlü cevaplanmıyordu. Birkaç gün hiçbir çalışma yapmadan kendini doğa yürüyüşlerine ve uykuya verdi. Bir akşam yine ceviz ağacının gölgesinde uyuklarken birdenbire ruh rehberini gördü. Uzun zamandır çağırdığı ruh rehberi şimdi o çağırmadan gelmişti ve ona sordu:

"Neden böyle oldu? Neden başarısız oldum?"

Rehberi ilk defa bir ses olarak yanıt verdi, çok eskilerde tanıdığı birinin sesi gibiydi:

"Başarılı oldun, sadece bir dalgalanma yaşandı, bütün hastalarda bunu göreceksin, bu dalgalanma iyileşmenin habercisidir, denizler bulanmadan berraklaşmaz, fırtınalar kopmadan dinginlik gelmez ve her seferinde bu dalgalanma iyileşme habercisi olacaktır, doğru yoldasın sakın korkma."

Davut biraz küskündü rehberine.

"Neden beni yalnız bıraktın? Neden bana görünmez oldun?"

"Olgunlaşman ve öğrenmen için bu gerekliydi" dedi ve kayboldu.

Davut bir anda rüyasından fırladı, çok mutlu olmuştu. Eve doğru koşarak rafa kaldırdığı bütün notlarını tekrar gözden geçirdi, evet her şeyi harfiyen uygulamıştı elinden gelen her şeyi, hissettiği gördüğü her şeyi uygulamıştı. Aslında bir dalgalanmaydı bu, günlerdir yaşadığı her şey bu dalgalanma ile ilgiliydi, beden iyileşmeden önce ödem gönderiyor olabilirdi. Tıp bilgisine göre bir bölgenin iltihaplanması, vücutta bir bölgenin şişmesi, ödem olması vücutta savaş başlatır ve savunma sistemini güçlendirirdi. Bütün bu bilgileri toparladığı zaman taşlar yerine oturuyordu, o gece sevinçten sabaha kadar uyuyamadı, sabah olmasını sabırsızlıkla bekledi. Sabah uyandığı hastaneye doğru giderken, Behreng'in hastaneden yürüyerek çıkıp annesiyle eve doğru geldiğini gördü. Koşarak yanlarına gitti, Şükran Hanım öyle berbat bir ifadeyle karşıladı ki ellerini kaldırarak parmağını Davut'a doğru sallayarak "Sakın bir daha bizi rahatsız etme ve sakın bir daha karşıma çıkma, oğlumu doktorlar kurtarmasaydı şu anda kaybetmiştim, senin yüzünden oğlumu kaybediyordum" diyerek Behreng'i de çekiştirerek yoluna devam etti. Davut bu durumu hiç önemsemedi, onun derdi başarılı olup olmadığıydı ve hastaneye giderek doktor kimliğini kullanarak Behreng'in bütün raporlarını aldı. Behreng'e yapılan doku testlerinde klinik muayenelerin hepsinde bağırsağın tamamen sağlıklı olduğu ortaya çıkmıştı. Her ne kadar Şükran Hanım bunu hastanenin başarısı olarak görse de Davut ne olduğunu çok iyi biliyordu ve ilk dosyasına kocaman bir artı işareti ekledi. Artık biliyordu ki bir yetişkin hasta olduğu zaman, annesinin karnında düşmeden önceki bir yıl, hamilelikteki yaşadığı dönem ve kişinin kendi hayatında periyodik olarak yaşadığı senaryo o kişiyi hasta ediyordu, bu bilgi tek başına binlerce hayat kurtarabilirdi. İnsan ilişkileri onun için hiç önemli değildi, o insanlığa faydalı olacak bilgilerin peşindeydi.

Şükran Hanım'ın gönlü belki olur belki olmaz ama Behreng kurtulmuştu ve sözünde durmuştu. Gerçeği kendi annesi dahil hiç kimse bilmese bile umurunda değildi, gerçek bir deneyim yaşamış ve hastalarda ne yapması gerektiğini biliyordu. Zaman içinde şehirde Davut'la ilgili dedikodular yayılmıştı. Onun kötü ruhlarla bağlantılı olduğuna dair safsatalar kulaktan kulağa yayılıyordu. Şükran Hanım boş durmamış hızla Davut'u sağlık müdürlüğüne şikâyet etmişti. Henüz muayenehanesini açmadan İran Sağlık Müdürlüğü'nden savunmasını yapmak üzere bir tebligat aldı. Sağlık Müdürlüğü savunmasını yapmak üzere Davut'u çağırmıştı. Diploması olan bir doktordu, hastaya bir ilaç vermemişti ve bu yüzden kanunda ona ceza verebilecekleri madde yoktu. Şükran Hanım oğlunun kanamasının arttığını, neredeyse ölümüne sebep olacağını ve tıbbi olarak yardımcı olmadığını yazmıştı suçlamasında fakat elinde hiçbir delil yoktu. Davut soruşturmadan uyarı cezası ile kurtuldu, diploması henüz tehlikeye girmemişti fakat bir uyarısı olması onun dikkat çekmesine sebep olmuştu. Meslek hayatına başlamadan önce gözler üstündeydi fakat Davut bunu önemsemiyordu çünkü elinde müthiş bir anahtar vardı artık. Kendi annesi babası bile oğullarının psikolojik sorunları olduğunu düşünmeye başlamışlardı, hatta onun bu durumda evlenmesinin bile çok büyük bir hata olacağını düşünüyorlardı, çünkü oğullarının aklı başında değildi, üstelik insanlara zarar veriyordu.

Aylarca Davut bu suçlamalarla baş etmek zorunda kaldı, insanların suçlamaları yetmiyormuş gibi kendi anne ve babasını da ikna edemiyordu. Sonunda dayanamayıp kendine bir ev tuttu, evini ayırdı fakat hâlâ geçinebileceği bir geliri yoktu ve geçinebilmek için devlet hastanesine başvuru yaptı, öncelikle biraz para kazanması gerekiyordu. O dönemlerde hastanelerde hekim açığı vardı ve başvuran her hekim kabul ediliyordu. Davut'un dosyasında bir uyarı cezası olduğunu bilmelerine rağmen hızla devlet hastanesinde çalışması onaylandı.

Davut Tahran Devlet Hastanesi'nde zar zor iş bulmuştu, çok çalışkan bir doktordu, hastayla kimse onun kadar ilgilenmiyordu. Hastaları sadece bir dosya olarak görmüyor, hepsinin tek tek hikâyelerini dinliyordu. Zaman içinde artık biliyordu ki hastalıkların çoğu hastanın hikâyesiyle, yaşadıklarıyla, travmalarıyla çok ilgiliydi. Behreng'den sonra iyileşme dosyalarına her hafta bir yenisini eklemeye başlamıştı, Davut hastanede aranan ve tercih edilen bir doktor haline gelmişti. Arka arkaya vakalarda iyileşme olmasına rağmen diğer doktorlardan şikâyet artmaya başlamıştı, gerçi hastanenin başhekimi bu durumdan memnundu, hastanenin başarısı artıyordu. Ancak diğer doktorlar bu değişik yöntemle iyileşme yaşanmasını kabul etmekte zorlanıyorlardı, üstelik Davut'un mesai saatlerinde sürekli hastanede olması onların kaçamak yapmalarını engelliyordu, mecburen sabah dokuz akşam altı saatlerine uymak zorunda kalıyorlardı. Bir kişi doğru yaptığı zaman herkesin yanlışı ortaya çıkıyordu. Mümkün olsa Davut daha da erken gelip daha geç gidecekti, dinlenme saatlerinde bile odasında sürekli notlar alıyordu; "Hangi hasta kaç defa aynı travmayı yaşadı, hayat hikâyesinde neler yaşandı?" Ne varsa not ediyordu. 3000'e yakın sendromun yaklaşık 600 tanesinin psikolojik sebebini ve bunun fiziksel bedene yansımalarını bulmuştu. O güne kadar hiç kimse hastalıklara bu açıdan bakmamıştı, hastalıkların mikrop ve virüsler dışında bir sebebi olmadığı düşünülüyordu. Çalıştığı hastane tam teşekküllü bir hastane olmadığı için kanser hastalarına dahiliye uzmanı bakıyor, çoğu zaman reçete yazıp başka hastanelere yolluyordu. Fakat Davut bu hastalar içi bir şeyler yapabileceğini bildiği için başhekimden ona bir şans vermesini istedi.

O güne kadar birçok hastalıkla ilgili başarı sağlamıştı ancak henüz bir kanser hastasıyla çalışmamıştı. Başhekim Davut'un bir ün yapmasından mutluydu, her ne kadar pratisyen bir hekim olsa da, hatta diğer doktorların karşı çıkacağını bilse de, Davut'a izin verdi. Meryem Hanım memesinde oluşan kitleler ile ilgili hastaneye başvurduğunda, yapılan muayene ve testler sonucu meme kanseri teşhisi almıştı. Başhekimin de emriyle hemen bu hastayı Davut'a yönlendirdiler, dahiliye uzmanı bu durumdan hoşlanmasa da sesini çıkarmamıştı, hastanın sağlığından çok kendisinin başarısızlığı ortaya çıkacak diye korkuyordu.

Meryem Hanım'ı görür görmez, sağ memesinde kanser odaklarını fark etmişti Davut, ancak çok zamanları yoktu çünkü akciğere doğru yayılmak üzereydi kanser. Sağ memede oluşması bile ayrı bir travma ile ilgiliydi, yuvadaki eş veya partner çatışması bu bölgenin konusuydu, o kadar güzel bir arşiv oluşturmuştu ki bunu her seferinde doğrulayacak vakalarla karşılaşıyordu. Tek sorunu hastadan bazı bilgileri almanın zorluğuydu, hastalar pratisyen bir hekimin hastalığıyla alakası olmayan soruları sormasından rahatsız oluyor, doktora tam bilgi vermiyordu. Meryem Hanım da aynı kaygıları taşıyordu ancak o da Davut'un ününü duymuştu, başlangıçta onunla işbirliği yapmak istese de konuyu tam anlayamamıştı. Davut Meryem Hanım'ı başta bilgilendirmişti:

"Size bazı sorular soracağım, bu sorular özel hayatınızla ilgili de olabilir. Çünkü bu vakalarda hastaların çoğunda aynı hayat hikâyesi görüyoruz."

Meryem Hanım başıyla onayladı. Soruların hepsi eşiyle yaşadığı çatışmalarla ve belli yaşlarda yaşadığı travmatik olaylarla ilgili idi. Davut'un özel hayatı ile ilgili bu kadar soru sormasından canı sıkılsa da, kaybedecek bir şeyi olmadığı için hepsini cevapladı. Bu tedavi bir süreç olduğu için birkaç seans yapmaları gerekiyordu, Meryem Hanım ilk seanstan sonra duygusal olarak kendini çok kötü hissetti, eşiyle ilgili örtbas ettiği her şeyi söylemek zorunda kalmıştı. Eşinin ailesine katlanmak zorunda kaldığını, ayrılmak istese de korkudan bunu yapamadığını, çocuklarıyla ilgili tedirgin olduğu yerleri...

Bunları anlatmaktan hem çok rahatsız olmuş hem de bedeninde dalgalanmalar olduğu için direnci düşmüştü.

İlk seans yapıldıktan birkaç gün sonra başhekimin yanına çıkıp tedaviye devam etmek istemediğini, başka hastaneye sevk edilmesini istedi. Başhekim Davut'u yanına çağırarak bu durumu anlattı:

"Meryem Hanım hem özel hayatına çok fazla girdiğin için hem de kendini eskisinden daha kötü hissettiği için tedaviye devam etmek istemiyor" dedi. Davut "Meryem Hanım'ın çok vakti yok ve bu tür dalgalanmalar yaşayabileceğini söylemiştim, üstelik bu kanser akciğere yayılmak üzere, burayı durduramazsak hızla kötüye gidecek" diyerek son bir umut hastayı ikna etmek istediğini söyledi. Başhekim Davut'a sandalyeyi göstererek "Lütfen otur" dedi. "Yaptığın tedavi Sağlık Bakanlığımız tarafından duyulursa hastanenin başı belaya girebilir, hepimiz için en doğrusu bu. Bugüne kadar başarılı olduğun tedavileri görüyorum ancak kanser vakalarında işimiz o kadar kolay değil. Kaldı ki hasta çok kararlı üstüne gidersen bizi şikâyet edebilir" diyerek kesin bir dille bunu reddetti. Davut hâlâ hiçbir şey anlamıyor, şaşkın gözlerle başhekime bakıyordu. "Yani bizim şikâyet edilme korkumuz hastanın hayatından daha önemli mi diyorsunuz?" Başhekim artık nezaketi bir tarafa bırakmıştı:

"Bak Davut hakkında güzel haberler dolaştığı gibi, bir sürü dedikodu da dolaşıyor. Bu yaptığın her ne ise bir süre sonra başımıza bela açacağı belli, üstelik diğer doktorlardan da sürekli şikâyet alıyorum. Meryem Hanım'ı kurtaracağından emin olsam bile bu çalışmaya artık izin vermeyeceğim. Bizler doktoruz insanların hayatında yaşadığı olaylarla değil bedenlerindeki hastalıklarla ilgileniriz. Ben hastanemin adını bir dedikodu malzemesi yapamam daha fazla, eğer doktor gibi çalışacaksan bizimle devam et, başka türlü çalışmaların için artık izin vermiyorum."

Davut bir çocuk gibi bakıyordu, bu duyguyu çok iyi biliyordu. Hayatı hep reddedilmekle, insanları ikna etmeye çalışmakla geçmişti, üstelik bunu yaparken herkes tarafından aşağılanmıştı. Hayatında ilk defa bir hastanede bu çalışmaları rahat yapabileceği ortamı bulmuştu. Demek buraya kadardı, bir gün bunun başına geleceğini bilse de henüz zamanı var sanıyordu.

"Meryem Hanım'ın çok zamanı yok bunu görebiliyorum, ona faydam dokunabilecek bir durumdayken şu anda dosyayı elimden almanız onun ölümüne sebep olacak."

Başhekim ayağa kalktı. "Ben senin için mesleğimi kariyerimi her şeyimi tehlikeye attım senin cevabın bu mu?"

Davut, "Benim ayrılmam gerekiyorsa hastaneden ayrılırım fakat emin olun Meryem Hanım'ın zamanı yok, en azından nereye sevk edeceksiniz acele edin, ben bugün size istifa mektubumu hazırlayacağım" dedi.

Başhekim Davut'un gidişinden çok rahatsız olmayacaktı, onun için önemli olan kariyeriydi, Davut bu kariyerde biraz hastanenin ünlenmesini sağlamıştı, alacağını almıştı ondan. Davut için de burada çalışma yapmak zordu artık, yoluna yalnız devam edecek bir yolunu bulacaktı. Çaresizce odasına döndü, istifa mektubunu yazdı. Odasında çok fazla eşyası yoktu zaten, hiç kimseyle vedalaşmadan tazminat bile talep etmeden küçük bir kutuya eşyaları koyarak o gün hastaneden ayrıldı.

Hastaneden aldığı maaşla kendine küçük tek odalı bir ev tutmuştu, anne babasından ayrılmıştı, eve girdiğinde ne kadar yorgun olduğunu fark etti. Artık bir maaşı yoktu ve bu evin kirasını karşılayamazdı. Davut bu yolun dikenli bir yol olduğunu biliyordu ama her seferinde insanların tepkisi onu şaşırtıyordu. İyileşmeler olmasına rağmen sürekli eleştiriliyordu, takdir edilmediği gibi hayatı zorluklarla geçiyordu. Kolay olanı seçebilir, iyi bir maaşla güzel bir ev tutup, evlenip çoluk çocuğa karışabilirdi, diğer doktorlar gibi her ayın başında maaşını alır, toplumda saygın biri olarak yaşayabilirdi. Ama bu yolu bilerek seçmişti, çaresiz hastalara faydalı olacak ezber bozan tarafa geçmeyi öğrenciyken seçmişti.

Çaresizce anne babasının yaşadığı eve döndü, elinde eşyalarla la Nadide Hanım onu kapıda gördüğü zaman çok sevinemedi, küçük bir çocuğu azarlar gibi ona "Yine ne oldu?" dedi. Davut sadece "Hastane işime son verdi" diyebildi. Annesi ona sarılmadı bile, içeri geçtiler.

"Sen de hiç akıllanmayacak mısın? Ne dediysek tersini yaptın, orayı da mı karıştırdın? Şu saçma sapan enerji hikâyelerinden bıktık artık, insan içine çıkamaz olduk, gelen giden senin yaptığın saçmalıkları konuşuyor. Zaten evlenmeni de istemiyorum, kimse seninle evlenmek de istemez. Aklın başına gelene kadar kendine başka bir yer bul, bizi burada daha fazla rezil etme!" diye bağırdı annesi. Davut çok şaşırmıştı, sırtını dayayabileceği bir ailesi var sanıyordu. Ayakta durabilirdi, yeni bir işe girebilirdi ama onun biraz zamana ihtiyacı vardı tek derdi ona izin verilmesiydi, bu bilgilerini aktarabileceği bir kaynak oluşturmak istiyordu. Annesinin bağırmasıyla Azer Bey de içeriden geldi "Neler oluyor?" diyerek. Davut son bir kez annesiyle babasıyla bir konuşma yaptı, onlara başka çaresinin olmadığını bazı özel yetenekleri olduğunu, çözüm bulunamayan hastalıkları tedavi edebildiğini anlatmaya çalıştı.

"Behreng'i unutmadık" diye söze karıştı annesi.

"Behreng iyileşti anne, hastane de bu iyileşmeye şaşırmadı mı?"

"Peki neden senin saçma sapan şeyler yaptığını söyleyip duruyor? Ben senden utanmaktan bıktım."

"Anneciğim utanacak hiçbir şey yapmıyorum, ben bazı yeteneklerimi kullanarak hastaları iyileştirebileceğimi düşünüyorum, bunun için bana fırsat verilmiyor. İyileştirdiğim hastalar oldu fakat hiçbiri resmen sebebinin benim yaptığım çalışma olduğunu düşünmüyor, maalesef siz de bunu düşünmüyorsunuz."

Babası öfkeyle "Senin için kaç para harcadım sen biliyor musun? Senden sadece normal bir şekilde hayatına devam etmeni istedik, bu bizim hakkımız" diyerek annesini destekledi.

"Ben normal bir hayat yaşayamam, benim bildiklerimi bilseniz siz de yaşayamazsınız, o yüzden yaptıklarınız için minnettarım, ben başımın çaresine bakacağım ama emin olun ki sizin umut ettiğiniz şekilde olmayacak" diyerek evdeki kalan üç beş parça eşyasını topladı, babasının elini öptü sarıldı, Nadide Hanım elini bile uzatmasa da, arkasından gözyaşları sel olmuştu, bir taraftan ona öfkeliydi, ama bir taraftan da onun çaresizliğini görüyordu.

Davut evin arka tarafındaki tepeye çıktı, eşyalarını ceviz ağacının dibine bıraktı. Annesini anlayabiliyor ve onu asla suçlamıyordu. Bu ağaç sanki hayatta tek dertleşebildiği canlıydı, yaşadığı her şeye şahitti.

Ceviz ağacının dibine oturduğunda artık kendini hayatın akışına bırakmıştı, uyuklamaya başladı, sadece dua etti, yardım istedi:

"Allahım lütfen bana yol göster, ne yapabileceğimi bulamadım, hangi yoldan gideceğim ve ben bu bilgileri kullanmak için ne yapmalıyım?" diye dua etti. Bütün gece ağacın dibinde uyudu, gün ağarmak üzereyken kulağında bir sesle uyandı: "Tek çalışacaksın" diye bir ses kulağının dibinde konuşuyordu. Ağacın yanında kimseler var mı diye bakmaya başladı, hiç kimse yoktu. Bugüne kadar yapması gereken zaten buydu, hastanelerde daha fazla tecrübe edinemezdi. Hemen doğruldu ve plan yapmaya başladı, ilk iş olarak kalacağı bir yer bulmalıydı, hastaneden arkadaşı Amir geldi aklına. Amir Demir'in hastanedeki çalışmalarına değer veren tek doktordu, yakın arkadaş olmuşlardı. Akşam olunca hastane çıkışı Amir'in evinin önünde oturup, onun gelmesini bekleyecekti. Amir de hastanede olanları duymuş ve Davut için üzülmüştü, o akşam evine doğru yaklaştığında Davut'un basamaklarda oturduğunu görüp merakla sordu:

"Davut nerelerdesin? Seni çok merak ettim, neden bana hiç haber vermeden gittin?" Davut ayağa kalkarak Amir'e sarıldı:

"Haklısın, çok ani oldu gidişim ama bana başka çare bırakmadılar. Kalacak bir yerim olmadığı için aklıma sen geldin, bir süre senin evinde kalabilir miyim?" diye sordu Amir'e. Amir hemen kapıyı açarak Davut'u içeriye davet etti: "Tabii ki kalabilirsin, ben zaten tek yaşıyorum bana yoldaş olursun" diyerek eşyalarını eve geçirdi Davut'un. Davut biraz rahatlamıştı, en azından hâlâ bu hayatta gidebileceği bir kapısı vardı, anne babası bile onu eve almamışken Amir'in bu davranışı içini ısıtmıştı.

Akşam beraberce yemek yediler, sohbet ederken Amir Davut'a: "Davut ben sana çok inanıyorum gerçekten yaptığın şeyler çok kıymetli, hatta bu konuyla ilgili sana yardımcı da olmak istiyorum. Ancak bu bilgilere biraz fazla kafa yormaya başladın ve belki de dengen bozuldu, bu konuda benim bir önerim var.

Psikiyatri kliniğine gidip bir görünsen nasıl olur?" dediği anda Davut hayal kırıklığına uğradı.

"Benim bir sorunum yok sadece bildiklerimi uygulamaya çalışıyorum, sandığın gibi dengesiz bir durumda değilim, her şeyin farkındayım Amirciğim, senden şunu istiyorum bir muayenehane, bir göz oda bile olsa bir muayenehane açmama yardımcı olabilir misin?"

Amir düşündü, Davut açacağı muayenehanede başını daha fazla derde sokabilirdi, başını öne öne eğdi, "Davut..." dedi. "Hepsini yaparım ama önce psikiyatriye girmeni istiyorum."

mir'in iyi niyetinin farkındaydı Davut, "O zaman..." dedi. "Sadece kısa bir süre evinde kalmama izin ver, kalacak yerim yok."

"Tabii ki..." dedi Amir. "İstediğin kadar kalabilirsin."

Amir tek yaşayan bir gençti, zayıf, cılız, özgüveni olmayan, hayatı ezbere yaşayan bir gençti. Onun da çok arkadaşı yoktu, evi kasabanın merkezine yakın bir evdi. Davut birkaç gün evden çıkmadı, sonraları sokakları gezerek muayenehane açabileceği yerler aramaya başladı. Sabahtan akşama kadar şehri dolaşıyor akşam olduğu zaman tekrar eve dönüyordu. İşin kötüsü bazen güzel yerler buluyor ama parası olmadığı için plan yapamıyordu, doktordu ama herhalde dünyanın en fakir doktoru olabilirdi. Bu bekleyişin böyle süremeyeceğini anlamaya başladı zamanla, kısa bir süre de olsa bir yerde çalışmak zorundaydı. En azından biraz para toplayıp muayenehane açabilecek parayı ancak bu şekilde biriktirebilirdi. Sokaklarda gezerken iş ilanlarına bakmaya başladı, şehrin öbür ucunda onu hiç tanımayanların olduğu bölgede, küçük bir klinikte iş buldu. Bir süre normal doktorluk yapmaktan başka şansı yoktu, bulduğu yer küçük ve eski ama tanınmış bir klinikti.

O gün akşam eve geldiğinde haberi Amir'e vermek için söze girdi, ancak Amir üzgün görünüyordu. "Meryem Hanım vefat etmiş, bu haberi sana vermek istemezdim ancak bugün hastaneden eski raporlarını istediler, o zaman öldüğünü öğrendim."

Davut çok üzülmüştü, elinden geleni yapsa da ikna edememişti kimseyi. Bir süre konuşmadan olduğu yerdeki koltuğa oturup başını iki elinin arasına aldı. "Onu kurtarabilirdim" dedi. "Tedavisi devam ederken onunla çalışma yapabilirdim."

Yapacak bir şey kalmamıştı artık ve Davut bir kez daha yalnız çalışmak zorunda olduğunu anlamıştı. Amir'e iş bulduğunu ve bu hafta kendine ev bulacağını söyledi. Amir: "Burada kalabilirsin, eğer burada rahatsan kirayı paylaşırız bu benim için de iyi olur" deyince bu teklif Davut'un hoşuna gitti. Zamanını taşınmalarla harcamak istemiyordu ve makul görünen bu teklifini onayladı Amir'in. Bulduğu bilgileri aktardı Amir'e.

Sahibi Gassan Bey yaşlı bir doktordu ve bir yardımcıya ihtiyacı vardı, tam ona göre bir iş olabilirdi çünkü sadece iki doktor olarak çalışacaklardı. Gassan Bey'le anlaşma yaparak çalışmaya başladılar, hastaneden aldığı maaşın fazlasını alıyordu burada, ne de olsa özel klinikti burası. İlk zamanlar tam bir doktor gibi çalışıyordu, Gassan Bey ondan çok memnundu, iş yükünün çoğunu Davut almıştı, bazı günler dinlenmesine bile olanak tanıyordu. Birkaç ay bu şekilde çalıştılar fakat Davut yine rahat durmadı, kliniğe gelen hastaların bilgilerini ve travmalarını sormaya başlamıştı. Bu durumdan rahatsız olabilecek hastaları fazla zorlamıyor, normal şekilde tedavilerini yapıyordu.

Bu kliniğe bir süre daha ihtiyacı vardı, bu yüzden temkinli yaklaşıyordu ve bu sefer amacına ulaşmak istiyordu. Yaklaşık bir sene kadar bu hastanede çalıştı, artık muayenehane açacak parayı biriktirmiş, kendine bir yer bakıyordu. Bu klinikteki son günleriydi, henüz Gassan Bey'e ayrılacağını bildirmemişti ancak eli kulağındaydı. Bir gün kapıdan bir hasta girdi, karın ağrısı şikâyetiyle gelmişti ve Gassan Bey'in eski bir hastasıydı. Hasta 60 yaşlarında bir kadındı ve bir haftadır şiddetli karın ağrısı ve kusma şikâyeti vardı, Gassan Bey muayene ettikten sonra hemen bir antibiyotik yazdı hastaya. Davut uzaktan hastaya baktığında pankreas bölgesinde bir kırmızı ışık yandığını fark etti. Aslında Sakine Hanım kapıdan ilk girdiğinde bu durumu anlamıştı ancak Gassan Bey'e saygısızlık yapmak istemiyordu, fakat Gassan Bey'in bunu atlamasına izin veremezdi. Sakine Hanım çok şiddetli gaz sancıları çekiyordu, kızı Leyla da Sakine Hanım'la birlikte gelmişti. Leyla küçük yaşta babasını kaybetmiş hayatta annesinden başka hiç kimsesi olmayan güzel bir genç kızdı, kapıdan girdiklerinde Davut'un ilgisini çekmişti. Ancak acilen duruma müdahale etmeliydi, Gassan Bey'in odasına girerek onunla özel konuşmak istediğini söyledi. Gassan Bey muayeneden sonra geleceğini söylese de "Gassan Bey acil bir durum var" diyerek çağrısını yineledi. Odaya girdiğinde Davut da Leyla'nın ilgisini çekmişti, genç, yakışıklı ve temiz yüzlü bir delikanlıydı. Gassan Bey'e "Hocam" diye hitap ederdi Davut, diğer odaya beraberce girdiler, Davut hemen konuyu açtı:

"Sevgili hocam Sakine Hanım'ın durumu çok kritik, onu hızla tam teşekküllü bir hastaneye sevk etmeniz gerekebilir. Pankreas kanserinin bütün belirtileri var ve çok hızlı ilerleyebilir. Burada vakit kaybediyor olabiliriz, hastanın hayatına mal olabilir bu durum."

Gassan Bey babacan biriydi, Davut'u da çok severdi, zaten mesleği de bırakmak üzereydi, bu fikir ona makul geldi, sadece bulgularını öğrenmek istedi, bunu neye dayanarak düşündüğünü sordu.

"Hocam daha önce de pankreas kanseri hastalarının aynı şikâyetlerle başladığına defalarca şahit oldum, hastanın yüzündeki solgunluk da buna işaret ediyor" diyerek ikna etmeye çalıştı. Gassan Bey maddi ve manevi olarak artık bir beklenti içinde değildi, çok da sorgulamadı bu yüzden, Sakine Hanım'ı tam teşekküllü bir hastaneye göndermeye karar verdiler. Ama Davut Sakine Hanım'ı takip etmek istiyordu, bu hastanın takibi için Gassan Bey'den onay aldı. Gassan Bey odasından çıktıktan sonra Sakine Hanım'ın kızı Leyla'yı odasına çağırdı. Leyla üniversiteden yeni mezun olmuş öğretmenlik yapan bir genç kızdı, aklı başında birine benziyordu. Durumun ciddiyetini Leyla'ya anlatmaya karar verdi, ona açıkça söylemek en iyi yoldu, kaybedecek vakitleri yoktu.

"Leyla Hanım annenizin ciddi bir hastalığı var gibi görünüyor, bu kliniğin imkânlarıyla annenize müdahale edilme şansı çok fazla yok, bir sizi hızla üniversite hastanesine sevk etmeliyiz."

Davut konuştukça Leyla'nın gözünden yaşlar süzülüyordu. "Yani ne demek istiyorsunuz? Annemin hastalığı nedir? Bu hayatta ondan başka kimsem yok, ne yapmamız gerekiyor?" diye ağlayarak sordu.

"Maalesef pankreas kanserinden şüpheleniyoruz ve tıbben kurtarılma şansı çok az. Bu tür durumlarda zamanla yarışmak zorundayız, bu yüzden size bu haberi erkenden vermek zorunda kaldım" dedi Leyla'ya.

"Peki şansı çok mu az? Başka bir doktora da görünsek mi? Belki yanıldığınız bir şeyler olamaz mı?"

Davut bu sefer ikna etmeye çalışmayacaktı, her şeyi olduğu gibi anlatacaktı.

"Bakın Leyla Hanım işin gerçeğini söylemek gerekirse size üniversitede çare bulmaları çok mümkün değil ve kesin olarak söyleyebilirim ki anneniz pankreas kanseri. Bir sürü test ve tahliller yaptıracaksınız, zaman kaybedeceksiniz. Annenizin hastalığı ile ilgili farklı bir çalışma metodu var, bu metot biraz spiritüel bir yöntem, ancak zamanı iyi kullanmak gerekir. Bu yüzden çok açık söylüyorum hastanede yapılacak testler ve tahliller hem zaman kaybettirecek hem de hastamızın direnci düşmüş olacak."

Leyla umutla umutsuzluk arası Davut'a bakarak: "Yani tıbbi olmayan bir şey yapmayı mı öneriyorsunuz? Bu yöntemle annemi kurtarabilir miyiz?" diye sordu.

Davut, "Şansımızın çok yüksek olduğunu söyleyebilirim" dedi. Sonra Leyla Hanım'a daha önce başardığı vakaları, yöntemin nasıl çalıştığını, tıbben imkânsız hastalıkların iyileşmelerini özetle anlatmaya çalıştı. Sakine Hanım'ın hastalığının yaşadıklarıyla ilgili olduğunu, travmalarının onu hasta ettiğini ve bu hastalığın başlıklarını, ilgili travma konularını anlattı.

Davut Leyla'ya, "Annenizin sindiremediği acı bir kaybı varsa, bu duruma sonra adaletsiz bir şekilde suçlanma eşlik etmişse, pankreas organı aşırı etkilenir ve onu kansere kadar götürmüş olabilir" dediğinde Leyla gerçekten etkilenmişti. Sakine Hanım kocası Devrim Muhafızları tarafından öldürülmüş, Sakine Hanım o dönemlerde hamileyken hücre cezasına çarptırılmış, doğumunu bile hapishanede yapmıştı, Leyla bu hikâyeyi defalarca annesinden duymuştu. O ana kadar Davut'un verdiği bilgiler çok aklına yatmamıştı, ancak annesinin yaşadığı travmanın aynısını söylediği anda gerçekten etkilendi. Zaten zamanı da, çaresi de yok gibiydi, kafasında tek bir soru işareti kalmıştı; annesinin kanser olduğunu hiçbir test yapmadan nasıl anlayabilirdi? Ya yanılıyorsa? Davut tek tek anlatmaya başladı:

"İnsanlar bir bedenden ibaret değil, ben annenizi tanımadan bile çok acı verici sindiremediği bir kayıp yaşadığını hastalığından dolayı tahmin edebiliyorum. Üniversite yıllarından beri insanların büyük travmalar sonrasında hasta olduğunu, hatta her travmanın bir organı zedelediğini gördüm, bununla ilgili büyük bir arşiv yarattım. Bana güvenmeyebilirsiniz ama sizi temin ederim annenize ilaç, kimyasal madde vermeyeceğim, vücuduna bir şey enjekte etmeyeceğim, onunla sadece konuşacağım. Size nasıl bir çalışma yapacağımı, neye güvenerek bunu yapacağımı uygun bir zamanda anlatmak isterim ama eğer tedavi seçeneğini kullanmak isterseniz hiçbir şey diyemem."

Leyla Davut'a güvenmişti ama haklı olarak annesinin bu teşhisini üniversite hastanesinde doğrulatmak istiyordu. "Ben yine de tahlillerini yaptırmak istiyorum, eğer tahlil sonuçları sizin teşhisinizi doğrularsa sizinle bu çalışmaya başlamak isterim" dedi Leyla.

"Sizi anlıyorum ve hak veriyorum. O halde bu süreci hızlandırmak için sizi tanıdığım doktorlara yönlendireyim, normal şartlarda bu teşhisi koymaları iki haftayı bulur, eğer isterseniz ben bu süreci hızlandırmaya yardım edebilirim" diye cevapladı Davut. Gassan Bey hastayı tamamen Davut'a devretmiş, Sakine Hanım'ı da Davut'un iyi bir doktor olduğuna inandırmıştı. Şimdi yapılacak tek bir şey vardı; çok hızlı bir şekilde üniversite hastanesine hastayı sevk etmek, tahlilleri yapmak, oradan çıkacak teşhise göre hareket etmek.

Aynı gün hastaneye giriş yaptılar, Davut onlara bir kâğıt verdi, arkadaşı Amir'e işlemleri hızlandırması için bir yazı yazmıştı.

Akşam evde Amir'e durumu anlatıp süreci hızlandırmasını sağladı, gerekli kan testleri ve tahliller hızla yapıldı, üç gün sonra cevap geldi: Sakine Hanım pankreas kanseriydi.

Zamanı çok iyi kullanmışlardı, Leyla Davut'a güvenebileceğini baştan hissetmişti, her ne kadar öğretmen olsa da entelektüel bir aileden geldiği için çok fazla kitap okuyan bir kadındı Leyla. Enerji bedenle ilgili bazı kitapları okumuş, etkilenmişti, hatta kendi kendine yaptığı küçük uygulamaları olmuştu, örneğin hayatı boyunca ağrıkesici kullanmamış, bir yeri ağrıdığı zaman kendi enerji bedeninde çalışma yaparak ağrıyı geçirebiliyordu. Hastanede teşhisin konulduğu gün hemen Davut'un yanına geldi:

"Size inanıyorum" dedi. "Hiçbir tahlil yapmadan annemin hastalığını fark ettiniz, size ne kadar teşekkür etsem az, lütfen bir an önce çalışmaya başlayalım. Ben bugün onunla konuşup durumu anlatırım, ne zaman başlayabiliriz?"

Davut derin bir oh çekti fakat tedirgin olduğu bir yer vardı, bir doktor olarak pankreas kanserinin ne kadar agresif olduğunu biliyordu. Leyla'ya garanti veremezdi, yaşadığı deneyimleri anlattı, hayatı boyunca edindiği tecrübeleri, yeteneklerini, mağarayı anlattı Leyla'ya. Son olarak da "Annenizin çok zamanı yok, bu süreci elimizden geldiği kadar iyi kullanmalıyız, size garanti veremiyorum fakat şunu söyleyebilirim geleneksel tıptan daha faydalı bir şey yapabiliriz."

Leyla çok zeki kadındı, karar vermek zorunda olduğunu kavradı ve Davut'a "Size tek bir soru soracağım" dedi. "Sizin anneniz olsaydı ne yapardınız?"

Tek bir cevap verdi: "Benim annem olsaydı bu akşamdan itibaren enerji bedenle iyileştirmeye çalışırdım, başka da bir şey yapmazdım."

"O halde bu akşam başlayabilir miyiz?" diye sordu Leyla.

"Çok daha iyi olur, bana bir saat zaman verin, Sakine Hanım'ı hazırlayın bu akşam hemen başlayalım" dedi Davut.

Leyla Davut'un gözlerinin içine derin derin baktı, ellerini tutarak: "Size güveniyorum, başaracağınıza güveniyorum, ne kadar dürüst biri olduğunuzu hissediyorum, bu yüzden şimdiden çok teşekkür ederim" dedi. Davut'un kalbinde ılık ılık bir şeyler akıyordu, Leyla'nın elinin yumuşaklığı, gözlerinin anlamlı bakışı onu kendinden geçirmişti.

Leyla bir kâğıda ev adresini yazıp verdi, evlerinin yerini tarif etti. Çok uzakta oturmuyorlardı, evleri iki sokak ilerideydi, daha sonra annesini hazırlamak üzere hızla eve gitti. Davut Leyla'ya karşı kimseye duymadığı bir ilgi duymaya başlamıştı. Leyla'nın enerji bedenini fark edebiliyordu, bedeninin etrafında altın sarısı bir halka görüyordu. Hastalığını fark ettiği insanların bedeninde bu halkayı gördüğü olmuştu daha önce, ama Leyla'nın halkası pırıl pırıl parlıyordu, sanki onun ruhuyla temas ediyor gibi hissediyordu. Leyla'nın da Davut'a ilgisi vardı ancak bu ilgi Davut'un ona duyduğu ilgiye benzemiyordu. Davut'un içindeki yaralı çocuğu görüyor ve ona yakınlık hissediyordu. Ancak bu aşk değildi.

İş çıkışı Davut üstünü başını düzelterek Leyla'nın evinin yolunu tuttu. Leyla Davut'u kapıda karşıladı. Davut kapıdan girdiğinde evdeki havayı soluyarak yaşanmış acıları hissetti, Leyla'nın yalnızlığı, kimsesizliği, çocukluğu duvarlara sinmişti. Sakine Hanım arka odada uzanmış ve ağlıyordu, Davut Leyla'dan izin isteyerek yalnız konuşmak istediğini belirtti. Sakine Hanım'ın odasına girip kapıyı kapattı. Sakine Hanım'ın pankreasının yanında akciğerinde de bir kırmızı ışık olduğunu fark etti. Korktuğu başına gelmiş, pankreastaki kanser akciğere sıçramıştı, şimdilik başka bir organda sorun görünmüyordu. Yanına yaklaşıp elini tutarak onunla konuşmaya başladı:

"Şu an yaşadığınız acıyı hissedebiliyorum, eğer bana izin verirseniz bu hastalığı aşmanıza yardım edeceğim. Sizden bazı bilgiler almam gerekiyor."

Sakine Hanım bütün umudunu yitirmişti:

"Ne yapabilirsin ki? Gördüğün gibi artık ölüyorum, bu yaşam bana hiç adil davranmadı, beni kurtaramayacağını ikimiz de biliyoruz."

Davut Sakine Hanım'ın elini sıktı:

"Ölüm hepimizi her an ziyaret edebilir, biz zaten ölüm kapısından geçerek doğuyoruz. Kimin ne zaman öleceğini bilemeyiz ancak benim bazı özel yeteneklerim var, size hiçbir ilaç veya kimyasal vermeyeceğim. Sadece konuşacağız, bunu yaparsak kaybedecek bir şeyiniz olmayacak, sizden sadece işbirliği istiyorum çünkü hastalığınızın sebebi aslında kimselerin bilmediği evlatlık verilme anınızla ve diğer yaşadığınız olaylarla ilgili."

Sakine Hanım şoke olmuştu. Bu sırrını kimseler bilmiyordu ve kendinden bile sakladığı bir sırdı, özellikle Leyla'dan gizlemişti bunu. Davut onun geçmişte yaşadıklarını görebiliyordu fakat henüz bu bilgiyi ona veremezdi. Sakine Hanım yatağında doğruldu:

"Bu nasıl bir saçmalık, sen kim oluyorsun da bana böyle bir şey söylüyorsun? Senin normal olmadığını duymuştum zaten çabuk evimi terk et, sakın bir daha bu eve gelme..."

Bunları söylerken bağırmıyor dişlerini sıkıyordu, Davut onu yatıştıramayacağını anlayıp söze girdi:

"Bakın ben bazı şeyleri görebiliyorum, bu sırrınız yüzünden hasta olduğunuzu da görebiliyorum ve sizi temin ederim ki bu sırrınızı kimselere söylemeyeceğim. Hatta çok daha fazlasını da görebilir ve iyileşmenize yardımcı olabilirim."

Davut'un kimselerin bilmediği bu sırrı biliyor olması aslında Sakine Hanım'ı etkilemiş ve Davut'un özel bir yeteneği olduğuna ikna olmuştu ancak bu olayla yüzleşmek istemiyordu. Sakine Hanım hıçkıra hıçkıra ağlamaya başladı. Leyla panikle odaya girip Davut'a neler olduğunu sordu, Davut bir el işaretiyle her şeyin yolunda olduğunu anlatmaya çalıştıysa da Leyla panik olmuş annesinin yanına gelip elini tutmuştu. Davut'a dönerek onunla özel konuşmak istediğini söyledi, yan odaya geçtiler.

"Davut Bey anneme zarar vermeyeceğinizi söylemiştiniz ama görüyorum ki annem şu an hiç iyi değil. Annemin üzülmesini istemiyorum, annem bu durumdayken onu ağlatmanız normal mi?" diye sordu.

Davut Leyla'nın ellerini tutarak "Bakın Leyla hanım, ateşi söndürmemiz için ateşin içinden geçmek zorundayız. Benim çalışmam annenize zarar vermeyecek sadece biraz dalgalanacak. Bu şekilde yol alamayız ve sizinle bu durumu hallettiğimizi sanıyordum" dedi.

Leyla Davut'un sözlerinden ve yaklaşımından etkilenmişti: "Peki sürekli böyle üzülüp ağlayacak mı?" diye sordu.

"Hayır..." dedi Davut. "Şu an bir travmasıyla yüzleşiyor, içinde kalan zehri boşaltıyor, bu durum çok uzun sürmeyecek."

Leyla sakinleşmişti, Davut devam etti.

"Şimdi izninle yarım bıraktığım işi bitireyim, çıktığım yolun sonunu getireyim, annen iyi olacak" diyerek tekrar Sakine Hanım'ın odasına geçti. Odaya girdiğinde Sakine Hanım uyuklamaya başlamıştı, travmasıyla yüzleşmek ona ağır gelmişti, Davut o gün için daha fazla işlem yapmamaya karar verdi, ne de olsa hastanın direnci düşebilirdi. Sakine Hanım'ın enerji bedeninde ufak çalışmalar yapıp çalışmayı sonlandırdı. Sakine Hanım iyice uykuya daldıktan sonra sessizce odasından çıktı, Leyla'ya bu gece uzun bir uyku çekebileceğini, yarın akşam aynı saatte tekrar geleceğini söyleyerek sessizce kapıya yöneldi. Leyla "Sana bir kahve ikram etmek isterdim" diyerek kendini affettirmeye çalıştı ancak Davut da çok yorgundu, kibarca reddederek kapıdan çıktı evinin yolunu tuttu. Eve girer girmez notlarına ekleme yapmak için masasına oturdu, kâğıt kalemi eline alarak bildiklerini bir bir kâğıda dökmeye başladı. Uzun zamandır bütün notlarını bir defterde topluyordu, o akşam bu bilgilere bir başlık atma ihtiyacı duymuştu; koca bir başlık attı defterin ilk sayfasına: "Levh-i Mahfuz." Eline kalemi aldığında sanki yazan kişi kendisi değildi kalem deli gibi yazıyor kendisi izliyordu, bilgiler arka arkaya akıyor ve kendisi yazdıklarını sonradan okuyordu. Ne zaman yazmaya başlasa kalem yazıyor kendisi takip ediyordu, başlıklar ardı ardına geliyor ve Davut sadece sanki izliyordu. O gece sabaha kadar yazdı, onlarca sayfa birikmişti ancak eli artık bu hıza dayanamıyordu, elinden kalemi bırakıp geçmişten itibaren yazdıklarını okumaya başladı:

"İnsanlar annesinin ve babasının yaşadığı anılarla dünyaya gelir.

Bizi hasta eden şey organlar değil duygulardır.

Her organın duygusu farklı olduğu için organları değil duyguları gözlemlemek gerekir.

Aynı sorunları tekrar tekrar yaşadığımızda hastalık dediğimiz olay meydana gelir.

Hastalıklar ruhumuzun bir mesajıdır, bizi öldürmek için değil yaşatmak için ortaya çıkarlar.

Yaşanmış hiçbir anımız kaybolmaz, yaşadığımız hiçbir kötü anı unutulmaz, ta ki biz temizleyene kadar. Birini kaybettiğimizde onun ruhu omurgamıza yapışır, giden ruhları uğurlamamız gerekir."

Gözleri ve eli artık daha fazla dayanamadı, kalkıp bir duş aldı yatağa girip kendini uykunun kollarına bıraktı.

Sabah dinlenmiş bir şekilde uykudan kalkıp hızla hazırlandı ve kliniğe gitti. Kapıdan girdiğinde Leyla'nın onu beklediğini gördü, ne zaman onu görse içini büyük bir sevinç kaplıyordu. Leyla Davut'u gördüğü anda ayağa kalkıp yanına geldi:

"Sizden çok özür dilerim, annemi öyle gördüğümde ne yapacağımı şaşırdım ve aşırı tepki gösterdim. Dün gece annem sırrını benimle paylaştı, bunu sizin fark etmiş olmanız gerçekten çok etkileyici, annem de çok etkilendi. Başta tepki gösterse de bu durum onun size inancını güçlendirdi. Size teşekkür etmek için geldim."

"Önemli değil sizi anlayabiliyorum, bunu konuşmaya değmez" diyerek Leyla'ya gülümsedi.

"Şunu bil ki annem de ben de işbirliğine hazırız başka çaremiz yok, bizden yardım elinizi çekmeyin ne olur."

Leyla gözyaşlarına boğulmuştu, bekleme salonundaki diğer hastaların şaşkın bakışları umurunda değildi. Davut onu iki kolundan tutarak odasına aldı, sandalyeye oturttu.

"Leyla lütfen sakin ol, annen için elimden geleni yapacağım, tek isteğim bu çalışma sırasında beni engellemeyin, biraz dalgalanacak biraz ağlayacak belki ama annen için yapılacak her şeyi yapacağım. Bir şeylerin düzelebileceğini bilmesem bu kadar ısrarcı davranmazdım."

Leyla Davut'un ellerini öptü: "Siz gerçekten özel bir insansı-nız" diyerek Davut'a sarıldı. Davut hayatında ilk defa bir ruhla bütünleştiğini hissediyordu, ne kadar da güzel kokuyordu, o an hiç bitmesin istiyordu. Akşam eve geleceğini söyledi ve hastala-rıyla ilgilenmek için nazikçe izin istedi.

Akşam işini erkenden bitirip doğruca Leyla'nın evine doğru yol almaya başladı, yolda önceki gece yaşadığı deneyimi aklın-dan geçiriyordu, Sakine Hanım'ın mağaradaki anılarını çok net görebiliyordu, burayı tamamen temizleyebileceği çalışmaları planlayarak eve kadar ulaştı. Eve ulaştığında Leyla onu pence-rede bekliyordu, hızla koşarak kapıyı açtı, Davut'u görür görmez boynuna sarıldı. Ah bu sarılmalar ne kadar çaresiz bırakıyordu Davut'u, Leyla bilerek mi onu bu kadar kendine bağlıyordu? Her sarıldığında inanılmaz bir huzur hissediyordu. Sonra beraberce Sakine Hanım'ın odasına girdiler, Sakine Hanım çok mahcup bir ifadeyle Davut'a bakıyordu.

"Evladım beni affedebilecek misin? Ben senden sonra Ley-la'ya bu sırrımı anlattım, belki de hayatımı mahveden bu sırrı anlatmak bile bana o kadar iyi geldi ki, lütfen beni yarı yolda bırakma, ben sana inanıyorum. Ömür boyu sakladığım bu sırrın aniden ortaya çıkmasına hazır değildim."

Davut, "Sizi anlıyorum, bu konuya artık takılmayalım, eğer bir çalışma yapacaksak hızla başlamamızda fayda var" diyerek Leyla'dan izin isteyip odanın kapısını kapattı.

Otomatik olarak zihninden şunları söyledi: "Sevgili ruh reh-berim senden yardım istiyorum, Sakine Hanım'ın hastalığıyla ilgili bütün noktaları görmeme yardım et, onun bedeninin ne anlatmak istediğini anlamamıza yardım et." Aniden odanın yeşil bir ışıkla dolduğunu fark etti Davut, bu ışığı sadece kendisinin görebildiğini biliyordu bu yüzden şaşırmadı, Sakine Hanım'a gözlerini kapatmasını söyledi.

"Önünüzde bir mağara göreceksiniz ve o mağarada her adım attığınızda bir yıl geriye gideceksiniz. Bu yıldan geriye doğru adım adım gideceğiz ve o adımlar size yol gösterecek. Beraberce bu mağarada gezinmeye başlıyoruz."

Sakine Hanım gözlerini kapattığı anda uzun bir mağara gördü. Adımları ilerledikçe zamanı geriye alıyor gibiydi.

Davut: "Mağarada gidebildiğiniz kadar geriye gidin ve en başlarda neler gördüğünüzü söyleyin" dedi.

Sakine Hanım mağaranın sonuna kadar gitti ve kendini bir anda anne karnında gördü. Çok şaşkın ve heyecanlıydı, her şey o kadar canlıydı ki annesinin karnından dışarıdaki sesleri duyabiliyordu.

Annesini bir sahnenin içinde gördü. Hamileydi annesi ve kimden hamile kaldığını bilmiyordu, karnı gittikçe şişiyor ve çocuğu düşürmeye çalışıyordu. O dönemlerde nikâh dışı bir çocuğun olması idamla cezalandırılırdı. Annesinin aylarca hamileliğini gizlediğini gördü. Sakine Hanım şoke olmuştu, bir sırrı daha yüklenmiş bir bedeni olduğunu o anda fark etti: Annesi babasının hamilelik döneminde öldüğünü söylemişti oysa. Birden ağlamaya başladı, Davut onu sakinleştirmeye çalıştı:

"Her ne görüyorsan bil ki o görüntüler senin şifalanman için geldi, teslim ol ve kabul et."

Sakine'nin annesi Latife 16 yaşında babasının zoruyla Muharrem'le evlendirilmiş bir çocuk gelindi, evlendiği günden itibaren şiddet görüyor adeta tecavüze uğruyordu, sığınacak kimsesi yoktu. Dört defa hamile kalmış ve düşük yapmıştı çünkü henüz bedeni gelişmemişti. Muharrem alkolik bir adamdı ve Latife'ye şiddet uyguluyordu. En sonunda ona çocuk veremediği için Latife'yi sokağa atmıştı ve Latife kimselere sığınamamış en sonunda geneleve düşmüştü. Gizleyerek bir hamilelik geçirdiği dönemde bile genelevde defalarca tecavüze uğramıştı. Bebeğini doğurduğu zaman bir gece çok güvendiği Süheyla Hanım'ın kapısına gelerek Sakine'yi alması için yalvarmıştı. Yıllarca Sakine'yi komşuları olan Süheyla Hanım büyütmüş, 7 yaşına geldiğinde ona gerçeği söylemişti. Sakine evlatlık olduğunu biliyor ancak anne ve babasının öldüğüne inandırılmıştı. Süheyla Hanım'ı annesi, Murtaza Bey'i de babası olarak kabul etmiş, onlar ölene kadar da bu sırrı kimseyle paylaşmamıştı.

Ancak annesinin nasıl bir hayat yaşadığını, babasının yaptıklarını bilmiyordu, sahne o kadar gerçekti ki gerçeğin bu olduğundan emindi.

Davut'un sesiyle irkildi:

"Sakine Hanım gördüklerinizi lütfen anlatın, gördüğünüz her sahne bizim için çok önemli."

Sakine gördüğü sahneleri olduğu gibi Davut'a anlattı, bu anılar pankreası çok ilgilendirdiği için Davut'un yüzünde bir gülümseme belirdi, hastalığın köküne ulaşmıştı ve işi kolaylaşacaktı. Anlattıklarını tek tek not alarak çalışmanın planlarını yapmaya başladı. Sakine Hanım'a çok yüklenmemesi gerektiğini biliyordu, bu yüzden mağarada başka bir sahneye gitmesini istemedi. Sakine Hanım'a yavaşça mağaranın sonundan bugüne gelmesini söyleyerek gözünü açtırdı. Sakine Hanım büyük bir yolculuktan gelmiş gibi ortamı algılamaya çalışıyordu ve çok yorgundu. Davut ellerini tutarak: "Çok güzel bir yolculuk yaptınız, bana çok az zaman verin ve biraz dinlenin" diyerek hızla toparlandı odadan çıktı. Leyla meraklı gözlerle bakarken Davut'un gözündeki ışıltıyı gördü. Davut bir an önce hesaplamalar yapmak istiyordu, çalışmalarından bildiği bir şey vardı; doğum dönemi başlayan anılar zamanla tekrarlanarak hasta ediyordu. Sakine Hanım'a bir dahaki çalışmalarda hesapladığı tarihleri soracaktı ama onu en az bir gün dinlendirmesi gerekiyordu. Bu hastalığın teşhisi 60 yaşındayken koyulmuştu, benzer olayların tekrarlandığı yaşlara bakacaktı, bu tarihler arasındaki bağlantıyı kurmak için eve gidip masasında çalışmaya başlamak istiyordu. Leyla'ya çok kısa "Hoşça kal çalışma yapmam lazım, benden haber bekle" diyerek hızla kapıdan çıktı ve evinin yolunu tuttu.

Yol boyunca rehberine teşekkür ediyordu. Bir mucize gibiydi mağara görüntüsü. Davut hızla eve doğru koştu, yemeğini bile yemeden uykusuz olmasına rağmen müthiş bir enerjiyle masasının başına oturdu ve tam bıraktığı notlarının yanında buldu kendini. Odayı istediği düzene getirip masasının başına oturduğunda Sakine Hanım'ın benzer olayları yaşamış olabileceği tarihleri hesaplamaya başladı.

"Beden bu kanseri neden 60 yaşına kadar geliştirmedi, neden 60 yaşı bekledi?" diye düşündü, teşhisten 1-2 yıl önce bardağı taşıran benzer bir senaryosu olmalıydı. Ve hayatının 25-30 yaş civarında da benzer senaryo bedende tekrar etmişti, bu yaşlar için ayrı bir mağara çalışması yapacaktı, öncelikle burayı çözmeye niyetliydi çünkü doğanın bir matematiği vardı, matematiğin içinde tekrar eden bir şeyler vardı. Bütün bunları düşünürken bir taraftan da defterine not alıyordu. Elinde defterle yatağında uyuyakaldı o gece.

Sabah uyandığında Gassan Bey'in yanına uğrayarak o gün kliniğe gelemeyeceğini bildirdi, çok zamanı kalmamıştı ve Sakine Hanım'la bir an önce çalışmak istiyordu. Sabahtan Leyla'nın kapısını çaldı, Leyla işe gitmek üzereydi Davut'u karşısında görünce şaşırdı. Davut Leyla'ya fazla zamanları kalmadığını çalışmaya gün boyu devam edeceğini söyleyip içeri girdi.

"Annenle ilgili çok önemli bir yer bulduk, bu yüzden çalışmaları hızlandırmak istiyorum, izin verirsen bugün sabahtan başlayalım çalışmaya." Leyla Davut'u içeri alıp, "Tamam annemi uyandırayım, o sırada sana bir çay ikram edeyim" diyerek annesine seslendi. Sakine Hanım Davut'u her gördüğünde önce bir korku yaşıyor, sonra yaşama bağlandığı tek varlık olduğunu hatırlayıp gülümsüyordu. Leyla kapıdan Davut'u annesinin odasına alıp, "Erken gelmeye çalışacağım sen rahatına bak" diyerek, izin isteyip kapıdan çıktı. Davut hemen hazırlıklara başladı ve Sakine Hanım'ın mağarayı görmesi için dua ederek meleklerden yardım istedi. Sakine Hanım artık hızla görebiliyordu mağarayı ve Davut telkinlere başladı:

"Şu an 25 yaşa gidiyoruz, yeni evlendiğiniz dönem. Mağaranın o bölgesinde yanan bir ateş görürseniz bana haber verin" diyerek görüntülerin gelmesi için beraberce beklemeye başladılar. Sakine Hanım'ın gözünün önüne bir sahne geldi, Leyla'nın babası siyasi görüşü nedeniyle aranıyordu, eve gelmiyor kaçak yaşıyordu. Sakine Hanım bile nerede olduğunu bilmiyordu, üstelik Leyla'ya hamile idi. Polisler bir gece Sakine Hanım'ı hamile olduğu halde tutuklanmış, sorguya almışlardı, ona eşinin yerini soruyorlardı. Yerini bildirmediği için onu hücreye atmışlardı ve en kötüsü, hamile hali ile orada tecavüze uğramıştı. Doğumdan sonra serbest bırakılmıştı ancak bu duruma sevinememişti, eşinin ölüm haberi gelmişti. Zaten o yüzden onu serbest bırakmışlardı. Sahneyi gördüğünde yine gözyaşlarına boğuldu, Davut'a tek tek anlatmaya başladı. Anlattıkları arasında müthiş bir senaryo benzerliği vardı: Sakine Hanım'ın annesi de tecavüze uğramış ve iğrenç olaylara maruz kalmıştı. İki senaryo birbirini tutuyordu, geriye bir tek dönem kalıyordu: 55-60 yaş arasında bardağı taşıran bir olay olmalıydı, yoksa bu hastalık çok daha önce ortaya çıkardı. Davut notlarını aldı, Sakine Hanım'ın yorgun olduğunu görüyordu ancak bu dönemi de bulmak zorundaydı, Sakine Hanım'a: "Müthiş bir yeri gördünüz, çok iyi gidiyoruz, şimdi mağarada mutlu olduğumuz yerlerde biraz vakit geçirelim" diyerek onu zaman tünelinde Leyla'yı okula gönderdiği yıla götürüp onu biraz sakinleştirdi, ona derin derin nefes almasını söyledi.

Bir süre sonra onu tekrar mağarada gezdirerek, 55-60 yaş arasında bir yanan ateş olup olmadığına bakmasını istedi. Sakine Hanım tam 57 yaşında yanan bir ateş ve başka bir sahne gördü ağlamaya başladı. Sakine Hanım'ı yetiştiren annesi olarak bildiği Süheyla Hanım o sene ölmüştü, Sakine Hanım'a Süheyla Hanım'dan bir tane arsa kalmıştı. Süheyla Hanım'ın diğer çocuğu Sakine Hanım'ı dolandırmıştı; onun yanına gelerek bitişik iki arsayı birleştirip satacaklarını söyleyerek imza atmasını sağlamıştı. Arsayı sattıktan sonra parayı vermemiş aslında hakkına tecavüz etmişti. Süheyla o arsayı Leyla'nın geleceğinin yatırımı olarak görüyordu ve yine senaryoda çocuğu için endişelendiği vardı, fiziki olmasa da hakkına tecavüz edilmişti. Davut bu bilgileri aldığında çok rahatlamıştı çünkü bu veriler kendi araştırmalarıyla bire bir uyum sağlıyordu. Sakine Hanım'ı mağarada bugüne geri getirerek seansı sonlandırdı. Sakine Hanım çok yorulmuştu onu o halde yalnız bırakamazdı, Leyla gelene kadar yanında bekleyecekti. Başını okşayıp "Bugün başka çalışma yapmayacağız, şimdi derin bir uykuya dalacaksın, merak etme ben yanında olacağım" diyerek uyumasını sağladı.

Sakine Hanım'ın odasında bulduğu kâğıtlara bu bilgilerin üçünü birleştirerek not almaya başladı. İnanılmaz bir senaryo bütünlüğü bedende bu hastalığa sebep olmuştu, geriye sadece bu sahnelerle yüzleşmek ve yüklenmiş enerjiyi boşaltmak kalıyordu. Enerji boşaltımının nasıl yapılacağını artık deneyimleyerek öğrenmişti, diğer hastalıklarda çok fazla başarı sağlamıştı, defterinde "Kamp Ateşi" adını verdiği bu kısmı şöyle not almıştı:

"Mağarada geçmiş yolculuğunda eğer acı verici bir görüntü alınırsa oradaki ateşin başına gidilir ve hastaya siyah bir çuval hayal ettirilir, çuvaldan her bir duygu bir kütük şeklinde tezahür edilir, boşaltılarak yakılır. Sonra hasta ateşin üstüne basarak ateşi söndürür, son olarak da omurgadan enerji boşaltılır çünkü her kötü anı yaşadığımızda olumsuz yükler omurgamıza yapışır kalır ve onu boşaltana kadar dengeye gelemeyiz."

İlk defa bir kanser vakası için bu boşaltımı deneyecekti ancak Sakine Hanım'a bir gün daha süre vermeliydi, bedeni toparlanmalıydı.

Çalışma bittikten yaklaşık bir saat sonra Leyla geldi, odaya girdiğinde annesinin uyuduğunu ve Davut'un bir kâğıda bir şeyler yazdığını gördü.

"Umarım çok geç kalmamışımdır, çalışma yapabildiniz mi?" diye sordu Davut'a.

Davut ayağa kalktı, "Harika bir çalışma oldu, anneni bugün dinlendirmemiz lazım, yarın son aşamaya geçeceğiz" diyerek Leyla'dan izin istedi. Sabah kliniğe gitmemişti ve orada da onu bekleyen hastalar vardı. Leyla onu kapıdan uğurlarken bir kez daha ellerine sarılarak "Çok teşekkür ederim, bizim için yaptıklarınız çok kıymetli" diyerek Davut'un yanağına bir öpücük kondurdu. Artık Davut Leyla'nın bunu bilinçli yaptığını anlayabiliyordu, ama içindeki volkanları söndüremez hale geliyordu, o yumuşacık dudağını yanağında hissettiği an dönülmez bir duyguya girdiğini fark etmişti. Ne diyeceğini bilemez halde başını öne eğerek "Rica ederim, inşallah anneni hayata döndüreceğiz" diyebildi ve hızlı adımlarla evden çıktı.

Davut çıktıktan sonra Sakine Hanım saatlerce uyudu, sadece bir ara gece yarısı Leyla'ya seslenip su içti ve sonra sabaha kadar deliksiz uyudu. Leyla o gün okuldayken okuldan izin almış, birkaç gün gelemeyeceğini belirtmişti, bu kadar önemli bir çalışmada katkısı olacağını düşünerek bütün zamanını evde harcamak istiyordu. Ertesi sabah Davut yine önce kliniğe uğradı ve sabah hastalarının hepsini öğleden sonra saatine devretti, Gassan Bey anlam veremese de sesini çıkarmadı. Klinikten çıktığı gibi doğru Leyla'nın evinde aldı soluğu. Leyla Davut'a kahvaltı hazırlamıştı, uzun süredir ilk defa Sakine Hanım da yatağından kalkmış kahvaltı sofrasında Davut'u bekliyordu. Davut eve geldiğinde Leyla kapıyı açtı ve yine ellerini tutarak "Hoş geldiniz" dedi. Sakine Hanım masada oturmuş Davut'a gülümseyerek bakıyordu, çok iyi görünüyordu. Davut'u sofraya davet ettiler, o gün kamp ateşi yapacaklardı enerji almaları gerekiyordu. Beraberce kahvaltı ettikten sonra Davut "Çalışmaya başlayalım" diyerek ayağa kalktı. Üçü de o gün çok heyecanlıydı, o günün çalışma konusunun önemini artık hem Leyla hem de annesi öğrenmişti. Sakine Hanım'la Davut odaya geçtiler, Sakine Hanım yatağına uzandı, yüzünde bir tebessüm vardı. Kapıyı kapattılar ve Davut Sakine Hanım'dan gözlerini kapatmasını istedi. Sırasıyla annesinin karnında yaşadığı olaya, evlendiği yaşlarda yaşadığı olaya ve 57 yaşındaki olaya giderek tek tek kamp ateşi ve omurga boşaltımı çalışması yaptılar. Davut daha önceki deneyimlerinden biliyordu ki bu boşaltımı 2-3 gün arayla en az üç kez yapmalıydı. O gün çok rahat çalıştılar ve her omurga boşaltımından sonra Sakine Hanım'ın ayaklarında ve ellerinde uyuşma oluyordu, bu uyuşma Davut için çok kıymetli bir veriydi, omurganın yükü elden ve ayaktan boşalıyordu çünkü. Bu bilgileri edinmek için çok bedeller ödemiş, çok hakaretlere uğramıştı ama sonunda bir çalışma yöntemi oluşturmuştu. Öğleden sonra işi bittiğinde Davut Leyla'ya "Önümüzdeki iki gün boyunca annene bol bol su içir, biraz fazla uyuyabilir telaşlanma ama en önemlisi ateşi yükselirse bana mutlaka haber ver" diyerek izin istedi ve kliniğe gitmek üzere evden ayrıldı.

6. BÖLÜM

Antakya, 1983

Yıllar yılları kovaladı. İlkokulun sonuna kadar herhangi bir sağlık sorunu olmadan sadece asosyal bir çocuk olarak yaşayan Demir ilkokulu bitirdi. İlkokuldan ayrılırken tüm arkadaşları ağlıyordu, öğretmen gözyaşları içinde çocukları kucaklıyordu ama Demir hiç bu duyguları yaşamıyordu, çünkü onun için bir mecburiyet bitmişti, hatta mutluydu. Bundan sonraki hayatında o öğretmeni görmek zorunda kalmayacaktı. Öğretmen ayrılırken Demir'e sarıldığında, ağladığında, kucakladığında yine hiçbir şey hissetmemişti. Nurten Hoca'nın duygusunu onda hiç görmüyordu, hissetmiyordu. Ve o sene ilkokul bittiği zaman uzun bir yaz tatili başlamıştı. Kerim o dönemlerde iyi para kazanmaya başlamış, bir tane yazlık ev almıştı. Ve aldığı yazlık ev yine Samandağ bölgesindeydi. O yaz haziran ayında eve taşındılar. Kerim eskiden olduğu gibi Antakya'da kalıyordu, hafta sonları gelip hafta içi geri dönüyordu... Kerim için aslında bu durum bir çeşit kaçıştı çünkü Saadet onu yormaya başlamıştı. Saadet'in istekleri bitmiyordu, en azından haftanın beş günü tek başına özgür ve sakin bir hayat yaşıyordu. Kerim bazı haftalar nadiren de olsa yazlık evden Antakya'ya giderken Demir'i de yanına alır bir haftayı beraber geçirirlerdi. Demir saf bir çocuktu fakat duru görüsü vardı. Kerim'in

Saadet'le ilişkisindeki sıkıntıları görebiliyordu. Kerim işine çok zaman ayıran, toplumda işiyle saygınlık kazanmış biriydi.

Antakya'ya gittiklerinde Demir babasıyla işyerine gitmeyi çok severdi, işyerinde sekreterlerden bir tanesi Demir'e inanılmaz ilgi gösteriyor, daktiloyla yazı yazmasına izin veriyor, beraber resim çiziyorlardı. Ve hatta uzun zamandır kimsede görmediği sarı halkayı Süreyya isimli bu sekreterde görmüştü, artık çok iyi biliyordu ki sarı halkayı gördüğü kişilerle bağ kurabiliyordu. Süreyya Demir'i her geldiğinde kucaklıyor ve öylesine iyi davranıyordu ki Demir onun sevgisiyle her gün büroya gitmek istiyordu. Kerim Demir'in her gün büroya gelmesinden hoşlanmıyordu, ancak Demir bunun üstesinden gelmeyi başarmıştı, babası izin vermediğinde Süreyya'ya telefon açıyor, babasını ikna etmesini istiyordu. Kerim Süreyya'nın bir sözüyle ikna oluyordu. İlkokulun bittiği yılın yazını Demir babasıyla birlikte Antakya'da geçirdi. Süreyya her gün Demir'i oyalayacak bir şeyler buluyordu, daktilo yazmayı öğretiyordu, faks makinesi yeni çıkmıştı, o zamanlar faksın müthiş bir icat olduğu düşünülüyordu, bütün bunlarla oynamasına izin veriyordu. Aslında Demir'i cezp eden şey ne daktiloydu ne de faks makinesiydi. Süreyya'nın bir kokusu vardı ve sanki onunla bütünleşiyordu, büyük bir insan olsa belki bunun ismine aşk diyecekti. Süreyya onu her kucağına aldığında, her sarıldığında müthiş bir güven duygusu hissediyordu ve onun sarı halkası olması boşuna değildi. Ama Kerim'in bu ilgiden hoşlanmadığını da görüyordu, sebebini az çok anlamıştı. Kerim'in Süreyya'ya özel bir ilgisi vardı, bunu babasının ona bakışlarından anlayabiliyordu. Büyük bir ihtimalle aralarında bir şeyler vardı. Kerim Demir'i bir tehlike olarak görüyor ve Süreyya'yla ilişkisinin bir sıkıntı yaratabileceğini düşünüyordu. Ama Süreyya'nın Kerim'de ne bulduğunu anlayamıyordu. Çünkü Kerim çok yakışıklı bir adam değildi, çok çekici biri değildi. Bütün bunları on bir yaşındaki Demir fark edebiliyordu. Kerim bazen "Bu çocuğu her gün çağırma, alışmasın, yazlığa dönmesi lazım" gibi cümleler kuruyordu. Süreyya'nın yanında çok fazla açık veriyordu. Demir asla bu duruma ifşa etmeyi, bu durumu kullanmayı veya bu durumu ayıplamayı aklından bile geçirmedi, hayatın o yönüyle ilgilenecek yaşta ve durumda değildi zaten. Zaten Saadet bu durumu biliyor olsa bile, onun istekleri yerine getirildiği sürece buraya ses çıkarmazdı. Çünkü Kerim'e bir aşk hissetmemişti. Kerim belki de hayatında ilk defa aşkı tadıyordu. İlk defa bir kadının ona ilgi duyduğu bir aşkı tadıyordu, Demir bunu fark etse de ses çıkarmaya niyeti yoktu. Zaman içinde Süreyya'nın hayatını merak etmeye başladı, sürekli ona sorular soruyordu, o yaz neredeyse haftanın 4-5 gününü Süreyya'yla geçirdi. Yaz demek Süreyya demek olmuştu, belki de aşk böyle bir şeydi. Kendisinden çok büyük olmasına rağmen yanında mutlu ve huzurlu hissediyordu.

Bazen Süreyya Demir'in annesiyle ilgili sorular sorup duruyordu, Demir bunu da anlayabiliyordu, üstünkörü cevap verdiği zaman ayrıntıya inmeye çalışıyordu, ısrarla annesinin hayatını merak ediyordu, çünkü rakibini tanımak istiyordu. Demir'i Kerim de Süreyya de hafife alıyorlardı, fakat Demir daha derin bir şeyle ilgileniyordu, Süreyya'nın sarı bir halkası vardı, Demir'le gerçek bir bağ kurmuştu, onun dışındaki hiçbir şeyin anlamı yoktu. Zaten annesiyle babası arasında gerçek bir ilişki yoktu. Bu yüzden Süreyya'nın her sorduğuna cevap veriyordu. Süreyya bazı günler sevgisinden bazı günler de merakını gidermek için uzun sohbetler yapıyordu Demir'le. Süreyya dışında koca yaz boyunca hatıralarında yer eden hiçbir şey olmamıştı, hiç arkadaşı da yoktu.

Saadet çocuklarıyla hâlâ yazlık evde kalmaya devam ediyordu, Demir sadece hafta sonları babasıyla yazlık eve gidiyor, orada çok sıkılıyordu. Süreyya'yla sohbet ettiği zamanları özlüyordu, Süreyya Demir'den aile içindeki bütün ayrıntıları öğrenmişti artık. Bunları anlatmakta hiçbir sakınca görmüyordu çünkü aralarındaki bağın gittikçe arttığını hissediyordu. Annesinin babasını ne kadar aşağıladığını, babasının evde ne kadar bağırıp çağırdığını, çoğu zaman ayrı yattıklarını, kışın defalarca annesinin evi terk ettiğini anlattıkça, Süreyya'nın yüzünde bir ışık parlıyordu, bir ümit parlıyordu. Ve Demir yine kendine o soruyu soruyordu: "Babam gibi bir adama âşık olmuş olabilir mi? Babamda ne buluyor?"

Yazın sonuna doğru, ağustosun son haftalarında, artık Demir evden babasının bürosuna babası olmadan gidip gelmeye başlamıştı. Babasının olmayacağı saatleri biliyordu. Çünkü babası bir inşaat mühendisiydi ve belli saatlerde inşaatlara gitmek zorundaydı. Bu saatleri ezberlediği için Demir artık hafta içi iki ile dört arası babasının büroda olmayacağını bilerek ziyaretlerini o şekilde planlıyordu. Sıcak bir ağustos günü. Yine böyle bir ziyaret için büroya gitmişti. Kapıdan girdiği zaman Süreyya'nın hüngür hüngür ağladığını fark etti, yanında diğer sekreter Sevgi, onu sakinleştirmeye çalışıyordu. Ve şu cümleler dökülüyordu Sevgi'nin ağzından:

"O kadar emin olmayalım, başka bir doktora gidelim. Belki de öyle kötü bir şey değildir, hemen bu sonuca varmayalım."

Kötü bir şeyler olduğu kesindi, Demir Süreyya'nın yüzüne baktığında ilk defa Süreyya'nın yüzünde ölüm korkusunu gördü. Süreyya ölmekten korkuyordu çünkü ölümcül bir hastalığı vardı. Yazın başından beri ilk defa Demir kapıdan girdiğinde Süreyya başını kaldırıp bakmadı bile, o kadar kendi içine gömülmüştü ki ne Demir'den alacağı bilgiler, ne Kerim'in hayatı, ne aşk, hiçbir şey umurunda değildi. Belli ki ölümden korkuyordu. Sevgi ayağa kalkarak hızlıca Demir'i bürodan çıkardı, bu sahneyi görmesini istemiyordu. "Gel seninle kırtasiyeye inelim" diyerek onu oyalamaya kalkıştı. Fakat Demir'in gözü arkada kalmıştı, çok ciddi bir şeyler olduğunun farkındaydı, Sevgi ne yapıp edip o gün Demir'i büroya sokmadı. Süreyya'yla bir defa bile konuşmasına izin vermedi, çünkü Süreyya kendinde değildi.

Ertesi gün saat iki olduğu anda Demir koşa koşa büroya gitti. Belki Süreyya'yı yalnız yakalayabilirdi, içeri girdiğinde sadece Sevgi'yi gördü, Süreyya'yı sordu. Sevgi "Bir süre gelmeyecek, izin aldı" dedi. Demir'in hissettiği ve gördüğü şeyin gerçekliği kafasında bir kez daha gümbürtülü bir şekilde onaylandı. Süreyya'nın ciddi bir hastalığı vardı, muhtemelen yazıhaneyle ilişkisini kesecek kadar ölümcül bir hastalıktı bu, çaresiz bir şekilde eve geri döndü. Sanki hayatının en büyük yıkımını yaşamış gibi hissediyordu. Bu konuyu babasına sormaktan başka çaresi kalmamıştı. Günlerden perşembeydi, bir gün sonra yazlığa babasıyla gidecekti. Yolculuk 45 dakika sürüyordu, bu süre içinde konuyla ilgili sorular sorabilirdi babasına. Ve cuma günü bir kez daha yazıhaneye gitti. Süreyya'yı görme umuduyla, Süreyya'nın masasında her şey olduğu gibi duruyordu. Süreyya'nın elyazısını çok beğenirdi, masasındaki kâğıtlara baktı, parfümünün kokusu bile koltuğunda duruyordu. Sevgi'ye Süreyya'nın gelip gelmediğini sordu, ama istediği cevabı alamadı:

"Demirciğim Süreyya bir süre gelemeyecek, bazı sağlık sorunları var, ama bir süre sonra gelecek" deyince Sevgi'ye sordu "Hastalığı nedir?" diye.

"Biraz üşütmüş" dedi Sevgi. Bir çocuğa söylenmemesi gerektiğini düşünerek ölümcül bir hastalığı olduğunu gizledi, zaten Demir fark etmişti, herkes Demir'in çocuk olduğunu düşünüyor ama o yaşlı bir ruh olduğunu kimselere anlatamıyordu. "Peki" diyerek çaresizce bürodan çıkıp eve doğru yürümeye başladı. Sevgi arkasından "Demir nereye gidiyorsun?" diye seslense de, hiçbir cevap vermeden arkasına bakmadan koşarak çıktı.

Akşamüstü babasıyla, yazlık eve gidecekti, Süreyya'dan haber alabileceği tek kaynak olarak babası kalmıştı. Babası o akşam geldiğinde çok sinirli ve üzgündü. Kızarak "Daha hazırlanmadın mı? Bilmiyor musun yola çıkacağımızı?" dedi. Belli ki işler yolunda değildi, Kerim de çok üzgündü. Kerim öfkelendiği an hiç dur durak bilmeden kıyameti koparan bir insandı, bunu bildiği için Demir hızla ayağa kalkarak "Tamam babacığım hazırlanıyorum" diyerek toparlandı, çok kısa sürede hazırlandı, arabaya bindiler. Fakat Demir bir türlü konuyu açamıyordu. Yaklaşık on dakikalık bir yolculuktan sonra Demir alacağı tepkiyi de göze alarak, "Baba Süreyya Abla'yı iki gündür görmüyorum, bir sorun mu var?" dediği zaman Kerim'in yüzü tam düştü. Çünkü Kerim duygularını gizleyebilen bir insan değildi, hatta duygularını o kadar gösterirdi ki hayatında birçok insanı kırmıştı bu yüzden. Üzgün bir ifadeyle "Süreyya Abla'n hasta" dedi.

"Karnından mı hasta?" diye sordu Demir. Kerim'in yüzü bir çocuk yüzüne dönüştü.

"Biraz kötü bir hastalık" dedi Demir'e.

"Baba biliyorum, ölümcül bir hastalık olduğunu biliyorum" dedi Demir.

"Bunu nereden biliyorsun?"

"Ben tahmin edebiliyorum, işyerine gelmediyse ciddi bir şeydir."

Tam olarak hastalığının adını sordu babasına. Artık babası saklanacak bir şey olmadığını düşünerek "Rahim kanseri denilen bir hastalık, ameliyat olmazsa insanların ölmesine sebep olan bir hastalık. Bu yüzden gelemiyor ve bir süre gelemeyecek" dedi. Ama Kerim öyle bir ifadeyle söyledi ki bir anda Demir baba Kerim çocuk olmuştu sanki. Kerim çok çaresiz görünüyordu, hayatında tutunduğu tek daldı Süreyya.

Demir bu haber karşısında hiç şaşırmadı. Hatta o kadar şaşırmadı ki Kerim Demir'in kanserin ne demek olduğunu anlamadığını düşünerek daha fazla bir açıklama yapmadı. Yol boyunca bir daha hiçbir kelime etmediler, yazlık eve ulaştıklarında Demir Süreyya'yı bir daha göremeyeceği endişesi taşımaya başladı, keşke Antakya'ya dönme imkânı olsaydı. Antakya'yla yazlık evleri arası doksan kilometrelik bir mesafeydi, bu mesafeyi annesinin, babasının izni dışında alması imkânsızdı. Ama bir karar vermişti; pazartesi babasıyla gidecek, bir şekilde Süreyya'nın evini öğrenecek, yattığı hastanede onu ziyaret edecekti. Çünkü onu görmeden geçirdiği her gün müthiş bir özlem çekiyodu.

Hafta sonu ilk defa sakin geçti, Kerim Süreyya'nın durumunu Saadet'e anlatmıştı, tabii ki ilişkisinin Saadet tarafından bilinmesini de istemiyordu, böyle bir şeyi anlatması tepki çekerdi. Saadet çok üzüldü, "Onun için yapabileceğimiz bir şey var mı?" dedi. Çünkü Saadet toplum gözünde iyi bir kadın, iyi bir eş, iyi bir anne olmayı o kadar önemsiyordu ki patronun yufka yürekli karısı rolünü de benimsediği için bir şeyler yapmak istediğini söyledi, "Şimdilik sadece ameliyatını bekliyoruz, ondan sonra elimizden gelen desteği yapacağız" diyerek kapattı konuyu Kerim. O kadar üzgündü ki Saadet'in huysuzluklarına, isteklerine, sorun çıkarmalarına o hafta sonu aldırış bile etmedi. Sadece yavaş yavaş bu durumun geçmesini bekliyordu sanki, bekledikçe bu durumun düzeleceğini umut ediyordu. Demir yazlık evin olduğu bölgede hiçbir arkadaşı olmadığı için bütün günleri evde geçiriyordu. Küçük bir bisikleti vardı ablasından kalma, Kerim'in durumu iyi olmasına rağmen çocukların bu tür ihtiyaçlarına en son bakmak zorundaydı, çünkü Saadet'in ihtiyaçları o kadar arka arkaya geliyordu ki çocukların küçük bir eşofman, spor ayakkabı veya bisiklet gibi ihtiyaçlarına bir türlü sıra gelmiyordu Demir ablasından kalma paslı eski bisikletiyle deniz kenarına gidiyor, bir tek deniz kenarında kendini iyi hissediyordu, onun dışındaki hiçbir yerde huzurlu hissetmiyordu. Hatta sabah herkes denize girerken o deniz kenarında denizi izleyerek güneşin altında bekliyordu. Saadet ona kızana kadar da güneşin altında kumlarda sessizce oturuyordu. Akşamüstü yine deniz kenarına koşuyor, sadece denize bakıyordu, hafta sonu bu şekilde geçti.

Kerim o hafta sonu kimseye bağırmamıştı, o kadar üzgündü ki başka hiçbir şeyle ilgilenecek durumda değildi, ilk defa bir hafta sonu huzurlu geçmişti evde ve belki de Süreyya'yı kaybettiği zaman tekrar Saadet'e sığınacağı hesabını yaparak Saadet'e fazla iyi davranıyordu, alttan alıyordu onu. Saadet de çocuklar da şaşırıyordu bu duruma, ama tadını çıkarıyordu herkes. Çünkü çok alışılmış bir durum değildi kimse için, herkes özlemişti böyle bir huzuru.

Pazartesi günü sabah yedide Kerim'in hazırlanma seslerini duyan Demir yatağından fırladı ancak Kerim ona "Bu hafta gelmiyorsun" dedi. O kadar diretti, o kadar diretti ki annesini uyandırdı. Annesi normalde ne Kerim işe giderken, ne de çocuklar okula giderken asla uyanmazdı, bilerek sesini yükselterek annesini uyandırdı Demir. Çünkü annesinin işine geliyordu Demir'in gitmesi. Bir çocuk bile azalsa Saadet'in işine geliyordu, çünkü her bir çocuk ayrı bir dertti onun için. Yatağından doğrularak nazik sesiyle, Kerim'i ayartan sesiyle, "Ne var canım? Çocuk seninle vakit geçirmek istiyor, zaten bütün kış görmüyor seni. Ne var bunda?" diyerek cevap veremeyeceği şekilde onu ikna etti.

Demir hızla hazırlandı. Kerim'in yüzü asıldı bir anda, halbuki Süreyya da yoktu, neden böyle kızıyordu ki? Demir kapıda babasını beklerken Kerim'in Süreyya'yla ilgili bir planı olduğunu anladı, yoksa bu kadar bozulmazdı. Antakya'ya doğru yola çıktılar, yolda Kerim Demir'e bir açıklama yaptı:

"Yol üstünde bir arkadaşımı ziyaret edeceğim on beş dakika arabada bekle" dedi. Demir konuyu anlamıştı Süreyya'nın yattığı hastaneye gidecekti, bu yüzden gelmesini istemiyordu. Demir "Tamam baba" dedi hiç itiraz etmeden. Yaklaşık bir saat yine sessiz bir yolculuktan sonra Antakya'nın hemen girişindeki hastanenin otoparkına girdiler, babası arabadan çıkarken anahtarı Demir'e bıraktı.

"Sakın..." dedi. "Arabayı kimseye açma, on beş dakika sonra geliyorum beni burada on beş dakika bekle."

Demir hiçbir sorun çıkarmayacağının sözünü vererek bekleyeceğini söyledi. Kerim hastanenin acil kapısından girerken kalabalıktan istifade eden Demir hemen arkasından hastaneye sızdı. Babasının elinde bir paket vardı, pakette ne olduğunu bilmiyordu, çok da umursamıyordu. Kerim kimseye hiçbir şey sormadan asansöre bindi, Demir asansörün kaçıncı katta duracağını görmek için bekledi. Asansörün ikinci katta durduğunu görünce koşarak iki katı merdivenle çıktı. Belli ki babası daha önce gelmişti, Süreyya'yı ilk ziyareti değildi, Süreyya'nın odasını biliyordu. İkinci kata çıktığında 210 numaralı odaya yöneldi Kerim, içeri girdi. Süreyya'nın kız kardeşi vardı odada, Kerim'i görünce boynuna sarıldı. Demir koridorun köşesinden içeriyi görebileceği bir açı bulduktan sonra şaşırmıştı, acaba Süreyya'nın kız kardeşi aralarındaki ilişkiyi biliyor muydu? Süreyya'nın yatağı odanın diğer köşesinde kalıyordu ve Demir yatağı göremiyordu, görüş açısını genişletmeye çalışsa da mümkün değildi içerideki yatağı görmesi, tek çare konuşulanları dinlemekti, Demir kapıya yaklaşarak konuşmaları dinlemek isterken Süreyya'nın kız kardeşi "Ben sizi baş başa bırakayım" diyerek aniden kapıdan çıktı ve Demir'i gördü. "Ah güzelim sen de mi geldin?" diyerek ona sarıldı. Demir'i tanıyordu Süreyya'nın kız kardeşi, arada sırada büroya gelmişliği vardı. Demir yakalanmıştı, babasından yiyeceği fırçanın korkusuyla ne yapacağını şaşırdı. Kerim hızla kapının önüne gelerek kızdı.

"Ben sana arabada bekle demedim mi?" diye bağırdı. İçeriden Süreyya'nın huzur dolu kurtarıcı sesi geldi. "Demir" diye seslendi, Kerim mecburen susmak zorunda kaldı. Kerim Süreyya'yla baş başa kalabileceği saati kollamıştı, belki elini tutacaktı, belki yüzünü okşayacaktı ancak Demir işi bozmuştu, hızla sekreterini ziyaret ediyormuş gibi bir tavra büründü. Süreyya'nın "Demir" diye seslenmesi ile o tanıdığı huzura yeniden kavuşmuştu Demir, babasının yanından sıyrılarak içeriye koştu. Süreyya'nın kollarına hortumlar takılmıştı, ağzında oksijen tüpü ve bir maske vardı. Bir hortumdan o maskeye doğru sürekli hava üfleniyordu, fakat çok garip. Süreyya'nın etrafındaki sarı halka yok olmuştu ve karın bölgesinde kırmızı bir ışık vardı. Süreyya ellerini uzattı, Demir sarılmak istedi ama o kadar çok hortum, bant, serum vardı ki vücudunda nasıl sarılacağını bilemedi. Süreyya hafifçe doğrulmaya çalıştı, zaten Demir'e seslenirken ağzındaki maskeyi çıkarmıştı. Onu bir öptü, o an hissettiği duyguların ne kadar güzel olduğunu tekrar hatırladı, her şey eskisi gibi olsun diye dua etmeye başladı içinden. Sonra sohbet etmeye başladılar ve hemen sordu Demir:

"Karnındaki kırmızı ışığın sebebi nedir?"

Odada Süreyya'nın kız kardeşi, Kerim ve Süreyya vardı, bunun çocukça bir oyun olduğunu düşündüler, fakat Süreyya şaşırarak sordu:

"Hangi ışıktan bahsediyorsun Demir?"

"Siz görmüyor musunuz?" diye sordu Demir. Babasına ve Süreyya'nın kız kardeşine dönerek, "Tam burada kırmızı bir ışığı var."

Süreyya gülümsedi. "İyileştiğim zaman seninle çok güzel oyunlar oynayacağız, bugün pek oyun oynayacak durumda değilim, ama seninle oyun oynamayı çok özledim." Demir hızla anlamıştı durumu, kendisinden başka kimse o kırmızı ışığı görmüyordu Süreyya'nın karnında. Sınırları belli bir kırmızı ışığın aydınlattığı bir organ vardı, daha sonra anlayacaktı ki tıp dünyası o organa rahim diyordu. Demir aslında Süreyya'nın karnında rahim bölgesindeki sıkıntıyı görmüştü. Süreyya'yı çok özlemesine rağmen, onun kokusunu hissetmeyi, elini tutmayı çok istemesine rağmen hızla geri adım attı. Çünkü o ışığa baktıkça korkuyordu, korkmasının sebebi o ışığı kendisinden başka kimsenin görmemiş olmasıydı. Demir kendisinde bir rahatsızlık olduğunu düşünmeye başlamıştı, bir taraftan da bu ışığı gördüğünü söylediği için pişman olmuştu, ortada böyle bir ışık yoktu belli ki. Garip garip şeyler görüyordu demek ki, sarı halka da yoktu zaten ama bunu unutmaya çalışıyordu. Kendisinde, beyninde belki de bir sorun vardı, belki de iyileşmeyecek bir hastalığı vardı. Demir Süreyya'dan uzaklaşarak ve gülümseyerek "Evet oyun oynamak istemiştim, iyileştiğin zaman bu oyunu oynayalım" diyerek konuyu kapatmaya çalıştı ve hızla kapıya doğru yöneldi. Babasına "Ben arabaya doğru iniyorum" diyerek geri çıktı oradan. Kerim onu durdurmadı çünkü biraz vakit geçirmek istiyordu, merdivenlerden hızla inerek kapıdan çıkıp arabaya geçti. Ve arabada gördüğü her şeyi unutmaya çalıştı, çok korkmuştu. Ya ölümcül bir hastalığı varsa? Beyninde bir hasar olabilirdi, başka bir şey olabilirdi, insanlara sürekli gördüğü şeyi anlatmak zorunda kalabilirdi. Bu konuyu unutmak için kendini oyun oynadığına inandırmaya çalıştı.

Yaklaşık on beş yirmi dakika sonra aşağı indi Kerim, üzgündü, öfkesi geçmişti, Demir'e kızmadı bile. Demir hemen söze girdi:

"Babacığım özür dilerim. Süreyya Abla'yı ben de merak ettim. Ziyaret edeceğin kişinin Süreyya Abla olduğunu tahmin etmiştim, belki de benim hastaneye girmemi istemediğin için izin vermedin ama onu görmek istemiştim ve onu neşelendirmek için küçük bir oyun oynamaya çalıştım" diyerek durumu toparlamaya çalıştı. Çünkü babasının da bu durumu bilmesini istemiyordu. Hatta artık Rana'ya bile söylemeyecekti, Rana yıllar önce ona bu konuyu kimseye söylememesini tembih etmişti, bu kırmızı ışık meselesini Rana'ya bile söylemeyecekti. Kerim, Demir'in yüzüne baktı, başını okşadı, "Tamam" dedi. "Sorun yok.

Ben hastaneye girmeni istemedim sadece. Orada ameliyat olan insanları görüp de üzülmeni istemedim" diyerek konuyu kapattı ve sessizce yola devam ettiler.

Antakya'ya ulaştıklarında Kerim Demir'e büroya gelmek isteyip istemediğini sordu. Demir "Hayır..." dedi. "Beni eve bırak baba, ben birazcık evde zaman geçirmek istiyorum." Demir'in hiç arkadaşı yoktu, Antakya'ya gelmesinin tek amacı Süreyya'yı bir defa olsun görebilmekti ve bunu başarmıştı, eve gitmesinin de bir anlamı yoktu ama gidecek hiçbir yeri yoktu. Kerim Demir'e evin anahtarını verdi, onu evin önünde onu indirdi ve bürosuna geri döndü. Demir eve girdiğinde hiçbir yere ait hissetmediği bir ruh haline bürünmüştü, evde yapacak bir şey bulamadığı için salonda bulunan ansiklopedileri karıştırmaya başladı. O zamanlar bilgisayar olmadığı için evlerde cilt cilt ansiklopediler olurdu. Babasına Süreyya'nın hastalığını sorduğunda verdiği cevap aklına geldi; Süreyya rahim kanseriydi. Bu ansiklopedilerden rahmin ne demek olduğuna bakabilirdi, ansiklopedilerde alfabetik sırayla her konu vardı, hemen R harfini buldu rahim konusuna açtı ve rahim ne demekti? Herkes bir rahim diyordu, Demir'in bildiği kadarıyla dualar okunurken söylenen bismillahirrahmanirrahim dışında bildiği bir rahim yoktu. Erkeklerde var mıydı? Sadece kadınlarda mı vardı? Hemen araştırmaya koyuldu, R harfini açarak okumaya başladı. Sayfayı açar açmaz başlığın altında rahim ile ilgili bir fotoğraf vardı. Oradaki fotoğrafı görünce şok geçirdi, çünkü Süreyya'nın karnında gördüğü kırmızı ışık bu şeklin aynısıydı. Bu sefer sözlükten rahim kanserinin ne demek olduğuna baktı. Rahim kanserinin ölümcül bir hastalık olduğunu ama ameliyatla düzeldiğini babasından duymuştu. Tam da öyle değilmiş; rahim kanserinin kontrolsüz bir şekilde rahim adlı organda hücre çoğalmasının bütün organlarını yayılarak hayati fonksiyonları etkilediği ve kişinin hayatını kaybetmesine sebep olabileceği şeklinde bir bilgi aldı. Kısa sürede yayılmadan rahim sınırlarını aşmadan eğer rahim alınırsa hastanın hayatta kalabileceği, bunun dışında rahmin sınırlarından metastaz denilen kitleler rahim sınırları dışında oluşursa ölümcül olabileceği yazıyordu.

İçini bir panik duygusu kapladı, henüz gördüğü kırmızı ışık sadece rahmin sınırlarındaydı, ama korkusunun sebebi başkaydı: Ya bu hastalık sınırları aşarsa? Çünkü ansiklopedide şöyle yazıyordu: "Çok hızlı ilerler ve hastanın hayati fonksiyonlarını kaybetmesi çok kısa bir sürede olur, çok erken müdahale edilmesi gereklidir." Şu andan itibaren Süreyya'nın hayatının tehlikede olduğundan emindi. Sandığından daha ciddi bir sorun vardı, evin içinde dolaşıp durmaya başladı, kafasına bir sürü şey dolaşıyordu. Hastalığının olduğu organı görebiliyor olması dışında kafasında sorular dolaşıyordu. Süreyya'yı bir daha görebilecek miydi? Babası hastaneye giderken bir kez daha onu götürür müydü? Süreyya'nın yüzündeki o korkunun sebebini şimdi daha iyi anlayabiliyordu. Süreyya'yı hiç bu kadar solgun görmemişti, onun için telaşlanmaya başlamıştı. O günlerde zamanını evdeki sağlık ansiklopedilerini karıştırarak, araştırarak geçirdi, onları tek tek inceledi, rahim konusunda o kadar çok şey okumuştu ki artık neredeyse bir tıp öğrencisi kadar bilgi sahibi olmuştu. Sonuç olarak şunu anlamıştı: Rahim denilen organ kadınların çocuk doğurmasına yarayan organdı ve bu organ bazı kadınlarda alınabiliyordu, alındığında çocukları olmuyordu, Süreyya'nın da bir çocuğu yoktu ve belli ki artık olmayacaktı. Ama bundan daha önemlisi bu organ hastalandığında ölüme sebep olabiliyordu, yani zaman yoktu durum acildi. Bu hafta babasıyla geldiğine biraz pişman olmuştu, bu kadar yük fazla gelmişti Demir'e, kendini hiç bu kadar yalnız hissetmemişti. En azından Samandağ'da Rana vardı, deniz kıyısına gidip sakinleşebilirdi, az da olsa evde olmanın huzuru vardı, şu an gerçek anlamda yapayalnız hissediyordu. Zaten Kerim de bu aralar çok üzgündü, eve geç geliyordu, Demir yapacak hiçbir şey bulamıyordu. Evden çıkıp gitse, yazın sıcağında gidebileceği bir yer yoktu, hiçbir arkadaşı zaten yoktu, o dönemlerde sadece yeni çıkan video kasetler vardı. Videoyu açıp onu rahatlatabilecek onu gülümsetebilecek filmler izlemeye başladı, fakat nafile, hiçbir film, hiçbir komedi filmi, Kemal Sunal dahil güldüremiyordu onu. Yaşı çok küçüktü, çok büyük bir acıyla mücadele etmek zorundaydı, bunu nasıl yapacağı hakkında en ufak bir fikri yoktu. Yaşadığı duyguyu tarif de edemiyordu. Bir tarafı özlemle yanıp kavruluyor, Süreyya'nın kokusunu, yumuşacık ellerini, sesini, nefesini özlüyordu. Bunun ne olduğunu da bilmiyordu, annesine hissettiğinden biraz farklı bir şeydi bu. Zaten annesine çok derin duygular hissetmemişti hiçbir zaman. Bir tarafı da korkuyordu tir tir titriyordu. Süreyya ölüyor muydu acaba? Ve Süreyya ölürse ne kadar büyük bir boşluğa düşeceğini düşünüp bu düşünceyi uzaklaştırmaya çalışıyordu kafasından.

Akşam Kerim eve geldiği zaman saat epey bir geç olmuştu, belli Kerim alkol almıştı, bir anda bütün ev alkol kokmuştu. Kerim'e hak veriyordu, kendisi bu kadar acı çekerken Kerim kim bilir neler çekiyordu.

Kerim eve girer girmez koltuğa oturdu ve horlamaya başladı, Demir babasının horlamasından dolayı oturma odasında uyuyakaldığı zaman, onu oturma odasında uyandırmadan bırakmayı tercih ederdi, çünkü yatak odaları yan yanaydı, horlama sesinden uyuyamıyordu. Kerim duygusal bir insandı ama aynı zamanda bencil bir yapısı vardı. Süreyya'yla ilişkisinin nasıl başladığı hakkında bir fikri yoktu, içten içe birazcık Kerim'e kızmaya da başlamıştı bununla ilgili, sanki Kerim'in bu hastalıkta bir suçu varmış gibi hissediyordu, her ne kadar bu konuyla ilgili hiçbir bilgisi olmasa da Süreyya'nın yaşadığı hastalığın onun üzüntüsüyle ilgili olabileceğine dair hisleri vardı. Yıllar sonra anlayacaktı ki zaten Demir'in duru görüsü kadar duru hisleri de çok gelişkindi. Kötü bir şey olacağı zaman bedeninde büyük bir ürperme hissederdi, ama o yaşlarda herkese ait normal bir fonksiyon olduğunu sanıyordu.

O geceyi yarı uykuda, yarı uyanık geçiren Demir yine bir rüya gördü, aklı, fikri, zihni, duyguları, her şeyiyle sadece Süreyya'yı düşündüğü için doğal olarak rüyasında da Süreyya'yı gördü, hastane odasında yatıyordu. Ve Demir hastanede gece yarısı Süreyya'nın odasına girmişti rüyasında. Bu inanılmaz bir şeydi, sanki rüya gibi değildi. Bunun ne olduğunu kendisi de bilmiyordu, bilinci yerindeydi ve sanki gerçekten hastanenin içindeydi Demir rüyasında, hastanenin kırmızı renkli gece ışığının arasından Süreyya'nın odasına girdi, hatta o kadar gerçekti ki odaya girip Süreyya'nın elini tuttu, Demir için müthiş bir deneyimdi, bütün gün Tanrı'ya yalvarmıştı "Onu bir daha göreyim" diye. Duası kabul olmuştu sanki, odasındaydı şu an ve gerçekti. Süreyya'nın kulağına fısıldadı "Ağrın var mı?" diye. Cevap vermiyordu, Demir tekrar Süreyya'nın vücudunu incelemeye başladı, evet, karın bölgesinde yine kırmızı bir ışık görüyordu, sanki bu ışığın sınırları daha mı büyümüştü? Biraz panik oldu, aklına ansiklopedide okuduğu bilgiler geldi: "Çok hızlı bir şekilde ameliyata alınmazsa hasta kaybedilebilir" şeklindeki bilgiyi hatırladı. Ona mı öyle geliyordu yoksa bu ışığın sınırları büyümüş müydü? Emin olamadı, tekrar tekrar baktı emin olamadı.

Bir anda büyük bir gürültüyle, hızla rüyadan uyandı; Kerim, öksürük krizleriyle uyanmış lavaboda kusuyordu, muhtemelen çok içmişti ve o kadar çok gürültü çıkarmıştı ki o güzelim rüyadan uyanmasına sebep olmuştu. İçten içe Kerim'e çok kızdı, bu deneyimi bir daha nasıl yaşayacaktı? O kadar ani uyanmıştı ki mekânlar arasındaki değişikliği kavraması birkaç dakika sürdü. Birkaç dakika içinde bedeninde müthiş bir uyuşukluk hissediyordu, kıpırdayamıyordu. Babasının sesini duyuyordu, ışığı görüyordu, kustuğunu görüyordu ama kalkıp doğrulamıyordu. Birkaç dakika içinde uyuşukluğu geçti ve kalktı. Her ne kadar aklı Süreyya'da olsa da babasının bu kusması sırasında onun için de panik olmuştu, yanına gitmek istedi ancak banyoya giremedi çünkü etraf kusmuk dolmuştu, berbat görünüyordu. "Babacığım iyi misin?" diye seslendi. Babası el işaretiyle iyi olduğunu ve uzaklaşmasını ifade etti. Biraz kapıda bekleyerek sadece babasının rahat nefes aldığına emin olunca yatağına geri döndü. Yüzü gözü kızarmıştı Kerim'in, gözleri kan çanağına dönmüştü, belli ki çok içmişti. Demir yatağında Kerim'in normale dönmesini bekledi, bir süre sonra sesler normale dönünce tekrar uyumaya çalıştı, aynı rüyayı görme ümidiyle gözlerini kapadı. Gözlerine bir türlü uyku girmiyordu, babasının yatakta uyumadığını fark edip yanına gitti. Yanına uzandı:

"Babacığım Süreyya Abla'nın durumu acil" diye bir söz ağzından çıktı.

Kerim Demir'e bakarak gülümsedi, "Ne o doktor olmaya mı karar verdin?" diye küçümseyerek ona baktı.

Demir tekrar şansını denedi: "Babacığım acil olabilir diye söylüyorum, belki de zamanı kalmamıştır, beklememesi gerekiyordur." Babası yine gülümseyerek, "Peki bu durumu doktorlara ben hatırlatırım" dedi. Kerim aslında espritüel bir insandı, bazen hiç beklenmedik anlarda, güzel espriler yapardı ve komik bir espriydi aslında. Ama Demir gerçekten bu durumun ciddiyetini biraz anlatmak istiyordu, Kerim onu ciddiye almıyordu. "Tamam babacığım" dedi gülümseyerek, yatağına geri döndü, tekrar uyumaya çalıştı, gördüğü rüyayı tekrar görme umuduyla gözlerini kapattı, ama uykuya dalmak da mümkün olmuyordu. O gece uykuya daldığında aynı rüyayı göremedi ama çok yorgun düşmüştü, artık gözünü açacak hali kalmamıştı, öğlene doğru uyandı.

Kerim gece geç yatmasına rağmen sabah erkenden uyandı, başına ne gelirse gelsin sabah mutlaka işe giderdi. Demir'in evde uyandığı zaman yemek yiyip yemediğiyle, ne yaptığıyla çok ilgilenecek durumda da değildi zaten. Demir uyandı, dolaptan birkaç parça kahvaltılık bir şeyler çıkardı, zaten alışkındı, okula gittiği her sabah günlerce Rana gibi o da kendi başının çaresine bakmayı öğrenmişti çok küçükken. Günlerden perşembeydi, hafta sonuna yani Samandağ'a gitmeye bir gün kalmıştı. Ne Samandağ'da ne de Antakya'da rahat edemiyordu. Akşam gördüğü rüya aklına geldi, rüyasında Süreyya'nın elini tuttuğu anı düşündü, içini huzur kapladı. Sanki istediği zaman Süreyya'yı görebilecekti artık, rüyada hissettiği şey o kadar gerçekti ki, bunun getirdiği bir huzur vardı. Sebebini bilmiyordu nasıl olacağını da bilmiyordu, fakat Süreyya'yı görebileceğine dair istediği zaman onunla yan yana gelebileceğine dair çok güçlü bir hissi vardı artık. Bu konuyu düşündüğünde bütün vücudunda kamaşma hissediyordu, huzur kaplıyordu her yerini. Sabah uyandığında yüzü gülüyordu, diğer taraftan gerçekler aklına gelince tekrar içini bir hüzün kaplıyordu. Hangisi gerçekti?

Dün gördüğü rüya mı yoksa Süreyya'nın hastalığı mı? Duyguları birbirine karışmıştı. Artık ansiklopedileri de karıştırmak istemiyordu, sadece Süreyya'nın bir an önce ameliyat olması gerektiğini hissediyordu. Süreyya'yı görmekle ilgili nedense hiçbir sıkıntı hissetmiyordu, sanki istediği zaman yanına gidebileceğine dair o kadar güçlü bir hissi vardı ki sorunun o kısmını çözmüş gibi davranıyordu. Öğlen olduğu için, yine yaz sıcağı bastırdığı için evin serinliğinde kendi oyalayacak bir şeyler bulmak zorundaydı, yoksa düşünceleri ile baş edemeyecekti. Bazı kitaplar vardı evde, ilgisini çekebilecek kitapları karıştırdı biraz, bazı video kasetleri izledi vardı. Bu hafta aslında Samandağ'da olsaydı yine de Süreyya'yı görebilecekti, ne olduğunu anlamıyordu ama Süreyya'yı istediği zaman görebileceği bir köprü bulmuştu sanki, hâlâ bunun nasıl olduğu ile ilgili bir bilgisi yoktu, ancak artık "Antakya'ya gelmesem de olurmuş" diye düşünmeye başladı. Evin içinde kitapları karıştırırken çoğu kitabın dilini anlamıyordu, ağır bir dille yazılmış kitaplar vardı. Kerim hiç kitap okumazdı, hayatı boyunca çok az kitap okumuştu. Saadet ise iyi bir okuyucuydu, ama Saadet'in kitaplarının arasında da bir tane ilginç kitap yoktu, neredeyse hepsi aşk romanıydı, Saadet sürekli yaşayamadığı aşkı kitaplarda arıyordu. Ve en sonunda köşede incecik sarı bir kitap gözüne ilişti. Bu kitapla eve nasıl girmiştin? Kitabın kapağındaki resim aslında ilgisini çekmişti. Çünkü terimlerle ilgili henüz çok bilgisi yoktu, kitabın kapağında resmin üstünde, yatan bir insanın hemen üstünde bedenin hareket ettiğine dair, sanki bedeninden ayrılan bir ruh figürü vardı, geçen gece rüya görmeden hemen önce o da kendini yukarıdan izlemiş, bedeninden ayrılmıştı, tıpkı kitabın kapağındaki gibi bir görüntü yaşamıştı. Bu resmi görene kadar yaşadığı bu deneyimi hiç hatırlamamıştı, rüyadan hemen önce böyle bir deneyim yaşadığını o an hatırladı. O anın resmini çiz deseler böyle bir resim çizebilirdi ancak, kitabın kapağını gördüğü anda Demir'in aklına rüyadan hemen önce yaşadığı deneyim gelmişti; kendini bedenine yukarıdan baktığını görmüştü ve çok şaşırmıştı. Önce bir uyuşma hissetmişti, sonra yukarıdan bedenine baktığını fark etmişti. O anları hatırladı ve bu kitabı incelemeye karar verdi, kitap yetişkinler için yazılmıştı, bu yüzden sindire sindire yavaş yavaş baştan sona okumaya çalıştı, kitabın başlığında *Astral Seyahat* yazıyordu, Demir'in yaşadığı deneyime yakın şeyler anlatılıyordu. "Astral" lafının ne anlama geldiğini bilmiyordu ama bir seyahat yaşadığı kesindi. Kitabın yazarı yabancı bir isimdi, önsüz kısmında ilginç şeyler anlatıyordu ve diyordu ki kitapta: "İnsanlar istemli veya istemsiz olarak uykudayken diledikleri her yere seyahat edebilirler." Bu cümle tek başına çok ilgisini çekmişti. Ne güzel bir özgürlüktü bu, insanlar uykudayken yolculuk yapabiliyorlardı. Ve devam ediyordu kitap: "Ruhun gitmek isteyip de gidemeyeceği hiçbir yer yoktur, beden gidemezken ruh dünyanın her yerine gidebilir, saniyeler içinde kıtalararası bile yolculuk yapabilir." Demir de öyle hissetmişti, kilometrelerce uzaktaki hastaneye birkaç saniye içinde ulaşıp, Kerim'in öksürüğüyle bir saniye içinde evine geri dönmüştü, gerçekten ruhun bir yolculuğuydu bu ve kitabın yazarı da küçükken farkında olmadan defalarca astral seyahat yaptığını, yıllar sonra bunun ne anlama geldiğini anlatıyordu.

Normalde bunun bir eğitimi varmış ve insanlar astral seyahat yapabilmek için bazı aşamalardan ruhsal eğitimlerden geçmek zorundaymış. Demir kendisinin normal bir çocuk olmadığını biliyordu, bugüne kadar bir hastalığı olduğunu düşünürken, bu kitapla birlikte özel yetenekleri olabileceğini düşünmeye başlamıştı, Demir'in algı kapıları çok açıktı. Artık bunu kendisi de fark edebiliyordu, diğer çocuklar gibi normal olmayı çok istemişti ama artık bu gerçeği kabul etmek zorundaydı.

O hafta boyunca bir daha astral seyahat yapamadı, ancak o kitabı elinden hiç düşürmüyordu, o kitaptaki bilgileri edinirse istediği zaman Süreyya'yı göreceğini düşünüyordu, işin en cazip tarafı buydu çünkü içindeki özlem ateşini söndürmenin başka bir yolu yoktu. Kitabın dilinin ağır olması sebebiyle her şeyi çok iyi anlayamasa da bazı noktalarda kendi yaşadığı deneyimle ilgisini bulmuştu, artık bu gördüğü ışıktan da korkmuyordu, bir duru görüden bahsediliyordu kitapta ve bunun herkeste olmadığı yazılıydı. Demir yıllarca kimselere soramadığı soruların cevabını buluyordu, gördüğü şeylerin ne anlam ifade ettiğini anlamaya başlamıştı, hatta ilk defa bunun için şanslı olduğunu düşünmeye başlamıştı. Ama asla bunu kimseye söylemeyecekti, çünkü başına gelecekleri biliyordu.

Hafta sonu gelmişti, Samandağ'a gitmek için hazırlanmıştı Demir ancak o hafta sonu Kerim yazlık eve gitmeyeceğini ve komşularının arabasıyla Demir'i göndereceğini söyledi. Demir bu durumdan ilk defa rahatsızlık duymadı, zaten istediği zaman görebilecekti Süreyya'yı ve kabul etti. Karşı komşuları Feyyaz Bey tıpkı Kerim gibi cuma akşamı Samandağ'a gidip pazartesi dönüyordu. Demir bir süre gelmemeyi bile göze almıştı, bir rüyayla bu kadar şeyi değiştirebileceğini kendisi de hayal edemiyordu. Cuma günü akşam küçük çantasını hazırladı ve Feyyaz Amca'nın kapısını çaldı, o da yola çıkmak üzereydi zaten, beraberce arabaya bindiler, Samandağ'a gittiler. Ve Demir o hafta ve diğer haftayı

Samandağ'da geçirdi, tabii ki giderken kitabını da beraber götürmüştü ama gizli gizli okuyordu.

Artık yaşadıklarını Rana'ya anlatmıyordu, Rana'yı bile devre dışı bırakmıştı. Her şeyini anlattığı Rana'ya bunu anlatmayacaktı artık. Hafta sonu sakin geçiyordu, çünkü Kerim ve Saadet bir araya gelmemişti dolayısıyla evde kavga olmuyordu. Saadet her ne kadar bağırıp çağırsa da çocuklar ona uyum sağladığı için bir süre sonra yatışıyordu, bir hafta geçti, yazın sonuna gelinmişti. Kerim hafta sonları gelmez olmuştu, Demir de mecburen Samandağ'da kalmak zorundaydı. Bu arada elindeki kitabı satır satır okumuştu, astral seyahat deneyiminin nasıl yapılacağını aşağı yukarı anlamıştı. Tıpkı kitapta yazdığı gibi bu seyahati deneyimlemek için defalarca uykuya dalarken niyetlense de bir türlü başaramıyordu, artık bunu yapamayacağını düşünmeye başlamıştı.

Yine bir hafta içi Samandağ'da uykuya dalmaya hazırlanıyordu, Demir uzun süredir astral seyahat için deneme yapmayı bırakmıştı. O gün herkes uykuya daldıktan sonra Demir yazlık evlerinin çatı katındaki çardağın altına geçti. Bazen orada uyumasına izin veriyorlardı. Zaten eve sık sık misafir geldiği için Demir'e çoğu zaman orada yatması söyleniyordu, yanına yastığını yorganını alıp üst kata çıktı, herkes uyumuştu içinden sessizce dua etmeye başladı. Bütün evin sessizleşmesini bekledi. Ve dua etmeye başladı "Allahım lütfen Süreyya'yı görmeme izin ver" diye. Sadece içinden dua etmek gelmişti, umudu olmasa da rüyasında görmek niyetiyle uykuya daldı. Bu seyahatin nasıl başlatıldığını kitapta okusa da bir türlü başaramıyordu, teknikleri düşünmeyi bir tarafa bırakıp sadece bütün içtenliği ile dua etti. Gece yarısı uykuya dalmak üzereyken bir anda bedeninin yine uyuştuğunu hissetti, bedenini tıpkı bir önceki deneyimde olduğu gibi yukarıdan izlemeye başladı, hareketsizce yatan bedeni sanki kendisinden ayrılmıştı. Evet tam da böyle bir şeydi daha önce hissettiği, artık istediği yere seyahat edebilirdi.

Hiç düşünmeden hızla hedefe doğru hareket etmeye başladı, birkaç saniye içinde kendini yine hastane kapısında bulmuştu, Süreyya'nın bulunduğu odaya çıktığında Süreyya orada değildi. Önce bir yanlışlık yaptığını düşünerek bütün odaları gezdi, hasta insanları gördü, refakatçileri gördü, hemşireleri gördü, hastabakıcıları gördü, ancak Süreyya görünmüyordu. Tekrar odasına girip yatağını kontrol etti, yoktu. Anlam veremedi, hastanede olması gerekiyordu. Nereye gitmiş olabilirdi ki? Neden hastanede değildi? Hastanede bir süre dolaştıktan sonra biraz etrafta dolaşmayı ve Süreyya'yı aramayı düşündü. Antakya'daki evlerinin civarında biraz dolaştı, evlerini hızla buldu ve Kerim'in de yatağında olmadığını fark etti. Bu işte bir gariplik vardı, anlayamıyordu. Astral seyahatte belli bir süre sonra etraftaki uyaranlar yüzünden orada kalmak çok mümkün olmuyordu, bunu kitapta okumuştu ve yavaş yavaş yatağına doğru geri dönmeye başladı, müthiş bir uyuşmayla tekrar bedenine döndü. O kadar yorgun düşmüştü ki gördüklerini yorumlayacak bir enerjisi kalmamıştı ve hemen uykuya daldı. Sabah çok geç uyanmıştı, güneş artık ortalığı yakmaya başlamıştı, evin üst katında uyuduğu için ter içinde uyandı. İlk on dakika ne olduğunu anlayamamıştı ve birden aklına geldi, dün gece yeni bir astral seyahat yapmıştı, fakat kimseyi yerinde görememişti, Süreyya'ya bir şey mi olmuştu? Üstelik Kerim de evde değildi, bunun sebebini öğrenmenin bir yolunu bulmak zorundaydı. Hemen uyandı, yüzünü yıkadı, kıyafetlerini değiştirdi. Evde kimse kalmamıştı, annesi komşularına kahve içmeye gitmişti, kız kardeşleri yüzmeye gitmişti. Yine yalnızdı evde her zamanki gibi, annesinin gidebileceği komşuları tek tek gezmeye başladı, bunu çok sık yapmazdı. Annesini Tülay Teyzelerinin evinde bulduğunda annesi de şaşırmıştı, çünkü Demir annesini aramaya çıkmazdı, annesi bir şey olduğunu düşünerek "Hayırdır ne oldu? Demir bir şey mi var?" diye panikle ona baktı. "Hayır anneciğim" dedi Demir. "Biraz geç uyandım, merak ettim nerede olduğunuzu o yüzden dolaşmaya çıktım."

Tülay Teyzesi Demir'i hemen çağırarak "Gel yavrucuğum" dedi. "Sana bir çay koyayım bir şeyler yer misin?" diyerek içeriye davet etti.

Annesi Demir'e ters ters baksa da Demir annesinden bazı bilgileri almak için onun atacağı fırçayı göze alarak Tülay Hanım'ın evine girdi, Tülay Hanım fırından yeni çıkmış poğaçalardan ona ikram etti, belli bir süre beraberce oturdular. Demir'in annesi bir yerde bir saatten fazla kalmazdı, Demir bunu çok iyi biliyordu, o yüzden "Süre dolmak üzeredir" diye düşünerek kalkmadı. Ve tabii sonunda Saadet müsaade isteyerek Demir'i elinden tutarak çıktılar, yolda "Niye gelip beni rahatsız ediyorsun?" diye tabii ki fırçasını çekti Saadet. Çünkü Demir o saatlerde onu rahatsız etsin istemiyordu, hatta mümkünse hiçbir çocuğu yanına gelsin istemiyordu. Annesinden özür dileyip sadece evde sıkıldığını söyleyince annesi biraz yumuşadı, fakat Demir'in amacı farklıydı, asıl amacı annesinden Süreyya ve babasıyla ilgili bilgi almaktı bu yüzden olabildiğince uyumlu davranıyordu. Ancak bunu nasıl sorabileceğini düşünüp duruyordu kafasında, aklına bir yol geldi:

"Anneciğim ben babamı çok özledim, bir süredir gelmiyor, neden gelmediğini biliyor musun?" diye sordu. Saadet'in umurunda bile değildi, hiç gelmezse daha çok mutlu olurdu. Demir'e

"Biraz işleri yoğunmuş, işleri hafta sonuna sarkmış, inşaat işlerini bitirememiş o yüzden gelemedi. Haftaya gelir merak etme" diyerek geçiştirdi. Demir'in içi içine sığmıyordu Süreyya neden hastanede değildi? Babası neden evde değildi? Bir türlü anlam veremiyordu, annesinden aldığı cevapla bir süre daha yetinmek zorundaydı, belki bir astral seyahati daha deneyebilirdi. Cuma gününe kadar birkaç kez daha astral seyahat deneyimlemeye çalıştı fakat bir türlü başaramıyordu. Bunun belli bir kuralı mı vardı? Belli bir hazırlığı mı vardı? Bunlarla ilgili hiçbir fikri yoktu, sadece içinde rahat ettiği bir yer vardı, bir gün tekrar yapabileceğini biliyordu ama o günü kendisi seçemiyordu, bir şeyler kendiliğinden oluveriyordu, ne zaman ve hangi şartlarda olacağını bilmiyordu.

Hafta sonu gelip çatmıştı ancak Kerim o hafta sonu yine gelmedi, en azından o hafta sonu gelseydi neler olduğunu öğrenecekti, yine Demir Süreyya'dan hiçbir haber alamadı. Annesine "Babam bu hafta sonu da gelmedi, işlerini bitiremedi mi?" diye sorduğunda Saadet "Babanın Adana'da çok acil bir işi çıkmış, oraya gitmek zorunda kalmış" şeklinde cevapladı. Kerim ara ara inşaat işleriyle ilgili sorun çıktığında şehirlerarası yolculuk yapardı ve gittiği şehirlerde birkaç gün kalırdı, Saadet için bu durum çok normaldi, çok sık başına geldiği için bu durumu hiçbir şekilde sorgulamıyordu. Demir o anda korktuğu şeyin başına gelmiş olabileceğini düşündü babasına telefon açmaya karar verdi, yazlıktaki evin marketinden jeton alarak telefon açılabiliyordu. Öncelikle büroya telefon açtı. telefon açtı, cumartesi günleri büro açıktı, telefonu Sevgi açtı. Sevgi'ye babasının nerede olduğunu sorunca, üzgün bir sesle "Maalesef Adana'ya gitti Demirciğim" diye cevap verdi. Kerim Sevgi'ye gittiği yerleri her zaman bildirirdi, Sevgi'ye ayrı bir güveni vardı Sevgi de o sorumluluğu alırdı zaten. Babasının ne zaman döneceğini sordu, Sevgi'nin sesi titriyordu konuşurken, babasından vazgeçip hemen Süreyya'yı sordu Demir.

"Süreyya Abla nerede peki?" dedi. Ve Sevgi artık dayanamayarak ağlamaya başladı.

"Demirciğim Süreyya Abla'nın hastalığı o kadar ilerlemiş ki onu apar topar Adana'ya hastaneye götürdüler, o hastanede bir süre kalması gerekecek ve birazcık da uyutmaları gerekecek."

Demir bunu duyduğu zaman içinden kocaman bir ateşin canını yaktığını hisset.

"İyi de zaten hastanedeydi, neden başka hastaneye götürdüler ki?" diye sordu Sevgi'ye.

Demir'in aslında bildiği duymaktan da korktuğu şu cevabı verdi:

"Demirciğim hastalığı biraz ilerlemiş, doktorun tahmininden daha hızlı ilerlemiş ve ameliyat edilemeyecek hale gelmiş, bu yüzden daha büyük bir hastaneye götürdüler."

Demir'in aklına ilk çıktığı astral seyahat sırasında gördüğü o sahne geldi; Süreyya'yı ilk gördüğünde karnında belli bir bölgede kırmızı ışık yanıyordu, ama rüya sandığı ilk astral seyahat deneyiminde kırmızı ışıklı gördüğü o bölgenin genişlediğini fark etmişti ve aslında hastalığının alanı genişliyordu ve bunu ilk kendisi fark etmişti ama kimselere söyleyememişti. Müthiş bir suçluluk duygusu içinde, teşekkür ederek telefonu kapattı ve kendi kendini yiyip bitirdiği ana geçti:

"Ben eğer söyleseydim belki de hemen ameliyat olacaktı, ben kimseyi ikna edemedim, babama da söylemiştim halbuki acil olduğunu, kimseye derdimi anlatamadım ve şu anda belki de artık çok geç kalındı" diye düşündü. Artık neler olduğunu anlamıştı ve belli ki annesi bu durumu Demir'den gizlemişti, Demir'in Süreyya'yı ne kadar çok sevdiğini bilirdi annesi. Akşam annesine gündüz büroyu aradığını, Sevgi'yle konuştuğunu ve Süreyya'nın durumunu bildiğini söyledi. Annesi de "Evet galiba Adana'ya götürmüşler" dedi. Demir'in derdi farklıydı, annesi başka şeyler de biliyor olabilirdi, daha fazla bilgi toplamak istiyordu: "Anneciğim hani Antakya'daki hastaneler küçük Adana'dakiler daha büyük diye mi oraya götürdüler?"

Annesi Demir'e kısaca anlattı: "Yavrucuğum bazen hastalıklar, tehlikeli hale geldiğinde Adana'daki büyük hastanelere götürürler, orası üniversite hastanesidir ve hastalıkların iyileşmesi için daha fazla cihaz vardır, Süreyya Abla'nı da üniversitesi hastanesine götürmüşler, çünkü hastalığı hızlı yayılmış ama inşallah kurtulacak" diyerek açıklama yaptı. Evet Demir aradığı bilgiye ulaşmıştı, adresi almıştı, geriye bir tek üniversite hastanesinin nerede olduğunu bulmak kalmıştı, oraya haritadan bakabilirdi ve belki bir sonraki deneyimde orayı bulabilirdi.

Ve Demir o hafta sonu, tekrar bir astral seyahat yapmaya niyetlendi, belki de başaramayacaktı ama artık nereye gideceğini biliyordu, nereye gideceğini bildiği için, hedefe odaklandığı için içindeki o enerjiyi daha iyi toparlayabiliyordu. Çukurova Üniversitesi'nin adını ilk duyduğunda hızla eline bir harita geçirdi. Yazlık evde çok fazla ders kitabı olmadığı için kırtasiyeye gidip bir kitap satın aldı, haritadan Adana'nın yerel haritasını bularak Çukurova Üniversitesi'nin yerini öğrendi, büyük hastanelerin isimleri haritalarda, siyasi haritalarda yazıyordu, bulduğu yeri zihnine kaydetti. Ve o akşam bir kez daha uykuya dalarken dua etti.

"Allahım ne olur bu yolculuğuma yardım et, Süreyya Abla'mı görmem için. Çukurova Hastanesi'nde ziyaret etmemi sağla, bir şekilde onu görmek istiyorum" diyerek kendini boşluğa bırakır gibi uykuya daldı. İlk başta derin bir uykuya geçti, gerçekten uyudu ve hiçbir yolculuk başlamadı. Sonra sabaha karşı büyük bir uyuşma hissetti, yolculuğu başlatmanın bu uyuşmayla çok büyük bir ilgisi vardı, bedeninin uyuştuğu anı beklemek zorundaydı, bu yolculuk için ve zorlamadan yapması gerekiyordu. Daha önce de olduğu gibi o uyuşma anında içindeki o enerjinin bedeninden ayrıştığını hissetti, kendi bedenini yatakta yatarken gördü, yukarıdan bedenini izliyordu. Müthiş bir uyuşma sonrası içindeki enerjinin ayrışması çok kolay oluyordu burayı fark etmiş ve öğrenmişti artık, uyuşma başladığı anda ayrışmayı başarabiliyordu, ayrışmadan hemen sonra ezberlediği haritayı getirdi aklına ve müthiş bir hızla Adana'ya doğru yola çıktı, Çukurova Üniversitesi'nin olduğu kampusun üstünde kendini buldu. İlginç bir şey daha öğrenmişti aslında, ona eşlik eden varlıklar vardı, çok sonra o varlıkların ruh rehberi olduğunu öğrenecekti. Yanındaki varlıklardan, ruh rehberlerinden yardım istedi "Süreyya'yı bulmama lütfen yardım edin, beni yanına götürün" diye. Bir anda hastanenin odaları arasında gezerken buldu kendini, bir yoğun bakım ünitesinin içine doğru yol alıyordu. Süreyya'ya çok fazla ışın ve ilaç verilmişti, bedeni tanınmaz hale gelmişti. Neredeyse bütün bedeninde kırmızı ışık yanıyordu, sağlam bir organı kalmamıştı.

Artık anlamıştı Demir; Süreyya'nın kurtulma şansı kalmamıştı, ilk başlarda gördüğü o kırmızı ışık, öbek öbek bütün vücudunda görülüyordu artık, bunun dönüşü olmayan bir hastalık olduğunu, ölümcül bir şey olduğunu biliyordu artık. Hastalıkla ilgili bir şey bilmese bedeninde gördüğü kırmızı ışıkların tamamen hastalıkla ilgili olduğunun farkındaydı. Çukurova Üniversitesi'nin yoğun bakımında Süreyya'ya öylece bakakaldı. Süreyya gidiyordu, göz altları çökmüştü, incecik kalmıştı, bir avuç bir bedenle orada yatıyordu, bir daha dönüşü olmayan bir yolculuğa çıkmıştı. Çok hızlı ilerlemişti hastalığı, yine bir suçluluk hissetmişti içinden:

"Ben bunu fark etmiştim, ama kimselere anlatamadım. Keşke bu sırrımı herkese anlatsaydım, belki bir kişi inanırdı ve ameliyatı çok daha önce yapabilirlerdi ve babama söylemeye çalışmıştım acil durum olduğunu anlatmaya çalışmıştım, bir an önce bu ameliyatın olması gerektiğini anlatmaya çalıştım ama mümkün olmadı, artık çok zamanı kalmadı."

Demir Süreyya'nın hastalığından kendini sorumlu tutuyordu, bu duruma geleceğini biliyordu, etrafındaki o şeffaf rengi, sarı halkadan eser kalmamıştı, bütün bedeni kıpkırmızı ışıkla yanıyordu. Son kez ellerini tutmak için yaklaştı, ellerinin rengi değişmişti. Yanık gibiydi elleri ve incecikti, hiçbir şekilde hareket etmiyordu Süreyya, oksijen veriliyordu sürekli, bir sürü cihaz takılmıştı ama o ışıkların eski haline gelmesi mümkün değildi artık. Kalabildiği kadar Süreyya'nın odasında kaldı, onun için dua etti, ona sarılmak, elini tutmak istedi, saçını okşamak istedi ama hiçbirini yapamadı çünkü bir enerji olarak oradaydı ve Süreyya'yı son kez gördüğünü bilerek onunla vedalaştı. Bu onu son görüşüydü bunun farkındaydı ancak yapacak bir şey yoktu, gözyaşları içinde yatağına döndü. Çok yorgun olmasına rağmen yorgunluktan bitap düşmüş olmasına rağmen uyuyacak halde değildi, sabaha kadar yatağında ağladı Demir. Süreyya'nın bu yolculuğunun dönüşü yoktu, hiç kimse bu durumu

Demir'e söylemese de artık zamanı kalmadığını fark etmişti, sabaha karşı günün ilk ışıklarıyla uyuyakaldı. Öğlene doğru evdeki gürültüyle ve güneşin ısısıyla uyandı, Saadet, misafirlerini üst katta çardakta ağırlıyordu, Demir'in gürültüden uyanacağını önemsemeyerek keyfine bakıp, kahkahalar içinde, komşularıyla sohbet ediyordu. Demir uyandı, etrafındaki gülümseyen insanlara şaşkınlıkla baktı, herkes ona günaydın dedi ama o kadar üzgündü ki umursamayarak aşağı indi. İnsanlar nasıl gülebiliyordu? Süreyya'nın öldüğünü kimse bilmiyordu, bilselerdi de çok önemsemeyeceklerdi, Demir'in içi yanıyordu, hayatının ilk ve en acı deneyimini yaşayacağını hissediyordu. İlk defa bu kadar bağ kurduğu biriyle ayrılmak zorundaydı. Bir saat sonra Saadet'in Kerim'le bir telefon konuşmasına şahit oldu. Saadet telefonda bağırarak ve üzülmüş bir ifadeyle "Yapma ya, çok gençti" cümlelerini sarf ettiği anda Demir hiç şaşırmamıştı. Telefonu kapattığında Rana annesine "Ne oldu anne hayırdır?" diye sordu.

"Maalesef Süreyya Abla'nız vefat etmiş" dedi annesi.

Demir vefat etmek ne demek onu bile bilmiyordu ama gördüğü sahneyi çok iyi biliyordu. Rana da çok üzüldü, ağlamaya başladı:

"Ya geçen ay görmüştüm ben onu, hastalığı ne çabuk ilerledi?"

Saadet de üzüldü fakat içten bir üzülme değildi, Demir tamamen dünyadan kopmuştu üzülecek hali bile yoktu. Süreyya'nın bir daha kokusunu alamayacaktı, sesini duyamayacaktı o yumuşacık ellerini hissedemeyecekti yüzünde. Hiç kimse Süreyya kadar güzel bir bağ kurmamıştı onunla, artık tutunacak bir dalı kalmamıştı, yapayalnız yaşadığı hayatın içinde tek bağ kurduğu insanın gidişini sindiremiyordu.

Bu haberden birkaç gün sonra Kerim Samandağ'a geldi, çok çökmüştü, sakalları uzamıştı, zayıflamıştı. Saadet Kerim'in üzüntüsünü tamamen bir iş arkadaşının kaybıyla ilişkilendiriyordu, daha derine de inmek istemiyordu zaten. Kerim de tıpkı Demir gibi çok yakılmıştı, hayatında ilk defa kendisini mutlu eden tek kadından kopmuştu. O günden sonra hiçbir şey yolunda gitmedi, Kerim eskisinden daha sinirli olmuştu.

Yaz bitmişti, evdekiler ve Demir evdeki huzursuzluktan artık bıkmışlardı, bu sebeple okullar açılacağı için, evden kaçabilecekleri için şükrediyorlardı. Çünkü artık Kerim eve her geldiğinde kıyamet kopuyordu, buna şahit olmaktan çocuklar da yorulmuştu. O yaz bittiği zaman Demir'in içini ısıtan güneş sanki bir daha hiç doğmamıştı sanki. Onun için Antakya da, Samandağ da, her yer birdi artık. Okulun başlayacak olması, kışın geliyor olması, yazın bitiyor olması, arkadaşsız olması... Hiçbir şey umurunda değildi, bu duyguyla nasıl baş edeceğini bilmiyordu.

Zaman geçtikçe alışacaktı belki, ama şu an bu boşluğu neyle dolduracağı konusunda en ufak bir fikri yoktu. Yazlık evden kışlık eve geçme hazırlıkları başlamıştı, eşyalar toplandı, hazırlıklar yapıldı ve ailece Antakya'daki evlerine geçtiler. Sanki büyük bir görev halledilmiş gibi Samandağ yazlık evi kapatıldı, zaten Demir hiçbir zaman anlamıyordu. "Bu yazlık eve geldiğimizde de mutsuzlar, giderken de mutsuzlar, biz boşu boşuna niye hareket ediyoruz?" Hiç anlamıyordu ve denize girmek de o kadar cazip gelmiyordu. Çünkü her gün bir kavga vardı evde, denize girdiğinde dönüşte evi kum kaplayacak diye Saadet'ten fırça yiyordu, Saadet her gün bir şeylerden şikâyet ediyordu, çok yorulduğunu söylüyordu. Yanına aldığı çalışanların hiçbiriyle anlaşamıyor ve sırayla hepsini kovuyordu. Annesinin bu eziyete niye katlandığını biraz biliyordu; çevresindeki herkesin yazlık evi olduğu için Saadet'in de olmak zorundaydı, üstelik herkesten daha gözde bir yerde olmalıydı o yazlık. Antakya'daki ev biraz daha huzurluydu, en azından komşulardan çekindikleri için kavgaları biraz daha sakin geçiyordu. Yazlık ev müstakil olduğu için bağıra çağıra kavga edebiliyorlardı.

Okulların açılmasına üç gün vardı, üç günde çocukların okul ihtiyaçları için gerekli alışverişi yaptı Saadet, vazifesi burada bitiyordu hatta tatili başlıyordu, çocuklardan uzak kalacağı, rahat nefes alacağı dönem başlıyordu. Ve nihayet okulların açılacağı gün geldi çattı, Demir hiçbir şekilde kendine gelememişti, ortaokula başlayacaktı o sene ama okul umurunda değildi. Sadece Süreyya'nın mezarını ziyaret etmek istiyordu, babasına defalarca söylemişti bu durumu. Kerim "Gideriz bir gün, bu ara olmaz" diyerek geçiştiriyordu onu. Okullar açılmış, günler günleri kovalamıştı, dersler başlamıştı ama hiçbir yere odaklanamayan Demir o mezarlığa gidene kadar normal hayata dönemeyeceğini fark ediyordu.

Okullar açıldıktan yaklaşık bir ay sonra babasının bürosuna gittiği bir gün, Sevgi'ye rica etti:

"Sevgi Ablacığım çok rica ediyorum, beni Süreyya Abla'mın mezarına bir kere götürür müsün? Babamdan kaç kere istedim, beni götürmüyor."

Sevgi çok yumuşak kalpli bir insandı, o da çocukları çok severdi, ancak hiç çocuğu olmamıştı. O yüzden Demir'e de bir anne şefkatiyle yaklaşıyordu.

"Tabii ki..." dedi. "Tabii ki götürürüm. Bu hafta sonu babandan izin alalım seninle birlikte mezarlığa gidelim, çiçeklerimizi alırız, Süreyya Abla'nın mezarına koyarız ve geri döneriz."

Demir çok mutlu oldu, pazar günü için sözleştiler ve Sevgi'ye rica etti:

"Sevgi Abla babam benim mezarlığa gitmemi istemiyor, ne zaman götürmesini istesem bir bahane buluyor. Onu sen ikna edebilir misin?"

"Tamam..." dedi Sevgi. "Orasını bana bırak, ben gerekeni yapacağım. Sen pazar günü için hazırlan."

Bu şekilde sözleştiler ve Demir hafta sonunun gelmesini beklemeye başladı. İçinde değişik bir umut oluşmuştu, Süreyya ölmüş olsa da sanki onun mezarında Demir'i bekleyen bir şey vardı, içindeki ateşi söndürecek bir şey vardı sanki mezarlıkta. Bunu bilmiyordu ama ne olduğunu bilmese de pazar gününü sanki Süreyya'yla buluşacağı gün gibi beklemeye başladı.

Demir pazar günü sabah erkenden, kimseler uyanmadan uyandı. Mezarlığa erken saatte gideceklerini konuşmuşlardı Sevgi'yle. Kerim itiraz etmemişti, Sevgi'nin Demir'i mezarlığa götürmesine izin vermişti. Sabah saat yedi buçuk gibi kapı çaldı, Saadet de ikna olmuştu, zaten birkaç saat bile olsa çocukların uzak olmasından mutlu oluyordu. Demir hızla kapıya koştu, Sevgi'ye kapıyı açtı. "Hemen geliyorum" deyip Süreyya'nın mezarına götürmek üzere hazırladığı reyhan çiçeğinin dalını alıp Sevgi'nin yanına geldi, reyhan çiçeğinin kokusunu çok severdi Demir. Ne zaman bu kokuyu koklasa eski zamanlar aklına gelirdi, anneannesinin evinde bebekken bu kokuyu çokça koklamıştı. Demir iki yaşındaki halini bile hatırlıyordu; bir gün bir sohbette annesi eski evlerinden bahsederken Demir eski evin bütün ayrıntılarını onlara vermişti. Saadet gülümseyerek "Sen daha iki yaşındaydın biz oradan taşındığımızda, mümkün değil hatırlaman" dese de Demir tuvaletin, banyonun, mutfağın, salonun yerini, salondaki eşyaları tek tek saydığında herkes şok geçirmişti. Demir'in müthiş bir hafızası vardı ve ne zaman reyhan dalı koklasa geçmişe yolculuk yapabiliyordu Mezarlıklara reyhan çiçeği götürüldüğünü bilmiyordu ama nedense içinden bir ses bir reyhan çiçeği almasını söylemişti ona. Bir gün önceden hazırlığını yapmıştı.

Sevgi ile birlikte aşağı indiler, mezarlık yönüne giden bir minibüse bindiler, yol boyunca hiç konuşmadılar. Sevgi başını örtmüştü, yanında mendil vardı, gözleri kıpkırmızıydı. Hâlâ Süreyya'nın gidişini sindirememişti, zaten yıllardır beraber çalışıyorlardı, kardeş gibiydiler. Antakya Mezarlığı'na ulaştılar, minibüsten indiler, ortalık çok sessizdi, Demir'in içini garip bir hüzün kapladı, kapının önünde çiçek satanların yanına uğrayıp Sevgi birkaç demet çiçek alarak bir kısmını Demir'e verdi. "Bunları mezarına dikeceğiz" dedi. Mezarlığın ana kapısından içeriye doğru yürümeye başladılar. Sevgi yolu bildiği için ona öncülük ediyordu, Demir arkadan gelirken mezar taşlarını okuyordu, garip bir şekilde mezarlıkların arasında dolaşırken sanki ölen ruhları, giden ruhları hissediyordu. Bunun da bir hayali olduğunu düşündü o anda, kimi ruh gülümsüyordu, kimi hüzünlüydü, kimi arada kalmıştı, kimi gittiği için özlemle doluydu, kimi çok mutluydu. Ruhların duygularını hissediyordu, her mezarın yanından geçerken bir his olarak ona eşlik eden duygular vardı. Nihayet Süreyya'nın mezarına geldiler, henüz yeni gömüldüğü için daha bir mezar yapılmamıştı. Hemen Sevgi'ye sordu:

"Neden herkesin mezarı varken Süreyya'nın mezarı yok?"

"Çünkü..." dedi Sevgi. "İnsanlar ölünce beş altı ay beklenir, toprağı iyice çöktükten sonra mezarlığı yapılır. O yüzden mezarı yapılmadı Süreyya'nın."

Süreyya'nın toprağının dibine çöktü, elindeki reyhan çiçeğini kokladı, reyhanı toprağına dikti, toprağına dokunduğu anda Süreyya'nın ruhunun huzursuzluğunu hissetti. Ve aynı anda gözünün önünde bir zaman tüneli belirdi, Süreyya'nın zaman tüneliydi bu, ilginç bir şekilde onun çocukluğunu görmeye başladı. Süreyya'nın altı yaşındaki halini görüyordu, büyük biri tarafından tacize uğradığı bir sahneydi bu görüntü, Süreyya küçükken bir tacize uğramıştı, bunu hiç kimse bilmiyordu. Üstelik bu kişi Süreyya'nın ailesinden biriydi bunu hissedebiliyordu. Süreyya'nın zaman tünelinde gezmeye devam ederken genç kızlığında bir erkek tarafından tecavüze uğradığı sahneyi gördü, o erkeğe karşı koyamıyor çığlıklar atıyordu. Bir gün Süreyya'ya neden evlenmediğini sorduğunda Süreyya "O tren kaçtı artık, bir kişiye güvenmiştim o da beni yanılttı" diye cevap vermişti. Bahsettiği kişi bu kişi olabilirdi. Demir daha önce bu zaman tüneline bir gece uykusunda girmişti, kendi hayatının zaman tünelini görmüştü, yine bu kadar canlıydı ve gerçek gibiydi. Aslında Süreyya'nın rahim kanseri olma sebeplerini görüyordu, yaş döngülerini görüyordu, zaman tünelinde gezmeye devam ettiğinde Süreyya'nın Kerim'le ilişkisinden hemen önce bir terk edilme anısını gördü, müthiş bir yalnızlığa düştüğünü ruhunda hissediyordu, Kerim'le tanıştığında Süreyya yirmi dört yaşındaydı, neden bu üç sahneyi gördüğünü kendi kendine sorup duruyordu. Zaman tünelinde son olarak Süreyya'yı anne karnında gördü, anne karnındayken annesinin babası tarafından şiddete uğradığı anı gördü, ilk başta bu görüntü çok anlamsız gelse de kafasında bir şeyler oturuyordu. Sevgi'nin sesiyle birden irkildi:

"Neden daldın Demir? İyi misin?"

İyi değildi tabii ki ama bu tünelden bahsedemezdi, cevap verdi:

"İnsanların durup dururken neden kanser olduğunu anlayamıyorum. Her şey normal giderken bir anda hasta olması çok garip."

Sevgi Demir'i sararak "Hepimizin doğduğu gün kaderi yazılır, onun da kaderi buymuş" diyerek başını okşadı.

İçinden "Hayır!" diyordu Demir. "Biz hayatımız boyu yaşadığımız travmalar yüzünden hasta oluyoruz." Gördüğü sahnelerin mutlaka bir anlamı vardı ve bunlar için yapılacak bir şeyler olmalıydı. Süreyya'nın doğum anı, altı yaş, on sekiz yaş ve yirmi dört yaşında başına gelenler birbirine yakın şeylerdi, hayatında aynı acıyı tekrar yaşayıp durmuştu, aynı senaryo hayatında tekrar etmişti ve Süreyya istemeyerek gitmişti, ruhundaki huzursuzluğu hissediyordu. Sevgi bir tütsü yakmış dualar ediyordu, tütsünün dumanını üstüne doğru çekerek elleriyle hareket ettirerek Demir'in üzerine de dumanının biraz sinmesini sağladı, "İçinden dua et" dedi, Demir Süreyya'nın ruhunun huzura kavuşması için dua etti. Sevgi ayağa kalkarak Demir'in elinden tuttu, "Artık gitmeliyiz" dedi, el ele mezarlıktan ikisi yavaş yavaş kapıya doğru hareket etmeye başladılar. Daha sonra minibüsü beklerken Demir Sevgi'ye dönerek: "Sevgi Abla ölen kişilerin ruhu mezarlarının başında mı duruyor, yoksa gidiyor mu?" diye sordu.

Sevgi gülümsedi, "Bunu şu ana kadar hiç kimse bilmiyor ama benim inancıma göre Süreyya'nın ruhu bir süre, mezarının yanında dolaşır, ondan sonra gider, bizi duyduğuna eminim."

Demir başıyla onayladı. "Ben de eminim, bizi duyuyor ve görüyor."

Minibüs gelmişti, beraberce en ön koltuğa yerleştiler, Demir'in aklında tek bir soru vardı. "Acaba doktorları, babasını, etrafındakileri ikna etseydi Süreyya'yı kurtarabilirler miydi?" Süreyya'yla bir gün tekrar buluşacaklarına dair bir his vardı içinde, bağ kuran ruhlar mutlaka başka boyutta buluşmalılardı, bunu ona hiç kimse söylememişti ama o bunu hissediyordu. Eve ulaştıklarında Sevgi'nin yolu daha uzun olduğu için Demir evlerinin önüne geldiklerinde minibüsten indi. Sevgi'ye sarılarak ona çok teşekkür etti, eve çıktığında zili çaldı, ev halkı yeni uyanmıştı, içinde müthiş bir huzur vardı. Bir kabullenmeye geçmişti, o mezarı görene kadar Süreyya'nın gittiğini kabul edemiyordu. Eve geçtiği zaman hayatın içinde biraz normalleşmek istediğini fark etti, diğer çocuklar gibi yaşamak, okula gitmek, top oynamak, belki yaramazlık yapmak gibi istekler oluşmaya başladı içinde. Çünkü bu boyutun içinde yaşadığı deneyimin hakkını vermek istiyordu.

Günler günleri, haftalar haftaları kovaladı, Demir artık büyümeye başlamıştı, aylar boyunca hiç anormal bir görüntü görmedi. Hayatındaki her şey diğer çocuklar gibiydi, bu durumdan hiç rahatsız değildi, hatta astral seyahat bile yapmak istemiyordu. Çünkü seyahat edip görmek istediği kimse de yoktu zaten, belki de çok yorgun düşmüştü bu görüntülerden. Ve aradan uzun bir zaman geçtikten sonra, yıllar sonra, orta son sınıfa geldiğinde sadece bir gece değişik bir olay yaşadı. Etrafında ders çalışanlar, koşturanlar, sınava hazırlananlar arasında o da normal öğrenciler gibi yaşamaya başlamıştı. Orta üçüncü sınıfa geldiği zaman bir gece yine değişik bir rüya gördü. O dönemlerde iki kat aşağıda oturan Emel Teyze'nin kocası çok hastaydı. Emel Hıristiyan bir kadındı ve günlerini yaşlı kocasına bakarak geçiriyor, arada sırada Saadet'e kahve içmeye geliyordu. Bakıcı almak istemiyordu yanına, çünkü hiçbir bakıcıya güvenemiyordu, kocası uykuya daldığı saatlerde Saadet'in yanına çıkıyor, sohbet ediyordu. Kocasının durumu çok ağır değildi fakat sürekli bakıma ihtiyacı vardı. Yine böyle bir günün sonunda akşam olmuştu, o gece Demir uykuya dalarken bir anda rüyasında Emel Teyze'nin kocasının apartmanda dolaştığını gördü, bu farklı bir görüntüydü, bir rüya değildi, yıllar önce deneyimlediği astral seyahate benziyordu çünkü yine bedeni uyuşmuştu ve kendini yukarıdan izliyordu. Emel Teyze'nin kocası İlyas Amca'nın Demirlerin evinin olduğu kata geldiğini ve vedalaştığını gördü. İlyas Amca'nın ağzında bir sigara vardı (sigara içmesi kesinlikle yasaktı) ve Demir'e "Gitmeden son bir sigara yaktım" diyerek el sallıyordu. Dönüşü olmayan bir yolculuğa çıkıyordu, o kadar gerçekti ki bu gidiş, Demir onun bu dünyaya veda ettiğini anlamıştı. O sabah çok erken uyandı ve uyandığında telefonun veya kapının çalmasını beklemeye başlamıştı. Çünkü İlyas Amca gitmişti, tam da beklediği gibi oldu, Emel Teyze panikle kapılarını çaldı. Saadet sabahlığıyla ve uykulu gözlerle kapıya koştu, bu saatte bu kadar ısrarla kapının çalınması normal değildi. Kapıyı açtığında Emel ağlıyor ve tir tir titriyordu.

"Hayırdır?" diyerek Emele sarıldı.

"İlyas gece yarısı uyanmış, bir sigara içmiş ve olduğu yerde yığılıp kalmış, onu uyandıramıyorum" diyerek Saadet'e sarılıp ağladı. "İlyas'ı kaybettik, ne yapacağımı bilmiyorum."

Saadet hızla Emel'i içeriye davet etti ve Kerim anahtarını istedi Emel'in, ambulansı aradılar ancak Kerim eve girdiğinde artık yapacak bir şey olmadığını anlamıştı. Emel'in çocukları yurtdışındaydı ve ailesinden kimsesi yoktu, cenaze işlerinin yürütülmesi için Kerim hemen gerekli kurumları aradı, bu konularda çok becerikli ve yardımseverdi. İlyas Amca'nın bir sigara içerek öldüğünü duyduğu anda Demir hiç şaşırmamıştı, o sahneyi zaten gece yarısı görmüştü ve İlyas Amca'yla vedalaşmıştı. Yıllardır astral seyahat yapmıyordu artık normal bir çocuk gibi yaşamayı öğreniyordu, tekrar bu görüntülerin gelmesini istemese de bir şekilde kendini bu enerji alanının içinde buluyordu. Tıpkı yıllar önce hissettiği gibi yine içinde şaşkınlık ve suçluluk başladı "Acaba haber vermeli miydim? Emel Teyze'ye apar topar inip İlyas Amca iyi değil, doktor çağıralım demeli miydim?" diye. Bu konularla ilgili hisleri doğru çıkıyordu ancak sorumluluk çok ağır geliyordu. Bir kez daha birinin hayatı gözlerinin önünde yok oluyordu.

O gün bütün gün Emel cenaze işleriyle ilgilendi, cenazenin alınması, yıkanması ve kilisede ayin gibi işler Hıristiyanlarda biraz farklıydı. Kilisedeki cenaze törenine herkes en güzel kıyafetlerini giyinip gelmişti, kilisedeki ayinden sonra İlyas Amca'yı mezarlığa götürdüler. İlyas Amca huzurla gitmişti, gitmeyi kendisi istemişti. Demir artık biraz büyüdüğü için onun da mezarlığa gelmesine izin verdiler Hıristiyan mezarlığının Müslüman mezarlığından bir farkı vardı; Hıristiyanlar yan yana ve tabutun içinde gömülüyorlardı, mezarlıkta İlyas Amca'nın ailesinin mezarlığına gittiler, tıpkı Süreyya'nın mezarlığına giderken hissettiği gibi bazı ruhlar arada kalmış, bazı ruhlar huzursuz, bazıları çok huzurlu, bazıları yerinde yoktu, bazı mezarların içinde ruhlar yoktu, bazıları gitmeyi becerememişlerdi. Bütün bunları hissediyordu ama göremiyordu. Ama İlyas Amca çok huzurla gitmişti. istediği deneyimi yaşamış ve gitmeyi seçmişti, papaz dualar eşliğinde İlyas Amca'yı toprağa verdi, sevdikleri üstüne toprak atarak onu uğurladılar, tabutu başında insanlar son vedalarını gerçekleştirdiler. Demir ilk defa kilisede bir cenaze törenine katılmış, bir Hıristiyan cenaze törenine şahit olmuştu. Kiliseye girdiği zaman içini bir huzur kaplamıştı.

Aradan bir yıl geçti, o yıl içinde Demir yine normal hayatına dönmeye çalışmıştı. Hiçbir olayı önceden bilmek, hissetmek istemiyordu, bu sorumluluk ona çok ağır geliyordu. Artık gece yatarken bu rüyaları görmemek için dua ediyordu çünkü her gördüğü gerçekleşiyordu ve elinden hiçbir şey gelmiyordu.

O yıl Rana liseye başladı, dersleri ağırlaşacak yeni bir hayata başlayacaktı. Demir evde bir tek onunla zaman geçiriyordu ve bu değişim ister istemez Demir'e de yansıyordu. Daha az zaman geçiriyorlardı çünkü Rana'nın dersleri ağırlaşmıştı. Annesinin yokluğunu o döneme kadar hissetmemiş, Rana ona her dönemde annelik yapmıştı. Ancak liseye gitmeye başladığı zaman dengeler biraz bozulmaya başladı. Rana okuldan geldiği gibi ders çalışmaya başlıyor, bazen de arkadaşlarıyla vakit geçiriyordu. Sabahları bazen Demir'den daha erken evden çıkıyor ve kahvaltı da hazırlamıyordu. Demir artık sabahları başının çaresine bakmak zorunda kalmıştı.

Bu uzaklaşma yetmiyormuş gibi o dönemlerde Rana'nın bir erkekle yakınlaştığını fark etti Demir. Almanya'da yaşayan bir aile Türkiye'ye kesin dönüş yaparak Antakya'ya gelmişti ve ailenin büyük oğlu Soner Rana'dan hoşlanıyordu, Rana'yla Demir aynı okulda okuyorlardı, ortaokul ve lise aynı binadaydı, sınıfları farklı olsa da Rana'yla Soner'in yakınlaşması Demir'in gözünden kaçmıyordu. Soner'den çok hoşlanmıyordu Demir, yalancı ve sahtekâr olduğuna dair bir hissi vardı. Soner herkesin yaptığı hatayı yapıyor, Demir'i fazla hafife alıyordu, sürekli Demir'e Rana'yla ilgili sorular sorup duruyordu, bu durumdan Demir'in şüpheleneceğini düşünemiyordu. Demir artık çocukluğundaki gibi asosyal hayatından çıkmış, biraz sosyalleşmeye başlamıştı, insanlarla daha sık görüşüyordu, yaşıtlarıyla zaman geçiriyordu. Hatta artık bir grubu bile vardı. Kemal, Kenan, Tamer, Cihat, Murat Demir'in en samimi arkadaşları olmuştu, neredeyse her gün görüşüyorlardı. Kemal Soner'in kardeşiydi, ailesi Almanya'dan geldiği için onlara sonradan dahil olsa da lider karakterli bir çocuktu hemen herkesle kaynaştı. Üstelik Kemal Soner gibi sahtekâr değildi, onu gerçekten benimsemişti. Müstakil bahçeli bir evleri vardı ve sıklıkla onların evinde buluşuyorlardı. Top oynayacakları zaman burayı tercih ediyorlardı. Soner zayıf, çelimsiz, ince sesli bir çocuktu, ergenlik döneminde sesi kalınlaşmamış ve çocuk sesi kalmıştı ama bunun dışında Soner'in yanına yaklaştığında hissettiği duygudan hoşlanmıyordu Demir, sıkıntılı bir kişilik olduğunu fark ediyordu. O dönemlerde okulda anlamıştı ki Rana'nın da Soner'e karşı hisleri vardı, en çok da bu yüzden rahatsızdı Demir. Bir süre sonra Rana'yla bu konuyu konuşmaya başlamışlardı, daha doğrusu Rana bunu Demir'le paylaşmak zorunda kaldı çünkü birkaç kez okulda ağacın altında Demir onları el ele görmüştü. Soner'den çok hoşlandığını, iyi bir çocuk olduğunu, onu gördüğünde kalbinin çarptığını anlattı Rana. Demir hiçbir yorum yapmadı, hayatında ilk defa ablasının yaşadığı bir ilişkiye şahit olduğu için ne yapacağını, neyin doğru olduğunu kestiremiyordu. Ama Rana'yı kaybettiğini hissediyordu, belki annesi olarak gördüğü için de kıskanıyordu bu durumu. Ama iyi bir sırdaş olduğu için Rana'yı asla zor durumda bırakmazdı, bu konuda çok güvenilir bir kardeşti. İlk zamanlar Rana'nın bu duyguları paylaşması hoşuna gitmişti ancak içindeki kıskançlık hep ağır basıyordu. Soner Demir'in bilgisi olduğunu duyunca rahat davranmaya başlamıştı. Kerim'le Saadet evden gittiği zamanlar Soner elinde kitaplarla ders çalışma bahanesiyle eve geliyordu, evde bir tek Rana'yla Demir olduğu için rahat davranıyor, geç saatlere kadar Rana'yla odaya kapanıyordu. Demir bu durumdan sıkıntı duyuyordu ancak bu sırrı saklamak zorundaydı. Soner Demir'e çok iyi davranıyor, sürekli gördüğü her yerde sohbet etmeye çalışıyordu, Demir bu duruma da sinir oluyordu, onun tamamen içten pazarlıklı bir şekilde bunu yaptığını biliyordu, Rana olmasaydı Soner Demir'in yüzüne bile bakmazdı, bunun da farkındaydı. Kendini kapana kısılmış gibi hissediyordu, Rana'ya ne diyebilirdi ki? "Bu çocukta bir sıkıntı var" diyemezdi, yalancı bir çocuktu, ama bunu ustalıkla yapıyordu, o kadar düzgün görünüyordu ki, o kadar iyi rol yapıyordu ki bunu kimse fark edemiyordu. Soner herkese yalan söyleyen bir çocuktu, hayatı boyunca gerçek anlamda kimseyle bağ kurmamış bir çocuktu. Demir artık bu konuyu Rana'ya açmaya karar vermişti çünkü Soner'in bu kadar rahat davranması sinirini bozmaya başlamıştı. Ama konuya nasıl gireceğini bilmiyordu.

Kerim'le Saadet'in yine evden gittikleri bir akşamdı, Demir Rana'ya biraz konuşmak istediğini söyledi, Rana "Acele söyle, Soner'i çağıracağım" diyerek kulak tıkadı. Rana eski Rana değildi, onu sarıp sarmalayan, şefkat gösteren, derdini dinleyen Rana gitmiş öfkeli, sabırsız, anlayışsız bir ablaya dönüşmüştü. "Ben Soner'in seni üzeceğini düşünüyorum" dedi Demir. Rana "Öyle mi? Sen kaç tane ilişki yaşadın da bana akıl veriyorsun?" diyerek gülümsedi. Evet yine aynı şey olmuştu, yine hissettiği bir olay vardı, olacakları görebiliyor ama ikna edemiyordu. "Neye dayanarak söylüyorsun bunu?" diye sorunca Demir'in verecek cevabı yoktu tabii ki. "Bilmiyorum ama öyle hissediyorum" dedi. Rana alaycı bir gülümsemeyle "O hislerine söyle kendi işine baksın, benim işlerime de karışma bir daha" diyerek kapıyı kapattı ve telefona sarıldı.

Rana bu konuşmadan sonra artık Demir'le çok fazla bir şey paylaşmaz olmuştu, Demir'in sorun çıkaracağını düşünmeye başlamıştı. Demir o dönemlerde evde fazla durmuyor arkadaşlarıyla vakit geçiriyordu, akşamları Rana'yla fazla sohbet etmiyorlardı artık. Bir gün akşam okul çıkışı eve geldiğinde Rana'yı odasında ağlarken buldu, gözlerinden yağmur gibi yaş boşanıyor hıçkıra hıçkıra ağlıyordu. Evet tahmin ettiği şey olmuştu, bu gözyaşları Soner'le ilgiliydi, bunun olacağını biliyordu. Yanına yaklaşıp konuşmak istese de Rana konuşmak istemedi ve sadece ona şunu söyledi:

"Sana da yalan söyledi demek."

Rana bir anda doğrulup yaşlı gözlerle Demir'e bakarak: "Başka kimlere yalan söylemiş ki?" dedi.

Demir "Bilmiyorum ama hissediyorum, herkese yalan söylüyor ve sana söylediği yalanları başkasına da söylüyor."

Rana hayatının ilk ilişkisinde aldatılmıştı, kandırılmıştı, Soner'in başka bir kız arkadaşı vardı ve o kız Rana'ya telefon açmıştı ve Rana'ya aldığı hediyeler, kullandığı sözler, yaklaşımlar olduğu gibi aynıydı, her kıza aynı numaraları yapıyordu. Rana'yı en çok üzen şey onu aldatmasından çok, aynı sözleri, aynı hediyeleri, aynı tavırları başkasına sergilemiş olmasıydı, kendini çok özel hissederken yükseklerden yere çakılmış gibi hissediyordu.

Rana ilk defa kendini bu kadar değersiz hissediyordu, o hafta okula gitmedi, günlerini evde ağlayarak geçiriyordu, hafta sonunda rahatsızlandı. Neyi olduğunu kimse bilmiyordu ama sürekli kusuyordu, doktorlar teşhis koyamıyordu, geçmeyen sancısı ve kusması vardı ama hastalığının bir ismini koyamıyorlardı. Demir Rana için çok telaşlanıyordu, pazartesi okuldan çıkar çıkmaz doğru eve geldi, Rana'nın koluna serum takılmıştı, o zamanlar bir hastalık durumunda doktorlar eve geliyor, gerekiyorsa serum takıp iğne yapıyorlardı. Kerim'in arkadaşı olan Doktor Arif dışında kimse çare bulamamıştı Rana'ya, karnındaki ağrılar ilk defa kesilmiş, kusmaları durmuştu. Demir eve geldiği zaman Rana'nın belinin her iki tarafında kırmızı ışıklar gördü. "Eyvah!" dedi içinden, büyük bir korkuya kapıldı, yine aynı kâbus başlıyordu. Her gece dua ediyordu artık normale dönüp bu hislerden kurtulmak için, yakasını bırakmıyordu bu görüntüler ve yine panik başladı içinde. Rana'ya bir şey mi olacaktı, Süreyya gibi o da ölümcül bir hastalığa mı yakalanmıştı? Ya yine kimseyi ikna edemezse, göz göre göre ölümünü mü izleyecekti? Rana'da gördüğü bu ışıklar Süreyya'da gördüğü ışıklardan çok farklıydı ve iki taraftaydı, iki tarafta fasulye şeklinde ışıklar yanıyordu. Kimseye bir şey söylemeden hemen evdeki sağlık ansiklopedisini karıştırdı, organların şekillerine bakıyordu, karaciğer, bağırsak, mide, pankreas hepsine tek tek bakarken birdenbire böbreği gördü, evet Rana'nın böbreklerinde sorun vardı bundan emindi, gördüğü ışıktan emindi ve tekrar yanına geçtiğinde yine böbreğinde o ışıkları gördü, iki tarafta, iki böbreğinde de o ışıkları gördü, böbreklerinde sorun vardı. Doktor Arif o zamanlar Kerim'in yakın arkadaşı olduğu için günlük olarak ziyarete geliyordu, Demir içinden dua ediyordu doktorun böbrekleri fark etmesi için.

O gün akşam Doktor Arif muayenehaneyi kapattıktan sonra eve geldi, Rana'ya nasıl olduğunu sordu. Doktor Arif pratisyen bir doktordu ama şehrin en tanınmış doktoruydu ve işini aşkla yapardı, hatta çoğu zaman muayenehanesine gelen, parası olmayan hastaları, özel olarak muayene eder, ilaçlarını da cebinden öderdi. Bu yüzden hiçbir zaman çok parası olmamıştı fakat çok sevilen bir adamdı. Demir böbrek sorununu Doktor Arif'e nasıl anlatabilirdi? Kelimeler dilinin ucuna kadar geliyor, ama bir türlü çıkmıyordu, henüz liseye giden bir çocuğun tıp bilgisi olamayacağını herkes bilirdi, doktora ne diyebilirdi ki? Doktor Arif tekrar Rana'yı muayene etti, eliyle muayene ederken bel kısmına bastırdığında Rana'nın ağrısı olduğunu fark etti. Saadet'e dönerek "Sorun böbreklerde gibi görünüyor" dedi. "Birkaç kan testi daha yapacağım." Rana'ya idrar yaparken zorlanıp zorlanmadığını sordu, tuvalette çok zorlandığını, idrar yaparken pembe bir sıvı geldiğini söyleyince "Tamam" dedi doktor Arif. "Sorun böbreklerde." Demir'in içi inanılmaz rahatlamıştı çünkü bu ağırlığı taşıyamazdı, Arif Bey gerçekten başarılı bir doktordu ve doğru teşhisi koymuştu, zamanında müdahale edileceği için içinden şükretti. "Hemen ilaçları değiştiriyorum" dedi doktor. "İdrar ve kan testi yapacağız ve laboratuvara göndereceğiz."

Bu testlerin sonucunu beklemeden böbrekteki iltihapla ilgili ilaca başlattı Rana'yı. Ertesi gün test sonuçları geldiğinde Rana'nın böbreğinde hastalığı olduğunu söylüyordu doktor. "Böbreklerinde iltihap var ama ilaçlarla geçer" diyerek en çok Demir'in rahatlamasını sağladı. Doktor devam etti: "Normalde bu yaşlardaki çocuklarda pek görülmez, ya çok şiddetli üşütmüş ya da tuvaletlerden mikrop kapmış, okul tuvaletlerinden de bulaşabiliyor."

Rana ilaçlara başladıktan birkaç gün sonra o kırmızı ışıkları görünmez olmuştu, böbrekler hızla toparlanıyordu, iltihap tamamen kaybolmuştu, ancak tedavisi on beş günü buldu. Bu süreç boyunca Demir'in sürekli aklına takılan bir soru vardı: "Rana neden bu yaşta böbrekle ilgili bir sorun yaşamıştı?" Bunun bir karşılığı olduğunu biliyor ancak eski durumuna dönmek istemiyordu. Her çocuk gibi normal bir hayat istiyordu artık, ışıklar, tüneller, rüyasında seyahatler görmek istemiyordu. Ama Demir bu boyuttan kaçtıkça, bu görüntüler yine karşısına çıkıyordu. O gece uykuya daldığında yine uyku ile uyanıklık arasındayken karşısında bir zaman tüneli belirdi. Halka halka geçmişe doğru bir zaman tüneli karşısında duruyordu, o tünele girmek istemiyor, uyanmaya çalışıyordu. Ancak hareket edemez bir haldeydi ve istemese de görüntüler belirmeye başlamıştı bile. Uykuyla uyanıklık arasında Rana'nın zaman tünelini gördü, onun çocukluk halini, yaralarını, çatışmalarını tek tek gezip görebiliyordu. En son yaşadığı ayrılık çatışması, zaman tünelinde kıpkırmızı bir ışık olarak duruyordu. Hastalığının tek sebebi bu değildi, geriye doğru gittiğinde şoke olacağı bir sahne gördü, gördüklerine inanamadı. "Bu sahnenin gerçek olma ihtimali var mı?" diye kendine sordu, inanılmaz bir sahneydi; Rana daha dokuz yaşındaydı ve o dönemler Demir küçüktü, anasınıfına yeni başlamıştı. Karşı komşularının oğlu Murat Rana'dan on yaş büyüktü, aileler samimi olduğu için arada sırada evlerine geliyordu. Ve gördüğü sahne maalesef çok acı vericiydi: Murat Rana'yla banyoda, çıplak bir şekilde Rana'yı, bu sahne çok zoruna gitmişti, gerçek olamazdı, bu sahneden duyduğu rahatsızlıktan dolayı darmadağın oldu, zaman tüneline bakmak istemez oldu, bedeninde bir uyuşmayla aniden uyandı. Hayır bu sahne gerçek olamazdı. Öyle bir rezalet yaşanmış olamazdı, bunun gerçek olup olmadığını Rana'ya sormaktan başka çaresi yoktu. Bu zaman tüneli keşke ona görünmeseydi, bu yükü kaldırmakta çok zorlanıyordu, ancak bir kere sahneyi görmüştü, burayı çözmek zorundaydı, Rana'nın hayatında bu sıkıntı onu hep rahatsız edecekti çünkü.

O gece yine günün ilk ışıklarına kadar yatağında döndü durdu, gün ışımaya başladığı zaman artık bedeni yorgunluğa dayanamayıp uyuyakaldı. Liseye başlamadan önce Demir'i hep Rana uyandırırdı, Rana'nın düzeni değişince bu görev Kerim'e kalmıştı, sabahları bağırarak ve çok acımasızca uyandırırdı Demir'i, kalkmayınca bağırır çağırır hatta eliyle silkeler ve kendine gelmesine izin vermezdi. Ve yine sabah saat yedi buçukta Kerim bağırarak Demir'i uyandırmaya başladı, Rana'ya dokunmuyordu çünkü o daha hastaydı ve okula gitmiyordu. Demir çok zorlanarak kalktı, yüzünü yıkadı, apar topar, kendi başına dolaptan aldığı birkaç parça ekmek, peynirle babasının zoruyla birkaç lokma yiyerek okula gitti, ancak aklı yine gece gördüklerindeydi. Orası başka bir boyuttu, ayrıntıları aklında tutamıyordu ama tekrar tekrar o sahneyi düşündüğünde içindeki öfke kabarıyordu. Gerçek olduğunu biliyordu, bir zaman tüneli görmüştü, yine o sıkıntılı suçluluk duygusu içini kaplamıştı. Çünkü burayı çözmezlerse, Rana'nın ileride tıpkı Süreyya gibi başka bir hastalığı olacağı hissi vardı. Bunu çok iyi biliyordu. O gün derslerden hiçbir şey anlamadı, sınıfta bütün gün uyukladı, eve gidip uyumayı istiyordu, bir taraftan da tekrar zaman tünelini görmekten korkuyordu. Okuldan çıkar çıkmaz, eve geldiğinde Rana uyuyordu, o da kendi yatağına yattı, dersleri bir tarafa bırakıp gece yarısına kadar uyudu. Saat on birde uyandığında Rana'nın uyanık olduğunu fark etti. "Acaba bu durum nasıl anlatılabilir?" diye oturup düşünmeye başladı. Ne rüyasını anlatabilirdi, ne de zaman tünelini gördüğünü. Rana çok duygusal bir çocuktu, belki de burayla yüzleşmek istemeyecekti. Zaten insanların bedeninde gördüğü kırmızı ışığı da anlatamazdı, bir sürü şey vardı anlatamayacağı. Şu an oturup hepsini baştan anlatamayacağı için mecburen Rana'yı ikna edecek bir senaryo düşünmeye başladı, burayı çözmek zorundaydı.

Gece yarısı uyandığında Rana'nın uyanık olduğunu fark etti, elinde bir ders kitabı bir şeyler okumaya çalışıyordu. Yatağın başına gitti, belki bugün çözemeyecekti ama en azından bu konuyu açmanın bir yolunu bulabilirdi. Usulca yaklaşarak "Nasıl oldun?" dedi Rana'ya. Rana cevap vermeden gülümsedi sadece, hiçbir cevap vermedi, Demir yanına oturarak "Sana bir şey sormam gerekiyor" dedi. Rana o dönemlerde birazcık ergenliğin de etkisiyle Demir'i çok da önemsemiyordu, söyleyeceği şeyin saçma bir şey olduğunu düşünerek "Ha öyle mi? Neymiş?" dedi kitabını okumaya devam ederek. Demir Rana'ya bu konuyu açmak için öncelikle hiç hastalığıyla alakası olmayan bir konu açmaya karar verdi:

"Ben çok küçükken gece yarısı evde olan biten her şeyi duyardım ama hiç kimseye söylemezdim. Annemle babamın tartışmasını duyardım, senin kalktığın zaman yaptıklarını duyardım, uykumda bile her şeyi duyardım."

Rana alaycı bir ifadeyle, "Bakalım ne saçmalayacaksın merak ediyorum" dedi.

"İstersen hayatın boyunca saçmaladığımı düşün, ama çok emin olduğum bir şey var, bunu bir tek sen ben ve bir kişi daha biliyoruz, aslında bu durumu sana anlatmayı düşünmüyordum ama kendimce haklı bir sebebim var, anlatmam gerekiyor, çünkü bu durum seni hasta edecek."

Gülümsemeyle dinlemeye devam ediyordu Rana. "Ne anlatacaksan çabuk anlat, derslerimden geri kaldım biraz ders çalışmam lazım."

Kitabı şu anda daha kıymetliydi, Demir'in saçmalıklarından biri diye düşündü. Demir yeterince dikkatini çekemediğini fark edince direkt olarak konuyu açmaya karar verdi:

"Karşı komşumuz Murat'ın sana yaptıklarını biliyorum" dedi. Rana bir anda kitabını bıraktı ve gözünden iki damla yaş süzüldü, sinirlenerek, "Ne saçmalıyorsun sen?" dedi. Demir Rana'nın elini tutarak "Bu senin suçun değildi" dedi ve "Kimselere söyleyemediğini de biliyorum ama senin yaşadığın bu olay aslında seni hayatın boyunca etkileyeceği için bunu konuşmakta fayda var."

Rana bu olayın bilinmesinden dolayı hem rahatsız hem şaşkındı, hem de utanç içindeydi ve Demir'in böyle bir olgunlukla konuşmasına da şaşırıyordu, sanki Demir değil de büyük bir adam konuşuyordu karşısında. Hemen inkâr etti.

"Saçma sapan konuştuğunun farkında mısın? Ne olmuş? Neyi görmüşsün? Ben ne yapmışım?"

Demir sakince Rana'nın gözyaşlarını silerek "Gözünden akan iki damla yaş zaten bana anlatıyor canım ablacığım, yaşadığın şeyi biliyorum, Murat'ın seni zorla banyoya kilitlediğini, seni zorla soydurup seni taciz ettiğini, birden fazla kez seni tehdit ederek banyoya götürdüğünü ve seni susturduğunu biliyorum."

Rana'nın gözündeki yaşlar artmıştı ve hıçkırmaya başlamıştı, kekeleyerek, "Bunu ben istemedim, beni korkutmuştu" diyebildi. Demir Rana'ya tekrar yaklaşarak "Bu aramızda kalacak, sadece şunu bil, bu senin suçun değildi, seni korkutmasaydı, sen elbet kendini savunabilecektin, küçücük bir çocuktun" dedi.

Rana'nın bir tarafı burayı anlatmak istiyordu, bir tarafı inkâr etmek istiyordu, Demir'e döndü:

"Sen bunu ne zamandır biliyorsun?"

Demir bunun cevabını veremeyecekti, bunun bir öneminin olmadığını söyledi. Rana bir taraftan anlatmayı çok istiyordu, bir taraftan da tedirgindi. Fakat Demir telkin vermeye devam etti.

"Bana anlatabilirsin, aramızda kalacak, sen bunu anlatmadığın sürece çok sık hasta olacaksın."

Rana bu cümleler karşısında şaşırıyordu, bir psikolog gibi konuşuyordu, bu çocuk ne ara bu olgunluğa erişmişti? Bir taraftan da içinde patlamak üzere olan bu acıdan kurtulmak istiyordu. Şaşkınlığı bir tarafa bırakıp anlatmaya başladı:

"Ben..." dedi. "Defalarca anneme Murat Ağabey bize gelmesin dedim ama annemden azar işittim, 'O bizim komşumuzun oğlu, ağabeyin gibi, niye gelmiyormuş?' diyerek her seferinde beni susturdu, derdimi anlatmayı çok istedim ama başaramadım. Annesi bize geldiği zaman kendisi de geliyordu, gizlice odama gelip beni tehdit ederek banyoya kilitliyordu, babam veya sen evde olsanız bile umurunda değildi, selam verip eve geçiyordu. Beni tehdit ederek banyoya götürüp soyduruyordu, hiç kimsenin haberi olmadan tekrar eve dönüyordu. Bunu defalarca yaptı. Kıyafetlerimi, iç çamaşırımı çıkarıp, popomu elliyordu."

Bunları anlatırken hüngür hüngür ağlıyor, anlattığı şeylere kendisi de hayret ediyordu. Sanki içinde azat olmak isteyen bir duygu vardı ve kilidi açılmıştı, artık durmak istese de duramıyordu, anlatmaya devam etti:

"Ben banyoda ağladığım zaman ağzımı kapatıyordu, işi bittikten sonra sessizce beni odama götürüyor ve tehdit ediyordu.

Bunu bana defalarca yaptı, ben o günler kendimi suçlu hissediyordum, sanki bu benim bir hatammış gibi algılıyordum. Babama zaten anlatmam imkânsızdı sana da anlatamazdım, küçüklüğümden beri ben bu sırrı saklamak zorunda kaldım, içimde bir ağırlık taşır gibi taşıdım."

Rana anlattıkça sakinleşiyordu, buna ne kadar ihtiyacı olduğunu anlattıkça fark ediyordu. Konuşmaya devam etti:

"Ama sen benim bununla hasta olacağımı nereden çıkarıyorsun? Sen bu bilgileri neye dayanarak söylüyorsun? Madem böyle bir şeye maruz kaldığımı görüyordun o zamanlar bana niye söylemedin? Neden gidip kimseye anlatmadın?"

Demir bu kısmın cevabını veremezdi, ona sadece "Ben de bir çocuktum, elimden bir şey gelmezdi" diyebildi. Rana anlatmaya devam etti:

"Murat'ın üniversiteyi kazanıp şehir dışına gideceğini duyduğum gün çok mutlu olmuştum, o gün karar verdim bu olayı sonsuza kadar kapatacağım ve benimle birlikte mezara kadar gidecekti, zaten kurtulmuştum ondan ve artık kimseye bir şey anlatmanın gereği yoktu, ortalığı karıştırmanın hiçbir gereği yoktu. Murat gittikten sonra hiçbir şey beklediğim gibi olmadı, o dönemde çok fazla kilo aldım, hep kilolu bir çocuk olarak kaldım, aslında içten içe yeme isteğinin altındaki sıkıntıyı biliyordum. Çünkü bu olay her aklıma geldiğinde canım bir şeyler yemek istiyor, bugün seninle bunu konuşurken fark ediyorum. Bunları şu anda bile anneme anlatman hâlâ beni korkutuyor biraz. Sakın bunu kimseye anlatma. Çünkü hâlâ içimde bir suçluluk duygusu var, sanki Murat'ın böyle bir şey yapmasına ben izin vermişim gibi bir duygu, üstelik beni öyle bir tehdit etmişti ki hâlâ Murat'ın gelip bir şey yapacağından korkuyorum. Sonraları bayramlarda ve özel günlerde karşılaştığımız zaman onunla hiç göz göze gelmemeye çalıştım, ama yakamı bırakmayan bu suçluluk duygusuyla o günden beri yaşıyorum, bunu sana bugün ilk defa anlatıyorum. Belki de yanlış yapıyorum ama daha fazla tutamayacaktım herhalde."

Demir Rana'nın boynuna sarıldı. "Canım ablacığım benim, bu asla senin suçun değil, bence bunu ikimiz beraberce anlatabiliriz anneme, başımıza ne gelecek olursa olsun önemli olan senin içindeki o sıkıntıdan kurtulmak."

"Bunu yapmak istediğimi sanmıyorum" dedi Rana. "Çünkü benim şu anda gerçekten bu konuya bakacak cesaretim ve gücüm yok. Fakat tekrar soruyorum, benim hasta olmamla bu konunun ne ilgisi var?"

Demir gülümsedi. "Bir yerde okumuştum, böyle bir durum yaşayanların psikolojisi bozulabilir diye. Senin de psikolojinin bozulmasını istemedim, çare olarak diyorlardı ki böyle durumları anlattığınız zaman rahatlarsınız, o zaman psikolojiniz bozulmaz bunun için anlattım."

"Sakın böyle bir şeyi kimselere söyleme, ben sana şu an anlatırken bile bir taraftan rahatladım ama bir taraftan tedirgin oldum."

"Peki..." dedi Demir. "Sen merak etme, senin güvenini boşa çıkarmayacağım, yalnız şunu bil hazır olduğun zaman ben şahitlik etmeye hazırım, belki sana inanmayacaklar diye korkuyorsan emin ol ben de gördüğümü söylediğim zaman ikna olacaklardır."

Rana "Bunu anlatmak isteyeceğimi sanmıyorum, öyle bir şey olursa senden yardım isterim" dedi. Ve sonra ışığı kapatıp başını yorganın altına geçirerek "Ben yatacağım şimdi" deyip uykuya dalmaya çalıştı. Demir de "İyi geceler" diyerek yatağına geçti. İkisi aynı odada uyuyorlardı. İkisi de uykuya dalamamışlardı ancak Demir amacına ulaştığı için daha ileriye gitmemeye karar verdi. O gün sabaha karşı Rana öksürerek uyandı, Demir de onun sesine uyandı, kalktığında Rana'nın yüzüne bir dokundu, ateşler içinde yanıyordu, o kadar sıcaktı ki yüzü, acil bir durum olduğunu düşünerek annesini babasını uyandırdı. Rana'nın yüzü çok sıcaktı ve inliyordu, kendinde değildi. Kerim hızla hazırlanarak Doktor Arif'i aradı ve Rana'yı kucakladığı gibi hastaneye götürmek üzere arabasına bindirdi, Saadet de arkasından toparlanıp beraberce hızla hastaneye gittiler.

Doktor Arif yirmi dört saat her an her şeye koşan fedakâr bir doktordu, hemen Rana'yı hastaneye getirmelerini söyledi. O gece Rana hastanede kaldı, gece yarısı Kerim eve dönmüş Saadet'i Rana'nın yanında bırakmıştı. Eve geldiğinde Demir merakla babasına "Ne olmuş baba? Niye böyle hastalanmış? İlaçlarını da alıyordu" diyerek durumu anlamaya çalıştı. Kerim "Sorun yok, her şey kontrol altında" dedi. "Bir iğne yaptılar, serum taktılar, sabaha eve getireceğiz."

Sabah Rana'yı eve getirdiler, o gün Demir okula gitmemek için yalvardı annesine, bir şekilde ikna etti onu. Rana'yı yatağına yatırdılar. Kerim'le Saadet oturma odasında sohbet ediyorlardı, Kerim Saadet'e Doktor Arif'le konuşmasını anlatıyordu:

"Arif diyor ki bu kadar ilaca rağmen bu ateşin çıkması imkânsız, yarın gündüz gözüyle bu çocuktan tekrar kan alacağım, tekrar testlerini yapacağım."

Ertesi gün hafta sonuydu, Demir'in aklı Rana'daydı, ikide bir yüzüne dokunup ateşini ölçüyordu, gayet iyi görünüyordu.

Kapı çaldı ve Doktor Arif'in tok sesi yayıldı eve. Direkt Rana'nın yanına girdi doktor, Saadet bir şeyler ikram etmek istese de aklı Rana'daydı. Hemen ateşini ölçtü, yüzüne baktı, her şey normal görünüyordu. Elindeki enjektörle test yapmak için kan aldı Rana'dan ve sorular sordu ona. Klinik olarak gayet sağlıklı görünse de bir gece önceki ateşin sebebini bulmaya çalışıyordu. Bu kadar ilaçtan sonra bu ateşin çıkması normal değildi. Kanı alıp hemen hastaneye doğru yola koyuldu ve ertesi gün tekrar geldiğinde sonuçlarla gelmişti, Rana'nın kanında herhangi bir enfeksiyon izine rastlanmamıştı, üstelik dünden daha iyi görünüyordu. Yüzüne baktığında hasta olduğuna dair hiçbir veri bulamıyordu doktor. Ama şüpheci bir doktordu ve "Yarın mutlaka muayenehaneye getirin, birkaç test daha yapalım, bu ani ateş yükselmesinin sebebini bulmak gerekir" diyerek izin isteyerek evden çıktı.

Sabah Kerim odalarına geldiğinde "Hadi kızım, doktora gideceğiz, kalk bakalım" diyerek Rana'yı uyandırdı, Demir'in de okul saatiydi zaten. Rana'nın yüzünde hastalıktan eser yoktu, o kadar iyiydi ki "Babacığım ben çok iyiyim, hiçbir şeyim yok" diyerek gitmek istemediğini söyledi. Tabii ki babasını ikna edemedi, Saadet de buna eşlik edince Rana mecburen kalkıp hazırlanmaya başladı. Demir de yatağından "Ben de doktora gelebilir miyim?" diye sordu. "Hayır senin ne işin var?" diyerek reddetti. "Okulu fazla ihmal ettin, bugün okula gideceksin." Demir mecburen istemeye istemeye hazırlanıp okula gitmek zorunda kaldı. Kerim Rana'yı arabaya bindirip Doktor Arif'in muayenehanesine doğru yola koyuldular.

Doktor Arif'in muayenehanesi tıklım tıklım doluydu, sekreteri Kerim'i tanıdığı için, o kalabalığın içinden onları alıp doktorun odasına götürdü, Arif Bey sekreterine bir şeyler ikram etmesini söyleyerek "Bana beş dakika verin, elimdeki hastayı bitirip bakacağım" dedi Kerim'e. İşini bitirdikten sonra Rana'yı muayene masasına yatırdı. "Geceyi nasıl geçirdi?" diye sordu Kerim'e.

"Gece çok rahat uyudu, bize hiç seslenmedi" dedi Rana'ya bakarak, Rana da onayladı bu durumu. Ateşini ölçtü, normal, tansiyonunu ölçtü normal, "Ağzını aç" dedi. Hastalığın başında Doktor Arif'in fark ettiği enfeksiyon odakları kaybolmuştu, boğazı tertemizdi.

"Allah Allah?" dedi şaşkınlıkla. "Dünkü durumdan bugünkü duruma nasıl geldiğini anlayamadım, ben açıkçası dün antibiyotiğin yetersiz geldiğini düşünmüştüm ve bu yüzden bir kan testi daha yapacaktım ama bugün ağzındaki lekeler dahil, boğazındaki enfeksiyon dahil her şey ortadan kalkmış durumda Bu durumun izahını yapamıyorum açıkçası, bugünlük takip edelim, hasta takip odasında bırakalım. Akşama kadar bir takip etmek istiyorum, saat başı ateşini ölçeceğiz."

Hemşiresini çağırarak Rana'nın saat başı, ateşini ve tansiyonunu ölçmesini, kendisine seslenmesini istedi. Kerim'e "Sen gidebilirsin, her şey yolunda gözüküyor. Akşama kadar burada başında olacağım, merak etme" diyerek, hastalarına dönmek üzere izin istedi. Rana sadece babasından kitaplarını getirmesini istedi, Kerim büroda çalışan elemanlarıyla kitapları evden aldırıp doktorun muayenehanesine gönderdi. Gün boyunca Saadet birkaç kez doktoru telefonla aradı. Her seferinde Doktor Arif telefonda "Hiçbir sorun yok, her şey yolunda, hatta tamamen iyileşmiş diyebilirim ama yine de bu gece takip etmek istiyorum" diyerek bilgi veriyordu. Demir dinliyordu telefonları, telefon çaldığı zaman evde ikinci bir telefon vardı, paralel telefonlardan konuşmaları dinliyordu. Bunu sık sık yapardı evde dolaşan sırları hep merak ederdi.

Akşam hava kararmıştı, Demir okuldan dönmüş Rana'nın eve gelmesini bekliyordu, havalar yavaş yavaş soğumaya başlamış sonbahar kendini hissettirmeye başlamıştı. Demir en çok sonbahar mevsimini severdi, yağmurlarla dünyanın temizlendiğini düşünür mutlu olurdu.

Kapının zili çaldı, Kerim'le Rana gelmişti, Rana'nın yüzü çok sağlıklı görünüyordu. Sırrını Demir'e açmış olmanın verdiği rahatlıkla Demir'e gülümsüyordu. Rana'nın ateşinin yükselme sebebini Demir aslında çok iyi biliyordu, sırrını ilk kez açtığı için bedeni ani bir tepki vermişti, tamamen bedeninden bu yükü atmıştı. Demir'e sarılarak "Hayatımda hiç bu kadar iyi hissetmemiştim" dedi. "Ama bunu anlatamıyorum, boşu boşuna şimdi böyle bir hafta evde yatıracaklar beni. Ben dışarı çıkmak istiyorum, arkadaşlarımla görüşmek istiyorum, nasıl yapacağız bilmiyorum."

Derdini bir tek Demir'e anlatabiliyordu. Demir: "Belki inanırsın, belki inanmazsın ama bana anlattığın sırrından kurtuldun diye iyileştin bence. Okuduğum şeyler doğruymuş, bak psikolojin de düzeldi, artık hayata daha keyifle bakmaya başladın, daha enerjik oldun" deyince Rana gülümsedi, "Olabilir, ama o konuyu hiç açmak istemiyorum" dedi. Hemen odasına doğru yöneldi, masasına oturup resim kâğıtlarını çıkardı. Rana çok güzel resim çizerdi, sürekli kadınların resmini çizerdi. Yaptığı resimlerde kadınların sadece kafasını çiziyor ve vücutlarını çizmiyordu, omza kadar çizerdi, göğüslerini, bacaklarını, kalçalarını asla çizmezdi. O zamanlar Demir bunun basit bir eğlence olduğunu, Rana'nın böyle keyif aldığını düşünürdü. O akşam eve geldiğinde ilk defa bir kadının vücudunu da çizmişti, beyni artık bir kadının tamamını çizmesine izin veriyordu, aslında bunun bir sebebi olduğunu yeni anlıyordu Demir, kadın olmanın tehlikeli olduğu kodunu yaşadığı tacizle almıştı, resim çizmeyi çok sevmesine rağmen kadınların bir cinsiyet olmasına izin verecek uzuvlarını çizmiyordu, ısrarla kendi hayatında da dişilikten kaçtığı bir yere düşmüştü aslında. Demir ona öyle büyük bir iyilik yapmıştı ki ikisi de bunun ne kadar kıymetli olduğunun farkında değillerdi, bunu anlamaları yıllar sonra mümkün olacaktı, Rana'nın suçluluğunu, değersizliğini ve öfkesini boşaltmıştı anlattırarak. Üstelik bunu çok iyi bir zamanda yani çocuklukta yapmıştı, Demir bunu bilinçli yapmasa da Rana'yı büyük bir dertten kurtarmıştı, o günden sonra uzun süre hiç hasta olmadı.

Aradan iki yıl geçmişti, Rana'nın üniversite sınavına girme zamanı gelmişti. Her genç gibi o da çok gergindi, üstelik Saadet'in ağır baskısını hissediyordu. Eğer başaramazsa annesinden tepki alacağını çok iyi biliyordu, Saadet bu durumu etrafına açıklayamazdı çünkü. Üniversite sınavına hazırlanmak için bir taraftan dershaneye gidiyor, bir taraftan özel dersler alıyordu, ancak deneme sınavlarında çok fazla başarı göstermiyordu. Evin içinde Kerim'le Saadet'in gerginlikleri, kavgaları bitmiyordu, Rana en çok bu sebepler üniversiteyi kazanıp gitmek istiyordu. Nereyi kazanacağı kendisi için çok önemli olmasa da Saadet için etrafa bir gösterge olmalıydı kazandığı bölüm. Herhangi bir yeri kazanarak annesini susturması mümkün görünmüyordu.

Kerim'le de arası hep gergindi, Rana'ya çok tepki veriyor, dershaneye ödediği paraları, sınav kitapçıklarının maliyetini bahane ederek sürekli bağırıp çağırıyordu. Saadet bu tartışmaların bazılarında Rana'yı destekliyor, bazılarında Kerim'le birlikte üzerine yükleniyordu, Rana için üniversite demek evden kurtuluş demekti, Soner'den sonra hayatında kimse olmamıştı, ilk deneyimi güvensizlikle sonuçlansa da artık bu durumu kafasına çok takmıyor, bir an önce evden ayrılmanın yollarını arıyordu. O zamanlar üniversite sınavında fen veya edebiyat bölümlerinden birini seçmek gerekiyordu, Rana fen bölümünde okumasına rağmen bu bölümde başarılı olamıyor, deneme sınavlarında hep çuvallıyordu. Senenin ortasında sözel bölüme geçmeye karar verdi, fen bilimlerinden bir türlü başarılı olamıyordu. Tabii ki ailede en çok da Kerim'de çok büyük bir tepki oluştu, Kerim bir yıl daha aynı masrafları yapacağı endişesiyle yine tek bildiği şeyi yaptı; bağırıp çağırıp kıyameti kopardı. Saadet için çocuklarının başarısı demek, etrafındakilerin alkışlaması demekti. Rana'nın fen bölümünde kalmasını hatta mümkünse tıp fakültesinde okumasını istiyordu, fakat ne bunun için yeterli altyapıya sahipti ne de Rana bunu istiyordu. Gözünde büyüttüğü dersler yüzünden daha düşük puanlı bölümlere, işletme gibi bölümlere girmeye çalışıyordu, işletme fakültesinin puanı daha düşüktü. Ve sınava girdi, üniversite sınavına girdiği gün sınavdan çıktığında biraz üzgün çıkmıştı, Demir içinde bir hisle Rana'nın hiçbir şekilde bu sene kazanamayacağını görüyordu ama onu asla söylemiyordu. Sınavdan bir süre sonra üniversite sınavı sonuçları açıklandı, puanının çok düşük olduğu anlaşıldı. Evde çok büyük bir kaos yaşandı, kimse Rana'nın ne hissettiğiyle ilgilenmiyordu. Saadet ortalığı dağıtıyordu, kıyameti koparıyordu çünkü arkadaşlarının çocukları kazanmıştı ve Rana kazanamamıştı. Rezil olmuştu, üstelik dershaneye de gitmişti, üstelik özel hoca tutmuşlardı, en iyi okulda okuduğunu düşünüyordu. Rana'nın geri zekâlı olduğunu düşünmeye başlamıştı, kendi düştüğü durumdan çok rahatsızdı. En iyi dershaneler Ankara'da bulunuyordu, kızının başarısız olmasına asla tahammül edemezdi Saadet, bu başarısızlığı ani bir atağa çevirerek Rana'yı Ankara'ya dershaneye göndermeye karar verdi. Bu hareketle etrafında yine bir ilke imza atmış olacaktı, üstelik bu fikir Rana'ya da çok iyi gelmişti, üniversiteyi kazanmadan ailesinden kurtulacaktı. Saadet'in tek bir şartı vardı; Rana yine fen bölümüne girecekti, o şartla Ankara'ya dershaneye gidebilirdi. Rana hiç düşünmeden kabul etti, başka bir şansı olamazdı zaten, bir yıl daha aynı eziyeti çekemezdi.

O yıl Ankara'da Rana'ya üniversiteyi kazanan arkadaşlarıyla birlikte kalacağı bir ev buldular. 3 oda 1 salon evde herkesin kendi odası vardı, tanıdıkları arkadaşlarının çocuklarıyla kalacağı için yalnızlık da çekmeyecekti.

Demir o sene evin bütün kaosuyla, kavgasıyla baş başa kalmıştı, üstelik ev arkadaşını kaybetmişti, en azından evdeki kavgalarda odalarına çekilip dertleşebiliyorlardı.

Rana Ankara'ya ısınamamıştı, hiçbir şey hayal ettiği gibi değildi, ev arkadaşlarını tanıyordu ama onların yanında kendini yalnız hissediyordu. Çok canla başla ders çalışsa da bölümünü değiştirmekle her şeye yeniden başlamak zorunda kalmıştı. Eğer başarılı olmazsa tekrar eve dönmek zorunda kalacaktı, ders çalışırken bütün derdi yaşadığı bu özgürlüğü devam ettirebilmekti, her ne kadar bu şehre alışamamış olsa da burada kalmak eve dönmekten çok daha iyiydi.

Aradan bir yıl geçmiş ve sınav günü gelmişti. Sınava bu korkularla girdi ve ne yaptığını bilmeden büyük bir kaygıyla soruları yanıtlamaya başladı. Sınavının nasıl geçtiğini bile bilmiyordu, ancak çalıştığının karşılığını alamayacağından emindi, kaygısı bilgisinin önüne geçmişti. Demir Rana'nın sınav gününde onunla telefonla konuşmuştu, sınavının nasıl geçtiğini sordu, Rana çok iyi geçmediğini söylediğinde çok üzüldü. O gece Demir yine bir rüya gördü ve rüyasında Rana'nın sınav sonucunu gördü. Üniversite sınavına girerken önce tercihler yapılıyordu ve öğrenciler tercih ettikleri yere puanları yeterse yerleştiriliyordu. Demir gördüğü rüyada Rana'nın tercihlerini ve sınavda başardığı yeri görmüştü, üstelik Rana'nın hangi tercihleri yaptığını bile bilmiyordu, rüyasında beşinci tercihi olan Ankara Üniversitesi Kimya Mühendisliği'ni kazandığını görmüştü. Rana sınavdan sonra ailesini aramıştı, sınavının çok iyi geçmediğini söylüyordu. Kerim telefonda bağırarak "Hemen eşyalarını topla Antakya'ya geliyorsun, okumak yok sana, ben her yıl sana bu kadar para dökemem!" diyerek Rana'ya dönüş için otobüs bileti aldı. Rana bütün eşyalarını toplayarak ağlaya ağlaya Ankara'yla ve arkadaşlarıyla vedalaştı, başaramamıştı ve elinden geleni yapmıştı. Başladığı yere geri dönüyordu, üstelik emekleri de boşa gitmişti, tutunacağı bir hayali bile kalmamıştı. Saadet sınav sonuçları açıklanana kadar kimseye bir şey söylememesini tembihledi Rana'ya, çünkü bu Saadet'in de sınavıydı. Otobüs Antakya'ya vardığında Demir babasıyla birlikte otogarda Rana'yı karşıladı, çok zayıflamıştı ve yüzü solgun görünüyordu. Kerim hâlâ öfkeliydi ve suratı asık bir şekilde Rana'nın valizlerini arabaya yerleştirdi. Demir Rana'ya sarılırken kulağına fısıldadı:

"Beşinci tercihin neresiydi?"

Rana "Ankara Kimya Mühendisliği" dedi. "Neden sordun?" "Çünkü orayı kazanacaksın, rüyamda gördüm" deyince Rana yine fısıldayarak "İmkânsız oranın gelmesi, son tercihimi tutturmam bile çok zor" dedi. Demir kendinden emin konuşuyordu ve son zamanlarda Rana Demir'deki değişimleri fark ediyordu, ama "İmkânsız" diyordu. "Keşke böyle bir mucize olsa." Demir Rana'yı çok özlemişti, bir sene boyunca her ne arada kavga da etseler en azından evde bir kader arkadaşı vardı, Demir bu bir seneyi gürültülü bir evin içinde sessizce geçirmişti. Artık arkadaşları da hayatına girdiği için biraz evdeki kaostan kaçmayı başarmıştı, arkadaşlarıyla mutluydu.

Rana'nın Antakya'ya geldiğini duyan arkadaşları eve telefon üstüne telefon ediyorlar, buluşma planları yapıyorlardı, Rana arkadaşlarını çok özlemişti, arkadaşlarıyla iletişimini hiç koparmamıştı. İlk günü dinlenerek ve eşyalarını yerleştirerek geçirdi, hemen ertesi gün arkadaşlarını eve davet etti. Demir Rana'nın arkadaşlarının çoğunu tanırdı ve aralarında yaş farkı olmadığı için, kimileriyle arkadaşlık kurmuştu. Bütün arkadaşları evin salonunda toplandığı anda Demir salona girdi, Rana sınavının iyi geçmediğini anlatıyordu arkadaşlarına. "Sen beşinci tercihini, Ankara Kimya Mühendisliği'ni kazanacaksın rahat olabilirsin" diye aniden söze girdi. Biraz da emin olduğu bir gerçeğe herkesin şahit olmasını istiyordu, o güne kadar önceden sezdiği olayların ispatını yapamıyordu, en azından bir salon dolusu insan şimdi bu öngörüye şahit olmuştu. Rana arkadaşlarının yanında Demir'i bozmayı çok istemezdi ama yine kendini tutamadı:

"Saçmalama..." dedi. "Oranın puanı çok yüksek, ben altıncı, yedinci tercihimi kazansam razıyım, mümkün değil oranın gelmesi."

"Sen orayı kazanacaksın."

Demir özellikle bunu ortalıkta söylemek istemişti, çünkü Rana çoğu zaman gerçekleri inkâr eden bir kızdı, ileride bunu bildiğini fark etse de "Yok sen öyle dememiştin" diyerek Demir'i inkâr edebilirdi.

Yazın sonuna doğru üniversite sınav sonuçları açıklandı, o gün akşamüstü Demir arkadaşlarıyla top oynuyordu, hava kararmadan evde olmak zorundaydı, Kerim'in böyle bir kuralı vardı, hava kararmadan önce herkes evde olmak zorundaydı, tabii ki Saadet hariç. Akşamüstü eve doğru yürürken balkondan Rana'nın el salladığını gördü, eliyle "beş" işaretini yapıyordu. Önce anlam veremedi şaşkınlıkla, coşkuyla, mutlulukla, Demir'e beş işareti yaparak el sallıyordu. Beşinci tercihini kazanmıştı, bunu anlatmaya çalışıyordu. Demir eve çıktığında Rana Demir'in boynuna sarıldı.

"Bunu nasıl bilebildin? Gerçekten puanım ancak beşinci tercihe yetti ve ucu ucuna beşinci tercihimi kazandım. Bunu nasıl bilebildin?"

Demir gülümsedi. "Keşke iddiaya girmiş olsaydık, senden şimdi bir şeyler kazanırdım" dedi.

Rana şaşkınlık içinde Demir'e bakarak "Sen bunu nasıl bilebilirsin?" dedi. Demir gülümsedi. "Nasıl olduğunu ben de bilmiyorum, ama emindim zaten böyle olacağından, tebrik ediyorum" dedi ona. İlk defa Demir yeteneğinin onaylanmasına şahit oluyordu. Bu his öyle bir histi ki bütün dünya karşısında dursa da ısrarla Rana'nın beşinci tercihini kazanacağını söyleyecekti. Zaten beşinci tercihinin Ankara Kimya Mühendisliği olduğunu da bilmiyordu. Bu vizyonun, bu bilginin ona nasıl aktarıldığıyla ilgili en ufak bir fikri de yoktu ama çok mutluydu, çünkü Rana emeklerinin karşılığını almıştı. Biraz da buruktu; yalnız geçireceği bir yıl daha onu bekliyordu.

Saadet bu sonuçtan çok mutlu olmasa da en azından kızının bir kaybetme yaşamaması onu sakinleştirmişti.

O yazın sonuna doğru Rana'yı tekrar Ankara'ya yolcu ettiler, çok mutlu bir şekilde gidiyordu bu sefer, artık özgürdü ve geleceğiyle ilgili hayalleri vardı. Bütün kırgınlıkları, korkuları, kavgaları arkasında bırakarak Ankara'ya gitmişti. Demir yalnızlığa kendini hazırlamıştı, artık arkadaşlarıyla daha fazla zaman geçiriyordu, eskisi kadar yalnız yaşamıyordu. Yazın son günleri olduğu için arkadaşlarıyla bir piknik organize etmişlerdi. Antakya'nın on kilometre uzağındaki Harbiye bölgesine piknik yapmaya karar vermişlerdi, arada bir böyle etkinlikler yapıyorlardı. Etlerini, domateslerini, biberlerini, soğanlarını alıp kendi başlarına bir şeyler yapmaya çalışıyorlardı. İlk defa Harbiye bölgesinde değişik bir yere gitmeye karar verdiler; Şeyh Yusuf El Hekim denilen bir türbenin yanında piknik yapmaya karar verdiler. Demir burayı annesinden babasından sıkça duyardı, aslında çocukluğunda gitmişliği vardı ama hatırlamadığını sonradan fark etti. Bu türbenin yanında piknik yerleri vardı, dört arkadaş minibüsten inip türbeye doğru yürümeye başladılar, caddeden sonra iki yüz metre bir yol yürümeleri gerekiyordu. Buraya ulaştıklarında türbeye yaklaştıkça Demir türbenin üstünde bir yeşil ışık fark etti, bir şifa ışığı gibiydi. Işığı ilk gördüğünde aklından geçeni hiç beyninden süzmeden "Ah arkadaşlar ne güzel bir ışık bu" diyerek arkadaşlarına yeşil ışığı gösterdi. Arkadaşı Kemal Almanya'dan gelmiş, zaman içinde Türkiye'ye adapte olmuş, lider karakterli, espritüel bir çocuktu. O yaşlarda ufak tefek birer bira içtikleri de oluyordu. Kemal hemen espriyi patlattı: "Arkadaşlar Demir gelmeden önce herhalde bir iki bira içmiş, ışıklar görmeye başladı" diye gülmeye başladılar. Demir arkadaşlarının bu alaycı tavırlarından dolayı küskünleşiyordu, orada bir ışık olduğuna yemin edebilirdi. Şeyh Yusuf Türbesi'nin üstünde yemyeşil, parlak bir ışık vardı ama belli ki bunu kimseler görmüyordu. Bunu ilk defa yaşamıyordu, insanların karşısında garip duruma düşmekten hoşlanmıyordu. Türbeye yaklaştıkça ışığın parlaklığı daha da arttı, gözünü alacak kadar yeşil bir ışıktı bu. Arkadaşları piknik organizasyonuyla ilgileniyor, Demir'in gördükleriyle ilgilenmiyorlardı. Bir işbölümü yaptılar, Kemal şişleri hazırladı, Cihat soğanları doğradı, Demir maydanozları doğradı, Kenan ateşi yaktı, oradan verdikleri mangalla etleri pişirmeye başladılar, fakat Demir'in aklı oradaki yeşil ışıktaydı. Kömür ateşi yandıktan sonra kebap pişmeye başladığında Demir topluluktan bir süre ayrıldı, bu türbeye girmeye karar verdi. Türbeye yaklaştıkça ışığın şiddeti artıyordu, türbenin içinde neler olduğunu merak etmeye başlamıştı. Merakla türbeye yaklaştıkça içinde hem bir korku hem bir huzur vardı, tanımlayamadığı bir parlaklık vardı. Türbeye girerken ayakkabıları çıkarmak gerekiyordu, Demir de öyle yaptı, ayakkabılarını çıkararak türbeye girdi, içeride tek bir renk vardı, her yer yeşil ışıkla parlıyordu, bunun sadece kendisine böyle göründüğünü anlamıştı, gördüğü dokunduğu her şey yeşildi. Türbenin içine girdiğinde tıpkı bir bardağın suyla dolması gibi bedeni enerjiyle doluyordu, içini bir ışığın kapladığını görüyordu, kendi bedeni bile yemyeşil bir ışık haline gelmişti. İçerideki herkes gibi türbe etrafında daireler çizmeye başladı, insanlar daireler çizerek şifa bekliyor ve dua ediyorlardı. Demir yıllar önce yaşamış Yusuf isimli hekimin enerji alanına girdiğini anlamıştı, Şeyh Yusuf'un bütün enerjisini bedenine dolduruyor ve onun varlığını hissediyordu, orada kalması gerektiğini hissediyordu sadece, orada kaldıkça bedeni şifa ışığıyla doluyordu. Elini açarak dua etmeye başladı, kendine ve etrafındakilere şifa vermesi için dua etti Tanrı'ya, dua ederek türbenin kapısına geldi. Ayakkabılarını giydi ve arkadaşlarının yanına döndü.

Arkadaşlarının yanına döndüğünde hiçbir şey eskisi gibi değildi, müthiş bir huzur doluydu içi. Arkadaşları ona kızdılar: "Bütün işi bize yaptırdın, nereye gittin? Biz seni bekliyoruz burada!" diye kızdılar. Demir de "Sadece türbeyi merak ettim" dedi. Türbeye girdiğini söyledi. O ışığın sadece kendisine görünüyor olmasından artık anlıyordu ki sadece kendisinde olan bazı özellikler vardı, bunun bir yetenek mi yoksa bir ceza mı olduğuna karar veremiyordu, bu gördüğü şeyler onu hem ürkütüyor hem şaşırtıyordu. Normal bir insan gibi yaşamak istese de bu elinde olmadan ortaya tekrar çıkıyordu, şimdi de bu ışığın sadece ona görünmesi kim bilir nasıl işler açacaktı başına. Normal bir hayatı olmayacağına ikna oluyordu artık, kendisi istemese de bazı yetenekleri ortaya çıkmak zorundaydı. Kimseye bir şey anlatamazdı, kimseye bir şey belli de edemezdi, her şey normalmiş gibi o günü tamamlamaya çalıştı. Şeyh Yusuf El Hekim'in ışığıyla doldurmuştu bedenini, bu duygudan mutlu olmasına rağmen hâlâ bu sorumluluğu almaya hazır değildi. O gün piknikte geçirdikleri üç saati sabırla belli etmeden geçirmeye çalıştı. Arkadaşlarının aşağılayan şakalarına, saçma sapan esprilerine sabır gösterdi, bu onlarla son geçireceği gün olabilirdi, çünkü başka bir boyuta geçmiş gibiydi ve bu boyutta yalnız kalmaktan başka çaresi yoktu, akşam hava kararmaya başladığında artık bu piknikten ayrılma vakti gelmişti.

7. BÖLÜM

İran, Davut

Sakine Hanım'a yapılacak her şeyi yapmıştı Davut, artık bekleyip görme zamanı gelmişti. Leyla'ya "Önümüzdeki iki gün boyunca annene bol bol su içir, biraz fazla uyuyabilir telaşlanma ama en önemlisi ateşi yükselirse bana mutlaka haber ver" diyerek izin istedi ve kliniğe gitmek üzere evden ayrıldı. Çalışma çok başarılı geçmişti, Sakine Hanım'ın elleri ayakları uyuşmuş, yükünün çoğunu boşaltmıştı. Şimdi dalgalanma dönemi başlayacaktı ve Davut'un tek yapması gereken iki gün boyunca Sakine Hanım'ı sık sık ziyaret edip genel durumunu takip etmekti. İki gün boyunca Davut Sakine Hanım'ı hem sabah hem akşam saat başı kontrol etti, Leyla işyerine gitmediği için her gittiğinde Leyla'yla sohbet ediyordu. İki gün boyunca Sakine Hanım gece gündüz uyudu, sadece arada su içmek için kalkıyordu, Davut önlem almak amacıyla ona serum bağlamıştı, beslenemediği için en azından vücudun sıvı dengesini sağlamak zorundaydı. İki günün sonunda artık onu uyandırmak zorundaydı, zaten Sakine Hanım yavaş yavaş uyku halinden çıkıyordu. Uyanır uyanmaz karşısında Davut'u gördü gülümsemeye başlamıştı. Hayatının bütün yüklerini atmış gibiydi.

"Günaydın..." dedi Davut. "Kendinizi nasıl hissediyorsunuz?"

Sakine Hanım gülümseyerek cevap verdi: "Yeniden doğmuş gibiyim, sanki uzun bir savaştan çıkmış gibiyim." Leyla annesinin böyle huzurla gülümsediğine çok az şahit olmuştu, doğru yolda olduklarından artık emindi. Davut Sakine Hanım'ın ellerini tutarak "O halde kalan çalışmaları yapabiliriz, yükünüzün çoğunu attınız ancak kalan yükleri de boşaltalım" diyerek Sakine Hanım'ın doğrulmasına yardımcı oldu, arkasına bir yastık koydu. Leyla'dan izin isteyerek çalışmaya başladı, aynı ritüelleri yaparken artık Sakine Hanım Davut'u beklemeden boşaltımları yapıyordu. Vücudunu incelediğinde akciğerdeki kırmızı ışığın tamamen gittiğini, pankreasta belli belirsiz bir ışık kaldığını gördü. "İyileşiyorsunuz, bunu görebiliyorum" dedi Sakine Hanım'a. Sakine Hanım gözyaşları içinde sarılarak "Biliyorum, ben de hissediyorum" dedi. O gün çalışma bittiğinde ilk gün hissettiği kadar uyuşma hissetmemişti el ve ayaklarında, bunun sebebini biliyordu Davut, belki son çalışmaya gerek bile kalmayacaktı ama tedbiri elden bırakmıyordu.

İki gün sonra aynı çalışmayı yaptıklarında artık hiçbir uyuşma kalmamış, bedendeki kırmızı ışık tamamen kaybolmuştu. Son çalışmadan sonra Davut Leyla'ya gülümseyerek "Annen iyileşti, birkaç gün dinlensin onu hastaneye götürüp testlerini yapalım, ben iyileştiğini görüyorum ama sizin de tıbbi olarak görmeniz için bu tahlilleri yaptırmak istiyorum" dedi. Leyla Davut'un boynuna sımsıkı sarılıp "Teşekkür ederim, sen benim kahramanımsın" diyerek ağlamaya başladı. Araya hafta sonu girmişti, haftanın ilk günü hep beraber hastanenin yolunu tuttular, Sakine Hanım'ın eski dosyasını çıkartıp test yaptırmak istediklerini söylediler, kan alındı, testler yapıldı. Eski dosyasında teşhisi koyan doktor şaşkınlık içindeydi, o zamanki şartlarda yapılacak bütün işlemler yapıldı ve kanserden hiçbir iz yoktu, kaldı ki Sakine Hanım neredeyse hoplayıp zıplayacak hale gelmişti, enerjisi o kadar yükselmişti ki herkesi şaşırtıyordu. Davut için de bu ilk kanser vakasıydı, üstelik en tehlikeli kanser türü ile başlamıştı. Davut'un artık bu sistemden başka bir sisteme girme ihtimali yoktu, hayatında başka bir dönem başlıyordu, aynı zamanda hayatına Leyla girmişti. Her akşam Leyla'ya bir kahve içmeye uğruyor, o sırada Leyla'yla sohbet ediyorlar, Sakine Hanım da bazen onlara katılıyordu. Sakine Hanım her gördüğünde Davut'un ellerine sarılıyor, ona teşekkür ediyordu. Davut sanki evin bir ferdi gibi olmuştu, onlara her gittiğinde Leyla'ya ilgisi artıyor ona bağlanıyordu.

Bu konuda duyguları karşılıklı değildi, Leyla Davut'a minnettardı, ona borçlu hissediyordu, istediği her şeyi yapmaya hazırdı ve Davut'un ilgisini de fark ediyordu. Aslında bu ilgiyi besleyerek annesinin iyileşmesine vesile olmuştu, ona hissettiği en büyük duygu minnettarlıktı, çünkü annesi onun hayatındaki tek yakınıydı, kimsesi yoktu. Zaman içinde Davut bu duygularının taştığı noktaya gelmişti, Leyla'ya açılmaya karar verdi. O kadar çok sohbet ediyorlardı ki, o kadar fazla ortak noktaları vardı ki artık Leyla'nın ruh eşi olduğunu düşünüyordu. Bir gün akşam Leyla'yı akşam yemeğine davet etti, Sakine Hanım Davut'u o kadar çok seviyordu ki Leyla'ya gözü kapalı izin verdi.

Davut hayatında hiçbir kadına ilgi duymamıştı, öyle romantik mekânları da bilmezdi, herhangi bir restorana yemeğe gittiler. Leyla bu davetin normal bir davet olmadığını anlasa da Davut'u reddetme şansı yoktu. Güzel bir akşam yemeğinden sonra restorandan çıkıp yürümeye başladılar, ılık bir bahar akşamıydı. Davut kadınlar konusunda çok çekingen bir gençti ama içindekileri daha fazla tutamadı, yürürken birden durup Leyla'nın ellerini tuttu:

"Leyla ben seni seviyorum, şu çivisi çıkmış dünyayı beraber karşılayalım istiyorum, hayatımı güzelleştiriyorsun ve kimseye hissetmediğim güzel duygular uyandırıyorsun bende. Seni hayatıma davet ediyorum, beraber yaşlanalım istiyorum."

Leyla önce bir afalladı, ne diyeceğini bilemedi, bu konuşmanın bir gün olacağını biliyor ve bundan korkuyordu aslında. Ama şimdi kaçamazdı, Leyla'nın hayatında kimse yoktu ama olması çok muhtemel bir genç kızdı, etrafı ona ilgi duyan erkeklerle doluydu. Bir taraftan da Davut'un yanında olmasından mutlu oluyor, onu kaybetmek istemiyordu, ama bu aşk değildi. Aşkı yaşamak istiyordu, Davut'a söz veremezdi çünkü âşık değildi ona. Aşkın varlığına inanıyor, bir hayat arkadaşıyla coşku dolu bir aşk yaşamak istiyordu, bu yüzden birçok kişiyi reddetmişti, hatta inatçı olanları bile ustalıkla uzaklaştırmayı başarmıştı fakat bu sefer işi çok zordu çünkü karşısındaki onun kahramanıydı. Kısa bir dalgalanmadan sonra dürüst olmaya karar verdi, Davut'un gözlerine bakarak dedi ki: "Seninle evlenirim ama şunu bil ki ben sana âşık değilim, ben aşkı arıyorum, aradığım aşk bu değil ama hayatımdaki en önemli kişilerden birisin ve seni kaybetmeyi hiç istemem. Fakat evlenirsek yanlış yaparız, ben seninle evlenirsem sana haksızlık yaparım, sen bunu hak etmiyorsun. Benim hayal ettiğim aşkı bulana kadar arayışım devam edecek, ne olur dost kalalım ve ne olur bana kırılma, hayatımdan çıkarsan büyük bir boşluğa düşerim bunu hiç istemem."

Davut böyleydi, Leyla dürüst davranmıştı ve haklıydı, ona kızabileceği bir şey yoktu. Böyle genç ve güzel bir kızın Davut'a âşık olması için nasıl bir sebebi olabilirdi? Leyla Davut'un ne kadar kırılgan bir genç olduğunu biliyor, gözlerini gözlerinden ayırmıyordu. Davut hızla ellerini ve gözlerini çekti Leyla'dan, ağlamaklı bir sesle "Dürüstlüğün için teşekkür ederim, seni çok iyi anlayabiliyorum" sözleri dökülüverdi ağzından. Leyla'nın evine çok yakındılar, Leyla koluna girerek eve davet etti ama Davut elini kurtararak hiçbir şey söylemeden hızla uzaklaştı. Kendini bir enkaz gibi hissediyordu, âşık olunacak bir adam değildi, nasıl böyle bir hayale kapılmıştı? Eve kadar gözyaşları içinde gitti, eve vardığında Amir kapıyı açmıştı.

"Ne oldu dostum? Neden ağlıyorsun?" diye sordu.

Amir'e sarıldı, "Yerin dibine girmiş hissediyordum, Leyla'nın bana hissettiği dostça duyguları yanlış anladım, ona açıldım, şimdi onun yüzüne bakacak halim yok" diyerek ağlamaya devam etti. Amir onu sakinleştirmeye çalışırken, "Artık bu şehirde kalamam yarın sabahtan şehri terk edeceğim" dediğinde Amir çok üzülmüştü:

"Yapma dostum birkaç gün kendine izin ver bak ne güzel bir ortam yakaladın, şimdi yeni baştan mı başlayacaksın?"

Davut kararlıydı, Amir'e sarılıp "Her şey için teşekkür ederim, artık buralarda yaşayamam" diyerek odasına kapandı.

Odasında anne ve babasına bir mektup yazdı, onları ne kadar çok sevdiğini anlattı, bir süre görüşemeyeceklerini, ülke dışına çıkacağını ve gittiği yerden onlara mektupla haber vereceğini yazıp, mektubu ulaştırması için Amir'e bıraktı. Sabaha karşı bütün eşyalarını toplayıp şehirden ayrıldı, bir gecede herkesin hayatından çıktı, yanına eşyalarını ve defterini alarak yollara koyuldu. Artık orada duramazdı ve okuldan çok eski bir arkadaşı aklına geldi: Murat Türkiyeliydi ve İran'a tıp fakültesine okumaya gelmişti, okulu bitiremediği için memleketine dönmüştü ama çok iyi arkadaş olmuşlardı. Ayrılırken Murat Davut'u Türkiye'ye davet etmişti. Murat'ın olduğu ülkeye gitmeyi hep istemişti, şimdi tam zamanıydı.

Okul zamanı Murat her başı sıkıştığında soluğu Davut'un yanında alırdı, Murat Türkiye'ye döndükten sonra aralarındaki bağı hiç koparmamışlar sık sık mektuplaşmışlardı ve her mektupta Murat Davut'u Türkiye'ye davet ediyordu. Murat Türkiye'de Antakya şehrinde köklü bir ailenin çocuğuydu, Davut haber vermeden bir gecede yola çıkmış, Türkiye'ye doğru yol almaya başlamıştı. Yol boyu gözyaşlarını tutamıyor, ağlamasını engelleyemiyor ve bu duyguyla nasıl başa çıkacağını bilemiyordu. Zaten küçüklüğünden beri yaralı bir çocuktu, o hiç geçmeyen yarası bir daha kanamıştı. Leyla'yı bir daha belki hiç göremeyecekti, ama daha çok canını yakan Leyla'nın gözlerindeki acıma hissiydi.

Öyle canı yanmıştı ki Türkiye'ye giden ilk otobüsle yola çıkmıştı. 20 saatlik bir yolculuktan sonra Antakya'ya ulaştı, Murat'la en son bir ay önce mektuplaşmışlardı, habersiz gitmişti. Antakya küçük bir şehirdi ve Murat ona daha önce adresini yazmıştı. Ertesi gün akşamüstü otobüs Antakya'ya ulaştı, hava kararmıştı ve bu yüzden Davut geceyi otogarda uyuyarak geçirip sabah Murat'ın yanına gitmeye karar verdi. Sabahın ilk ışıklarıyla uyanıp elini yüzünü yıkadı, çok yorgun ve dağınık bir haldeydi. Önce karnını güzelce doyurup saçını başını düzelterek Murat'ın yanına doğru yola koyuldu. Murat tıp fakültesini bitiremediği için memleketine dönmüş babasının işyerine geçmişti, babası koyun tüccarıydı, köylülerden koyunları satın alıyor, onları besliyor ve satıyordu. Paraya sıkışan köylülerden koyunları ucuza alıp pahalıya satıyor, nakit gücüyle geçiniyordu. Bir sabah aniden karşısında Davut'u görünce önce şaşırdı sonra koşarak boynuna sarıldı:

"Dostum hoş geldin, bu ne güzel sürpriz, neden yazmadın bana geleceğini?"

Davut okulda çok güzel Türkçe okuma ve yazma öğrenmişti, ortaokul ve lise döneminde Tebriz'de eğitimler Türkçe ve Farsça olarak yapılıyordu. Türkçe olarak Murat'a "Merhaba" dedi, sonra Farsça devam etti: "Sana geldim bir daha dönemem ve ben artık orada yaşayamam."

Murat kollarını açtı, "Kardeşim benim, istediğin kadar burada kalabilirsin, ne gerekiyorsa yaparız hiç merak etme önce bir otur soluklan" diyerek eşyalarını alıp Davut'u oturttu, hemen koyu bir sohbete başladılar. Davut yaşadığı her şeyi anlatamazdı, Murat'ı çok sevse de anlatamazdı. Bu hayatta artık kimsesi kalmamıştı.

Üniversite yıllarında Murat'ın ellerindeki ve yüzündeki egzamayı geçirmişti, daha öğrenciyken bile sebepleri bulabiliyordu. Murat, "Şimdi yoldan geldin, daha uzun uzun konuşuruz, önce sen bir dinlen" diyerek Davut'a aç olup olmadığını sordu. Yanında çalışan çocuğu çağırarak eşyalarını alıp eve götürmesini söyledi.

"Şimdi eve gidelim seni odana yerleştirelim, duşunu al" diyerek Davut'un koluna girdi. Beraberce eve gittiler, Davut'a evin çatı katını hazırlattı. Davut kolay kolay insanlardan bir şeyler isteyemezdi, ama Murat'a her zaman beslediği yakınlığa güvenerek itiraz etmedi.

Murat üniversite yıllarından Davut'un özel yetenekleri olduğunu biliyordu ve bazı iyileşmelere tanık olmuştu, ama bu yeteneklerini ne kadar ilerlettiği hakkında hiçbir fikri yoktu çünkü aradan yıllar geçmiş, bu konuyla ilgili hiçbir zaman yazışmamışlardı. O günü evde geçirmek istedi Davut, iyice bir yıkandı, eşyalarını eve yerleştirdi ve saatlerce uyudu. Ertesi sabah uyandığında Murat'la birlikte işyerine gittiler, Murat evde yalnız yaşıyordu, ekonomik olarak durumu çok iyiydi, babası bütün işlerini ona devretmiş, gelirden yaşayabileceği basit bir pay alıyordu; bu yüzden genç yaşında çok fazla para kazanıyordu. İşyerinde sürekli insanlar vardı, Murat herkesi tanıyor gibiydi. Davut'un Antakya'daki hayatı başladığı zaman doğal olarak Murat'ın çevresi ile de tanışmaya başladı, Murat da içeri giren herkese Davut'u tanıtıyordu. Antakya insanı çok sevecen, candan, insan canlısıydı, Davut zamanla kendini oralı gibi hissetmeye başlamıştı. Zaman içinde Murat'a yeteneklerinin geliştiği yeri, iyileşmeleri, insanları ölümden kurtardığı yerleri anlattı. Murat her anlattığı vakayla ilgili şoke oluyordu, arkadaşının gerçek bir şifacı olduğuna bütün kalbiyle inanıyordu. Davut'un yeteneklerini üniversite yıllarında o da görmüştü ve onun gerçekten özel yetenekleri olduğuna inanıyordu...

Murat bir gün Davut'a şöyle bir şey önerdi:

"Bizim buralarda Şeyh Hasan var, bir yakınımız hasta olduğunda ilk ona götürüyoruz, iyi bir şifacıdır. Seni onunla tanıştırmak istiyorum, belki hem sana yoldaş olur hem de senin yürüdüğün yolda yardımcı olabilir."

Davut bu fikre sıcak bakmıştı, aslında mesleki anlamda kimseye ihtiyacı yoktu ama bildiklerini paylaşabileceği bir can yoldaşı, bir arkadaş ona iyi gelebilirdi.

"Elbette, çok mutlu olurum" diye cevapladı. Murat bir akşam yemeğinde Şeyh Hasan ile Davut'u bir araya getirdi.

Şeyh Hasan Davut'un yaşlarında uzun sakallı dini bütün bir adamdı, Kuran-ı Kerim'i defalarca okumuş, Kuran'ın yanlış yorumlandığına dair fikirler beyan etmiş bir şeyh çocuğuydu. Şeyhlik babadan oğula geçtiği için o dönemde babasından aldığı bilgilerle şifacılık yapmaya başlamıştı, o bilgilerden bir sürü sonuç da almıştı. O akşam Davut'un sandığından çok daha güzel geçti, Şeyh Hasan Murat'la Davut'u yemek sonrası evinde ağırlamıştı. O kadar nur yüzlüydü ki yaşının çok ötesinde bir görüntüsü vardı. Murat Davut'un yeteneklerini Şeyh Hasan'a anlatmaya başladı. Hasan çok etkilenmişti ve Davut'la tekrar görüşmek istediğini söylemişti.

Gel zaman git zaman Hasan'la Davut çok iyi birer dost oldular, neredeyse her gün görüşüyorlar, Davut bütün bildiklerini Hasan'la paylaşıyordu. En büyük sırlarını, yeteneklerini anlattı Hasan'a, bir çeşit öğrenci yetiştiriyordu aslında. Bir gün Hasan'la buluşmaya elinde defteriyle geldi, "Bu defter..." dedi. "Benim bütün bilgilerimi, çalışmalarımı, sırlarımı yazdığım kaynağım, ben bu notlarla yol alıyorum, insanların hastalıklarına çare buluyorum. Burada yazılanlar benim elimden çıkmış olsa da bu kalem benim kalemim değil, ne zaman yazmaya koyulsam bir el benim yerime yazıyor, Allah'ın bir lütfu bu" diyerek defteri Hasan'a uzattı. Defterdekilerin Farsça yazıldığını, Türkçeye çevirmek istediğini söyledi, yardım istedi Hasan'dan. Hasan kutsal bir kitabı tutar gibi defteri aldı Davut'tan ve ona söz verdi:

"Buradaki her bilgi bana emanet, insanlığa katkı için bütün gücümle bu çeviriyi beraberce yapacağız, bana güvendiğin için teşekkür ederim" diyerek defteri öpüp başına değdirdi. Bu deftere daha beraberce bir sürü bilgi eklemeye devam ediyorlardı, Davut her gün elinde yeni notlarla geliyor Hasan da bunların çevirisini yapıyor, deftere ekliyordu. Bir gün Hasan Davut'u Şeyh Yusuf El Hekim Türbesi'ne götürdü, burası şifacı bir hekimin yattığı türbeydi ve çok güzel enerjisi vardı. Davut türbeye girer girmez Hasan'a sordu:

"Burası neden parlıyor, bu yeşil ışığın kaynağı nereden geliyor?" Hasan tecrübeli bir şifacıydı, enerji alanlarını okumayı iyi bilirdi. Geçmişte dedelerinden duyduğu hikâyelerde, sadece ermiş kişilerin türbedeki yeşil ışığı fark ettiği anlatılırdı. Davut'un bunu gördüğünü duyduğu anda ellerini öptü:

"Sen seçilmiş bir insansın, bu ışığı bir tek ermişler görebildi, sen ermişlerin ruhunu taşıyorsun" diyerek iki elini açarak dua etti Allah'a, buna şahit olduğu için şükretti. Sonra beraberce bir ağaç altında oturdular, Hasan Şeyh Yusuf'un hikâyesini anlattı ona; insanların rüyasına girerek onlara şifa dağıtan bir şifacıydı, onun makamına gelen hiçbir hastayı geri çevirmezdi, binlerce kişinin şifasına vesile olmuştu. Dedelerinden duyduğu kadarıyla yeşil bir şifa ışığıyla yapardı bunu, bu ışığı tarihte birkaç ermiş dışında kimse göremiyordu. "Bu yüzden senin özel bir görevin olduğunu biliyorum, Allah şahidim olsun çıktığın yolda sonuna kadar yanında olacağım, bana düşen her görevi yerine getireceğim" diyerek Davut'un elini öpüp başına koydu.

Davut Antakya'da olduğu süreçte Hasan'a şifa bulmaya gelen hastalara beraber bakıyor, kendi yöntemleriyle iyileşmelerine vesile oluyordu. Bu süreçte Hasan eski bildiği yöntemleri bırakmış tamamen Davut'un öğrettikleriyle yol alıyordu. Bu arada her vakadan bir ders çıkarıyordu Davut, neredeyse her akşam defterine yeni bilgiler ekliyor, Hasan da bunları Türkçeye çeviriyordu. Kimi hastalar hediye veriyor, kimi para veriyor, kimi de dua ediyordu onlara. Arada bir Murat da onlara katılıyor uzun uzun sohbetler ediyorlardı, ancak Davut'la Hasan o kadar çok çalışıyordu ki bu buluşmalar gittikçe azalmıştı. Davut hâlâ Murat'ın evinde kalmasına rağmen bazen birkaç gün Murat'la görüşemediği oluyordu, bazı geceler Hasan'ın evinde, bazı geceler türbede çalışmaya dalıp sabahlıyorlardı. Hasan evliydi ancak evinin hemen yanında küçük bir çalışma odası yapmıştı, Davut'la genelde burada çalışıyorlar, bazı hastaları burada muayene ediyorlardı.

Davut hayatının en güzel günlerini yaşadığını hissediyordu, artık Leyla aklına gelmiyordu, onun için geçmişteki bir sızıydı. Hayatını yavaş yavaş düzene koymuş, normal hayata dönmüştü. Hasan'ın yeğeni onlar çalışırken arada sırada odaya girip onlara yiyecek içecek bir şeyler getiriyordu. Rahime yemyeşil gözlü zayıf güleç bir kızdı, Davut'u her gördüğünde yüzünü allar basıyordu, Davut bu durumu fark etse de asla karşılık vermiyor Hasan'dan çekiniyordu. Ama bir kadının ona ilgi duymasını özlemişti, üstelik zaman içinde kendisi de ona ilgi duymaya başlamıştı. Hasan dini bütün biri olmasının yanında dünya işlerini iyi bilir seven kalpleri hemen anlardı. Zamanla o da aradaki ilgiyi fark etti, Davut'un adım atmayacağını çok iyi biliyordu. Yeğeni de bu durumu söyleyemezdi, bu yolu açmak kendisine düşüyordu.

Yine bir çalışma akşamı Rahime kapıyı çalarak onlara yiyecek bir şeyler getirdi, masaya tepsiyi bırakıp odadan çıktı. Hasan artık zamanı geldiğini düşünerek: "Benim yeğenim çok vefalı bir kızdır, bugüne kadar isteyenler oldu ama vermedim çünkü o kadar hassas bir kalbi var ki onu kırmayacak kalbini acıtmayacak birinin çıkmasını bekledim. Benden başka kimsesi olmadığı için bana sığındı" dedi. Hasan konuşurken Davut başını sallayarak onay veriyor, Hasan'ın onunla dertleştiğini düşünüyordu. Aralarındaki bağa güvenerek Hasan Davut'a döndü:

"Ona ilgi duyduğunu ve benim yüzümden bunu belli etmediğini görüyorum. Şunu bil ki eğer böyle bir şey varsa ben size ancak destek olurum, yeğenimin seninle evlenmesinden onur duyarım."

Davut kıpkırmızı olmuştu, Hasan sandığından daha açık-sözlü bir adamdı, ne diyeceğini bilemedi, başını öne eğdi. "Ben kalbimi yıllardır herkese kapatmıştım, ama Rahime beni tekrar inandırdı aşka, sen konuyu açmasaydın ben bir ömür susabilir-dim" diyebildi, birbirlerine sarıldılar.

Hasan kız kardeşiyle de konuştuktan sonra o hafta aralarında küçük bir söz kestiler. Çok fazla abartılı olmayan bir nikâh ve kutlamayla bunu taçlandırdılar. Hasan evinin üst katını Davut'la Rahime için hazırlattı, altlı üstlü geniş bir aile olarak yaşamaya başladılar. Davut hayatında ilk defa huzur ve mutluluğu tadıyor-du, çalışmaları artık tamamlanmak üzereydi, müthiş bir kayna-ğın son sayfalarını hazırlıyorlardı. Hemen hemen her gün hasta-lar geliyor, oradan şifalanmış olarak çıkıyorlardı. Davut Antak-ya'ya geleli yaklaşık iki yıl geçmişti. Bu süreçte anne ve babasına birkaç mektup yazmıştı, onlarla ilgili haber alabileceği tek kay-nak bu mektuplardı. Bir gün bir mektup ulaştı eline Davut'un, mektup annesinden geliyordu, babası rahatsızlanmıştı ve acilen onu İran'a çağırıyordu, babası bir anda hafızasını kaybetmiş, ya-talak hale gelmişti. Mektuplar ancak 20 günde gelebildiği için bu haber sonrası babasının hastalığı ilerlemiş olabilirdi, ona yardım edebilirdi, hızla hazırlanıp yola çıkması gerekiyordu. Hasan'a du-rumu bildirdi, Hasan onunla gelmek istese de izin vermedi. "En fazla bir iki ay kalıp dönerim, Rahime ve eşinin yanında bekle-men daha önemli. Senden tek isteğim var, hayatta her şey ola-bilir, gidip de dönmez isem bu defter sana emanet, bana bir şey olursa defteri Şeyh Yusuf El Hekim Türbesi'nde sakla. En güvenli yer orası ve bir gün doğru kişi o defteri orada bulacak."

"Neler söylüyorsun? Sağlıcakla git ve gel daha yapacak çok işimiz var, seni burada bekleyeceğim ve beraberce yolumuza devam edeceğiz" diyerek vedalaştılar. Rahime'ye "Hiç merak etme, işlerimi kısa sürede bitirip geleceğim, babamın durumu netleşsin bir gün beraber de gideriz" diyerek alnına bir öpücük kondurdu. Davut otobüse bindiğinde bu topraklara tekrar dönemeyeceğini hissediyordu, bu hisle defteri türbede saklamasını istemişti Hasan'ın. Hayatın ona neler getireceğini bilmeden akşam otobüsüyle yola çıktı.

Yıllar önce aynı otobüsle İran'dan yola çıktığında yıkılmış ve bitmiş bir haldeydi, şimdi hayat onu çok daha güzel bir yere taşımıştı, ama içinde tekrar dönemeyeceği hissi çok ağır basıyordu. Yolculuk tam bir gün sürdü, akşamüstü otobüs Tebriz'e ulaşmıştı, iki yıl içinde hiçbir şey değişmemişti şehrinde. Otobüsten inip yere ayak bastığı anda eski anıları canlandı gözünün önünde. Otogardan evlerine doğru yürürken Leyla geldi aklına, kırgınlığı, çaresizliği sanki hâlâ bu topraklarda onu bekliyordu. Leyla'nın ne halde olduğundan haberi yoktu, evlenmişti belki, onu hiç hatırlamış mıydı? İki yıldır hiç aklına gelmeyen anıları birer birer gözünün önünde canlanıyordu. Annesinin evine doğru yaklaştığında evin önünde bir kalabalık gördü, eve yaklaştı ve olayı anladı; babası ölmüştü, buna hazırlıklıydı ama dünya gözüyle son bir kez görmek isterdi. En azından gömülmeden önce yetişebilmişti, kapıda annesini gördü yanına gidip sarıldı hemen. Evin içine girdi, hiçbir şey değişmemişti bütün her şey olduğu gibi duruyordu, hayatlarında hiçbir şey değişmemişti. Sonra babasının yatak odasına geçti, babası yıkanmış sarılmış kefenlenmişti, öylece yatıyordu, kaskatı kesilmişti. O güne kadar çok fazla cenazeye şahit olmuştu ama bu sefer yatan kişi babasıydı, bedeni çok yıpranmış çok zayıflamıştı. Yüzünü okşadı, fısıldayarak "Yolun açık olsun babacığım" dedi. Annesinin yanına gidip onunla hiçbir şey konuşmadan sadece sarıldılar. İmam geldi ve evdeki erkekler mezarlığa götürmek üzere babasını hazırladılar, tabuta koydular. Evden mezarlığa kadar tabutu taşıyarak dualar okudular. Mezarlık girişinde başka bir kalabalık onları bekliyordu, tabutu hep beraber babasının gömüleceği yere kadar taşıdılar. Babasının bedeni toprakla buluştuğu anda Davut'un içini bir huzur kaplamaya başladı, çünkü insan ruhunun dönüştüğü yerin burası olduğunu biliyordu, toprağa verilen her canlı yeni bir yolculuğa başlıyordu ve babasını uğurladı, babasını gömdüler.

Kalabalık yavaş yavaş dağılmaya başlamıştı, görevini yapanlar Davut'a başsağlığı dileyerek mezarlıktan ayrılıyordu. Birden Leyla'yı gördü, bir anda babasını ölümünü, cenazeyi unuttu, kalbi yerinden fırlayacak gibi atmaya başlamıştı. Bu nasıl olabilirdi, içeride ateş sönmüş sanıyordu, ilk günkü gibi kalbi atıyordu. Leyla Davut'a doğru yaklaştıkça Davut elinde olmadan ona tekrar kapılıp gidiyordu, Leyla cenazeyi duymuş başsağlığına gelmişti. Nasıl da güzelleşmişti, yıllar güzelliğine güzellik katmıştı, şu an hayatının dönüm noktasında olduğu halde babasını toprağa verdiği halde, Leyla'nın duygusuna kapılıp gitmişti yine. Elini uzattı başsağlığı diledi Davut'a, o ellere dokunmak onun için çok tehlikeliydi, ateşine bir daha düşmek demekti, nazikçe teşekkür ederek kalabalığın arasına karıştı Davut. Herkes tek tek başsağlığı diliyordu Davut'a, Leyla bir köşede bekliyordu, belli ki Davut'la konuşmak istiyordu. Herkes ayrıldıktan sonra Davut'un yanına yaklaştı.

"Davut nasılsın? Neden bir anda yok olup gittin? Seninle biraz konuşabilir miyiz?" diye sordu Leyla, Davut kibarca "Bugün konuşacak durumda değilim istersen yarın konuşuruz" diyerek annesinin yanına giderek koluna girdi. Aslında içinden gelen onun boynuna sarılıp koklamaktı, bir anda her şey karışabilirdi, Antakya'daki Rahime'yi düşündü, bu duygularının ona ne kadar haksızlık olduğunu... Geçmişteki ateşin ne güzel bir ateş olduğunu hatırladı, kırgınlığını hatırladı sonra. Öyle bir anda bile Leyla'ya duyduğu aşkı ilk günkü gibi canlı tutmuştu, kendine kızdı, ne kadar da güçsüzdü onun karşısında.

Leyla anlayışla karşıladı, böyle bir anda ona ısrar edemezdi, boynu bükük bir şekilde "Tekrar başın sağ olsun, ne zaman uygun olursan ben hazırım, bana sadece bir fırsat ver" diyerek uzaklaştı.

Kalabalıkla birlikte mezarlıktan eve doğru yürümeye başladılar, akşam hava kararana kadar evdeki ziyaretçiler annesini teselli ediyordu. Hava karardığında Davut biraz evden çıkıp hava almak istedi, yıllar önce o ilk çalışmaları yaptığı tepeye doğru götürdü ayakları onu, ceviz ağacı sapasağlam duruyordu daha da bir büyümüştü. Davut'un aklı fikri Leyla'daydı ve bu duruma çok sinirleniyordu, sanki kalbine vurduğu kilit onu gördüğü anda açılmış, içeriden duyguları fışkırıyordu.

Davut kendini durduramamaktan korkuyordu aslında, keşke hiç gelmeseydi, Leyla ne güzel bir hayat kurmuştu, evlenmişti ve Antakya'yı çok seviyordu. Leyla demek tekrar yangına girmek demekti, yarasını sarmak çok uzun zaman almıştı. O gece ceviz ağacının altında uyumaya karar verdi, ev zaten akrabalarıyla dolup taşmıştı, sadece annesine haber verip yastık ve yorganını alarak geceyi geçirmek için hazırlık yaptı. Gözünün önünden Leyla'nın görüntüsü gitmiyordu, uykuya dalamıyordu bir türlü. Gece yarısı o kadar yorgun düşmüştü ki bedeni daha fazla dayanamadı uykuya daldı. Sabah günün ilk ışıklarıyla eve geçti duş alıp evde tekrar uykuya daldı, uyku bir tür kaçış gibi olmuştu, hatta o kadar uyudu ki babasının acısını bile hissetmiyordu. Öğleden sonra misafirler tekrar başsağlığı için yavaş yavaş gelmeye başladılar, Davut yataktan henüz yeni kalkmış misafirlerin yanına geçmişti, misafirlerin arasında Leyla'yı görünce hemen tekrar içeri geçti, Leyla gidene kadar da çıkmadı. Neden bu kadar ısrarcıydı Leyla? Derdi neydi? Anlayamıyordu ve direniyordu. Akşam olunca yine ağacının altına gidiyor, hiçbir şey yapmadan sadece sakinleşmeye çalışıyor, sürekli uyuyordu. Cenazenin üstünden iki gün geçmişti. Davut hava kararınca yine ağacın altına doğru giderken, ağacın altında bir gölge gördü. Yaklaştıkça bekleyen kişinin Leyla olduğunu fark etti, Leyla bu ağacın anısını çok iyi biliyor ve eninde sonunda Davut'un oraya geleceğini tahmin ediyordu.

Davut Leyla'yı fark ettiğinde kalbinin yerinden fırlayacağını hissetti, aynı zamanda "Eyvah artık kaçacağım bir yer kalmadı!" diye düşündü, buradan çıkış olmadığını çok net biliyordu. Başıyla Leyla'ya selam verdi sustu, ama Leyla'nın susmaya niyeti yoktu:

"Bir gecede her şeyi toplayıp haber vermeden gittin, yıllarca gelmedin, tekrar yanına geldim tekrar kaçıyorsun, bana ne olduğunu anlatır mısın? Ben bunu bilmeden yaşamak istemiyorum, bana bu haksızlığı yapma" dedi. Davut Leyla'nın gözlerine bakamıyordu, sadece yere bakarak "Ne olduğunu sen de biliyorsun, ben sana bütün duygularımı açtım" diyebildi.

Leyla gülümsedi. "Ben sana hep dürüst davrandım, sana asla yalan söylemedim ve âşık olmak istediğimi söyledim" dedi. "Ben aşkı tanımıyordum, sevgiyi tanımıyordum. Ne kadar yanıldığımı sonradan anladım, senin değerini bilemediğimi, yıllar geçince anladım." Davut bu sözleri yıllar önce duymayı çok isterdi ancak şu an hiçbir değeri yoktu, Leyla Davut'tan sonra Behram isimli bir doktorla bir ilişki yaşamış hatta nişanlanmıştı, ancak bir süre sonra adamın kıskançlık krizleri yüzünden ayrılmak istemiş adam ona kene gibi yapışmıştı. Üstelik adam varlıklıydı, hastane sahibiydi. Sakine Hanım'ı da etkilemiş, Leyla her ayrılmak istediğinde annesinin baskısıyla geri adım atmıştı. "O dönemlerde Behram bana romantik davranışlarla yaklaşmıştı, beni etkilemişti ben bunu aşk sanmıştım."

Leyla konuştukça Davut'un yarası tekrar tekrar kanıyordu, kendisi Leyla'nın ateşiyle yanarken Leyla âşık olmuş, Davut'u aklından bile geçirmemişti. Aslında haklıydı, ona yalan söylememişti, ama yine de içindeki kırgınlığı engelleyemiyordu. Üstelik Leyla hâlâ o adamla nişanlıydı ve yüzüğünü takıyordu, hoş nişanlı olmasa ne olabilirdi ki? Davut bir yuva kurmuştu zaten. Leyla günah çıkarır gibi anlatmaya devam ediyordu:

"Behram bana çok zarar verdi, ben çok hızlı bir şekilde o duygunun yanlış olduğunu fark ettim, âşık olmadığını fark ettim ama ona anlatamadım."

Davut görüştüklerinden beri ilk defa Leyla'nın gözlerinin içine bakarak "Peki bu yüzük?" diye sordu. "Defalarca bu yüzüğü attım, annem o kadar istiyor ki bu evliliği, her ayrıldığımda yatak döşek yatıyor ve bana vicdan azabı çektiriyor. Bu evlilik olmayacak ama annemin üzüntüsüne dayanamayıp her seferinde tekrar taktım yüzüğü."

Leyla aslında aşkı aradığını sanıyor ama hiç görmediği babasını arıyordu, babasını bulmasının imkânsızlığı kadar aşkı bulması da imkânsızdı, çünkü olmayan birini arıyordu, içindeki boşluğu aşkla dolduracağı yanılgısını yaşıyordu. Davut Leyla'ya bir şeyler hissetmese bu duygunun analizini yapabilirdi ama olayın içindeyken burayı göremiyordu.

"Kendini yorma Leyla benim için vicdan azabı duymana gerek yok, ben Antakya'ya yerleştim ve evlendim, belki günah çıkarıyorsun ama bil ki hepsi geçmişte kaldı" diyerek ondan izin istedi.

Leyla dudakları titreyerek "Âşık mı oldun?" diye sordu.

Davut cevap vermeden yürümeye devam etti, Leyla tekrar seslenerek aynı soruyu sordu.

Davut uzaktan "Ne fark eder ki? Benim bir eşim var artık" diyerek uzaklaştı. Leyla bu cevapla biraz rahatlamıştı, biliyordu, tekrar görüştüklerinde Davut'un ellerinin titrediğini, yüzünün kızardığını görmüştü, içindeki boşluk öyle büyüktü ki Davut'un evli olması umurunda bile değildi. Davut için hiçbir açıklama artık içindeki yarayı telafi edemezdi. Leyla şu an Behram'la olanları anlatırken bile kendini aldatılmış hissediyordu, oysa Leyla dürüst davranmıştı, güçsüzlüğü buradan kaynaklanıyordu Davut'un. Görünüşte Leyla'nın gerçekten bir suçu olmamasına rağmen kendini aldatılmış hissediyordu, zaten normal insan ilişkilerinde de bu aldatılmışlık hissinden hiçbir zaman kurtulamamıştı.

Davut tekrar Leyla'ya bağlanmaya başlamıştı, üstelik bu sefer karşılık bulduğuna inanıyordu, İran'da işleri bitmiş ve tekrar Türkiye'ye dönmek zamanı gelmişti ancak ayakları bir türlü gitmiyordu. Leyla'yla yarım kalan bir şeyler vardı ve burayı artık tamamlamak istiyordu, ancak Türkiye'de onu bekleyen karısı, düzeni vardı. Mantığı başka yüreği başka çalışıyordu, Leyla hâlâ Behram ile nişanlıydı, Behram Leyla'nın peşini bırakmayan bir narsisti, ancak sevgisini o kadar çok ifade ediyordu ki Leyla huzursuz olmasına rağmen Behram'ın bu sevgisinden etkileniyordu, hayatında sevilmek duygusu sevmekten daha ağır basıyordu, Davut ise sevgisini göstermeyen saf bir çocuk gibiydi ve her an küsüp gidebilirdi. Behram'ı kapıdan kovsa bacadan giriyordu ve yalnızlığa düştüğü zamanlarda Behram'la görüşmek aslında iyi gelmişti. Babasız büyümüş ve sevilmemiş bir insan olduğu için Leyla seven bir kişi karşısında tepkisiz kalamıyordu. Her ne kadar Davut'a bu nişanlılığı annesi yüzünden devam ettirdiğini söylese de içindeki değersizlik ve yok sayılmışlık duygusu yakasını bırakmıyor, aslında biraz da bu yüzden Behram'dan tam olarak ayrılamıyordu. Çünkü ne zaman istese ve ne zaman çağırsa gelecekti, bunu bilmek bile içini rahatlatıyordu. Behram'ın çirkin kalbini görebiliyordu ancak Leyla'ya düşkünlüğü onu bu yapayalnız dünyada bir parça da olsa yüzeyine çıkarıyordu. Öte yandan Davut'un zekâsı, güzel kalbi, güvenilirliği onu cezp etse de kırılgan halleri Leyla'yı tedirgin ediyordu. Davut'a bu ikilemi anlatma şansı yoktu ancak Davut'un da onda vazgeçilmez bir tarafı tetiklediği aşikârdı. Çünkü hayatında bu kadar temiz ve güvenilir bir insanı kaybetmek istemiyordu, ancak bunların ikisi de aşk değildi bunun farkındaydı. Behram'la geçirdiği zamanlarda sürekli huzursuz ve tedirgindi ancak onun ilgisi Leyla'nın gururunu okşuyordu. Davut'un yanında huzurluydu ancak kendini dişi gibi hissetmiyordu, erillerin can yakmasına alışmıştı, bu yüzden Davut'u da eril gibi göremiyordu. Ama yine de Davut'a ümit veriyordu, bu yaklaşımının nelere mal olacağını düşünmek istemiyor sadece eksik kalmış duyguların telafisi ile ilgileniyordu.

İki hafta boyunca her gün Davut'la buluştu bu süreçte Behram Leyla'yı takip etmeye başlamıştı, Davut varken Leyla Behram'a çok ihtiyaç duymuyor onsuz kalabiliyordu, yalnız kaldığı zamanlarda hissettiği bıçak sırtı çaresizliği Davut'un yanında hissetmiyordu. İçten içe Behram'dan uzaklaşmanın yolunu Davut'a sığınmakta bulmuştu. Davut onun için bir cendereden kurtuluş demekti, istemeden onu kullanıyordu, sorumluluk almıyor, duygularını yönetecek gücü bulamıyordu kendinde.

Ancak Davut cephesinde işler öyle yürümüyordu, yıllar içinde Leyla'nın onu özlediğine inanmış, hatta aklının başına geldiğine yavaş yavaş ikna olmaya başlamıştı çünkü Leyla onu kaybetmemek için gerçek bir âşık gibi davranmaya başlamıştı. İki hafta her gün buluştular, şehrin fazla göze batmayan yerlerinde uzun uzun sohbetler ettiler ve iki haftanın sonunda Behram Davut'la ilgili bütün bilgileri öğrenmişti, Davut'un nasıl bir yöntemle uğraştığını, Leyla'nın annesini tedavi ettiğini, Türkiye'ye gidip evlendiğini, hakkındaki her şeyi öğrenmişti. Davut'un hikâyesini daha önce Leyla'dan duymuş ancak bu işin bittiğini düşünmüştü, yanıldığını anladı, demek Leyla'nın da bu adama ilgisi vardı.

Behram zengin bir ailenin çocuğu olarak tıp okumuş ve şehrin en önemli hastanesinin sahibi olmuştu. Şahın yeğeni Rıza'yla çok iyi arkadaştı, Rıza ülkenin en büyük ilaç firmasının sahibiydi, Behram'ın hastane sahibi olmasında çok yardımcı olmuştu. Ayrıca babasının iktidarla yakınlığı da işleri büyütmesini sağlamış, İran'da tanınan bir hastanenin sahibi olmuştu. Bu işi ticarete çevirmiş, özel bir hastaneyi ticarethaneye çevirmiş büyük paralar kazanmıştı, iktidarla yakınlığı sebebiyle devletin bütün birimlerinde söz sahibiydi. Resmi anlamda İran'da çözemeyeceği hiçbir dava yoktu ve bu durumu kendi lehine kullanmayı çok iyi biliyordu.

O gün onları takip etti, Leyla bütün gününü Davut'la geçiriyor gece mutlaka eve annesinin yanına dönüyordu, Davut'u annesinden gizliyordu çünkü nişanlıydı ve bu durum sonlanana kadar annesinin bilmesini istemiyordu. O dönemde Leyla Behram'la görüşmüyor sürekli bir bahaneyle ondan uzaklaşıyordu. Akşam geç saatte geldiği için Behram eve geldiğinde Leyla'yı göremiyordu, Sakine Hanım'la dertleşiyordu.

Bir akşam Leyla akşam geç saatte Behram Leyla'nın kapısını çaldı, Leyla henüz kapıdan girmişti, bu saatte pek kapı çalmazdı, tedirgin bir şekilde kapıyı açmıştı.

Karşısında Behram'ı görünce suçüstü yakalanmış bir çocuk gibi hissetti önce, sonra düştüğü cendere aklına geldi, bu adamdan kurtulmak istiyordu aslında ancak yalnızlık günlerinde Behram'a sığındığı günler aklına gelince ne yapacağını bilemiyordu. Behram'ın yüzüne bakamıyordu, "Hoş geldin" dedi. Behram hiçbir şey olmamış gibi "Beni içeriye almayacak mısın?" diye sordu. "Geç oldu yarın görüşsek olmaz mı?" dedi Leyla. Tam o sırada annesi içeriden seslendi:

"Behram oğlum hoş geldin, buyur gir içeri" diye seslenince Leyla mecburen Behram'ı içeriye davet etti. "Kızım Behram'ı davet etsene, o bizim yabancımız mı?" diyen annesine ters ters bakarak mecburen kulak verdi. Behram girer girmez "Kahveni koyuyorum" diyerek mutfağa kaçtı. Karmakarışık duygular içindeydi, az önce Davut'un elleri yüzünde gezerken şimdi nişanlısına kahve yapıyordu, üstelik annesi Behram'ı çok seviyor kızının rahat bir yaşam süreceği duygusuyla ona oğlu gibi davranıyordu. Behram burayı görüyor ve kullanıyordu, ne zaman Leyla'yla araları bozulsa soluğu Sakine Hanım'ın evinde alıyordu. Annesi de bu durumdan çok memnundu, dışarıdan bakıldığında Behram saygılı, zengin ve yakışıklı bir gençti, üstelik tanınmış bir ailesi vardı ve doktordu, daha ne isteyebilirdi ki bir anne? Leyla ne zaman Behram'dan uzaklaşsa annesi onu ikna etmek için kolları sıvıyordu. Bu dönemlerde Behram düğünün bir an önce yapılması gerekliliği ile ilgili annesiyle sohbet ediyor ve ilişkiyi tatlıya bağlamadan evden çıkmıyordu. Bugün de aynı amaçla gelmişti, konuyu açtı, artık bu işin daha fazla sürmesini istemediğini, ailesinin bir an önce bu düğünü yapmak istediğini vs. konuşmaya başladı. Leyla kahveleri yapıp getirmişti, sanki misafir gibi bir köşeye oturup annesiyle Behram'ın kaderini belirleme sohbetlerini dinlemeye başladı. Annesi Leyla'ya döndü:

"Kızım sence de yeterince uzun sürmedi mi nişanlılığınız, artık bir tarih belirleme zamanınız gelmedi mi? Bak Behram'ın anne ve babası da sorup duruyorlarmış bence bir tarih belirleyelim."

Leyla, "Haklısın anne ama bunu Behram'la konuşmamız daha doğru" diyerek Behram'a döndü:

"Yarın bununla ilgili iş çıkışı buluşalım bir yol belirleyelim" dedi. Behram'ın gözünde tekrar kaybettiği ışık yanmıştı, demek ki Leyla Behram'dan hâlâ vazgeçmemişti. "Tamam, yarın iş çıkışı seni alırım" diyerek ayağa kalktı izin istedi, ne de olsa istediğini almıştı ve Davut'la ilgili her şeyi unutmaya hazırdı. Leyla'ya bağımlılık hissediyordu, bir başka erkek dahi olsa ondan vazgeçmeye niyeti yoktu, bu bağımlılığı Leyla'yı ona yaklaştıran tek özelliğiydi çünkü Leyla kendiyle kalamayan defolu bir kişilikti. Behram'ı uğurladıktan sonra annesine yorgun olduğunu söyleyerek hızla odasına gitti Leyla. Sanki yaptığı hata yüzünden okunacak diye korkuyordu, Behram'ı iyi tanıyordu, Davut'la ayrıldıktan hemen sonra ortaya çıkmasından anlamıştı ki aslında Behram onları takip etmişti ve biliyordu ki bu durumu sineye çekerek yoluna devam ediyordu. Her şeyi anlatmak zamanı gelmişti artık, böyle bir konumda olmak çok rahatsız ediciydi. Bütün gece Behram'a nasıl bir açıklama yapacağını düşünerek geçti, bir taraftan da Davut'a nasıl açıklama yapacağını düşünüyordu çünkü Behram'dan ayrıldığını söylemişti Davut'a. Behram bu durumu yok sayabilirdi ama Davut asla bunu kabul etmez ve tamamen giderdi, dengeler çok hassastı.

Sabah uyandığında işe geç kaldığını fark ederek hızla hazırlandı, son iki haftadır iş çıkışı Davut'la tepede buluşuyor ne yapacaklarına orada karar veriyorlardı, muhtemelen bugün de Davut Leyla'yı o tepede bekleyecekti, ona gelemeyeceğini nasıl söyleyebilirdi? Behram'la konuşması muhtemelen uzun sürecekti ve Behram ikna olmayacaktı. O gün işten izin alarak Davut'un evine doğru yola koyuldu, tabii ki Behram Leyla'yı takip ettiriyordu, işini sağlama almak konusunda uzmandı. Leyla Davut'un kapısını çaldığında Davut yeni uyanmıştı, geceleri çalışmalar yapıyor notlar alıyordu, kurduğu sistemle ilgili yeni bilgileri yazıya döküyor derleyip topluyordu. Leyla'yı kapıda görünce şaşırdı içeriye davet etti, Leyla çok acelesi olduğunu bugün gelemeyeceğini, annesiyle bir akraba ziyaretine gideceğini söyledi, Davut hiç şüphelenmemişti. "Sorun yok yarın görüşürüz" diyerek Leyla'yı uğurlamıştı. Leyla birinci bölümü halletmenin rahatlığıyla eve doğru yol almaya başlamıştı. Öğleden sonra Behram işten çıkar çıkmaz Leyla'nın kapısını çaldı, çok şık giyinmiş sanki bir kutlama hazırlığı yapıyor gibi elinde çiçeklerle kapıda duruyordu. Leyla kapıyı açtığında bir kez daha işinin ne kadar zor olduğunu hissetti. Leyla'ya çiçekleri uzatırken "Çok güzel bir restoranda yer ayırttım üç kişilik" dedi.

Leyla, "Neden üç kişilik?" diye sordu.

"Annen için de yer ayırttım eminim orayı çok sevecek" diyerek hızla annesinin yanına geçti ve hazırlanmasını, onu da yemekte görmek istediğini nazikçe annesine söyledi. Annesi Leyla'dan onay almaya bile gerek görmeden sevinçle kabul etti, Behram sinsi planına devam ediyordu, başına gelecekleri engellemek adına bu işi oldubittiye getirecekti. O akşam üçü birlikte yemeğe çıktılar, şehrin en güzel restoranında çok güzel ağırlandılar. Behram asla evlilik konusunu açmıyordu, Leyla'nın annesi çok mutluydu, hayatı zorluklarla geçmişti, kızının rahat yaşamasını istiyordu. Yemeğin tam ortasında Behram çok şık pırlanta bir yüzük çıkararak Leyla'nın parmağına takıverdi, Sakine Hanım'ın gözleri yuvalarından fırlamıştı. Çok pahalı ve gösterişli bir yüzüktü ve Leyla'nın bunu reddetmesine fırsat bile vermemişti Behram, bu değer ve sevilme bir taraftan hoşuna da gidiyordu, üstelik annesi çok mutluydu. Ancak Davut'tan vazgeçmek istemiyordu. O gün yemekte saatlerce oturdular ve tam kalkmak üzereyken Behram'ın annesi ve babası da geldi, tam bir seremoniye çevirmişti Behram ortamı. Anne ve babası başka bir davetten çıkmış onlarla kahve içmeye gelmişlerdi, yarım saat daha hep beraber oturdular, Leyla annesinin insanlar karşısındaki ezik halini gördükçe hem sinirleniyor hem de çaresiz kalıyordu. Bu ortamda konuşmasının imkânı yoktu ve bu konuşma ileri bir tarihe ertelenmek zorundaydı. Leyla kendini tanımlayamaz haldeydi, Behram'ın ayrılmak üzere olan nişanlısı değil de sanki eşi gibi hissetmişti bu yemekte ve bundan hiç hoşlanmamıştı.

Geç saatte yemekten kalktılar, Behram Leyla ve annesini eve bıraktı, yol boyunca evlenme tarihi hariç saçma sapan her konudan konuştular Behram ve annesi. Gece ayrılırken Behram kendinden emin bir tavırla "Yarın iş çıkışı seni alırım" diyerek Leyla'nın yanağına bir öpücük kondurdu.

Leyla o kadar dolmuştu ki "Hayır" diyebildi, parmağındaki yüzüğü çıkarıp annesi görmeden Behram'ın avucunun içine bıraktı. "Bu iş olmayacak çünkü senden ayrılacağım." Behram duymuyordu bile Leyla'yı, usulca yüzüğü tekrar parmağına takarak "Bu imkânsız artık, yarın seni alacağım" diyerek kendinden emin bir şekilde arabasına bindi. Behram'ın bu halleri Leyla'yı korkutuyordu, içeriye girip annesine her şeyi anlatmaya karar verdi, ancak annesi içeride radyoyu açmış keyiflice şarkı söylüyordu. Sanki evlenecek olan annesiymiş gibi mutluydu annesi, bir şey diyemeden odasına geçti, üstünde büyük bir yük ve yorgunluk vardı, artık düşünmekten yorgun düşmüştü, elbiseleriyle uyuyakaldı. Sabah müthiş bir baş ağrısıyla uyandı, akşam o seremoniye katlanabilmek için şarabı fazla kaçırmıştı. Kalkıp bir duş aldı, annesi hâlâ uyuyordu. Bugün de buluşamayacağını Davut'a nasıl anlatacaktı? Behram geldiği zaman ona her şeyi anlatacak ve saat geç de olsa Davut'un yanına gidecekti, huzurlu olmayı özlemişti.

O günün iş çıkışında Behram kapıda yüzünde her zamanki ukala gülüşüyle Leyla'yı karşıladı. "Behram konuşmamız lazım" dedi Leyla, Behram başıyla onaylayarak Leyla'yı arabaya davet etti:

"Olur bildiğim bir çay bahçesi var orada konuşalım" dedi, Leyla arabaya bindi ve yol almaya başladılar. Behram Davut'la Leyla'yı baş başa gördüğü çay bahçesine doğru sürmeye başlayınca Leyla Behram'ın onu takip ettiğinden emin oldu çünkü bu çay bahçesinin yerini çok az kişi biliyordu.

"Nereye gidiyoruz?" diye sordu Leyla.

"Senin çok sevdiğin çay bahçesine" dedi Behram Leyla'ya bakarak. Bu bir aşamaydı en azından konuya girilmesi kolay olmuştu.

"Beni takip ettiğini biliyorum ama bana fırsat verseydin sana dün anlatacaktım" dedi Leyla. "Ben senden ayrılmak istiyorum

ve seni kandırmak gibi bir niyetim yok." Behram Leyla'nın elleri-
ni tuttu ama sevgiyle değil, ellerini sıktı ve öfkeyle, "Ancak ölüm
ayırır bizi, buna izin vereceğimi mi sandın?" diyerek tozlu yollar-
da arabayı hızla kullanmaya başladı. Adeta Leyla'yı ölümle tehdit
eder gibi o daracık yollarda son sürat gidiyordu, Leyla Behram'ı
sakinleştirmeye çalışsa da başaramıyordu, her şeyi göze almış
bir şekilde hızla kullanmaya devam ediyordu. Sonunda Leyla bir
çığlık attı: "Tamam yeter istediğin gibi olsun!" diyerek Behram'ı
sakinleştirdi, Behram Leyla'nın bunu içten söylemediğini bilse
de ani bir frenle durdu. "O adamla burada göz göze diz dize otur-
duğun gün yemin ettim, ya o adamı ya da seni öldüreceğim. Eğer
bir kez daha seni onunla görürsem ne senin ne de onun gözünün
yaşına bakmam. Şimdi git ve düğün hazırlıklarına başla beni ci-
nayet işlemeye mecbur etme." Behram'ın gözbebekleri yerinden
fırlamış gibiydi, daha önce onu hiç bu kadar kararlı ve gözü dön-
müş bir şekilde görmemişti. "Tamam" dedi Leyla. "Bana sade-
ce bir gün izin ver ona bir açıklama yapayım, bu kadarını hak
ediyor, seninle evleneceğim ama ona bir açıklama yapıp bu işi
bitireyim." Behram güvenmiyordu, başıyla onaylasa da Davut
için planını çoktan yapmıştı, İran'da bütün emniyet müdürleriyle
arası iyiydi ve o gece planını devreye sokacaktı. Arkadaşı Rıza'yı
aradı, şahın yeğeni olması sebebiyle devletin bütün kurumlarını
kullandırabilirdi Rıza.

Davut Leyla'nın o gün tepeye tekrar gelmemesinden dolayı
endişelenmiş Leyla'nın evine doğru yola koyulmuştu. Hava yeni
yeni kararmaya başlamış sokaklar ıssızlaşmıştı. Sokaklar garip
bir şekilde tenhaydı, yanına bir polis arabası yaklaştı, içinden bir
görevli Davut'a kimliğini sordu. Behram işini sağlama almış görö-
gü şahidi bırakmayacak şekilde etraf sokaklarda insanların giriş

çıkışını yasaklamasını istemişti emniyetten. Davut kimliğini gösterdiği anda iki polis onu yaka paça arabaya bindirdiler, Davut ne olduğunu anlayamıyordu, hızla ağzına bant çekerek bağırmasını engellemişlerdi. İran'da gözaltına alınan birinin akıbetini kimse sorgulayamazdı, Davut'u kimseler görmeden başka bir şehre doğru götürmeye başladılar. Ağzını öyle sıkı bağlamışlardı ki nefes almakta zorluk çekiyordu, onu götürenlerin polis olduğundan bile emin değildi, saatlerce yol aldılar karanlıkta. Davut sadece nefes almaya çalışıyordu, vücudunu kıpırdatamıyordu, ellerini, kollarını, ayaklarını bağlamışlardı. İçinde korkudan daha çok merak vardı, neden bunu yapıyorlardı, nasıl bir suç işlemişti?

Hayata çok bağlı biri değildi zaten, ölümle de yüzleşebilirdi ancak neden? Bunun cevabını arıyordu, yaklaşık 5 saat boyunca yol aldıktan sonra ayaklarını çözerek çamurlu bir yerde Davut'u yürüttüler, etrafta ses yoktu ve yerler çamurdu. Belli bir süre yürüdükten sonra demir bir kapının gıcırdama sesi duyuldu, ittirerek Davut'u o kapıdan geçirdiler, bir kapı, bir kapı daha geçtikten sonra anahtar sesleri duydu. Son kapıdan geçtikten sonra merdivenlerden indirip çamurlu yere doğru ittiler onu, ağzındaki bandı sertçe çıkardılar. Polislerden biri "İstediğin kadar bağırabilirsin artık, seni kimse duymaz" diyerek Davut'un karnına bir tekme attı, ellerini çözüp üstüne kapıyı kilitlediler. Davut bir komploya kurban gittiğinin farkındaydı ancak kim ona neden bunu yapmış olabilirdi ki? Küçük bir odadaydı yerler çamur duvarlar briketti, hiçbir açıklama yapılmadan apar topar buraya getirilmesinin kanunda karşılığı şuydu: Devletin güvenliği amacıyla siyasi suç işleyenlere bu şekilde davranılır, hiçbir açıklama yapılmadan günlerce gözaltında tutulurlardı. Bunun dışında bu kadar sert bir müdahale yapılmazdı, muhtemelen Davut böyle bir suçlama ile karşı karşıyaydı. Niyetleri Davut'u öldürmek olsaydı bunu hemen yaparlardı, muhtemelen başka bir planları vardı. Kaldığı odadan ışığı göremiyordu, iki gün boyunca ona sadece su verdiler, tuvaletini bile ortalık yere yapmak zorundaydı. İki günün sonunda kapı altından bir görevli Davut'a yemek uzattı, Davut konuşmaya çalışsa da görevli cevap vermedi: "Neden buraya getirildim, amacınız nedir? Benden ne istiyorsunuz?"

Davut için sonu belli olmayan bir macera başlamıştı, bu hareketin onu korkutmak ve sindirmek amaçlı olduğu çok belliydi.

Leyla Behram'la konuştuktan bir gün sonra Davut'un evine gitmişti, annesi kapıyı açmış ve Davut'un gece eve gelmediğini söylemişti. Leyla'nın aklına ilk olarak Davut'un Behram'dan haberdar olduğu ve daha önce yaptığı gibi küsüp gittiği ihtimali gelmişti. Hem çok merak ediyor hem de Davut'a çok kızıyordu, onu dinlemeden küsüp gitmiş olma ihtimali bile sinirini çıkarıyordu. Davut için o kadar şeye katlanırken o bir çocuk gibi davranıyordu. Leyla o gün işe gitmedi, akşama kadar Davut'la her zaman buluştuğu tepede bekledi ancak ne gelen vardı ne de giden.

Bir hafta boyunca her akşam Davut'u ziyarete gidiyor, onu bekliyor ama ümitsizce geri dönüyordu. Behram da her gün Leyla'yı takip ediyor, ümidinin tamamen kırılmasını bekliyordu. Leyla Behram'a hiçbir şey belli etmese de içi kan ağlıyor günden güne ümidini yitiriyordu. Aradan haftalar geçti ve Davut'tan hiçbir haber yoktu, artık Davut'un şehri terk ettiğine iyice emin olmuştu ve kendince ona kızacak haklı bir sebebi vardı; Davut onu bir kez daha ortada bırakmıştı ve Leyla'nın yalnız kalmaya asla tahammülü yoktu.

Davut bir aydır bu hücredeydi ve kendi dünyasına çekilmişti, bu işin ucunun Leyla'yla ilgili olabileceği düşüncesi ağır basmaya başlamıştı çünkü İran'a geldiği günden beri sadece Leyla'yla görüşüyordu. Davut hücreye atıldığı günden beri enerji bedeni ile ilgili çalışma yapıyordu, kendiyle kaldığı bu dönemde o kadar çok çalışma yapmıştı ki bunları kâğıda dökmek istiyordu. Ona her gün yemek getirenin sadece elini görüyor, bunun dışında hiçbir canlı yanına yaklaşmıyordu; ona yemek getiren el sedef hastasıydı ve onu bu dertten kurtarabilirdi. Yemek saatinde yine kapı altından el uzandığında Davut elini tuttu görevlinin:

"Seni bu dertten kurtarabilirim, 12 yaşından beri elindeki bu lekelerle yaşadığını biliyorum."

Şinasi adındaki görevli hızla elini çekti ama Davut hissediyordu görevli kapının arkasında bekliyordu.

"Babanı kaybettiğin günden beri elinde bununla yaşıyorsun ve baban bir orman yangınında görevini yaparken yanarak öldü."

Şinasi şok geçirmişti, Davut'un ününü o da duymuştu, sessizce Davut'a seslendi:

"Benden ne istiyorsun, bütün bunları nereden biliyorsun?"

"Senden sadece biraz kâğıt ve kalem istiyorum, bir de buraya getirilmemin sebebini öğrenmek istiyorum, karşılığında elindeki bu lekeden seni ömür boyu kurtarabilirim."

Şinasi elindeki ve vücudunun muhtelif yerlerindeki bu lekeden çok rahatsızdı, hatta bu yüzden evlenememişti bile, kompleksi vardı bu konuda. Davut gerçekten adamın yumuşak karnını yakalamış ve dikkat çekmeyi başarmıştı.

"Bunu iyileştirdiğin gün istediklerini vereceğim ama bu durum çok gizli kalacak yoksa hayatımdan olurum" dedi görevli.

"Tamam..." dedi Davut. "Sadece bir ara seninle kısa bir sohbet yapacağız."

Şinasi kabul etti ve saat tam on ikide geleceğini fısıldayarak hızla oradan uzaklaştı. Gece yarısı saat on ikide kapının önüne gelip Davut'a o güne kadar yemediği etli güzel bir yemek uzattı görevli, her şey yolundaydı görevli elinde rüşvetle gelmişti. Davut yaklaşık 20 dakikalık bir çalışma ve babasıyla yas sonlandırma yaptı, arkasından uyardı:

"İlk iki gün boyunca ellerindeki yaralar artacak, hafif kızaracak, iki günün sonunda gerileyecek ve bir haftada izi bile kalmayacak."

Şinasi sadece "Eğer dediğin gibi olursa istediklerini vereceğim" diyerek uzaklaştı. Tam da Davut'un dediği gibi oldu; adamın iki gün elleri ve vücudundaki sedef yaraları daha da kötü oldu, bir hafta içinde izi bile kalmadı. O hafta boyunca görevli Davut'a güzel yemekler getirip daha iyi beslenmesini sağladı, her yemek getirdiğinde Davut görevlinin ellerini inceliyor iyileşmeyi takip ediyordu, bir haftanın sonunda ellerindeki iz tamamen kaybolmuştu. İzlerin tamamen kaybolduğu gün görevli elinde bir defter ve birkaç kalemle gelmişti, kapıdan fısıldadı:

"Buraya ne için getirildiğini söylersem hem senin hem benim başım yanar, ama şu kadarını söyleyebilirim ki bir kadınla ilgili."

Bunu söyledikten sonra hızla uzaklaştı. Davut bu duyduğuna şaşırmamıştı, konu Leyla ile ilgiliydi. Bir aylık süre içinde kendi enerji bedeniyle ilgili çalışmalar yapmış ve çok fazla bilgi biriktirmişti, uygulamalarının sonuçlarını kâğıda dökmesi bir hafta sürdü. Bu görevlinin Davut'a en büyük faydası artık güzel yemekler getiriyor olmasıydı, en azından sağlığını korumayı başarmıştı. Leyla ona Behram'dan bahsetmişti, bu adamın bölgenin tanınmış bir ailesinden geldiğini de biliyordu. Senaryoyu tam olarak anlamasa da bu işte Behram'ın parmağı olduğundan emindi. Öncelikle yalnız kaldığı bu süreç içinde yaptığı bütün çalışmaları kâğıda dökmüştü, şimdi bu bilgilerin kıymeti çok daha fazla artmıştı çünkü hayatında hiçbir zaman bu kadar uzun süre kendiyle baş başa kalmamıştı. Bu bilgilerin daha önce Hasan'a verdiği bilgilerle birleşmesi halinde dünyada birçok hastalığı iyileştirecek bir kitap oluşması mümkündü. Şinasi'den bu konuda yardım alabilirdi, Türkiye'deyken Hasan'a notlarını teslim etmişti ve Türkiye'den ayrılırken ne olur ne olmaz diyerek İran'da evinin tepesindeki ağaçtan bahsetmişti:

"Bir gün bana ulaşamazsan sana verdiğim notların, bilgilerin devamını tarif ettiğim adresteki ağacın dibinde bulabilirsin" demişti. Bu bilgiyi verme sebebi İran'da onunla ilgili büyük bir nefretin büyüdüğünü bilmesiyle ilgiliydi, ilk tutuklandığında aklına tıp otoriteleri gelmişti ancak onların bu kadar hoyrat davranabileceğine ihtimal vermiyordu. Şimdi artık taşlar oturmaya başlamıştı, bu işin arkasındaki kişi Behram'dı ama Davut'un çok daha önem verdiği bir görevi vardı; bu notlar eski notlarla birleştiğinde büyük bir kaynak haline gelmişti, kendisine bir şey olsa da bu kaynağı bir şekilde insanlara ulaştırmalıydı.

Günler günleri kovalıyor ve Davut karanlıktaki hayatına devam ediyordu, bu süreç içinde Şinasi ile ilişkisini geliştirmiş, yeme içme konusunda rahata ermişti, hücrede geçirdiği iki ayın sonunda elinde 200 sayfalık bir kaynağı tamamlamıştı. Bir gün Şinasi'den bir istekte bulundu:

"Senden son bir ricam olacak, elimde bulunan bu kâğıtları korunaklı bir şekilde söylediğim adresteki ağacın altına gömmeni istiyorum, bu iyiliğin karşısında yüksek tansiyon sorununu çözebilirim."

Görevli artık şaşırmıyordu, günde iki doz tansiyon ilacı kullanmasına rağmen tansiyonunda hiçbir düzelme olmuyordu, üstelik artık Davut'a inanıyor onun bu sorunu çözebileceğini biliyordu, bu yüzden pazarlığı hemen kabul etti. Davut öncelikle bu notlar için korunaklı bir dosya ve bant istedi, notlarını çok güzel bir paket haline getirerek görevliye teslim etti ve ekledi:

"Sakın ola eksik bir şey yapma, ben buradan her şeyi görebiliyorum ve sözünde durmazsan büyük bir çıkmaza girersin."

Şinasi'ye bilinçli olarak böyle davranmak zorundaydı, çünkü adam Davut'ta özel yetenek olduğunu sezmiş ve Davut'tan korkmaya başlamıştı. Davut ondaki korkuyu sezmiş ve işini sağlama almak için onun bu korkusundan faydalanmak zorunda kalmıştı.

"Merak etme..." dedi. "Söylediğin yere götürüp gömecek ve kimselere bundan bahsetmeyeceğim."

Görevli paketi alarak tam Davut'un söylediği ağacın altına özenle gömdü, notlar zarar görmesin diye fazladan naylon poşetle sarıp sarmaladı. Davut çok rahatlamıştı çünkü biliyordu ki Hasan eninde sonunda o notları almaya gelecek ve bu bilgileri insanların hizmetine sunacaktı, şimdi ikinci görevine geçebilirdi, bir şekilde Leyla'ya ulaşması gerekiyordu ve bunun için bu adamı kullanabilirdi. Şinasi artık Davut'tan korkmaya başlamış ne derse itiraz etmeden dediklerini yapmaya başlamıştı. Davut söz verdiği gibi Şinasi'nin tansiyon problemini de çözmüştü, Şinasi Davut'un suçsuz yere yattığını biliyordu üstelik inançlı bir adamdı hatta zaman içinde Davut'a Behram'ın neden böyle bir şey yaptığını, amacının Leyla'yla evlenmek olduğunu ve emirlerin üst düzey bir yetkiliden geldiğini anlatmıştı. Bu senaryo içinde Davut Leyla'nın neden Behram'dan ayrılamadığını anlayamamış ve buradaki kopukluğu algılamaya çalışıyordu. Leyla'yla Behram yakında yapılacak düğünleri için hazırlık yapmaya başlamışlardı, Davut'un bu düğünden haberi yoktu. Behram'ın planı düğünden sonra Davut'u sınır dışı etmek ve bu defteri artık sonsuza kadar kapatmaktı. Leyla Davut'a kırgındı ve bu yüzden Behram'a sığınmıştı, içinde bir aşk olmasa da yalnız kaldığı anlardaki değersizlik duygusunu Behram bir nebze de olsa azaltıyordu. Behram onun için bir ağrıkesici gibiydi, kendini iyi hissettiği zamanlarda Behram umurunda bile olmuyor, yalnızlığa düştüğünde ona ihtiyaç duyuyordu. Behram Leyla'nın bu dengesizliğine alışmıştı, evlenene kadar onu idare etmeye niyetliydi, düğünden önce Leyla son gelinlik provalarını yapıyordu. Bu düğünün en mutlu kişileri Behram ve Leyla'nın annesi idi.

Leyla iki ay boyunca Davut'tan hiç ses çıkmamasına çok kızmış artık içinde vicdani olarak bir sorumluluk hissetmiyordu. Üstelik Behram Leyla'nın her istediğini maddi ve manevi olarak anında yerine getiriyor kendini değerli hissetmesini sağlıyordu. Davut Şinasi'den son bir istekte bulunacağını söyleyerek eline bir not tutuşturdu.

"Bu notu ne yapıp et hızla Leyla'ya ulaştır, şu an zaman çok önemli, Leyla büyük bir yanılgının içinde olabilir."

"Ben ona nasıl ulaşabilirim? Onu tanımıyorum bile, üstelik beni yaşatmazlar" dedi.

"Merak etme ben sana annesinin adresini vereceğim zarfı kapıya bırakman yeterli, seninle ilgili bir güvenlik sorunu olmayacak, sadece bu zarfı kapısına bırakacaksın."

Şinasi itiraz edemedi ve zarfı ulaştıracağını söyledi, Leyla'nın annesinin evinin yolunu tuttu, sabah erken saatlerde Davut'un tarif ettiği evin kapısına korkuyla geldi. Kimsenin onu takip etmediğinden emin olduktan sonra hızla kapının yanına giderek kapının altından zarfı fırlattı, başına kapüşonunu geçirerek arkasına bakmadan oradan uzaklaştı. Görev tamamlanmıştı. Akşam tekrar trene binerek Davut'un kaldığı karakola doğru yol aldı. O gün için nöbet sırası diğer görevlide olmasına rağmen Davut'a bir an önce haber vermeliydi, karakola ulaştı ve Davut'a görevi tamamladığını bildirdi. Şinasi Davut'tan gerçekten korkuyor ve verdiği her görevi harfiyen uyguluyordu. Davut bir nebze de olsa rahatlamıştı, Leyla'ya başına gelenleri tek tek yazmış ve büyük bir hata yapmasını engellemek için mesaj yollamıştı, muhtemelen bugün yarın Leyla bu hatadan dönecekti artık.

Sakine Hanım her sabah olduğu gibi o sabah da erkenden kalkıp çayın suyunu koymuş kızının evlenmeden önce son günlerde evinde kahvaltı yapması için hazırlık yapmaya başlamıştı. Çöpleri çıkarmak için kapıya yöneldiğinde kapının altındaki zarf gözüne çarptı, zarfın üzerinde sadece Leyla'nın ismi yazıyordu. Normalde Sakine Hanım Leyla'ya gelen bir mektuba asla dokunmazdı ancak bu mektupta damga yoktu ve Leyla'nın evlenmesine bu kadar az zaman kalmışken hiçbir soruna müsaade edemezdi. Mektubu hızla açtı ve okumaya başladı:

"Leyla ben sana bu mektubu senden kilometrelerce uzakta bir hücreden yazıyorum. Behram senin hayatından çıkmam için beni emniyetle birlikte tuzağa düşürerek buraya kilitledi, Behram çok tehlikeli bir adam ve muhtemelen seninle evlenene kadar beni burada tutacak. Şunu bilmeni isterim ki ben bu sefer küsüp gitmedim, iki aydır burada gün ışığı görmeden tutuluyorum, bundan daha önemli olan şey ise Behram gibi bir adamla evlenirsen başına kötü şeyler gelecek. Benim seni bırakıp gittiğimi düşünerek öfkeyle bu evliliğe onay verme sakın, bana bunu yapan bir adam emin ol evlendiğinizde sana çok daha kötülerini yapacak. Şiraz şehrinden saatlerce uzakta bir hücrede tutuluyorum. Bu tutuklanma siyasi bir suçlama ile yapıldığı için hiç kimsenin bana yardımı dokunamaz şu anda, sadece şunu bil ki ben seni bırakıp gitmedim ve sakın o adamla evlenme. Gözü dönmüş bir şekilde beni tutuklattı ve seninle evlenene kadar beni burada tutacak, bu mektubu sana büyük zorluklarla ulaştırdım ve lütfen senin de benim de iyiliğimiz için bunu okuduğun anda imha et."

Sakine Hanım gözleri dehşetten büyümüş şekilde mektubu okudu ve Leyla uyanmadan kâğıdı elinde buruşturarak hızla parçalayarak çöplerin arasına parça parça yerleştirdi.

Sakine Hanım hem şaşkınlık içindeydi hem de düğünü hiçbir şeyin engellemesini istemiyordu. O kadar gözü dönmüştü ki Davut'un yıllar önce onu ölümün pençesinden kurtarmış olmasını bile önemsemiyordu, kendini kandırmayı seçti ve Davut'un Leyla'ya yaranmak için bu hikâyeyi uydurmuş olabileceğine kendini inandırdı. Davut zeki ve duyarlı bir adamdı ancak hayat boyunca kime güvenmesi gerektiği konusunda hep yanılmıştı. Sakine Hanım'ın yıllar önce ona nasıl davrandığını hatırlıyor ve mektup onun eline geçse dahi bir sorun yaşamayacağını düşünüyordu, ancak Sakine Hanım'ın para ve gelecek ile ilgili kaygılarını bilmiyor, Davut'u bir kalemde harcayabileceğini aklının ucundan dahi geçirmiyordu. Onun insanlara güvenen tarafı onu hayatta sürekli yanıltıyordu. Ama iyi bir şey yapmıştı notlarını güvenle ulaşması gereken yere ulaştırmıştı.

Behram'ın Davut'a öfkesinin büyük bir kısmı Leyla ile ilgiliydi ancak az da olsa tıp otoriteleri gibi o da Davut'un bir peygamber gibi ününün yayılmasından rahatsızdı, Davut'u ortadan kaldırmak tehlikeliydi bu yüzden siyasi bir suç yükleyerek Davut'u devre dışı bırakmak niyetindeydi. Devlet güçlerine yakın olması her türlü suçu Davut'a yükleme konforu sağlıyordu ona, rejim karşıtı bir dergide Davut'un yazdığını iddia ettiği bir makaleyi dava dosyasına koymuş ve yetkilileri harekete geçirmişti, bu tür bir suçlamadan yakayı kurtarmak neredeyse imkânsızdı.

Davut hücresinde artık Leyla'ya mesajının ulaştığını düşünerek gün saymaya başlamıştı. O gün Şinasi yerine başka bir adam yemeğini getirdi üstelik eski tatsız yemeklere geri dönmüştü sistem, günlerce Şinasi gelmeyince Davut bir şeylerin ters gittiğinden şüphelenmeye başlamıştı. Şinasi ya yakalanmış ya da başına bir şey gelmişti, belki de mektubu götürürken takip edilmiş ya da ulaştırmadan yakalanmış ve ulaştırdığını gelip söylemişti. Sakine Hanım'ın mektubu yok edip bu durumu Behram'la paylaşmasına ihtimal bile vermiyordu. Ancak Sakine Hanım mektubu okuduktan hemen sonra soluğu Behram'ın yanında almış ve durumu anlatmıştı. Behram Sakine Hanım'ı bunun gerçek olmadığına dair ikna etmiş, Davut'un ruh hastası olduğunu, Leyla'nın onu reddetmesi karşısında böyle bir oyunla onun gönlünü almaya çalıştığını düşündüğünü söylemişti. Mektubu okumasını engelleyerek Davut'un planını suya düşürdüğünü, bunu düğün öncesi kimseye söylememeleri gerektiğini söyleyerek ona teşekkür etmişti. Sakine Hanım artık Behram'ın haklı olduğundan adı gibi emindi ve Davut'a büyük bir kin duymaya başlamıştı, Behram tam bir yalan ustasıydı ve Sakine Hanım'ı ikna ederek büyük bir koz ele geçirmişti, artık Davut'u tamamen susturmaya kararlıydı, insanlara güvenmediği için karakoldaki görevlilere rüşvet vererek Şinasi'nin işbirliği yaptığını anlaması çok sürmemişti. Diğer görevliye para vererek Şinasi'nin Davut'a özel yemek hazırlattığı bilgisini de almış ve işbirlikçiyi bulmuştu. Şinasi basit bir emniyet görevlisiydi ve bir emirle sürgün olarak gönderilmişti, Şinasi canının bağışlandığına şükretse de bu çok erken bir sevinçti, Behram ortalığı karıştırmamak için asıl hedefine yönelmiş Şinasi'yi uzak tutarak planını devreye koymuştu. Davut'u tamamen susturmazsa bu evlilikle birlikte hayatında birçok denge bozulacaktı.

Hasan Davut'u artık merak etmeye başlamıştı, ondan aldığı defterdeki bilgilere her gün çalışıyor ve hayretler içinde kalıyordu. Bir doktor olmamasına rağmen bu bilgileri kendisi de uyguluyordu ve o yörenin en güvenilir yeri olarak Şeyh Yusuf El Hekim Türbesi'nin altında bu defteri saklıyordu. Buraya gelip bu defteri bulmayı kimse akıl etmezdi, her gün bu makama uğruyor Davut'un defterinden birkaç sayfa okuyup uygulama yapıyordu. Artık o da şifacı olmuş yüzlerce insana yardımcı oluyordu. Davut gideli iki ay olmuştu ve yazdığı mektuplara cevap gelmemişti. Eşi Rahime de meraktan eriyip bitmişti, üstelik hamileydi, âdet kanamaları kesilmiş sürekli kusuyordu. Davut bir mektup bile yazmamıştı gittiğinden beri. Hasan Davut'un başına bir şey geldiğinden emindi artık, Davut bu mektuplara mutlaka cevap verirdi eline geçseydi. Hazırlıklarını yapıp İran'a doğru gitmeye karar verdi, ne zaman döneceğini bilmediği bir yola ve hiç bilmediği bir ülkeye doğru yola çıkmak için hazırlıklarını yaptı. O dönemlerde Antakya'ya İran'dan göç eden bir ailenin çocuğu Semih'i iyileştirmişti. İran'a gidecek olsa da dil bilmiyordu, dil bilmediği için Semih'in babasına Semih'le İran'a gitmek istediğini ve Davut'u bulmak için yola çıkacağını söyledi. Semih 16 yaşındaydı, Hasan lösemisini iyileştirmişti, bu yüzden babası hiç tereddüt etmeden Semih'in gitmesine izin verdi. Ertesi sabah ilk otobüsle yola çıktılar, havalar sıcaktı ve otobüsler İran'a giderken sık sık mola veriyordu. Tebriz şehrine varmaları bir günü buldu. Semih'le birlikte zorlu bir yolculuktan sonra Tebriz şehrine ulaştılar. Hasan Semih'le birlikte otobüsten indiğinde ilk defa ayak bastı bu topraklara. Otobüsten iner inmez Tebriz'e gidecek minibüse atladılar. Hasan ne kadar kalacaklarını bilmediği için büyük bir valizle gelmişti, Tebriz'de bir otele yerleştiler, bir gün dinlendikten sonra Davut'un verdiği adresteki eve gideceklerdi.

Ertesi sabah Semih İranlı olduğu için hiç kimseye sormadan Davut'un verdiği adresi buldu, burası Davut'un annesinin eviydi. Hasan kapıyı çaldı, gözleri ağlamaktan şişmiş bir kadın kapıyı açtı, muhtemelen Davut'un annesi olmalıydı bu kadın. Hasan hemen Semih'e Davut'un kayınbiraderi olduğunu, Türkiye'den geldiklerini, adresi onun verdiğini söyleyerek çeviri yapmasını istedi. Annesi bunu duyduğunda Hasan'a gözyaşlarıyla sarıldı.

Davut annesinde Türkiye'deki hayatından, Rahime'den, Hasan'dan bahsetmişti. Türkiye'de ona yardım ettiklerini, evini verdiklerini söylemişti. Annesi hemen içeri buyur etti onları. "Davut nerede?" diye sordurdu Semih aracılığıyla. "Kimse nerede olduğunu bilmiyor, iki aydır hiçbir haber alamadık" diyerek gözyaşlarına boğuldu annesi. "İnanılmaz bir şey, emniyet müdürlüğüne gittik cevap yok, hastanelere baktık yok, arama listelerine baktık yok, hayatta olup olmadığını bile bilmiyoruz." Annesi Hasan'ın ellerini tutarak "Lütfen burada kal, onu bulmamıza yardım et, sen bizim akrabamız sayılırsın" diyerek onlara boş olan odayı, Davut'un odasını gösterdi. Hasan çok teşekkür ederek odaya girdi, eşyaları oteldeydi, o gün otelden eşyaları toplayıp tekrar eve gelmek üzere sözleştiler.

Eşyalarını alıp eve geldiler, Hasan Davut'un odasına girdiği zaman odada Davut'tan parçaları, Davut'un kâğıtlarda aldığı notları, duvardaki şekilleri görünce, nasıl bir emek vererek yıllarını geçirdiğini bir kez daha anladı. Odada Semih için de bir yatak açtılar, yol yorgunu oldukları için o gün akşam yemeklerini yiyip erkenden uyudular.

Sabah günün ilk ışıklarıyla uyandılar, Hasan'ın Davut'a bir sözü vardı; eğer ona bir şey olursa Hasan'a bir emanet bırakacaktı. Ona verdiği defterdeki bilgilerin kalanını nerede bulabileceğini tarif etmişti. Hasan Davut'un annesine bile söz etmedi bu bilgiden, uyandıklarında annesi Hasan'la Semih'e kahvaltı hazırlamıştı. Kahvaltıda Nadide Hanım söze girdi:

"Davut buraya gelir gelmez yine o kadın peşine takıldı, yıllardır onunla görüşemiyordu, ortadan kaybolmasının o kadınla mutlaka ilgisi var." Hasan'ın ellerini tutarak "Tanıdığı günden beri oğlumun başını belaya soktu, o kadını bulursan Davut'u bulabiliriz" diyerek yalvaran gözlerle baktı. Hasan o kadını biliyordu ama Davut'un o kadınla tekrar görüşeceğine ihtimal vermiyordu, Davut'un dürüstlüğüne inancı tamdı. Biraz şaşırmış biraz meraklanmıştı, çünkü Davut'un o kadına karşı ne kadar savunmasız olduğunu defalarca dinlemişti kendisinden.

"Merak etme Nadide Hanım, nerede olduğunu bulmadan buradan dönmeyeceğim, sen bana sadece Leyla Hanım'ın evinin adresini ver ve benden haber bekle" diyerek onu sakinleştirdi. Öncelikle emaneti tepedeki ağacın altından çıkarıp almalıydı ve sağlam bir şekilde korumalıydı. Nadide Hanım'dan izin isteyerek etrafta biraz dolaşmak istediğini söyledi, Semih de ona eşlik edecek oldu ama onu durdurdu, "Hayır..." dedi. "Tek başıma dolaşmak istiyorum, yarım saate kadar gelirim" diyerek masadan kalktı. Davut'un bahsettiği tepe evin hemen arkasındaydı, tepeyi gördü ve oraya doğru yürüdü, tepenin içindeki ceviz ağacını gördü. Çok yaşlı ve canlı bir ağaçtı bu, evdeki ilk gün oraya gidip elinde bir paketle gelmesi şüphe çekerdi; Davut bunu kimseye söylememesini öğütlemişti. Ceviz ağacının dibini eliyle biraz kazınca eline bir naylon poşet geldi, çıkarıp inceledi, Davut'un bahsettiği notlar buradaydı. En azından Davut'un bir isteğini yerine getirebilecekti, paketi tekrar olduğu yere gömdü, ceviz ağacının dibinde öyle güzel bir esinti vardı ki orada saatlerce uyuyabilirdi. Eve geri döndü ve Semih'e hazırlanmasını söyledi, Leyla'nın evini görmek istiyordu. Semih'le Hasan yola çıktılar, evi çok uzakta değildi. Leyla'nın evi müstakil, derme çatma bir evdi, kapıya kadar geldiler. Evin içinde bir hareketlilik vardı, sürekli birileri girip çıkıyordu eve, Leyla'nın düğün hazırlığı yaptığını bilmiyordu Hasan. Bir süre bahçeden evi izledi, o kalabalığın arasında eve girmek istemedi, bu hareketliliğin sebebini anlamaya çalıştı.

Bir süre sonra üzerinde Farsça bir yazı olan halka şeklinde bir çiçek geldi. Semih'e ne yazdığını sordu, "Leyla ve Behram'a mutluluklar dileriz" yazıyor. Leyla'nın düğünü vardı demek, bu gelişmeye çok şaşırmıştı, Davut'un ortadan kaybolmasıyla bu düğünün olması bir tesadüf olamazdı. Leyla'ya ulaşırsa belki de hikâyenin tamamına ulaşabilirdi, ama böyle bir günde bu imkânsızdı. O gün için yapabileceği en mantıklı şey evin önünde durup gireni çıkanı gözlemekti. Akşamüstü evin önüne lüks bir araç yaklaştı, içinden zayıf, siyah saçlı, renkli gözlü, tıpkı Davut'un tarif ettiği tipte bir kadın çıktı, bu Leyla olmalıydı, arabadaki adamla vedalaşıp eve doğru yürümeye başladı. Hasan arabanın uzaklaşmasını bekledi, Semih'e kadına seslenmesini, Davut'la ilgili konuşmak istediğini iletmesini istedi. Semih Leyla'ya seslendiği anda Semih'e dönerek "Sen kimsin?" diye şaşkınlıkla baktı. "Sana Davut'un en yakın arkadaşını getirdim Türkiye'den, seninle tanışmak istiyor ve Davut'un nerede olduğu ile ilgili bir fikir edinmek istiyor çünkü Davut kayıp." Leyla gülümsedi.

"Daha önce kaçtığı yerlere bakın, mutlaka orada bulursunuz."

Semih hızlıca Hasan'ın söylediklerini çeviriyordu:

"Bu sefer gerçekten kayıp, hiç kimse ondan haber alamıyor, başına bir şey geldiğinde eminiz ve senin yardımınla onu bulabiliriz."

Leyla bir an duraksadı, "Bak küçük çocuk" dedi. "Şu an onu bulsanız da bulmasanız da benim hayatımda hiçbir kıymeti yok, daha önce yaptığı gibi beni bırakıp gitti, ben yarın evleniyorum artık o defteri kapattım."

Hasan son bir hamle ile şunu söyletti Semih'e:

"Ona bir can borcun var şimdi ödeme vakti."

Leyla o zaman arkasını dönüp Hasan'a doğru yürüdü, "Evet..." dedi. "Annemi kurtardı ama ben ona bir şans daha vererek borcumu ödedim."

Leyla bir yola girmişti ve geçmişle yüzleşmeye hiç niyeti yoktu, hiçbir şey söylemeden evine geçti. Hasan buradan bir sonuç alamayacaktı ama neler olduğunu biraz anlıyor gibiydi, bu kadar kısa sürede neden Behram'la evleniyordu? Davut kimseye kötülük yapmayan biriydi, birkaç gün bilgi toplamak için oralarda kalmalıydı. Etrafta Davut'u tanıyan herkesle konuştu, aldığı bilgileri birleştirmeye çalışıyor ama hep bir parça eksik kalıyordu, artık Davut'tan haber alabilecek kimse kalmamıştı. Son olarak Davut'un ona bıraktığı emanette bir bilgi olabileceği düşüncesiyle ağacın dibindeki notları okumaya karar verdi. Ertesi gün sabah herkes uyurken tepeye çıktı, hızla notları olduğu yerden çıkardı okumaya başladı. Notların ilk sayfasına kırmızı kalemle bir mesaj yazmıştı, Hasan boşuna iki gün kaybettiğini düşünüp kendine kızsa da Farsça yazılmış bir başlık koymuştu Davut, hemen Semih'i uyandırması gerekiyordu, koşarak eve doğru gitti Semih uyuyordu, "Semih çok önemli bir durum var, hemen bana bu kâğıtta ne yazdığını oku" diyerek kâğıdı Semih'e uzattı, Semih okumaya başladı:

"Ey bu kâğıdı bulan insanı kâmil, bunu bir hücreden yazıyorum, can dostum Hasan'a ulaşması dileğiyle... Beni haksız yere apar topar bir hücreye kapattılar, Şiraz'ın 200 km kuzeyinde Şadi Karakolu'na götürdüler, hakkımda tutuklama kararı çıkardılar ve beni buraya kapattılar. Geldiğim günden beri güneş ışığını görmedim ve şikâyet edebileceğim kimseyi bırakmadılar çünkü bunu yapan İran Emniyet Müdürlüğü. Beni vatan hainliği ile suçladılar ki hayatım boyunca böyle bir şey yapmadım, ey dost Hasan dost eğer şu an bu satırları okuyorsan, bu bilgileri sana emanet ediyorum. Buradan sağ çıkmam pek mümkün görünmüyor, sağ çıksam da beni bu memlekette yaşatmazlar artık. Ey can dost bu bilgiler insanlığa hizmet edecek, bunları sana emanet ediyorum."

Hasan'ın gözünden yaşlar boşalmaya başladı, nasıl düşünememişti bu notlara bakmayı? İran'da kimsesi yoktu, küçük

Semih'ten başka doğru dürüst yardım edecek kimsesi yoktu. Aklına bir çözüm geldi; Davut'un güvendiği eski bir arkadaşını bulursa ondan yardım isteyebilirdi, Nadide Hanım'a hemen durumu anlattırdı Semih'e: "Davut'la biz yıllar önce sözleşmiştik, bir şey olursa şu ağacın dibine bana küçük bir not bırakacaktı. O notu buldum nerede olduğunu yazmış, ancak emniyet bu işin içinde olduğu için polisten yardım isteyemeyiz." Annesi kâğıdı okumak istedi, ona kâğıdı verdi ama notları vermedi. Annesi de gözyaşlarına boğularak okudu bu mesajı, Hasan onu sakinleştirmeye çalıştı.

"Amir diye bir arkadaşı vardı" dedi annesi. "Onunla aynı evde kalmışlardı, duyduğum kadarıyla bakanlıkta çok iyi bir konuma gelmiş."

"Harika!" dedi Hasan. "Hemen ona ulaşmalıyız kaybedecek zamanımız yok" diyerek yerinden fırladı. Tebriz'de birkaç tanıdığı ziyaret ederek Amir'in çalıştığı hastaneyi bulmak zor olmadı. Hemen Semih'le birlikte hazırlıklarını yapıp Tahran'a doğru Amir'i bulmak için yola koyuldular. Amir'in yanına randevusuz gitmek imkânsızdı, hele ki Semih gibi bir çocuğun o kapıdan girme şansı hiç yok gibiydi. Tahran'a ulaştıklarında doğruca Amir'in hastanesine gittiler, Amir başhekimdi ve korumalara başhekimle görüşmek istediklerini söylediler. Korumalar içeriye bilgi bile vermeden reddettiler, Hasan'ın aklına başka bir çözüm geldi; öğlen saatiydi ve birazdan belki de molaya çıkacaklardı, hastane personelinden Amir'in makam aracının hangisi olduğunu öğrenip beklemeye başladılar. Amir tam hastaneden çıkarken Semih "Davut'un yeğeniyim" diye seslenip dikkat çekmeye çalışacaktı. Amir yanında iki korumayla çıktı, makam aracına binmek üzereyken Semih koşarak ona seslendi:

"Ben Davut'un yeğeniyim, beni size gönderdi" diye seslendi, korumalar çocuğu kolundan tutup uzaklaştırırken Amir arabadan indi: "Bırakın çocuğu yanıma gelsin" diyerek Semih'i yanına çağırdı.

"Sen Davut Sultani'nin yeğeni misin?" diye sordu Semih'e.

"Evet..." dedi. "Sizinle konuşmam gereken çok önemli bir konu var."

Amir büyük başarılara imza atmış, çok iyi yerlere gelmişti, Davut'la çok güzel anıları vardı. "Türkiye'den arkadaşı da yanımda, Davut kayıp, yardımınıza ihtiyacımız var" dedi Amir'e. Davut Türkiye'den yazdığı bir mektupta Hasan'dan bahsetmişti Amir'e, arabadan inerek Semih ve Hasan'ı makam odasına aldı. Semih her şeyi anlattı Amir'e, Davut'un yazdığı notları, tutulduğu karakolu, Leyla'yı... Çok zamanları olmadığı için ondan yardım istemeye gelmişlerdi. Amir Semih'e "Çok iyi yapmışsınız, hızla emniyetteki tanıdıklarımdan durumu öğreneceğim" diyerek yanında çalışanlara bir not uzattı:

"Bunu emniyet müdürüne götürün, aynı kâğıda cevap yazsın ve kâğıdı bana hızla getirin."

Görevli başını sallayarak kâğıdı alıp hızla odadan çıktı. Amir, "Merak etmeyin, bir saate kadar nerede olduğunu öğrenip yola çıkarız, bize yazdığı Şadi Karakolu'nda mı önce onu öğrenelim" dedi.

O arada Semih'le Hasan'a yemek siparişi verip karınlarını doyurdu. Bir saat sonra görevli elinde bir zarfla geldi, Davut hâlâ notlarda bahsettiği Şadi Karakolu'nda tutuluyordu, Amir görevliye hemen arabasını hazırlamasını söyleyerek, Hasan ve Semih'in koluna girip arabaya doğru yöneldiler. Karakola doğru yola koyuldular, Amir Sağlık Bakanlığı kimliği ile emniyetin her türlü birimine girip çıkabiliyordu, Davut'un tutulduğu karakola resmi sıfatla girmesi çok kolaydı. İki saatlik bir yolculuktan sonra Davut'un bahsettiği karakola ulaştılar, karakolun önünde iki görevliden başka kimse yoktu. Amir korumalarıyla birlikte araçtan inerek kimliğini gösterdi, içeri girmek istediğini söyledi. Görevliler içeriye kimseyi almamak konusunda uyarılmışlardı ancak Amir resmi araç ve korumalarla gelmişti, itiraz edemediler ve onu içeri aldılar. Hasan'la Semih arabada beklediler, onları almaları mümkün değildi, Amir direkt olarak sordu:

"Doktor Davut içeride mi?"

Görevliler "Evet..." diyemeden başlarıyla onayladılar. Amir ve korumaları kapıdan girdiler, içeride başka mahkûm yoktu, içerisi kapkaranlıktı ve berbat kokuyordu. Görevli elindeki fenerle yol gösteriyordu, iki tane demir kapıdan girdiler, ortamda hiç oksijen yoktu, dayanılmaz koku gittikçe artıyordu. "Davut bu kadar ceza alacak ne yapabilir, neden bu tecrit?" diye sordu görevlilere, tabii ki cevap veremediler. Davut'un bulunduğu hücreye geldiklerinde görevli kapıyı açarak "Sadece beş dakika kalabilirsiniz" diyerek onu içeri aldılar, korumalar bile hücreye alınmamıştı. Davut insanlarla iletişim kurmayalı aylar olmuştu, kasları zayıflamış bilinci çok açık değildi, Bir hayvanın bile bir hafta yaşayamayacağı bu hücrede iki aydır tutuluyordu, Amir gördükleri karşısında gözyaşlarını tutamadı. Davut hafifçe gözlerini Amir'e doğru çevirdi, onu bir yerlerden tanıyor gibiydi ama tepki vermiyordu.

Amir yanına çöktü ellerini tuttu, "Ne yaptılar sana, neden bütün bunlar, ne istiyorlar senden?" diyerek Davut'a sarıldı. Davut susuzluktan böbrek fonksiyonlarını yitirmişti, artık sadece gözlerini oynatabiliyor, bedenini hareket ettiremiyordu, yaşayan bir ölü gibiydi, konuşmaya çalışsa da beceremiyordu. Amir görevlilere seslenerek, "Bu adama yemek vermiyor musunuz, su vermiyor musunuz, adam ölüyor görmüyor musunuz?" diye çıkıştı. "Hemen hastaneye yatırılması gerekiyor, ben gerekli evraklarını hazırlarım, onu buradan almam gerekiyor." Görevli yere bakarak "O siyasi bir mahkûm, birçok haktan muaf olduğu için bu şekilde bakılıyor." Amir çılgına dönmüştü, elindeki bütün imkânı kullanarak Davut'u çıkarmak için var gücüyle uğraşacaktı. "Hepiniz hesap vereceksiniz, hiçbir suçu olmayan bir doktora bu şekilde davranamazsınız, hepiniz tek tek mahkemede hesap vereceksiniz, gerekli işlemleri yapıp geri geleceğim, bu sürede bu adamın bakımını çok iyi yapacaksınız, her kim sizi engellerse bu durumu şaha bizzat ben şikâyet edeceğim" diyerek Davut'un kulağına şöyle fısıldadı:

"Neye mal olursa olsun seni buradan çıkaracağım, dayan dostum mutlaka kurtaracağım seni buradan."

Karakoldan ayrılırken görevlilere döndü:

"Tekrar geleceğim, geldiğimde bu adam hayatta değilse ikinizin de peşini bırakmayacağım."

İki arada bir derede kalan görevliler Davut'a biraz su biraz yemek ve ilaç getirmeye başladılar, ne de olsa Amir şaha yakın bir doktordu, her şeyi yapabilirdi. Davut için bir umut doğmuştu çünkü Amir gerçekten siyasi olarak Behram kadar güçlüydü ve Davut'un başına bir şey gelmesi durumunda Behram bu işten sessiz sedasız sıyrılamayacaktı. Amir bir taraftan gerekli yazışmaları yapıyor, bir taraftan da Davut'u günlük olarak ziyaret ediyordu, her gidişinde Hasan ona eşlik ediyor ancak arabada bekliyordu. Bir hafta geçmiş yazışmalardan henüz bir sonuç alamamıştı, ama Davut günden güne iyileşiyordu, en azından iyi bakılıyordu. Amir'in son ziyaretinde Davut artık konuşabilir hale gelmişti, Amir'e her şeyi anlatmış bu işin içinde Leyla'nın nişanlısı Behram'ın parmağı olduğunu söylemişti. Amir öncelikle Behram'la konuşmaya karar verdi, bu işi sessiz sedasız halletmeyi önerecekti, en hızlı çözüm bu olabilirdi şu anda. Behram da sağlık müdürlüğünde özel hastanelerden sorumlu bir müsteşardı, hızla bir mektup göndererek ondan randevu aldı. Behram Amir'i tanıyordu, hemen makamına kabul etti, konunun Davut'la ilgili olabileceği aklının ucundan bile geçmemişti. Amir Behram'ın hastanesine korumalarıyla geldiğinde Behram onu kapıda karşıladı:

"Bu ne şeref Amir Bey hoş geldiniz, şeref verdiniz" diyerek protokolün bütün kurallarını uygulayarak karşıladı onu. Koridor boyunca hastaneyle ilgili sohbet ettiler, Behram'ın odasına yaklaştıklarında Amir kulağına eğilerek "Sizinle özel konuşmam gereken bir durum vardı, korumaları odaya almayın lütfen" dedi. Behram merak etmişti, belli ki ciddi bir durum vardı, rutin bir ziyaret sanıyordu bunu.

"Tabii ki..." dedi. "Buyurun odamızda görüşelim, kimse bizi rahatsız etmez."

Amir Behram'la birlikte odaya girdi, hemen söze girdi:

"Lafı hiç dolandırmayacağım, eğer isterseniz bu konuşma ikimizin arasında kalacak, ama mecbur kalırsam bütün ülke bundan haberdar olacak."

Behram şaşırmıştı, Amir onu tehdit ediyordu ve hâlâ aklına Davut gelmiyordu, bu nasıl bir üsluptu? Bu cesareti nereden alıyordu?

Amir'le savaşmaya hiç niyeti yoktu çünkü bu savaştan yara almadan çıkamayabilirdi, ama önce konuyu anlaması gerekiyordu. "Buyurun" dedi. "Nasıl yardımcı olabilirim size?"

"Behram Bey benim çok yakın bir doktor arkadaşım şu an Tahran'ın 200 km kuzeyinde bir karakolda, köpek gibi hücreye atılmış bir şekilde tutuluyor."

Behram şok geçirmişti, bunu nasıl bilebilirdi? Açık vermemek için o kadar dikkat ettiği bu durum nasıl ortaya çıkmıştı? Hemen inkâr etti:

"Neden bahsettiğinizi anlayamadım Amir Bey" dedi.

"Ben oyun oynamıyorum, neden orada yattığını ikimiz de biliyoruz. Onun oradan çıkarılması için bu konuyu ya aramızda halledeceğiz ya da bütün ülke bu durumdan haberdar olacak, başka bir şey söylemiyorum!" diye kükredi Amir.

Behram ne diyeceğini bilemiyordu çünkü verebilecek hiçbir cevap yoktu ama aklına her zamanki hain planlar gelip duruyordu. İnkâr etmenin bir faydası olmayacağını anlayınca Behram Amir'le anlaşma yoluna girmiş, ya da öyle görünmeye başlamıştı.

"Evet bir hata yaptım ama olayın bu kadar ileri gittiğini bilmiyordum, burayı telafi etmeye hazırım, ama çok yakında düğünüm olacak bana iki gün izin ver düğünümden hemen sonra gerekeni yapacağım."

Amir de Davut gibi dürüst bir insandı ve insanların verdiği sözlere hemen inanıyordu, Behram'ın işbirliği yapacağına ikna olmuştu. "Tamam..." dedi. "İki gün sonra gerekeni yapmazsan yemin ederim şahın kulağına kadar gidecek bu olay, bu süreçte Davut'u sık sık ziyaret edeceğim, en küçük bir yanlışta gerekeni yapacağım" diyerek arkasını dönüp odadan çıktı.

Behram Amir'in arkasından bakarak yeni düşmanını tanımaya çalışıyordu, hayatı düşmanları ortadan kaldırmakla geçmişti, pencereden Amir'in arkasından bakarken planlarını yapmaya başlamıştı bile.

Amir Behram'ın yanından çıktıktan sonra Hasan'la Semih'in yanına dönüp onları Tebriz'e, Davut'un annesinin evine gitmeleri konusunda ikna etti:

"İki gün içinde Davut'u da alıp geleceğim, bu iki gün boyunca yanımda görünmeniz işleri zorlaştırır, Behram'dan her şeyi beklerim, bu süreçte sizi koruyamam."

Hasan itiraz etse de Amir kesin bir dille planını söyledi:

"Davut'u getirdiğim gibi Türkiye'ye hep beraber yola çıkacağız, şu an herkes görevini yaparsa hızla Davut'u kurtarabiliriz."

Ortalık karışabilirdi ve Hasan'la Semih'in afişe olmasını istemiyordu. Amir'in sözünü dinleyerek Tebriz'e doğru yola çıktılar. İki gün sonra Behram'ın düğünü vardı ve bu düğünü beklemek zorundalardı, Behram her ne yaparsa yapsın sıkışmıştı, bu yüzden önlem almak zorundaydı Amir. Hasan da Davut'un sağ salim oradan çıkacağına ikna olmuş, en küçük bir pürüz yaşanmaması için elinden geleni yapmak zorunda olduğunu anlamıştı. Düğünün olduğu sabah Behram birkaç adamla gizli bir görüşme yaptı. Leyla'yı bu düğün olana kadar sakin tutması gerekiyordu, görüşmeden sonra soluğu Leyla'nın yanında aldı.

O sabah Amir işe gitmek için arabasına bindi, arabayı bazen şoförü kullanıyordu bazen de kendisi kullanmak istiyordu, o sabah kendisi kullanmak istemişti. Arabaya bindiğinde garip bir koku geldi burnuna, anlaşılmaz bir yağ kokusu vardı arabada ancak zamanı yoktu hastaları bekliyordu, şoförüne onu bıraktıktan sonra arabayı servise götürmesini söyledi. Yola çıktıklarında yollar boştu ve Amir biraz hız yapmayı seviyordu. Viraja yaklaşırken hafifçe frene dokunduğunda frenin tutmadığını fark etti, işte bunu hesaba katmamıştı, Behram boş durmamış ve Amir'i devre dışı bırakma planını devreye sokmuştu. Araba ilk virajı zikzaklar çizerek atlatsa da iniş aşağı giden bu yolda yavaşlaması imkânsız hale gelmişti, şoförü de panik olmuş ne olduğunu bile anlayamamıştı. Araba virajlı bölgeye doğru yaklaşıyordu, Amir'in gözünün önünden çocukları geçiyordu, ölüme doğru hızla yaklaşıyordu, artık bu son sahneydi farkındaydı ve kendine kızıyordu nasıl böyle bir olasılığı düşünmemişti? Belki de Behram'ın bu kadarını göze alabileceğini düşünememişti, üstelik Behram'la ilgili görüşmenin şahidi de yoktu, "Behram yaptı bunu!" diye bağırdı şoföre doğru. "Sağ çıkarsan bil ki Doktor Behram yaptı."

Şoförü onu duyacak durumda değildi, dualar okumaya başlamıştı. Behram onu ortadan kaldırarak temiz bir çalışma yapmayı tercih etmişti, bu hızla bu virajı alma şansı hiç yoktu, vites küçültmeye çalışarak arabayı yavaşlatmayı denese de artık bu mümkün değildi. Son süratle viraja doğru girdi.

8. BÖLÜM

Antakya, 2008

Demir hayatı boyunca değişik deneyimler yaşayarak lise son sınıfa kadar gelmişti. O yıl üniversite sınavına girecekti Demir, ablası çok güzel bir okul kazanmamıştı Saadet'in gözünde. Doğal olarak gözler Demir'e çevrilmiş, beklenti yükselmişti. Demir, Rana'nın başarısızlığının bedelini ödemek zorunda gibiydi, onun kazanamadığı tıp fakültesini kazanması bekleniyordu ondan. Tıpkı Rana gibi o da Antakya'nın küçük dünyasından, anne babasının bitmeyen kavgalarından ve Kerim'in ona koyduğu yasaklardan kaçıp kurtulmak, özgür olmak istiyordu. Kerim ve Saadet onun tıp fakültesine girmesini istiyordu çünkü tıp fakültesi demek "Oğlum doktor" diyebilecekleri bir yerdi, Demir'in tıp fakültesine girmesi için baskı yapıp yapıyorlardı.

Demir'in notları çok iyiydi deneme sınavlarında çok büyük başarılar gösterip dereceye giriyor ve ülkenin en yüksek puanlı tıp fakültesine girebilecek puanlar alıyordu. Tıp bilimini seviyordu ama içten içe kaderinden kaçıyor, insanların sağlıklarıyla ilgili sorumlulukları almak istemiyordu. Ayrıca doktor olsa bile geleneksel bir doktor olamayacağını da çok iyi biliyordu, aklına en yatkın gelen bölüm psikolojiydi. Psikolog olmak istiyordu fakat bu da mümkün değildi çünkü fen bölümünü çoktan seçmişti, kendini bu hayatın içinde var edebileceği bir işi olmak zorundaydı. Ne okursa okusun birinci tercihi Antakya'dan kaçmak hatta mümkünse İstanbul'da okumaktı. Deneme sınavında aldığı derecelere göre zaten buraları kazanması garanti gibiydi, ailesiyle daha fazla ters düşmek istemedi ve onların istediğini yaptı. Tercihlerine tıp fakültelerini yazmış ama önceliği şehir olarak İstanbul'a vermişti.

Sınava günde 2 saat çalışıyor, o saatlerde de sadece deneme sınavı çözüyordu, bu onun için rutin haline gelmişti. Sınava girdiği zaman yaptığı bu deneme sınavlarının çok faydasını gördü, zamanı çok iyi kullanmayı öğrenmişti. Sınavın bitmesine 15 dakika kala soruları çözmüş olarak rahatlıkla sınavı yetiştirdi. Sınavdan ilk çıktığında annesi ve diğer veliler bir sorun olduğunu düşünerek şaşkınlıkla ona bakıyordu. Herkesin en büyük şikâyeti sınavda sürenin yetmemesiyken Demir nasıl erken çıkmıştı? Demir annesine "Merak etme sorun yok, birinci tercihimi, İstanbul Tıp Fakültesi'ni kazanıyorum" diyerek annesini rahatlatmaya çalıştı. Ancak Saadet "Oğlum bir kontrol etseydin, acelen neydi?" diyerek tedirginliğini belirtti. Arkadaşlarına rezil olmak istemiyordu Saadet ve Rana'daki durumu tekrar yaşamaktan korkuyordu.

İki ay sonra sonuçlar açıklandığında Demir'in haklı olduğunu gördüler, Demir ilk tercihini kazanmıştı. Aslında Kerim Ankara'yı kazanmasını istiyordu, iki çocuğu aynı evde kalırdı, böylece okuma meselesini ucuza kapatırdı, Rana o yıl üçüncü sınıfa başlamıştı, iki sene daha ona kira ödemesi gerekiyordu.

Demir'in okulu başlamadan bir hafta önce Kerim'le birlikte İstanbul'a gittiler, o hafta Kerim'in akrabalarının evinde kaldılar. Kerim her zaman yaptığı gibi olayı ucuza kapama yoluna gidiyordu, evde kalabilmesi için en az üç arkadaş bulması şartı koşmuştu Demir'e, aksi halde yurtta kalacaktı. Okulun ilk haftası herkes ev arkadaşı arıyordu. Demir evde kalabilmek için iki arkadaşını organize etmiş, okulun kayıt kuyruğunda tanıştıkları bir kişiyi de dahil ederek grubu dört kişiye tamamlamıştı.

Okulun hemen yakınındaki bir binada dört arkadaş ev tuttular ve Demir'in İstanbul macerası başladı. Demir okulun başladığı gün nasıl bir belaya bulaştığını anlamıştı, 200 kişi bir amfide ders görüyorlardı, en arkada oturan öğrencinin sesleri duyması imkânsızdı. Bu kalabalıkta bir şeyler öğrenmesi çok zordu, üstelik hocaların hepsi yaşlı ve asık suratlıydı, hepsi mesleğinden bezmiş gibi görünüyordu. Sanki coşkulu olmak yasakmış gibi öğrenciler de sınıf atladıkça aynı bezmiş surata dönüşmüşlerdi, üst sınıftaki çocuklar ruhsuz bir hale gelmişti. Demir artık kendi özel yeteneklerinin farkındaydı ancak bu yetenekleri bu ortamda kullanması imkânsızdı, zaten bu yeteneklerini unutmaya çalışıyordu. Dolayısıyla bu okul onun için iyi bir geçiş yeri olabilirdi, en azından okula katlanmak için böyle bir sebebi vardı. İstanbul muhteşem bir şehirdi, kendini kuş gibi hafiflemiş, özgürleşmiş hissediyordu. İstediği saate kadar dışarıda kalabiliyor, kimseye hesap vermiyor, arkadaşlarıyla bazı geceler sabahlıyordu. Ancak bir sorunu vardı, İstanbul macerasının başladığı günden itibaren o garip rüyaları yine görmeye başlamıştı. Onun kontrolü dışında neredeyse haftanın iki üç günü etrafındaki insanlarla veya tanıdıklarıyla ilgili rüyalar görüyor, onların sağlık sorunlarıyla ilgili konulardan haberdar oluyordu bu rüyalarda. Sabah uyandığında bu rüyaları unutmaya çalışıyordu, bunları bilmenin ona hiçbir faydası olmuyordu çünkü. Sadece insanların hasta olacaklarını veya öleceklerini bilmek olacak olanı değiştirmiyordu çünkü. Arada sırada da kendini bir idam sehpasında asılırken görüyor, nefes nefese uyanıyordu. Boynunda bir ip iziyle doğmuştu ve bu izin neden olduğunu hiçbir dermatolog anlayamamıştı, artık o izle yaşamaya alışmıştı.

Bu rüyalar yüzünden artık geceyle gündüzü karıştırmaya başlamıştı, deliksiz bir uyku uyuyamadığı için genellikle ilk derslere yetişemiyor, uyuyakalıyordu. Tıp fakültesinin ilk yılı teorik olarak çok ağırdı, dersleri kaçırdıktan sonra tekrar adapte olmak çok zordu, Demir bunların telafisini yapabilecek kapasitedeydi ancak rüyaları ona bir türlü izin vermiyordu. Bu rüyalar onu hayattan kopardığı gibi yalnızlaştırıyor, mutsuz ediyordu.

Çocukluğundan beri normal bir hayat yaşayabilmek için uğraşıyordu, tam başardığını sandığı dönemde bu rüyalar, enerjiler, gördüğü tüneller yine yakasına yapışıyordu. Çocukluğunda düştüğü yalnızlığa bir kez daha düşüyordu, üstelik bu sefer başka bir şehirdeydi, yanında ailesi de yoktu. İstanbul'a gelene kadar doğru dürüst bir kız arkadaşı olmamıştı Demir'in. Okula başladığı günden itibaren Arzu isminde bir kız sürekli ona ilgi gösteriyordu, Demir onunla çok ilgilenmese de zamanla varlığı onu mutlu etmeye başladı, çünkü çok büyük bir yalnızlığa düşmüştü. Arzu Demir'in katılmadığı derslerin notlarını getiriyor, elinden geldiğince hayatını kolaylaştırmaya çalışıyordu. Bazen evine gelip temizlik yapıyor, ona yemek hazırlıyordu.

Demir bunlara izin verirken Arzu'ya karşı kalbinde en ufak bir kıpırdama yoktu ancak bir kızın kendisinden hoşlanmasından mutluydu. Demir'den hiçbir tepki alamayınca artık Arzu duygularını Demir'e açtı, ondan ne kadar hoşlandığını, hep yanında kalmak istediğini, onu düşünmeden bir an bile geçirmediğini söyledi. Arzu'nun kendisiyle ilgilenmesi gururunu okşamıştı, hayatında ilk defa bir kıza bu kadar yakın olmuştu. Arzu'yu reddetmedi ama bunun en büyük sebebi düştüğü yalnızlıktı, Arzu da Demir'in ona âşık olmadığını biliyordu ama en azından yanındaydı.

Cinselliği ilk defa onunla yaşadı Demir, ama bu duygu tamamen hormonal bir duyguydu. Aşk böyle bir şey olamazdı. Bu duygusunu da Arzu'dan gizlemiyor, "Ben sana aşk hissetmiyorum, seninle olmak hoşuma gidiyor ama bu aşk değil" diyordu. Aylarca Arzu bunu bilerek Demir'le ilişkisine devam etti. Demir her gün ondan ayrılmaya karar veriyor, ama Arzu gözyaşlarına boğulduğunda vicdanı yüzünden ayrılmaktan vazgeçiyordu, üstelik yalnız kalmaya da hazır değildi aslında. Bu yalnızlık korkusu yüzünden de çok ısrarcı davranmıyor hatta bazen Arzu'nun gönlünü alarak yanında kalmasını sağlıyordu. Bu şekilde aylarca gelgit yaşadı, ama eninde sonunda bunu yapmak zorundaydı, çünkü Arzu'nun duygularını sömürüyordu ve zaman gittikçe bu ayrılık onun için çok daha zor olacaktı.

Sonunda bütün cesaretini toplayıp Arzu'yla ayrılık konuşmasını yaptı. Bunu ilk defa yapmıyordu ve birkaç gün içinde Demir'in tekrar yumuşayacağını düşünerek Arzu itiraz etmedi ancak bu sefer Demir kararlıydı. Haftalarca bekledi Arzu ancak Demir geri dönmedi, Arzu'dan kendi isteğiyle ayrılmış olmasına rağmen kendini terk edilmiş gibi hissediyordu Demir, İstanbul'un o kalabalığının içinde yalnız bir hayat yaşıyordu artık. Hem yanına yaklaşan insanları kendisinden uzaklaştırıyor hem de bu yalnızlık ile ilgili derin bir acı hissediyordu. Dersler ağır olduğu için okuldayken çok arkadaşlık kuramıyor, okul saati dışında sürekli gece uykusuzluğu çektiği için, eve gidip yatıyor, gece yarısı tekrar uyanıyordu.

Okulun ilk dönemi bitene kadar bu şekilde yaşadı, ev arkadaşlarıyla bile sohbet etmiyordu. 15 günlük ara tatili başlamış, ev arkadaşları memleketlerine dönmüştü. 15 gün boyunca okula gitmeyecekti ama memleketine de gitmek istemiyordu, dört dersten bütünlemeye kalmış, belki ders çalışma umuduyla İstanbul'da kalmayı seçmişti. Bunu ailesine bildirdiğinde itiraz etmemişlerdi. O dönem bir tek kişiyle bile görüşmedi, kendisini tamamen eve kapattı, günlerce ders çalıştı. Yaşadığı derin yalnızlığı ders çalışarak unutuyordu ancak rüyaları onu rahat bırakmıyordu ve arada sırada yine kendini iple asılırken görüyordu.

15 gün sonra ev arkadaşları gelmeye başladığında sevinmişti, en azından evde yaşam izleri olacaktı. Bu süreç boyunca sadece markete alışverişe çıkmış, onun dışında kimseyle sohbet etmemişti. Yalnızlıktan sıkılmakla birlikte, yalnız yaşamaya o kadar alışmıştı ki ev kalabalıklaşınca yine odasına çekildi. Okulun ikinci dönemi başlamıştı, Demir bu dönem biraz derslerine çalışmaya karar verdi, uykusuz da kalsa derslere girecekti, bu düzene iki hafta dayanabildi ve yine sabahları uyanamaz olmuştu.

Bu rüyaları görmemek için artık geceleri uyumuyor, sabaha karşı yorgun düşüp uyuyakalıyordu. Okulun doktoruna gidip uyku ilacı almaya karar verdi, belki uyku ilacı alırsa bu rüyalardan kurtulabilirdi. Ancak öncelikle psikiyatri servisine muayene olması gerekiyordu bu ilacı alabilmesi için. Psikiyatri servisinden randevu aldı, muayene oldu. Psikiyatri servisi çok yoğun bir klinikti ve hastalar doğru dürüst muayene edilmiyordu, Demir'i de muayene etmedi doktor hatta yüzüne bile bakmadı, sadece derdini sordu ve direkt reçete yazdı. Sakinleştirici ve uyku ilacı yazmıştı. Normalde Demir psikiyatri ilaçlarına karşıydı ancak artık bu durumla baş edemez hale gelmişti.

O akşam erkenden uyku ilacını alıp uyudu, sabah derse yetişmek için saatini kurdu, sabaha kadar çok rahat uyudu, o garip rüyaları görmüyordu. Her ne kadar karşı olsa da bu ilaçlara, hayatı düzene giriyordu artık. İkinci dönemi bu ilaçlar sayesinde çok rahat geçirdi, düzenli olarak derslere giriyordu, arkadaşlar edinmişti, bazen okul çıkışı grupça bir yerlere gidiyordu. Yeniden normal bir hayata başlamanın mutluluğunu yaşıyordu. Neredeyse o garip rüyaları, gördüğü ışıkları tamamen unutmuştu, sanki geçmişte kalan bir anıydı hepsi. Okulun ikinci döneminde geri kaldığı bütün dersleri topardı, her şey yolunda gibi görünse de bir taraftan yaşayan bir ölü gibiydi, aldığı ilaçlar onu duyarsız ve ruhsuz hale getirmişti sanki.

İkinci dönemin sonu gelmiş, Demir bütün derslerini başarıyla vermişti, İstanbul'a geleli neredeyse 1 yıl olmuştu ve Antakya'ya bir kere bile gitmemişti. Öğretim yılı sona erdiğinde uzun bir tatil başlıyordu ve bu sefer Demir zaman kaybetmeden eşyalarını toplayıp Antakya'ya gitmek için hazırlık yapmaya başladı. İki ay sürecek tatil boyunca Antakya ve Samandağ'a gidecekti. Çocukluğunun geçtiği yerleri özlemişti, en önemlisi de kalbinin sesini dinleyerek Şeyh Yusuf El Hekim Türbesi'ni ziyaret etmek istiyordu. Yıllar önce o makama girdiğinde hissettiği huzuru bir daha tatmak için tekrar gitmek istiyordu oraya. Eski arkadaşlarını özlemişti, onlarla bu süreçte hiç görüşememişti, yaz aylarında hepsi memleketine dönmüş olmalıydı. Gerekirse hayat boyu bu ilaçlarla yaşayacaktı, tekrar o rüyaların gelmesini istemiyordu.

Yolculuk günü geldiğinde yanına bazı kitaplarını ve ilaçlarını alarak otogara gitti, otobüsle uzun bir yolculuk onu bekliyordu. Otobüs yolculuklarını çok severdi aslında, uyku ilacı almadan önce hiç uyumadan yolculuk yapar ve bu yolculuk boyunca hayatındaki birçok problemi düşünür, çıkış yolları bulurdu. Otobüs 18 saat sürdü sabahın ilk ışıklarıyla Antakya'ya ulaştı. Ne kadar güzel bir şehir olduğunu hatırladı Antakya'nın. Onun kaçtığı şey bu şehir değildi aslında, ailedeki kavgalar, çatışmalar, gürültüler yormuştu onu. Her ne olursa olsun eve dönme duygusu çok güzeldi, insanın doğduğu şehre bir bağlılığı vardı, nereye giderse gitsin o şehri arıyordu aslında. Otogara ulaştığında Kerim onu karşılamaya gelmişti, bu otogar sahnesini daha önce defalarca ablalarıyla yaşamıştı. Kerim öfkeli bir insan olsa da çocuklarının her ihtiyacına koşan bir babaydı, aslında sevgisini gösterme şekli buydu, içindeki yaralı çocukluğu onu öfkeli yapmıştı. Eşyaları beraberce arabaya yükleyip eve geldiler, Rana da tatil için eve gelmişti. Bütün ailenin bir arada olması çok keyifli bir duyguydu ama çok sürmüyordu. Özlemin verdiği hoşgörünün ömrü en fazla bir gündü, ertesi gün sanki kimse yıllardır gitmemiş gibi kavga ve gürültü başladı. Ne zaman evde bir huzursuzluk olsa herkes kendi kabuğuna çekiliyordu.

Demir arkadaşlarını aramaya karar verdi, en azından şehri gezerler, özlem duyduğu yerlere gidebilirlerdi. Eski arkadaşlarını aradı, herkes farklı bir şehirden tatil için Antakya'ya gelmişti. Kemal, Kenan, Cihat önceden bir organizasyon yapmışlardı bile, Demir'i de davet ettiler; yıllar önce gittikleri Şeyh Yusuf El Hekim Türbesi'nin bahçesinde mangal yapacaklardı. Bunu ilk duyduğunda Demir irkildi, yeniden o günlere dönmek istemiyordu. İtiraz etmedi çünkü gerçekten evden uzaklaşmak istiyordu, hem belki de onun için bir test olacaktı bu ziyaret, ilaçlardan sonra hiç rüya görmemişti, bu ışığı da belki artık görmezdi.

Demir buluşma yerine gitmek için Harbiye yönüne giden bir minibüse bindi, yol üstünde inip türbeye doğru yürümeye başladı. Türbeye yaklaştıkça tedirginliği artıyordu, ayakları sanki geri

geri gidiyordu. Ve nihayet türbe göründü, üzerinde etrafında herhangi bir ışık görünmüyordu. İçinden derin bir oh çekti ve daha da yaklaştı türbeye, hâlâ ışık yoktu. Arkadaşlarının yanına gitmeden önce türbenin içine girmeye karar verdi, ayakkabılarını çıkarıp türbeye girdi. Artık çok rahatlamıştı, hiçbir garip ışık, renk yoktu, herkesin gördüğünü görüyordu o da, nihayet normale dönmüştü.

Türbeden çıkıp arkadaşlarının yanına geçti, yıllar önce yaptıkları gibi işbölümü yaparak muhteşem bir sofra hazırladılar. Sırayla herkes üniversite ve yeni şehir deneyimini anlattı. Kiminin kız arkadaşı olmuş, kimi yalnızlık çekmiş, adapte olamamıştı. Demir her şey yolundaymış gibi yaşadığı deneyimi anlatmadı, sadece buraları ne kadar özlediğinden bahsetti. İçten içe normal bir hayata geçmenin mutluluğunu yaşıyordu, geçmişte gördüklerini tamamen unutmak istiyordu.

İki ay boyunca daha çok arkadaşlarıyla vakit geçirdi, hiçbir garip rüya veya görüntü olmadı o dönem, ilaçlarını düzenli olarak alıyor, eskiye dönmemek için bu konuya özen gösteriyordu. Evdeki kavgalar bile canını sıkmıyordu. "Keşke yıllar önce alsaydım bu ilaçları" diye içinden geçiriyordu. Dersleri yoluna girmiş, uykuları düzenliydi ve hayatta hiçbir şey canını sıkmıyordu. Yazın sonunda artık dönüş hazırlıkları başlamıştı, okula yeniden dönecek olmak bile canını sıkmıyordu, bir uykuda gibiydi, olaylar yanından geçip gidiyor, o sadece izliyordu.

Dönüş günü geldiğinde Kerim Demir'i otogara bıraktı, vedalaştılar, yine kitaplarını ve ilaçlarını alarak hazırlık yapmıştı Demir. Otobüs öğlen saati yola çıktı ancak ertesi sabah erken saatte ulaşabiliyordu, yol 18 saat sürüyordu. Yola çıktıklarında her şey yolundaydı, Demir ilacını içmek için akşamı bekleyecekti. İlaç yarım saatte etkisini gösteriyordu, derin bir uykuya dalıyordu sonrasında. Elindeki kitapların konusu genellikle kişisel gelişimdi, bir tanesinde "duru görü", "duru his", "duru biliş", "duru işiti" konularından bahsediliyordu. İnsanların enerji bedeninde dört tane kanal olduğu, bu kanalların çoğu kişide kapalı olduğu, çalışmalarla açılabileceği yazıyordu. Duru görüsü olan birinin olayları önceden görebileceği, duru hisle bunu hissedebileceği, duru bilişle bileceği, duru işitiyle olayları önceden duyabileceğine dair örnekler yazıyordu kitapta. Bütün bu kanalların kendisinde açık olduğunu, aslında insanların bunu açmaya çalıştığını fark edince kitabı kapattı. "Böyle bir yere neden geçmek ister ki insan?" diye aklından geçirerek bu kitabı okumaktan vazgeçti. Aslında her seferinde karşısına çıkan bu gerçekten bir kez daha kaçıyordu. Elindeki diğer kitaplar da ilgisini çekmedi, yolu izlemeye başladı, yaşadıklarını gözden geçirirdi yolculuklarda ama aldığı ilaçların etkisiyle sanki kendisiyle bağlantısını yitirmiş gibiydi.

Yolda biraz uyuklamaya başladı, henüz yola çıkalı 5-6 saat olmuştu, Pozantı bölgesinden dağların arasından geçerlerken hava kararmaya başlamıştı. Demir bir anda gözlerini açtı ve panikle nefes alamadığını hissetti. Otobüsün içi çok havasızdı ve herkes uyukluyordu, ne yaparsa yapsın nefes alamıyor, otobüsten çıkmak istiyordu. Daha önce hiç başına gelmeyen bir şey olmuştu, klostrofobik bir panik atak yaşıyordu. Hemen çantasındaki sakinleştirici ilaçtan aldı, muavini çağırdı, "Molaya ne kadar süre var?" diye sordu. "15 dakika sonra duracağız" cevabını alınca biraz rahatladı ancak panik haldeydi. Gözü saatteydi, 15 dakika hiç bu kadar uzun gelmemişti. Kalbi hızla çarpıyor, nefes alamıyordu, bu kadar insan nasıl fark etmiyordu içerideki havasızlığı?

Otobüs mola yerine yanaştığında kaptanın otobüsü yavaşça park etmesine bile sabrı kalmamıştı. "Kapıları açın" diye bağırmak geliyordu içinden. Otobüsün kapısı açıldığı anda kendisini dışarı attı, dışarısı çok soğuktu ama Demir'i ateş basmıştı. Derin bir nefes, bir nefes daha aldı, üşümek bir tarafa hâlâ ortam sıcak geliyordu. Otobüsten inen yolcular şaşkınlıkla Demir'i izliyordu. Sanki otobüsün içinde oksijen kalmamış ve saatlerdir nefessiz kalmış gibi hissediyordu. Bu yolculuğu tamamlayacak gücü yoktu, mola bitmek üzereyken otobüse tekrar binmeyi denedi, ama imkânsızdı, otobüs bir tabut gibi geliyordu ona artık.

Muavinin yanına gidip valizlerini almak istediğini söyledi, muavin şaşkınlıkla "Bu dağ başında gidecek bir yer yok ki, neden inmek istiyorsun?" diye sordu. Demir derdini anlatacak durumda değildi. "Biraz rahatsızlandım, kendimi iyi hissedene kadar burada bekleyeceğim, bir sonraki otobüsle devam ederim" dedi.

Muavin valizlerini çıkarırken otobüsteki diğer yolcular şaşkınlık içinde Demir'i izliyor, bu soğukta neden otobüsten indiğine anlam veremiyorlardı. Demir valizlerini alıp mola yerindeki restorana girdi, bir sandalyeye yerleşti. Şimdi sırada restoran çalışanlarına açıklama yapmak vardı, onlara da aynı açıklamayı yaparak başını masaya dayayıp uyukladı.

Aldığı ilaçlara çok güveniyordu, bu panik atağı ilaçlar da engelleyememişti. Ne yapacağını bilmiyordu ama o otobüse tekrar binmesi imkânsızdı, nereye gideceği, yolculuğu nasıl tamamlayacağı konusunda hiçbir fikri yoktu. En azından geceyi o küçük restoranda sandalye üzerinde geçirecek, sabah bir çözüm bulmaya çalışacaktı. Demir o sandalye üzerinde uyurken ara ara mola veren otobüslerden inen insanların gürültüsüyle uyanıyor, mola sonunda tekrar uykuya dalıyordu. Bu şekilde günün ilk ışıkları görününceye kadar sabahladı.

Bir kahve içerken ne yapacağını düşünmeye başladı, aklına bir fikir geldi. Trenle gidebilirdi çünkü trenlerin camları vardı, yolcular camları istediği zaman aralayabiliyorlardı. Daha önce trene bindiği zamanlardan bu ayrıntıyı biliyordu. Garsonun yanına giderek en yakın tren istasyonunun mesafesini sordu. "Buraya 60 km uzaklıkta bir tren istasyonu var, öğlen saatlerinde İstanbul treni gelmiş olur" dedi garson. Duyduğu habere çok sevinmişti çünkü bütün derdi otobüste yaşadığı havasızlık duygusuydu. Garsondan telefonu kullanma izni isteyerek Antakya'yı aradı ve İstanbul'a sağ salim ulaştığını bildirdi evdekilere. Onların kafasını bu durumla meşgul edemezdi, hemen arkasından oradaki garsondan bir taksi çağırmasını istedi. Orada taksi bulunmadığını, ancak bir saat beklerse kendisinin ücret karşılığı onu tren garına götürebileceğini söyledi garson. Hemen kabul etti, çok pahalıya mal olsa da başka bir seçeneği yoktu.

Tren garına geldiklerinde bu eziyetten kurtulmanın mutluluğunu hissetti, yaklaşık bir saat sonra tren de geldi, hemen biletini alıp trenin içine girdi, pencerelerin açılıp açılmadığını kontrol etti. Açıldığını görünce derin bir nefes alıp koltuğuna kendini bıraktı. Tren yolculuğu otobüsten iki kat uzun sürüyordu ama umurunda değildi, okula birkaç gün geç gidebilirdi, tren daha hareket etmeden derin bir uykuya daldı.

Yaklaşık 12 saat boyunca uyumuştu Demir, müthiş bir susamışlık duygusuyla panikle uyandı, hemen pencerelere koştu, pencereyi açtı, derin bir nefes aldı. Trenin restoran kısmına geçerek içecek bir şeyler almak istedi ancak çok az parası kalmıştı, bütün parasını garsona vermişti neredeyse. Suya para verirse tren garından evine gidebilecek parası yoktu, tuvalete girerek oradaki kullanma suyunu içmek zorunda kaldı, dili damağına yapışmıştı adeta. Tekrar koltuğuna dönerek huzurla uykuya daldı.

Tren İstanbul'a vardığında yolcuların sesleriyle uyandı Demir. Bir gün gecikmeli olarak İstanbul'a ulaşmayı başarmıştı. O kadar çok uyumuş ve acıkmıştı ki, dizlerinde derman yoktu ama son bir çabayla trenden inip evinin önünden geçecek otobüse kendini atmayı başardı. Şehir içi otobüs de tıklım tıklımdı ve yine panik atağı başlamıştı. Pencerenin açık olduğu yere doğru yaklaşarak bu yolculuğu da tamamlamayı başardı.

Eve ulaştığında ilk iş olarak dolaptan kana kana su içti, dolapta bulduğu ekmek peynirle karnını doyurdu.

Ertesi gün okul başlayacaktı, hazırlığını yaptı, okula gitti, ancak amfide kalabalığın içinde duramıyor, yine nefes alamıyordu. Dersten çıkmak zorunda kaldı, girdiği her mekânda pencere var mı diye bakıyordu, hayatına yeni bir hastalık girmişti artık. O hafta boyunca okula gidemeyince soluğu yine psikiyatri kliniğinde aldı. Doktora derdini anlattığında doktor yine yüzüne bakmadı, hızlıca dosyasını inceleyip "İlaçları değiştiriyoruz" demekle yetindi. İlaçlar değişmiş, dozları artmıştı.

Diğer hafta ve bir sonraki hafta okula her gittiğinde panik atak krizleri geliyordu, artık bu durumla baş edemez haldeydi. Sonunda mecburen ailesini arayıp durumu anlatmak zorunda kaldı. Evden çıkamaz hale gelmişti, yardıma ihtiyacı vardı. Antakya'dan geldiği günden beri okula gidememiş, derslerinden yine geri kalmıştı. Antakya'yı aradığında annesine durumu anlatmıştı. Saadet ne olduğunu anlayamasa da oğluna psikiyatrik bir rahatsızlık teşhisi konulmasından hoşlanmıyordu. Psikiyatri kliniğinden iki aylık bir rapor almıştı, ilk dönem okula gitmeyecekti, ikinci dönem toparlanırsa her iki dönemin sınavlarına beraber girecekti.

Saadet hemen Antakya'ya gelmesini söyledi, bu durumun nereden ortaya çıktığını sorup duruyordu telefonda. Demir dönüş hazırlıklarına başladı, tren biletini aldı, en azından hâlâ trenle yolculuk yapabiliyordu. İlaçları hiçbir işe yaramaz hale gelse de, ilaçlarını da yanına aldı. İki günlük tren yolculuğundan sonra Antakya'ya en yakın tren istasyonu olan İskenderun'da indiğinde babası onu karşılamak için bekliyordu. Ne annesi ne de babası neler olduğunu anlayabiliyordu, daha önce hiçbir rahatsızlığı olmayan bu çocuğa birdenbire ne olmuştu? Kerim Demir'in yaşadığı paniği "şımarıklık" olarak değerlendiriyordu, Saadet için ise bu durum "prestij" kaybıydı, her ikisi de hoşnut değildi bu olaydan ve kimselere duyurmuyorlardı.

Aylardan ekimdi, artık kış kendini göstermeye başlamıştı, Antakya'da kış akşamlarında sokaklarda kimse kalmazdı. Günlerce evden çıkmadı, arkadaşlarından kimse yoktu, herkes okuluna gitmişti. Her gece pencere açık yatıyor, nefes alamıyordu. Kerim geceleri kalkıp pencereyi kapattığı anda uykudan fırlayıp tekrar açıyordu. "Baba pencereyi kapattığında nefes alamıyorum" dese de Kerim boşuna yakıt harcadıklarını düşünerek her gece bu denemeyi yapıyordu. O hafta ilaçlarını almayı bıraktı, zaten hiçbir işe yaramıyordu ilaçlar ve zaten okula gitme zorunluluğu yoktu. İlk birkaç gün uykusuzluk çekse de yavaş yavaş uyku düzeni oturmaya başlamıştı.

On beş gün bu şekilde geçti, bir sabah uyandığında içinde dışarı çıkmak isteği vardı. O sabah evden çıktı, minibüse atladı, ayakları onu Şeyh Yusuf El Hekim Türbesi'ne doğru götürmüştü. Neden oraya gittiğini, oradan ne umduğunu bilmeden türbeye doğru yaklaştı, türbe göründüğü anda yeşil bir ışıkla parladığını fark etti. Önceden olsa bu ışığı gördüğüne üzülürdü ama zaten hayatında her şey altüst olmuştu, şifa bulacağına inanarak ışığa doğru yürüdü. Bu süreçte başına gelenler onu hayattan koparmıştı, eskiden sadece rüyaları vardı onu rahatsız eden ancak şimdi yaşayamaz hale gelmişti. Hiçbir yere çıkamıyor, mekânlarda duramıyor, uyurken bile pencere açmak zorunda kalıyordu. Artık okul da umurunda değildi, sadece rahatça nefes alabilmek dışında hiçbir beklentisi kalmamıştı.

Türbenin içine girdi, yemyeşil parlıyordu her yer, sanki yaşam sevinci doluyordu, ne çok özlemişti bu huzuru... Saatlerce türbenin köşesinde bir sandalyede oturdu, burada ona ait bir şey vardı ve burayı reddedemiyordu. Uzun süredir ilk defa derin nefes alabiliyordu, etrafını yemyeşil ışıklar sarmıştı, bu ışıkları kabule geçti. Bütün ruhu ve bedeni yenileniyordu, kendisinin kontrolü dışında bir şeyler oluyordu adeta. Türbenin köşesinde halıya uzanıp uykuya daldı, saatlerce deliksiz bir uyku çekti.

Demir Antakya'dayken zamanının çoğunu türbede geçirmeye başlamıştı ve artık tamamen şifalandığını hissediyordu. İlaçlarını bırakmış, uykuları düzenli hale gelmişti, üstelik klostrofobisinden de eser kalmamıştı.

Bunun nasıl olduğunu bilmiyordu ama artık okula dönebilecek güçte hissediyordu kendini, üstelik otobüsle dönebilecek kadar toparlanmıştı. Birkaç gün önce dönüş hazırlığını yaptı, iyileştiğine ailesini de ikna etmişti, otobüsle İstanbul'a döndü, yol boyunca hiç sorun yaşamadan İstanbul'a kadar ulaştı. Evet artık bu sıkıntılar geride kalmıştı, türbede geçirdiği günler ona çok iyi gelmişti, ilk dönem derslerini de ikinci dönem derslerini de toparlayacak gücü hissediyordu kendinde. İstanbul'da kış başlamış ve şehre karanlık çökmüştü, son gittiğinde İstanbul'un havasından bile nefes alamıyordu, artık daha huzurluydu.

Yolculuk yorgunluğunu attıktan sonra hafta başı dönemin ilk günü erkenden okula gitti, okulda kaybettiği zamanı geri kazanmak ümidiyle hızla programını yaptı. Evet, okulu sevmese de bu diplomaya ihtiyacı vardı. Eksik notlarını toparlayarak kendine yeni bir program oluşturdu. En azından bir hedefi vardı artık. Sabahları erken gitmeye başlamış ve amfinin en önünde yer tutmayı alışkanlık haline getirmişti. Demir'in başarısı bir ay içinde görünür hale gelmeye başladı.

Okulda başarısından dolayı popüler hale gelmiş yeni arkadaşlıklar edinmişti. İkinci dönemin ortalarında hem hocalarının hem arkadaşlarının gözdesi haline gelmişti.

İkinci dönemin sonunda amfide bir ders bitimi sonrası Sevda'yı en arka sırada ağlarken gördü, normalde kızlarla çok iletişim kurmazdı ancak o kadar kötüydü ki Sevda, yanına gitmek zorunda hissetti kendini.

Koca amfide ikisinden başka kimse kalmamıştı, titrek bir sesle Sevda'ya yaklaşarak "Neyin var?" diye sordu. Sevda ayağa kalkıp Demir'e sarılarak hüngür hüngür ağlamaya devam etti, hiçbir şey söylemeden sadece ağlıyor ve Demir'e sımsıkı sarılıyordu. Sevda'nın kokusu Demir'de garip hisler uyandırmıştı, donakalmış, hiçbir şey yapmadan öylece duruyordu. Yavaşça ona sarılarak sırtını sıvazlamaya başladı, sakin olmasını derin nefes almasını söyleyerek onu yavaşça oturttu.

"Özür dilerim, derdimi kimselere anlatamıyorum ve çok acı çekiyorum. Ne olur izin ver omzumda ağlayayım, kim olduğunu bilmesem de birine ağlamaya ve anlatmaya ihtiyacım var.

Bu acıyla yaşayamam" diyerek başını Demir'in omuzuna dayadı Sevda.

"Tabii ki anlat ve rahatla. Emin ol seni dinleyeceğim ve anlattıkların bende kalacak ama önce izin ver sana bir su getireyim ve sakinleş" dedi Demir. Sevda uslu bir çocuk gibi başıyla onayladı.

Demir koşarak amfiden çıkıp kantinden su almaya gitti, merdivenleri üçer üçer atlayarak hızla kantine girdi ve Sevda'ya bir soğuk su alıp aynı hızda döndü, acelesi vardı, bu düşten uyanacak diye korkuyordu. Sevda'nın gitmesinden korkuyordu, koşa koşa amfiye geri döndü, Sevda orada bekliyordu. Ne kadar da güzeldi, yemyeşil gözleri ışık saçıyordu, bu kadar güzel bir kız nasıl bir acı çekiyor olabilirdi? Hemen suyu açarak Sevda'ya uzattı ve bu sırada cebinden çıkardığı mendille Sevda'nın gözyaşlarını sildi, Sevda minnettar bir ifadeyle suyunu içerken gözleriyle Demir'i izliyordu suyunu içtikten sonra lafa girdi:

"Ben Sevda, seninle beş yıldır sınıf arkadaşıyız ama seninle tanışmadık" diyerek elini uzattı.

"Ben de Demir, çok memnun oldum."

"Biliyorum, adını çok duydum, sınıfta herkes aldığın notları konuşuyor."

Demir'in egosu okşansa da Sevda'nın gözlerinden kendini alamıyordu. Sevda lafa girdi:

"Özür dilerim gerçekten kendimi kaybettim, seninle konuşabileceğimden emin değilim, çok büyük bir sorunum var ve kimselere anlatamıyorum. Sana güvenebilir miyim?"

"Sevda ben bu okulda kimseyi doğru dürüst tanımıyorum ve dinlemeye hazırım, içinde tuttuğun şey seni hasta edecek yoksa, anlat ve rahatla."

Sevda bu cümleden çok etkilenmişti çünkü içinde tuttuğu şey onu aslında hasta etmişti bile, 3 gündür uyuyamıyor ve sürekli karnı ağrıyor, yer yer zamansız âdet kanaması gibi kanamalar yaşıyordu. Demir'in yeteneklerini bilmediği için bu cümleyi psikolojik bir tavsiye gibi algılamıştı. Oysa Demir Sevda'nın yumurtalıklarında yanan alevi görüyor ve Sevda'nın aslında hastalığı olduğunu biliyordu.

Sevda sıkılarak yeniden lafa girdi:

"Ben aslında suçum olmadığı halde büyük bir suçluluk hissediyorum, küçük bir şehirde çok tutucu bir ailenin kızıyım ve yapmamam gereken bir şey yaptım. Şimdi bu yaptığım şeyin cezasını çekiyorum."

Demir bu durumun bit partnerle ilgili olduğunu anlamıştı. Sevda'nın daha rahat anlatabilmesi için lafa girdi:

"Bir aşkta güvenen taraf suçlu olmaz, güveni boşa çıkaran tarafın yükünü alma" dedi.

Sevda'nın iri yeşil gözleri açılmıştı, şaşkınlıkla Demir'e baktı ve doğru kişiyle dertleştiğinin huzuru yüzüne yayıldı. "Evet..." dedi. "Tam da bu, benim tek suçum güvenmekti ve hayatımda ilk defa kalbim bu kadar çarpmıştı, beni bir kâğıt gibi buruşturup attı, üstelik sadece ben acı çektim."

Demir bir taraftan şaşkınlık içindeydi, böyle güzel ve akıllı bir kızı terk edebilecek bir erkek var mıydı?

"İstersen okuldan çıkalım, bir kahve içelim ve sen de bana hikâyeni en başından anlat, bildiğim bir şey var ki hiçbir ateş söze dökülmeden sönmez, içinde yanan ateşi anlattıkça rahatlarsın."

Demir, kendisi bile bu cesaretine şaşırmıştı. Sevda çok etkilenmişti. Bu nasıl güzel bir cümle ve bakış açısıydı böyle. Demir'in dostluğu içini ısıtmıştı ve tam da ihtiyacı olan şey buydu şu anda, eşyalarını toplayıp uslu bir çocuk gibi başıyla onayladı. "İyi fikir, buradan uzaklaşmak bana da iyi gelecek, çok teşekkür ederim, bunu yapmak zorunda değilsin. Ama inan şu kısacık sürede bile günlerdir taşıdığım yüküm azaldı."

Demir toparlanmasına yardım ederek Sevda'ya cevap vermeden sırtına dokunarak yol gösterdi, beraberce okuldan çıktılar ve biraz yürümeye başladılar. Demir soruyor, Sevda anlatıyordu, bir saat içinde sanki kırk yıllık dostlukları varmış gibi kâh gülerek kâh gözleri dolarak Sevda Demir'e her şeyi anlattı.

Uzun boylu, yakışıklı bir adamla gece kulübünde tanışmıştı, ne iş yaptığını bilmediği bu kişiyle çok kısa süre içinde yakınlaşmışlardı. Adam çok romantikti ve ne yapıp edip Sevda'nın kalbini çalmayı başarmıştı. Her gün okul çıkışı son model arabasıyla Sevda'yı okuldan alıp biraz vakit geçirdikten sonra eve bırakıyordu. Üç ay boyunca yakınlaşma girişiminde bile bulunmamıştı ve Sevda adamın bu nazik tavrından çok etkilenmişti.

Bir hafta sonu beraberce gece kulübüne gitmişlerdi ve çıkışta adam Sevda'ya biraz vakit geçirmelerini teklif etmişti, Sevda adama artık güvendiği için sorgusuz sualsiz kabul etmişti ve adam onu İstanbul'un en tanınmış otellerinden birinin lobisine götürmüştü. Sevda yine de şüphelenmemiş ve bir iki kadeh içkiden sonra adamın onu evine bırakacağını düşünmüştü, adam romantik bir tavırla ona odada bir sürpriz hazırladığını söylediğinde bile odaya çıkmakta bir sakınca görmemişti. Odaya girdiklerinde adam bir anda Sevda'nın üstündekileri adeta yırtarak çıkarmış ve Sevda'ya tecavüz etmişti. Sevda kendini savunamamış ve ağlaya ağlaya bu tecavüze maruz kalmıştı.

Günün ilk ışıklarıyla adam otelden ayrılmış ve Sevda'yı oracıkta tek başına bırakmıştı. Sevda doktora bile gidemeyecek kadar utanç içindeydi, vajinasında ve makatta yırtıklar oluşmuştu. İki gün tuvalete girmekte bile zorlanmış ama bu durumu kimselere anlatamamıştı. Bunları anlattıklarında yol kenarında bir banka oturmuşlardı ve Sevda ağlama krizine girmiş ama anlatmaya devam ediyordu.

"Bu olaydan üç gün sonra okula geldi ve benimle konuşmak istediğini söyledi, ben de kabul ettim çünkü ona âşıktım. Evli olduğunu, bir hata yaptığını, bir daha onu aramamamı istediğini söyledi, en çok canımı yakan şey de ondan nefret ettiğimi bile söyleyemedim. Evli olmasa sanki bir ilişkimiz mi kalmıştı? Kendinden emin bir şekilde o kadar rahat konuşuyordu ki sinirlerim bozuldu."

Demir Sevda'nın omzunu sıvazlayarak konuşmasını dinliyordu sadece ama Sevda'nın çektiği acı içini acıtıyordu. Sevda anlatmaya devam etti, susmak istemiyordu çünkü konuştukça rahatlıyordu.

"Benim ailem bunu duysa ilk beni öldürür, adamı suçlamazlar bile, ben bu kadar ağır bir yükü nasıl kaldırabilirim? Hayatımda kendimi hiç bu kadar değersiz hissetmemiştim ve en çok kendime kızdım, aylarca karşımda bir canavar olduğunu anlayamadığım için kendimden nefret ettim."

Demir söze girdi:

"Narsisler avını yakalayana kadar ustaca yaklaşırlar, bu senin suçun değil tabii ki ve emin ol yeni bir kurban bulduğu için giderler. Ama kurbanlarında hasar bırakırlar giderken, bu toplumda en kibar, en anlayışlı kişilerin kapılar arkasında neler yaptığını haberlerde görüyoruz; bir cinayetten sonra etraftaki kişilerin 'Çok efendi bir insandı, bunu yaptığına inanamıyorum' dediğine de defalarca şahit olduk. Gizli narsisler çocukken yaşadıkları büyük travmalarla vicdanlarını kaybederler ve verdikleri acının farkına bile varmazlar."

"Evet doğru" dedi Sevda. "Küçükken annesi babasını aldatmış ve babası bu yüzden annesini öldürmüş. Yıllarca yetimhanede büyümüş ve hayatında hiçbir canlının acı çekmesine tepki vermezmiş. Bununla ilgili sohbetlerimiz olmuştu."

Hava kararana kadar bir bankın üzerinde oturup sohbet ettiler, dışarıdan görenler onları iki sevgili sanabilirdi çünkü sohbet boyunca Sevda yer yer başını Demir'in omzuna yaslıyor, yer yer koluna girip konuşuyordu.

Demir'in hayatında kontrol edemediği tek yer kalbiydi, o kadar büyük bir boşlukla yaşamıştı ki âşık olmaya çok hazırdı, o gün başlayan şey her ne ise Demir için ilk günden bağımlılık haline gelmişti. İki hafta kadar her akşam sürekli akşamları sohbet ediyorlar, bazen de ders çalışıyorlardı. Sevda bu kargaşa içindeyken çoğu dersine girememiş ve okul hayatı da tehlikeye girmişti. Demir bu konuda da Sevda'ya yardımcı olmaya başlamıştı, üstelik onun için bir şeyler yapmaktan büyük keyif alıyordu.

Yine bir akşam okul çıkışı her zaman gittikleri kafede sohbet ettiler, Sevda ufaktan ufağa Demir'e bağlanıyordu ancak Demir'in gözlerindeki özlem ve aşk ateşi onu korkutuyordu, Demir'le bir deneme yapamazdı çünkü duygusal olarak çabuk savrulabilecek bir erkekti. Ona acı vermekten korkmakla birlikte onunla zaman geçirmek çok hoşuna gidiyordu. O akşam hava karardıktan sonra Sevda eve gitmek istemediğini fark etti ve Demir'e onunla birlikte gelmek istediğini söyledi. Bu Demir için rüya gibi bir teklifti ancak aynı anda içini bir tedirginlik kapladı, bugüne kadar hep Sevda'nın dünyasından bahsetmişlerdi ve Demir kendi dünyasını açmaya hazır değildi.

Sevda Demir'in yüzündeki tedirginliği fark ettikçe daha bir ısrarcı olmaya başladı, nedense Demir'in bu çekimser tavrı ona daha fazla güven veriyordu. Sonunda Demir dayanamadı, bu teklifi kabul etti. Eve giderken bir tane şarap aldılar ve eve doğru yola koyuldular. Eve vardıklarında Demir şöylece bir tabloya baktı, yalnızlık, sessizlik dolu evini Sevda'nın nasıl da doldurduğunu görüp mutlu oldu, artık tedirgin değildi çünkü eşik aşılmıştı. Sevda'ya mümkün olduğu kadar mesafeli duruyor, onun yaralı yüreğine zarar vermemek için fazladan özen gösteriyordu. Tam da bu sebeple Sevda gittikçe Demir'e yakınlaşıyordu, odanın köşesinde Demir'in gitarı duruyordu ve gitarın yanında karalama kâğıtları vardı. Sevda, "Sen gitar mı çalıyorsun?" diye coşkuyla çığlık attı.

"Biraz çalıyorum."

"O kâğıtlarda ne var peki?"

"Biraz da beste yapıyorum kendimce, ama çok amatör" diye çekinerek cevapladı Demir.

Sevda çocukça bir tavırla ağzını büzerek "Bana çalar mısın?" diye sorduğunda Demir reddedemeyeceğini çok iyi biliyordu.

"Önce şaraplarımızı doldurayım, belki ayık kafayla beni dinlemek istemezsin."

Sevda gülümsedi ve ayağa fırlayarak "Uzun zamandır kendimi hiç bu kadar keyifli hissetmemiştim, şarapları ben dolduracağım, sen lütfen çalmaya başla ama bestelerini dinlemek istiyorum" diye diretti.

Demir gitarını eline aldı, önce biraz klasik müzik parçalarıyla parmaklarını ısıttı, Sevda hayranlıkla bakıyor, Demir'in o ince uzun parmaklarının ustalıkla klavyedeki gezintisini izliyordu. İçinde Demir'e hissettiği sıcacık yer gittikçe büyüyordu, bir süre sonra Demir bestelerini çalmaya başladı, sözleri dinledikçe Sevda'nın gözünden yaşlar süzülüyordu.

> *"İnsanlar dolaştı kalbimde günbegün*
> *Kalmayı bilemeden*
> *Nasıl olsa sen de gideceksin bir gün*
> *Umutsuzum, sorma neden..."*

Demir söyledikçe Sevda'nın gözyaşları sel olmuştu. Demir durdu. "İyi misin?"

"Bu sözler o kadar içime dokundu ki, sanki beni tarif eder gibi yazmışsın, bu dünyada bu kadar güzel kalpli insanların varlığına artık inanmaz olmuştum" diyerek Demir'in boynuna sımsıkı sarıldı. Demir yine aynı duyguya girmişti, Sevda'nın o sihirli kokusu ruhunu sarmış, karşı koyamıyordu. Sevda hiç düşünmeden dudaklarını Demir'in dudaklarına yapıştırdı. Demir başka bir âlemde gibiydi, Sevda soyunurken aynı zamanda Demir'i de soyuyor, ona temas etmek istiyordu. Demir çıplakken bile nazikti, Sevda'nın göğüslerine bile temkinli dokunuyor, sanki yaralı bir kuşu sever gibi seviyordu onu.

Sabaha kadar tenleriyle konuştular, sabah hava aydınlanırken Sevda bir anda yataktan fırladı. "Eyvah eve haber vermeden sende kaldım, anneannem uyanmadan eve giderim diye düşünmüştüm, kıyameti koparmıştır şimdi, hemen eve gitmeliyim" diyerek hızla giyinip kapıya yöneldi.

Demir sadece şaşkınlıkla izliyordu, konuşmaya bile fırsat bulamadan Sevda kapıyı çarpıp çıktı. Demir odada duvarlarla baş başa kaldı, öylece kaldı, bu yaşananlar gerçek miydi, düş mü görmüştü? Tekrar uyumaya çalıştıysa da bu mümkün değildi, odanın her tarafında Sevda'nın kokusu vardı. Sevda hayatına girmiş miydi yoksa küçük bir düş müydü yaşadığı? Kalkıp bir duş almak istese de Sevda'nın kokusunu silmek istemedi ve duş almaktan vazgeçti, yüzünü yıkadı ve gitarını eline aldı, çalmak istemediğini fark edip bıraktı.

Sanki bütün sihir bir anda yok olmuş, ev eski renksiz haline dönmüştü. Yarım bıraktığı kitabı da kâr etmedi, televizyonu açtı, yok yok... Hiç bir şey kâr etmiyordu, sanki içinde yıllardır hapsettiği bir canavar özgür kalmış sağa sola saldırıyordu. Sabahın güneşi kendini hissettirmeye başlamıştı, dışarı çıkıp yürümeye karar verdi, o gün okula biraz geç gidebilirdi. Sevda'yı aklından bir türlü çıkaramıyordu ama bir taraftan umutluydu, ne hissettiğini anlayamıyordu, hayatında böyle bir duyguyu tatmamıştı. Tarifi olmayan bir şeydi bu, bir taraftan da tedirgindi.

Öğlen saatinde kendini okulun kapısında bulmuştu, aslında o gün okula sadece Sevda'yı görmek için gitmişti, amfiye girdiği anda gözleri onu aradı. Bütün öğrenciler gelmiş ancak Sevda yoktu, üstelik Sevda'ya ulaşabileceği bir numara veya bir adres de yoktu. O gün Sevda okula gelmedi. Ertesi gün, diğer gün de gelmedi. Hafta sonu gelmişti ama Sevda ortalıklarda yoktu.

Sevda'nın en yakın arkadaşı Zeliha pazartesi günü Demir'in yanına geldi, Sevda Zeliha'ya ulaşmış, ailesinin İstanbul'a geldiğini ve eve gelmediği akşam polise haber verdiklerini ancak sakinleştiklerini söylemişti. Bunu bilmek bile Demir'i rahatlatmıştı çünkü bu rüyadan uyanmak istemiyordu. Bu haberi aldığı gün sanki düşüne tekrar dönmüşçesine içine bir coşku düşmüştü, sabırla beklemekten başka çaresi yoktu. Ertesi gün sabah erkenden okula gidip Sevda'yı beklemeye başladı, uzaktan saçları dalgalana dalgalana Sevda'nın geldiğini gördü, kulağında tatlı bir keman sesi çalmaya başlamıştı sanki, hızla yanına doğru koştu, Sevda'nın yüzünde hiçbir ifade yoktu.

Demir, "Neyin var Sevda, günlerdir seni merak ediyorum, başına ne geldi, neler oldu?" diye sordu.

"İyiyim merak etme, şu an annem de benimle geldi, çok konuşamam, babam bir süreliğine annemi getirdi yanıma, daha sonra konuşuruz" diyerek soğuk bir ifadeyle uzaklaştı.

Demir anlayamıyordu, Sevda üzgün müydü yoksa kendisinden mi uzaklaşmıştı? Bildiği tek şey bir süre beklemek zorunda olduğuydu, ancak Sevda neden Demir'e soğuk davranmıştı, bu durumu izah edemez miydi?

Günler günleri kovaladı. Demir Sevda'yı sınıfta, laboratuvarda, klinikte görüyor ama ancak uzaktan uzağa selamlaşıyordu. Ders aralarında ise Sevda annesiyle kantinde oturuyordu, hiç kimseyle sohbet etmiyordu, annesi bekçilik için gelmiş ve kimseyle görüşmesine izin vermiyordu. İkinci dönem sonuna kadar bu şekilde devam etti bu durum. Demir en azından Sevda'yı görebiliyor olmanın mutluluğunu yaşıyordu. Bu arada görünür olmak için daha fazla ders çalışıyor, okulun takdir listesinden inmiyordu. Yılın sonunda artık mezuniyet yaklaşmış, herkes son finallere çalışıyor, okulu bitirmeye hazırlanıyordu. Demir'in notları çok iyiydi ama yine de görünür olmak için okul birinciliğine oynuyordu, Sevda'nın annesi ise son güne kadar Sevda'yla birlikte okula gelip gidiyordu.

Nihayet okul bitti ve Demir okulu birincilikle bitirmişti. Annesi geldiğinden beri Sevda'yla bir kez bile buluşamamıştı ancak eninde sonunda onun özgürlüğüne kavuşacağını biliyordu. Demir'in telefonu Sevda'da vardı ve istediği zaman Demir'e ulaşabilirdi ancak annesi Sevda'yı bir an bile yalnız bırakmıyordu.

Okulda bir mezuniyet töreni düzenlenmiş ve öğrencilere diplomaları veriliyordu, Demir okulu birincilikle bitirdiği için kürsüye ilk o çağırıldı. Gözleri hemen Sevda'yı aradı Demir'in, aylar sonra Sevda, Demir'e bakıp gülümsüyordu. Demir zamanın yaklaştığını fark ediyordu, törenden sonra herkes evlerine dağıldı, Demir de yüzünde bir gülümsemeyle eve gitti o gün. Okul birinciliği umurunda değildi, Sevda ona gülümsemişti, bu mutluluk ona günlerce yeterdi. Artık okul bitmiş, özgürlüğüne kavuşmuştu. Okul sınavlarına çalışırken aynı zamanda Çin tıbbı ile ilgili kitaplar da okuyor, geleneksel tıpla burayı bütünleştiriyordu, elinde kitap henüz uykuya dalmışken birden telefon çaldı. Sanki zilin sesi bile farklıydı, yataktan fırlayıp telefonu açtı. Telefonun ucunda Sevda vardı, aylar öncesinin ses tonuyla, "Bana bir kahve ikram eder misin?" diyordu.

O kadar emindi ki Demir'in onu geri çevirmeyeceğinden, cevabını beklemeden evinin önüne geldiğini, kapıyı açmasını beklediğini söyledi. Demir yerinden ok gibi fırlayarak kapıyı açtı, yukarı doğru Sevda'nın ayak seslerini dinledi, o güzel ritme kendini kaptırdı. Ve Sevda kapıdan girdi, yine ev şenlenmişti ve yine aşk kokusu sarmıştı evi. Sevda hiçbir şey söylemeden Demir'in boynuna sarıldı. Demir'in kafasındaki onlarca sorunun zamanı değildi şimdi, bu sarılmanın tadını çıkarmayı seçti. Çok uzun zaman olmuştu, kim bilir neler yaşamıştı... Ama bir o kadar da özlemiş ve kendini onun akışına bırakmıştı, hayatında her alanda kontrollü olan Demir, Sevda konusunda kalbine söz geçiremiyor, üstelik söz geçirmek de istemiyordu. İlk gece olduğu gibi Sevda hızla soyunup Demir'in dudaklarına yapıştı. Demir'in anlam veremediği bir şey vardı, Sevda sanki iki kişilikliydi. Bazen Demir'i tanımıyor gibiydi, sonra birden yakınlık gösteriyordu, ortada bir dengesizlik vardı ve anlamak imkânsızdı. Ama Demir bu anların geçici olduğunu bilerek tadını çıkarmaya karar verdi.

O gün akşama kadar seviştiler, hava karardığında Sevda toparlandı. "Son birkaç gün daha annem benimle kalacak, o yüzden eve erken gideyim, annem gittikten sonra artık özgürüm" diyerek hazırlanıp evden çıktı. Bu sefer hiçbir şey konuşmamışlar, sadece sevişmişlerdi. Demir, Sevda'nın duygularını anlayamıyordu ve direksiyon kendisinde değildi ama yanmayı göze almıştı bir kere, üstelik kızcağız annesi yüzünden böyle davranmak zorunda kalıyordu, yani haklıydı.

Bir daha ne zaman görüşeceklerini bilmeden Sevda'yı uğurladı. O vedanın son vedası olduğunu bilmeden keyifle yatağında doğrularak ortalığı toplamaya başladı. Artık onu bekleyen işlerine dönebilirdi çünkü kalbi doyurulmuş, avutulmuş bir çocuk gibi enerjikti şu an. Sevda kapıdan çıktığında kalbinde en ufak bir kuşku yoktu çünkü bütün taşlar yerli yerine oturmuştu.

O hafta ailesi Demir'in Antakya'ya gelmesini bekliyordu. Çünkü okulu bitmiş, artık orada kalması için bir sebep bulunmuyordu. Demir ise Sevda'yla durumu belli olana kadar Antakya'ya gitmeyi ertelemiş ve ailesine iş durumu olabilir diye bir süre orada kalacağını söylemişti.

Aradan bir hafta geçti, Sevda ortalıklarda yoktu. Acaba annesi onu alıp götürmüş müydü? Öyle bir şey olsa Sevda haber verirdi mutlaka, bir sorun vardı ama ne olabilirdi? İki hafta sonra Zeliha'ya ulaşmaya karar verdi. Zeliha Demir'e yakın oturuyordu ve o henüz okulunu bitiremediği için yaz kurslarına kalmıştı.

Çat kapı Zeliha'nın evine gitti, Zeliha yorgun bir ifadeyle kapıyı açtı. "Merhaba Zeliha nasılsın? Yorgun görünüyorsun" dedi Demir.

"Sorma Demir, başım çok kötü ağrıyor, ne ders çalışabiliyorum ne de yatabiliyorum. Ağrı kesiciler de fayda etmiyor, ne yapacağımı şaşırdım" diye cevapladı Zeliha.

"Çok geçmiş olsun, senin için yapabileceğim bir şey var mı?" diye sordu Demir.

"Yok, uyumam lazım, ancak öyle geçer bu ağrı."

Zeliha'yı yormak istemiyordu Demir. "Sadece Sevda'yı soracaktım sana, haber alamıyorum, bilgin var mı?" diye sordu.

Zeliha gözlerini kaçırdı Demir'den. "Bilmiyorum" diyebildi.

Demir, Zeliha'yı zorlayamazdı, hiç iyi görünmüyordu.

"Ne olur bildiğin bir şey varsa söyle, bak ben ne yapacağımı bilemez halde dolaşıyorum. Bilmek istiyorum" dedi yalvaran gözlerle.

"Unut Sevda'yı" dedi Zeliha, ne de kolay söylemişti. "Unut çünkü o gitti."

"Nereye gitti?" diye bağırdı Demir, farkında olmadan Zeliha'nın kollarından tutmuştu.

Zeliha sinirlenmişti. "Sen ayakta uyuyorsun, Sevda seni çoktan beri terk etti haberin yok, git de Tarabya Oteli'nde kiminle kaldığını gör" diye bağırdı Demir'e. Demir donakalmış, duyduğu şeyden çok canı yanmıştı. Tarabya Otel'di, daha önce Sevda'dan duymuştu. Tecavüze uğradığı oteldi orası, yaşadıklarını anlatmıştı Sevda. Bunu başkası bilmiyordu, tesadüf olamazdı aynı otel olması, muhtemelen korktuğu kişiyle kalıyordu.

Demir duyduklarının gerçek olduğuna hemen ikna olmuştu çünkü Sevda'nın gözlerinde hep bir yalan seziyordu. Sevda kendisine kötü davranan erkeklere çekiliyordu ve Demir ona hiç zarar vermemişti, sert ve kaba bir baba tarafından büyütülmüş ve babasından şiddet görmüştü. İlk sevgiyi babada tanımladığı için ona değer vermeyen, şiddet gösteren, değersiz hissettiren erkeklere farklı bir ilgi duyuyordu. Demir, Sevda'nın bu hastalığını görebiliyordu ve onun o adamla olma ihtimali ilk defa aklına gelmiyordu. Ancak bu sefer durum farklıydı, korktuğu başına gelmişti, üstelik Sevda'ya derin duygular hissediyordu. En zayıf tarafı dişilerle kurduğu ilişkiydi. Annesi tarafından yeterince temas edilmediği için kadınlara karşı çok zayıftı.

Kendini toparlayıp Tarabya yönüne giden ilk otobüse bindi, yol boyunca kendi kendine neden oraya gittiğini sorup durdu. Otobüs durağında indiğinde uzaktan Tarabya Oteli görünüyordu, yavaş yavaş oraya doğru yaklaştı ve bahçesinden içeriyi görmeye çalıştı. İçeridekileri göremiyordu ve burada beklemesi çok anlamsızdı. Bir süre çaresizce içeriyi görmeye çalıştıysa da başaramadı, geri dönüp ilk otobüse binerek eve doğru yola koyuldu.

Yolda gözyaşları akmaya başlamıştı ve durmuyordu, Demir hayatında çok az ağlamış, yıllardır ağlama duygusunu unutmuştu. Yaşlar yılların birikimiyle oluk oluk akıyordu. Bu duygunun aynısını yıllar önce Süreyya'yı kaybettiğinde yaşamıştı. Tutunduğu bir dalın kırılması gibi, koşarken aniden takılıp düşmek gibi baş edemeyeceği bir duyguya kapılmıştı. Yere göğe sığmıyor, bir an önce eve kapanıp yalnız kalmak istiyordu. Otobüs evinin olduğu bölgeye geldiğinde inerek hızla eve doğru adımlamaya başladı. Tanıdık birini görmeden, gözyaşlarını gizleyerek hızla eve gitti. Eve geçtiğinde ışıkları bile açmadı.

Sanki bu durum canını yakarken bir taraftan da içinde kendi değersizliğini ispat ediyordu. Hiçbir zaman kendini değerli hissetmemekte haklıydı, çünkü sevilmeye değer olduğuna inandığı şu kısacık süreçte kendiyle çelişmişti.

O akşam uyuyakaldı, sabaha kadar deliksiz uyudu, sabah zil sesiyle uyandı. Daha ayılamadan koştu kapıyı açtı. Sevda karşısında duruyordu. Gözündeki makyajı akmış, üstünde bir gece kıyafetiyle Demir'i gördüğü anda boynuna sarıldı. Demir ne yaşadığını bile anlayamamıştı, Sevda sarılıp ağlama krizine girmişti. Demir o kadar şaşkındı ki ona sarılamıyordu. Sevda'yı içeriye buyur etti, önce biraz sakinleştirip lavaboya götürdü, yüzünü yıkadı, ona hiçbir şey sormuyordu, sadece sakinleştirmeye çalışıyordu. Mutfağa gidip ona bir kahve hazırladı, elindeki kahveyi Sevda'ya uzatırken "Anlatmak istersen dinlerim" dedi.

Sevda ayağa kalkarak Demir'e sımsıkı sarıldı. "Ben seni hak etmiyorum, senin kıymetini bilmiyorum, ben aşağılık bir kadınım" diyerek ağlamaya devam etti.

Demir ne yapacağını şaşırmıştı, üstelik Sevda'nın anlatacaklarını dinlemeye gücü de yüreği de yoktu. Sevda anlatmaya başladı:

"Arabayla evimin önünde beklemiş, tam çıkarken arabadan indi, benimle konuşmak istediğini, yaptıklarından çok pişman olduğunu söyledi. Ben önce direndim ama bir tarafım engel olamıyordu, sonunda kabul ettim. Zeliha o gece benimle kalmıştı ve Zeliha'dan izin istedim, benimle Tarabya Oteli'nde bir kahve içerek konuşmak istediğini söyledi, arabasına bindim, Tarabya Oteli'ne gittik ve çok nazikti. Önce içimde duyduğum öfke yavaş yavaş yerini anlayışa bıraktı, çok üzgünüm ama ona ne kadar âşık olduğumu fark ettim."

Bu son sözü söylediğinde Demir'in kalbine bıçak saplanmıştı, Sevda, Demir'i dert ortağı gibi görüyordu adeta, onu nasıl başkasıyla aldattığını rahatça anlatıyordu. Kendisini hiç bu kadar değersiz hissetmemişti hayatı boyunca. Sevda ayağa kalkıp Demir'in elini tuttu. "Sen benden çok daha iyilerine layıksın, ben senin kıymetini bilemem." Demir'in kalbindeki bıçak gittikçe daha çok canını yakmaya başlamıştı. Artık hikâyenin bundan sonraki kısmıyla ilgilenmiyordu.

"Bana içki ısmarladı, önce içmek istemedim, sonra birer kadeh içelim diye düşündüm, sonunda sarhoş olmuştum ve son hatırladığım şey Tarabya Oteli'nin odasında çırılçıplak yataktaydım. Bu duruma direnememiştim ve sabaha kadar neler olduğunu bile hatırlamıyorum. Sabah uyandığımda yanımda değildi ve bir not bırakmıştı: 'Hoşça kal küçük kız, buraya kadarmış.' Beni sevdiğini ve gerçekten pişman olduğunu düşünmüştüm, amacı intikam alıp beni yüzüstü bırakmakmış" diyerek hüngür hüngür ağlamaya devam etti. "Sonra aklıma sen geldin ve bana kendimi ne kadar güzel hissettirdiğin, bana dokunmaya kıyamadığın anlar, gözümdeki yaşı silmen... Kendimden utandım ve koşarak buraya geldim, kendini benden kurtar, ben sana sadece zarar veririm."

Demir artık darmadağın olmuş ve Sevda'nın acısını hissedemez hale gelmişti, şu an Sevda'ya yardım edebileceği bir durumda değildi. Sevda devam etti:

"Bilmediğim bir duygu beni sana getirdi, bu hayatta bir tek sen benim canımı acıtmadın ve ben senin değerini bilemedim. Beni affedebilecek misin? Sensiz kalmak da istemiyorum."

Demir anlaması gerekeni anlamıştı artık, Sevda'yla olamazdı bundan sonra. Bu bir yan ilişkiydi, Sevda'nın koltuk değneği gibi hissediyordu kendini. Üstelik Sevda o kadar bencildi ki Demir'in paramparça oluşunu bile göremiyordu, Demir artık kendine bu kötülüğü yapmayacaktı, Sevda'nın karşısına oturdu.

"Kendini toparladığın zaman gitmeni istiyorum, ben şimdi evden çıkacağım ve geldiğimde lütfen gitmiş ol, bir daha hayatın boyunca karşına çıkmayacağım" diyerek ayağa kalktı. Sevda o anda Demir'in ayaklarına kapandı. "Ne olur şimdi gitme, ölmek üzereyim, bir tek senin yanında huzur bulabilirim, izin ver sessizce seninle kalayım bir süre. Kalbini kırdığımı biliyorum ama benim içimdeki dengesizlik bana bunu yaptırıyor, seni kaybedersem kendimi hayatım boyunca affedemem."

Demir, Sevda'ya ilk defa böyle umarsız ve acımasız davranıyordu, Sevda ona acı verenlere âşık olan bir kişilik olarak o an Demir'e daha da bağlanıyordu. Demir, Sevda'nın hiçbir zaman iflah olmayacağını ve bunu defalarca yapacağını bildiği için gözyaşlarına aldırmadı, hızla ayağa kalkarak kapıdan çıktı. Sevda arkasından ağlayarak seslense de arkasına dönmeden hızla merdivenlerden inerek evden uzaklaştı. Demir'in artık İstanbul'da yapacak hiçbir şeyi kalmamıştı, zaten kimsesi de yoktu. İçinden bir ses ve yüreği onu Antakya'ya çağırıyordu. Yıllar önce gittiğinde huzur bulduğu Şeyh Yusuf El Hekim Türbesi geldi aklına. Kendisini orada çok iyi hissetmiş, orada huzur bulmuştu. İstanbul zaten çok acımasız bir şehirdi ve her gün onu tüketiyor ve yalnızlığını hatırlatıyordu. Kararını verdi, zaten bu hayat öyle de böyle de çekilmezdi, en azından kendi toprağında olmak ona iyi hissettiriyordu.

Artık Sevda'ya kızamıyordu, içinden bir şey kopup gitmişti, istese de eskisi gibi olamazdı hiçbir şey. Sevda'nın çok daha derinlerde başka bir travması vardı, içindeki baba öfkesini görüyordu. Bir sohbet sırasında babasının şiddet eğilimli biri olduğunu, kendisini ve annesini defalarca dövdüğünü anlatmıştı. Daha da kötüsü bazen hoşuna gitmeyen dokunuşları olduğunu anlatırken yine gözyaşlarına boğulmuştu, babası onu taciz etmişti ve bu durumu kendinden bile gizliyordu. Ona tecavüz eden adamı unutamaması bu yüzdendi ama bunu anlatamazdı ona, bütün bunları bilirken Sevda'ya kızamazdı. Zaten nefes alamayan zavallı bir çocuktu o. Ne kendine ne de kimseye yaranamayan çok hastalıklı bir çocuktu, ona yardım etmek isterdi ama Sevda buna izin vermemişti.

O gece evdeki bütün eşyalarını topladı, eşyalarının bir kısmını paketleyerek ayırdı ihtiyaç sahiplerine dağıtmak üzere, kendisine lazım olan eşyaları tek bir çantaya topladı, alt kattaki ev sahibinin kapısını çalıp evden ayrılacağını ve birtakım eşyaları dağıtması için evde bıraktığını söyleyerek ev sahibiyle vedalaştı. Ev sahibiyle sadece kira günleri beş dakika görüşmesi dışında hiçbir teması yoktu. Yaşlı bir kadındı ve Demir'den çok memnundu. Demir'e sarılıp vedalaştı o da, en azından bir nefesti Demir hayatında hiç konuşmasalar da.

Sabah erkenden Demir ilk otobüsle Antakya'ya doğru yol almaya başladı. Artık otobüslere binebiliyordu hatta yolculuktan çok keyif alıyordu çünkü evine dönüyordu, ayrıca umutlarından ayrıldığı için artık korkusu da kalmamıştı; Sevda'dan ayrılmak düşüncesi onu hep korkutmuştu ancak ayrıldığı gün özgürleştiğini fark etmişti. Bu duygu onu rahatlatıyordu çünkü Sevda her an onu yeni bir yangına atıyor ve her seferinde hazırlıksız yakalanıyordu.

Günlerdir uyku uyuyamamıştı. Bu yüzden otobüste derin bir uykuya daldı. Rüyasında Şeyh Yusuf El Hekim Türbesi'ni gördü. Yine yemyeşil, ışıl ışıl duruyordu. İçi huzur doluyordu türbeye baktıkça ve orası şifasının olduğu yer gibi hissediyordu. Aylardır derin bir uykuya dalmamış ve kendine odaklanamamıştı. Gözlerini açtığında Antakya'ya girmek üzereydi otobüs. Tam 17 saattir uyuyordu Demir, göz açıp kapayıncaya kadar bitmişti yolculuğu ve içinde garip bir huzur vardı. Ne yalnızlığını ne terk edilmişliğini ne de hayal kırıklıklarını düşünüyordu artık. Hepsini İstanbul'da bırakmıştı, otobüs Antakya'ya girerken içinde hissettiği bir duygu vardı, bu şehirde olmalıydı ve bir görevi vardı bu dünyada, artık bu görevi yapabileceği bir diploması vardı.

Bu hayatta kendi başına olmaktan başka çaresi yoktu, bütün yollar onu kendi ışığını görmeye götürüyor ve hayatına insan alamıyordu. Şehre girerken kendi kendine "Hayat bana ne anlatmaya çalışıyor?" diye sordu.

Tam da burasıydı zaten sorunun cevabı, bir görevle geldiğini içten içe hep hissediyor ama bir türlü buraya bakmak istemiyordu. Ama artık buraya teslim olmaya başlamıştı ve kararını vermişti, bu yeteneğini kullanacak ve sonuna kadar şifacılıkla ilgili çalışacaktı. Bunu bir doktor olarak değil, içindeki yetenekleri kullanarak yapacaktı. Demir usulca evine girdi, evdekilere haber vermemişti geleceğini, kapıyı Kerim açtı, şaşkınlıkla boynuna sarıldı. "Hoş geldin oğlum, neden haber vermedin geleceğini, otogardan gelip seni alırdım" dedi.

"Dönmeye karar verdim babacığım, biraz yorgunum, daha sonra uzun uzun konuşuruz" diyerek odasına geçti. Saadet hâlâ uyuyordu. Odasına girdiği anda çocukluğundaki yetenekleri, rüyalarındaki mucizeler aklına geldi. Kendi kendine "Ben bugüne kadar neden buralara hiç bakmadım?" diye sordu. "Halbuki benim hayatımda çok özel yetenekler varmış, ne yaparsam yapayım, diğer insanlar gibi normal hayat yaşayamıyormuşum, bunu görmem ne kadar uzun zaman aldı."

Artık özgürdü, çünkü normal bir hayat yaşamayacağını anlamış, bu duyguya teslim olmuştu, bu yeteneklerin varlığını kabule geçmişti. Herkesin yaşadığı gibi bir hayat yaşayamayacağını anlamış, buna ikna olmuştu. Kendisini reddetmeyi artık bırakmıştı. Demir usulca yatağına geçti, sanki hiç uyumamış gibi yine derin bir uykuya daldı.

Öğlen saatlerinde Saadet, Demir'in geldiğini görüp sessizce ona kahvaltı hazırladı. Demir'in en sevdiği şey uyandığında kahvaltının hazırlanmış olmasıydı çünkü çocukluğu boyunca bu sahneyi hiç görmemişti. Mutfakta duyduğu sesler, kızarmış ekmek kokusu Demir için yuva demekti. Saadet'in yanına gitti, sarıldılar. Eskiden çocuklarına fazla ilgi göstermeyen Saadet onlar evden ayrıldıktan sonra kıymetlerini anlamış gibiydi, her geldiğinde daha ilgili davranıyordu artık. Saadet'le sohbet etmeye başladılar uzun uzun, Demir dinliyor, Saadet anlatıyordu. Saadet'in arkadaş çevresi çok geniş olduğu için ikide bir kapı çalıyordu ve sohbetleri bölünüyordu. Demir'in bir planı vardı; bir an önce türbeye gitmeliydi.

Herkes kendi işine gücüne daldıktan sonra Demir hazırlanıp dışarı çıktı, hemen Şeyh Yusuf El Hekim Türbesi'ne doğru ayakları onu götürdü. Artık burada şifalanacağını biliyordu. Onun hayatıyla ilgili bir şey vardı bu türbede. İçeri girdi, yine yemyeşil, ışıl ışıl parlıyordu, huzur doluyordu, türbede bir köşeye oturdu. Neler olduğunu kendisi de anlamıyordu ama arınıyordu, içinde bir arınma hissediyordu, hafifleme hissediyordu, yalnız olmadığını hissediyordu. Yaşadığı bütün çatışmaların hepsi sanki burada yok oluyordu, sanki deposunu dolduruyordu, orada başka bir boyuttaydı. Günlerden cumaydı, akşama kadar türbede kaldı. Eve geldiği zaman sanki aylardır evdeymiş gibi Kerim'le Saadet rutin hayatlarına dönmüşlerdi, sohbet de bitmişti zaten.

Demir eski fotoğrafları eline aldı, bu evde çocukluğuyla ilgili birçok anı vardı ve fotoğrafların gerçekten aslında sadece birer fotoğraf olmadığını hissediyordu. Bir zaman makinesiydi Demir için fotoğraflar. Beş yaşındaki hali, on yaşındaki, on iki, on dört, on yedi, hepsini tek tek inceledi. Bütün fotoğraflarında ortak nokta hiç değişmiyordu; hep yalnız, hep çaresiz bir bakış, hep değersiz bir bakış, bu bakışı hiç değişmemişti. Bugün bile aynaya baktığında aynı yalnızlığı görüyordu ama artık nedense bundan canı yanmıyordu. Hele ki bugün o türbeye gittiğinde öyle bir enerjiyle yüklenmişti ki dünyada hiçbir şey şu anda onun canını yakamıyordu.

Aradan bir hafta geçmişti, hafta sonu geldiğinde Kerim, Demir'le Saadet'i dışarıda yemeğe götürmek istedi, Demir bu isteği kırmadı. Kerim'le çok da sohbet edebileceği bir şey yoktu ama rutinlerine ayak uydurmayı öğrenmişti. Kerim'i anlayabiliyor ve bu şekilde kabul ediyordu. En azından bir ailesi vardı ve kendini bir topluluğa ait hissetme duygusu bile ona iyi geliyordu.

Pazar günü yemek sonrası eve geçtiler, Demir'in niyeti türbeye gitmekti ancak bir süre sonra kapı çaldı, gelen Şeyh Hasan'dı. Kerim'in yanına her pazar uğrardı, bölgenin tanınmış ileri gelenlerinden, akil insanlarından biriydi. Ve her gelişinde Saadet'i sorardı, Saadet kibarca kahve ikram eder, fazla sohbet etmeden Kerim'le onu yalnız bırakırdı. Şeyh Hasan'ın sürekli kendisine bir şeyler sormasından rahatsız olurdu, Demir çocukluğundan şeyhi hayal meyal hatırlıyordu.

Kapıyı Demir açtı. Şeyh Hasan yarı Arapça yarı Türkçe "Sen Doktor Demir misin?" diye sordu.

"Evet amca buyurun" dedi Demir.

Bir şey demeden sarıldı. "Beni tanıdın mı? Ben senin deden sayılırım, ne kadar da büyümüşsün."

"Evet tanıdım amca" dedi, daha sonra Kerim kapıya geldiğinde aralarında Arapça konuştular. "Hoş geldin" diyerek elini öptü. Şeyh Hasan, genellikle sevdiği aileleri pazar günleri gezer, dini konular hakkında bir şeyler konuşur giderdi. Ama Kerim'in evine hiç aksatmadan gelir ve her gelişinde Saadet'i mutlaka sorardı. Kerim şeyhi içeriye davet etti, ona bir şeyler ikram ettiler; Saadet hemen içeride bir şeyler hazırlayıp içecek bir şeyler getirdi, tatlı ve çikolata ikram ettiler. Kerim din büyüklerine müthiş saygı gösterirdi. Demir de yanlarına oturmuş şeyhi tanımaya çalışıyordu. Şeyh Hasan, Demir'e her baktığında gözyaşlarını siliyordu. Demir şeyhin bu duygusal hallerini anlamaya çalışıyordu, sürekli sorular soruyordu Şeyh Hasan. Aslında çok sevmişti onu, ama bu ilgisi biraz fazla gelmişti.

Şeyh Hasan'ı çocukluğundan hatırlasa da onunla hiç bu kadar sohbet etmemişti. Yaklaşık bir saat sonra şeyh ayağa kalkarak izin istedi. Kerim ve Demir şeyhin ellerini öptü, Saadet çoktan içeriye kaçsa da şeyh her zaman yaptığı gibi giderken Saadet'e seslendi. Saadet de elini öptü şeyhin ve hep beraber kapıdan uğurladılar.

Kapıda Şeyh Hasan, Demir'e dönerek "Beni asansörle aşağıya indirir misin oğlum?" dedi. "Tabii ki amca" diyerek koluna girdi. Şeyh Hasan Türkçeyi çok iyi konuşamıyordu ama derdini çok net anlatabiliyordu.

Şeyh Hasan Harbiye bölgesine gidecek minibüsleri sordu, Demir zaten Şeyh Yusuf Türbesi'ne gideceği için "Amca beni iki dakika bekle, arabanın anahtarını alıp geliyorum" diyerek evden babasının arabasının anahtarını aldı, beraberce arabaya binip Harbiye'ye doğru gittiler. Harbiye'de evinin yerini sordu şeyhe. "Oğlum ben Şeyh Yusuf Türbesi'nde ineyim, orada bir arkadaşımı ziyaret edeceğim" deyince Demir şaşırdı. "Ben de oraya gidiyorum Hasan Amca."

"Çok sevindim oğlum, bu türbe çok özel bir türbedir, ben sık sık ziyaret ederim, sana bu türbenin hikâyesini anlatayım mı?"

"Çok sevinirim amca, bir sürü hikâyesini duydum ama hangisi gerçek bilmiyorum" dedi Demir.

"Ben sana dedelerimden duyduğum gerçek hikâyesini anlatacağım. Şeyh Yusuf Lazkiye'den göç eden bir ailenin oğlu olarak 1500'lü yıllarda Harbiye'ye yerleşmiş. Gerçek bir hekimdir ve hayatı boyunca şifa dağıtmıştır, ayrıca kendisi gibi hekimler yetiştirmiştir. Bunların en ünlüsü Şeyh Davut El Antaki'dir. Rivayete göre Şeyh Yusuf herkese şifa dağıtmakta fakat yoksul bir yaşam sürmekteydi. Yani hekimliğinden para kazanmıyordu. İnsanların rüyalarına girerek onlara şifa dağıttığına inanılır, bugün bile bu türbeye gelenler rüyalarında Şeyh Yusuf'un onları rüyalarında iyileştirdiğini söylerler.

Kitaplarda yazmayan ve dedelerimden öğrendiğim bir bilgi de vereyim: Bu türbeye gelip türbedeki yeşil ışığı fark edenler varmış, işte onlar Şeyh Yusuf'un şifa yeteneğini aktardığı öğrencileriymiş."

Bunu duyduğu anda Demir aniden frene basıp arabayı sağa çekti. Bir anda türbeye girdiğinde gördüğü, kimselerin görmediği ışığı hatırladı gözleri dolarak.

"Hasan Amca, ben küçüklüğümden beri o yeşil ışığı görürüm ve kime anlattıysam benim saçmaladığımı düşündü, defalarca bu türbenin hikâyesini dinledim, ilk defa şimdi bu bilgiyi duyuyorum." Hasan hüzünlendi, gözleri doldu. "Sen dedenin yeteneklerini almışsın oğlum" diyerek hüngür hüngür ağlamaya başladı. Yaşlı adam karşısında çocuk gibi ağlıyordu, Demir şaşkınlık içinde hem aldığı bilgiyi düşünüyor hem de Hasan Amca için telaşlanıyordu. Dedesinin böyle bir yeteneği mi vardı? Şeyh Hasan nefes nefese kalmış, hıçkıra hıçkıra ağlıyordu.

"Amca iyi misin? Seni hastaneye götüreyim" dedi Demir.

"İyiyim oğlum, hiç bu kadar iyi olmamıştım, beni eve götür, sana anlatacaklarım var, sadece beni evime götür" diyebildi.

Evini tarif etti Demir'e. Yol boyunca Demir sorular sormaya çalıştıysa da hep aynı cevabı verdi:

"Her şeyi anlatacağım, izin ver kendime geleyim."

Şeyhin evi müstakil bahçeli bir evdi, eşi kapıyı açtığında misafirini tanıttı eşine. "Hızır'ın torununu getirdim sana, tanışmak zamanı gelmişti."

Fahriye Hanım sanki misafirini yıllardır bekliyormuş gibi başıyla selam verdi. "Hoş geldin oğlum, sefalar getirdin, ben size içecek bir şeyler getireyim" diyerek mutfağa geçti.

Demir anlam veremiyordu, dedesinin adı Hızır değildi ve bu insanlar Demir'in bilmediği bir şeyler biliyordu. Ve Şeyh Hasan anlatmaya başladı. "Evladım senin bu türbeyi parlak yeşil ışık içinde görmenin bir sebebi var, bu sebebi ben sana anlatacağım ama bunun kıymetini de bilmen lazım. Sana anlatacağım şeylerden sarsılabilirsin fakat sen seçilmiş bir insansın. Sen dedenin hayatını yaşıyorsun, dedenin yarım bıraktığı görevi bitirmeye geldin."

Demir şaşırıp kalmıştı.

"Şeyhim, hangi dedemden bahsediyorsun? İhsan dedemden mi? Ali dedemden mi?"

Şeyh tekrar gözlerini silmeye başladı. "Evladım bu topraklara yıllar önce bir şifacı geldi, daha ben gençtim. O zamanlar arkadaşlık kurmuştuk onunla, iki yıl boyunca burada kaldı, adı Davut'tu, biz ona Hızır diyorduk çünkü insanların hastalıklarına Hızır gibi yetişiyordu ve çare buluyordu. Aslında bir doktordu ama doktorluk yapmıyordu."

Demir'in bu cümleyi duyduğu anda tüyleri diken diken olmuştu çünkü kendisi de bir doktordu ve doktorluk yapmayacağını biliyordu, sanki kulağına birileri doktorluk yapmayacaksın, şifacı olacaksın demişti. Ve anlatmaya devam etti Hasan:

"Hızır buraya ilk geldiği zaman onunla saatlerce sohbet ederdik, sabah akşam buluşuyorduk, yediğimiz içtiğimiz ayrı gitmezdi. Hızır'ın inanılmaz bir yeteneği vardı, insanların organlarındaki rahatsızlıkları görüyordu."

Bu cümleyi duyduğu zaman Demir bir kez daha şok geçirmişti çünkü bunu kendisi de görebiliyordu, devam etti şeyh:

"En önemlisi de buraya ilk ayak bastığı zaman türbede yeşil ve parlak bir ışık gördüğünü söylemişti. Bizler görmüyorduk ama ben dedelerimden duymuştum, bu ışığı sadece Şeyh Yusuf'un yeteneğini alanlar görür diye. Şu anda bu gördüğün yeşil ışık onun gördüğü yeşil ışığın aynısı, yani aynı yetenekler sende de var."

Demir şeyhin ellerine sarıldı. "Şeyhim..." dedi. "Ben de insanların organlarının hastalıklı hallerini görebiliyorum, ama kafam karıştı, Hızır nasıl benim dedem oluyor? Benim dedem değil ki."

"Anlatacağım evlat, ama biraz izin ver bana, lütfen sadece dinle ve Allah'ıma yemin ederim ki bir tek kelimemde bile bir yalan yok."

Demir söylediği her kelimeye inanıyordu, zaten kendisi de ömür boyu bu gördüklerini açıklayamamıştı, can kulağıyla dinliyordu.

"Şükürler olsun ki Hızır yaptığı çalışmaları bir defterde toplamayı başardı ve bu defteri bana emanet etti, aslında bu emanet senin ama önce sana Hızır'ı anlatmam lazım."

Demir gözlerini fal taşı gibi açmış Şeyh Hasan'ı dinliyordu, hayatı boyunca sorduğu soruların cevabı şimdi birer birer dökülüyordu; küçükken gördüğü o görüntüler, o zaman tüneli, organlarda gördüğü kırmızı ışık, insanların etrafında gördüğü sarı halkalar... Hepsinin sebebini yavaş yavaş anlıyordu, şeyhin her kelimesi kendi hayatında bir açılım sağlıyordu ama hâlâ bu dede meselesini anlayamıyordu, merakla dinlemeye devam etti.

"1968 yılıydı. Ben o zamanlar kırklı yaşların sonundaydım, çok yakın bir arkadaşım beni Hızır'la tanıştırdı. Ben o zamanlar kendi çapımda, küçük küçük şifa çalışmaları yapıyordum, para almadan insanlara yardımcı olmaya çalışıyordum. Arkadaşım Murat da benim bu çalışmalarıma yardımcı olabileceğini düşünerek beni Hızır'la buluşturdu. Onu tanıdığımda benim yaptığım çalışmaların hiçbir kıymeti olmadığını anladım, çünkü Hızır hem bilimi hem aklını, hem de ruhunu kullanarak o kadar çok insanı şifalandırdı ki onun gönüllü öğrencisi oldum. Bizim yaş grubu onu çok iyi tanır, İran'dan gönlü kırık bir şekilde gelmişti, kırık bir aşk hikâyesinden sonra kendini buraya atmıştı. Yapayalnız bir hayat sürüyordu, onun bu yalnızlığı ne benim ne de etrafımdakilerin içine siniyordu. O dönemlerde onu benim yeğenimle tanıştırdık. Yeğenim de bana kardeşimin emanetiydi ve kimsesi yoktu, Tanrı'nın huzurunda onlara nikâh yaptık. Hızır'la yeğenim Rahime evlendikten iki ay sonra Hızır dönmek zorunda kaldı İran'a, babası çok hastaydı ve son görevini yapmak için yola çıktı, zaten bir daha da gelemedi. O dönemde yeğenim hamile kalmış, bir kızı oldu. Hızır kızını hiç göremedi. Yeğenim Hızır'a çok âşıktı, hayatta tutunacak tek dalı olmuştu onun. Hızır'ın ölüm haberini aldığında bunu kaldıramadı, henüz bebeği birkaç aylıktı haberi aldığında ve kendini astı.

Yeğenim bize bir mektup bıraktı. 'Çocuğumun iyi bir yaşamı olsun, onu varlıklı bir aileye verin, çocuğu olmayan varlıklı bir aileye' diyordu mektupta."

Demir hâlâ konunun kendisiyle ilgili kısmını merak ediyordu. Şeyh Hasan anlatmaya devam etti:

"O dönemlerde ben de şifacılık yaptığım için İhsan Ağa karısıyla sürekli yanıma geliyordu, İhsan Ağa'ya ve eşine ne yaptıysam bir türlü çocukları olmuyordu. Rahime canına kıydıktan sonra bebeğine ben ve eşim bakıyorduk. Yine bir gün İhsan Ağa ve eşi yanıma geldiklerinde bir bebek sesi duydular. Eşi Lütfiye Hanım bebeği görmek istediğini söyledi, getirdik. Bebeği görür görmez 'Ne olur onu kucağıma verin' dedi. Bebeğin kimsesiz olduğunu duyunca 'Bu çocuğu bize verin, yalvarırım' demeye başladı. İhsan Ağa Lütfiye'yi çok seviyordu, bir dediğini iki etmiyordu ve bana döndü ve 'Kimin çocuğudur, kimdir, nedir?' diye sordu. Ben de durumu ona anlattım. Benim yeğenimin çocuğu olduğunu, eşinin vefatından sonra, yeğenimin de intihar ettiğini, bu çocuğun yapayalnız ortada kaldığını anlattım. Çocuk öyle güzel bir çocuktu ki, gözlerinden ışık saçıyordu. İhsan Ağa bana döndü ve 'Bu çocuğu bizimle götürelim, biz bakalım' dedi. İhsan

Ağa bölgenin en zengin adamıydı ve yeğenimin de vasiyeti buydu zaten, iyi bir hayat istiyordu çocuğu için."

Demir, Şeyh Hasan'ın sözünü kesti:

"İhsan Ağa dediğin benim dedem, İskenderun'da olan İhsan Ağa mı?"

Şeyh Hasan başıyla onayladı.

"Yani annem dedemin gerçek kızı değil miymiş?" diye ayağa kalktı.

"Otur evlat" dedi şeyh. "Senden bir söz istedim, lütfen sözünde dur, beni sakince dinle."

Demir tekrar oturdu yerine ama hayatında bütün taşlar yerinden oynuyordu. Şeyh Hasan anlatmaya devam etti:

"Evet ve ben dayanamadım İhsan Ağa'ya çocuğu verdim, İhsan Ağa'ya bebeği verirken tek bir vebal hatırlattım; yeğenimin tek bir vasiyeti var, biz bir şey istemiyoruz, bu çocuğa güzel bir hayat verin, bu çocuğa yokluğu hissettirmeyin. Bize bıraktığı mektubu da açtım. O mektubu da isterse zamanı gelince çocuğa okutması için kendisine verdim, İhsan Ağa'yla Lütfiye o çocuğu alıp gittiler. Bebeğin adını Saadet koydular."

Bunu duyduğu anda Demir hüngür hüngür ağlamaya başlamıştı.

"O zaman benim dedem Hızır dediğin şifacı mıydı?" diye sordu ağlayarak. "Evet evlat..." dedi. "Sen onun bütün özelliklerini aldın, onun yetenekleriyle dünyaya geldin ve bana yıllar önce bütün çalışmalarını, bütün sırlarını, bütün tecrübelerini aktardığı bir defter vermişti, orada aradığım her şeyi bulacaksın, bu kitabın sahibi sensin. Çünkü bu kitapta yazan her şey senin aslında bildiğin şeyle yani onun yetenekleri sana geçtiği için, onun ne demek istediğini en iyi sen anlarsın. Ben yıllarca bu kitabı defalarca, defalarca okudum, Türkçeye çevirdim. Ama Hızır'ın yetenekleri bende yoktu, sende var, bu insanlığa yapılacak en büyük katkı olacak. Annen bugüne kadar bu sırrı bilemedi. Ben yıllarca hep onun izini sürdüm, Antakya'ya gelin olarak geldiği günden beri hep ziyaret ettim, iyi olduğunu gözlerimle görmek istedim. Onların düzenini bozmamak için bu durumu da anlatamadım. Belli ki anne babası da anlatmamış. Sen Hızır'ın bütün yetenekleriyle dünyaya geldin ve bu o kadar özel bir yetenek ki Hızır'ın görevini sen devam ettireceksin. Onu idam ettiler, baban dahil, hiç kimse bu sırrı bilmez, bir tek İhsan deden ve eşi, ben ve eşim biliyorduk, bir de bizim aile dostumuz Semih bilir, o da İran'a giderken Hızır'a eşlik ettiği için olaylara şahit oldu. İhsan deden ve eşi vefat etti zaten. Bu saatten sonra da belki de hiç söylememek lazım, o kısmını sana bırakıyorum. Sen bana türbedeki yeşil ışığı fark ettiğini söylemeseydin bu sırrı ve emaneti sana da vermeyecektim."

Şeyh Hasan sorumluluğunu yerine getirmenin mutluluğuyla Demir'e baktı. "Hadi şimdi emaneti almaya gidelim" dedi.

"Nereye gidiyoruz?" diye sordu Demir.

Şeyh yavaş yavaş doğrulup ayakkabılarını giydi, "Merak etme, çok yakınımızda" dedi.

Demir'in koluna girerek evin bahçesinden çıktılar, hemen yan sokağa girdiler. Demir burayı çok iyi tanıyordu; burası türbeye giden yoldu. Türbeye Hasan önden girdi, eliyle işaret ederek Demir'i çağırdı, türbenin örtüsünü kaldırdı. Üst üste yığılmış kitapların altından yıpranmış eski bir defter çıkardı, karman çorman görünen bu defterin altından bir defter daha çıkarıldı.

"Bak" dedi. "Bu defterin orijinali bu, diğeri de yıllarca okunur hale getirip Türkçeye çevirdiğim temize çekilmiş hali, bunun ikisi de senin. Ben defalarca okumama rağmen Hızır kadar başarılı olamadım."

Demir elleri titreyerek defterleri aldı, koklamaya başladı; belki dedesinden küçücük bir koku, bir emare, bir işaret alırcasına kokluyordu defterleri. Sonra göğsüne bastırdı. "Şeyhim..." dedi. "Bu emanete saygı duyacağım ve koruyacağım, hayatımın en önemli ve en büyük düğümünü çözdürdün bana, küçüklüğümden beri bu hayata neden geldiğimi sorgulayıp dururdum ve bugün, şu an ilk defa hayatımda bir yaşama amacım olduğunu fark ettirdin bana. Ben dedemin görevini tamamlamaya gelmişim. Boynumdaki geçmeyen yara izi de bunun kanıtlarından biri. Dedemin asılma izini taşıyorum, artık bundan adım gibi eminim. Söylediklerinin harfiyen doğru olduğunu biliyorum, sana çok teşekkür ederim" diyerek ellerini öpmeye başladı şeyin.

Şeyh Hasan, "Senden tek bir isteğim var, dedenin bu görevini tamamla, bütün dünyaya duyur bu bilgileri, insanlığa duyur çünkü bütün ömrünü insanlara yardımcı olmak için harcadı. Amacına kısmen ulaştı ama yarım kaldı amacı, onun yarım kalan görevini lütfen bitirmesine yardım et, ruhu rahatlayacaktır" dedi.

Hasan izin istedi, Demir'le evine doğru yürüdüler. Kapıdan ayrılırken Demir'e "Artık burası senin de evin, beni sık sık ziyaret et, seni Semih'le de tanıştıracağım, dedenin İran'da neler yaşadığına o da şahit oldu" diyerek evine geçti.

Demir bir an önce eve geçip defterde yazılanları incelemek istiyordu. Sanki hayatının levh-i mahfuzunu bulmuştu, sanki yaşam amacını bulmuştu, bütün hayatının sırlarının sebebini bulmuştu.

9. BÖLÜM

İran, 1971

O günün akşamında bütün Şiraz şehri bu kazayı konuşuyordu. Amir ve şoförü bir uçurumdan yuvarlanmış ve arabaları yanmıştı, cesetlerinin sadece kemikleri görünüyordu. Haber yıldırım hızıyla bütün İran'da duyulmuştu çünkü Amir hükümetin yakından tanıdığı bilinen bir doktordu, bu ölüm çok elem vericiydi ve Amir henüz çok gençti, küçük çocukları vardı. Aynı günün gecesi haber Hasan'ın da kulağına gitmişti. Hasan'la Semih'ten başka gerçeği bilen hiç kimse yoktu. Amir'i Behram'ın öldürdüğünden şüphesi yoktu artık ama bunu ispat etmesi imkânsızdı. Amir'e bunu gözünü kırpmadan yapan adamın Davut'u öldüreceğinden şüphesi yoktu. Hasan bu ülkede yabancıydı ve hakları yok denecek kadar azdı, artık Davut'un kurtuluş ümidi kalmamıştı.

Behram bu dönemde Davut'un idamını hızlandırmak için bütün verileri toplamış ve onu siyasi hükümlü olarak gösterecek sahte delillerle hükümeti ikna etmeyi başarmıştı. Üstelik bu soruşturma çok gizli yürütülüyordu, tepki verecek bir topluluk oluşturması da mümkün değildi. Davut'u tekrar görebileceği bir kanal da kalmamıştı. Hızla eşyalarını toplayarak, bir ihtimal Davut'u görme ümidiyle Şiraz şehrine doğru yola koyulmaya karar verdi. Bu arada Semih'i hızla Türkiye'ye yollamaya karar verdi çünkü ortam artık çok tehlikeliydi, bu ülkeden çıkamama riskleri vardı. Hasan arkasını dönüp gidemezdi, son bir çırpınışla Davut'la bağlantı kurmak niyetindeydi. Üstelik Behram arkada delil bırakmamak için Semih'le kendisini de bulabilirdi, Hasan elindeki Davut'a ait bütün notları toparlayıp Semih'le Türkiye'ye gönderdi.

O gece Behram'ın düğünü vardı ve yapacağı girişimi o gün yapamazdı. Semih'e verdiği evrakları Şeyh Yusuf El Hekim Türbesi'nde saklamasını ve bir daha oradan almamasını öğütledi. Bunu Davut, Hasan'dan istemişti çünkü onu bulacak kişinin bu türbeye geleceğini biliyordu. Olur da buradan sağ çıkarsa Davut ilk oraya gidecekti. Hasan'ın üzerinde bu notların yakalanması büyük riskti, üstelik bu bilgileri koruma şansı yoktu.

Semih'e sıkı sıkı yapacaklarını tembihleyip otobüse bindirdi. Semih küçük bir çocuk olmasına rağmen bir yetişkin kadar akıllı bir çocuktu. Elinde tuttuğu notların ne kadar kıymetli olduğunun farkındaydı ve bu görevi yerine getirmek için elinden geleni yapacaktı. Henüz hava aydınlanmadan otobüs yola çıktı. İki gün sürecek yolculuk öncesi Hasan, Semih'e sıkıca sarıldı ve ona yüklüce bir para verdi. "Çok dikkatli ol, ne pahasına olursa olsun canını tehlikeye atma, belki bir daha görüşemeyiz ama şunu bil ki insanlık için çok önemli bir görevin var, sağ salim ulaştığında ne yapacağını biliyorsun. Eğer kısmet olur da Türkiye'ye gelirsem seni ziyaret edeceğim, olur da buradan çıkamazsam hakkını helal et ve burada gördüklerini hiç kimse bilmemeli, anlatman gereken bir zaman gelecek ama o kişi seni bulacak."

Semih, Hasan'ın ellerini öptü, sarıldılar, bir daha görüşmeme ihtimali vardı, Semih bu görevi başarmak istiyordu. Bu bilgiler için çekilen ıstıraplar, kaybedilen canlar boşa gitmemeliydi, ağlayarak otobüsteki yerini aldı. Bir poşete sarılmış not kâğıtlarını kucağında taşıyordu. Otobüs yol almaya başladı. Karanlığın içinde otobüs yol aldıkça aklı Hasan'daydı. Bir tarafı da bir an önce bu görevi tamamlamak istiyordu. Yol boyunca gözyaşlarını tutamadı. Gece derin bir uykuya daldı, molalarda otobüsten bile inmedi hiçbir riski almamak adına. Tam iki gün sürdü yolculuk. Bu süre içinde Semih koltuğundan bile kalkmadı. Antakya'ya girdiklerinde içini derin bir huzur kapladı, ulaştığında sabah erken saatlerdi ve Semih otobüsten iner inmez cebindeki parayla bir şeyler yemeğe karar verdi. Açlıktan dizleri tutmuyordu. Yemeğini yedikten sonra ilk minibüsle Şeyh Yusuf Türbesi'nin yolunu tuttu. Evi de zaten oraya çok yakındı ancak bu görevi hakkıyla yapmak istiyordu.

Türbeye ulaştığında örtünün altında onlarca Kuranıkerim ve benzeri kitaplar vardı. Bu türbede her zaman yeşil örtüler bulunurdu. Şifa bulanlar buraya örtü bırakır, şifa bulmak isteyenler de bu örtüden bir parça keserek yanlarında taşırdı. Semih bulduğu yeşil bir örtüye bu notları güzelce sardı, türbenin baş kısmındaki kitapların arasına notları özenle yerleştirdi. İçinde büyük bir ferahlama hissediyordu. Artık evine dönebilirdi. Öncelikle şelalelere gidip güzelce elini yüzünü yıkadı. Vakit öğleni bulmuştu, evine doğru yol aldı. Kapıda annesi şaşkınlık içinde onu karşılamıştı ve neden yalnız geldiğini sordu. Semih hazırladığı cevaplarla annesini yatıştırmıştı; Hasan'ın işinin biraz uzayacağını, bu sebeple Semih'e biraz para verip gönderdiğini ve selamlarını ilettiğini söyledi. Annesi çok ikna olmasa da Semih'in cebindeki parayı görünce biraz sakinleşti, ne de olsa çok fakirdiler ve Hasan bir şekilde onlara iyilik yapmıştı.

Şiraz şehrine ulaşan Hasan, Davut'a ulaşmanın yollarını arıyordu, onun kaldığı hapishanenin olduğu bölgeye ulaşmayı başarmıştı ancak burada in cin top oynuyordu, kimsecikler hatta nöbetçiler bile yoktu. Davut'u serbest bırakmış olamazlardı, korktuğu şey başına gelmiş olabilir miydi? Şiraz şehrinin merkezine doğru gidip halkın bu kazayla ilgili bilgilerini duymak şu an yapabileceği en akıllıca işti. Merkeze doğru giden bir minibüse binerek şehrin meydanına doğru yol almaya başladı. Şehirde sokaklar bomboştu, bir gariplik vardı. İnsanlar neredeydi, neden bu kadar boştu şehir? Meydana yaklaştıkça kalabalığın sesini duymaya başladı, minibüs meydana girmeden yolcularını indirdi. Meydanın ortasında bir idam sehpası duruyordu ve büyük bir kalabalık toplanmış yumrukları havada bağırıyorlardı. Kalabalığın içinden dört adamın arasında Davut'u getiriyorlardı ve korktuğu başına gelmişti, bir anda dizlerinin bağı çözüldü, olduğu yere çöktü. Davut idam edilecekti ve bu durumu artık durdurabilecek hiç kimse yoktu.

Çaresizde uzaktan Davut'a bakıyordu, incecik kalmıştı. Yüzünde gülümseyen bir ifadeyle yürüyor, kalabalık onun yüzündeki bu rahat ifadeyi gördükçe daha da hoyratlaşıyor, ona taş, sopa gibi cisimler atıyordu. Davut'un kaşı patlamış, yüzü kan revan içindeydi ama yüzünde gülümseme devam ediyordu. Adeta ölümle kavuşmaya gidiyor, bu çivisi çıkmış dünyadan ayrıldığı için mutlu görünüyordu. Hasan, Davut'a seslenmeye çalışsa da sesini duyurması mümkün olmadı, son bir helalleşme, son bir bakış için çırpındı Hasan ama mümkün olmadı. Cellatların acelesi vardı ve bu işi hızlı bitirmeleri için emir aldıkları belliydi. Anlaşılan Behram işini şansa bırakmak istemiyordu, bu işi hızla bitirecekti. Üstelik düğünü de aynı gündü. Davut bu suçlamayı hak etmemişti, üstelik halkın bu kini o kadar yersizdi ki, kimse Davut'un gerçek hikâyesini bilmiyor, onu vatan haini sanıyorlardı. Davut bu insanlar için hayatını ortaya koymuş, nice canları sağlığına kavuşturmuştu, ödülü bu muydu? Bu nasıl bir kindi?

Cellat, Davut'un boynuna ilmeği geçirdiğinde kalabalık daha da coşmuş, "Bir an önce as, as, as!" diye bağırmaya başlamıştı. Alanda herkes bir coşkuya kapılmıştı, büyük bir hatanın piyonları olmuştu koca şehir. Üstelik Davut hakkında en ufak bir fikirleri bile yoktu. Davut son ana kadar gülümseyerek ilerledi. İdam sehpasında ilmek boynuna geçirilecekken başına torba geçirilmesini istemedi ve son ana kadar gülümseyerek ölüme gitti. Davut asıldığı anda portakal büyüklüğünde bir dolu yağmaya başladı, adeta gökyüzünden taş yağıyordu. Kalabalık dağılmaya çalışsa da yüzlerce kişi doludan veya birbirlerinin üstüne basmaktan dolayı yaralanmıştı, o gün izdiham yüzünden onlarca kişi hayatını kaybetti, yüzlerce kişi yaralandı. Hasan'ın başına tek bir dolu tanesi bile isabet etmemişti, herkes kaçışırken yerinde sabitçe durup kalabalığın dağılmasını bekledi. Ortada bir idam sehpası ve Davut'un cansız bedeni, bir de Hasan kalmıştı. Davut'un yanına gitti, yüzünde hâlâ bir gülümseme vardı, mutlu gitmişti ve artık gerçekten gitmek istemişti. Davut'un cansız bedenine sarıldı Hasan, hüngür hüngür ağlamaya başladı.

İran'da idam edilen kişinin cesedi 24 saat meydanda bırakılır, daha sonra kaldırılırdı. Siyasi suçtan dolayı idam edilenlerin cenazesi ailesine verilmez, kimsesizler mezarlığına götürülürdü. Hasan Davut'un bedenini ilmekten kurtarıp kucağına almış, yere bırakmıştı. Ağlamasını durduramıyor, onun cenazesini orada bırakmak istemiyordu. Cenazesini kucaklayıp namazını kılmak üzere yola koyuldu. Hava dinginleşmeye başladığı için polisler tekrar cenazenin yanına gelmiş ve Hasan'ı cenazeyi götürürken yakalamışlardı. Bu çok büyük bir suçtu çünkü siyasi bir suçlunun cenazesini almak onunla aynı suçu işlemek kadar ağırdı. Hasan'ı apar topar kelepçeleyip merkeze götürdüler, onu çırılçıplak soyup sorguya aldılar. Davut'u nereden tanıdığını, bu ülkede ne iş yaptığını sordular, vatan haini olması ihtimalini düşünerek hücreye attılar. Üzerinden çıkan bütün eşyaları tek tek incelemeye aldılar.

Hasan, Behram'ın boş durmayacağını düşünüp onun da sonunun Davut gibi olacağını düşünüyordu artık ancak yanılıyordu. Behram düğünden sonra her şeyi unutmuş, artık Leyla'yla ve yeni hayatıyla ilgilenmeye başlamıştı. Leyla'yla iyi anlaşamadığı için başka hiçbir şeye kafa yoramıyor, Hasan'ın varlığını bile hatırlamıyordu.

Hasan cenazeyi aldığı için suçlanmıştı. Aylarca hücrede dayak yemiş, sorgulanmıştı. Ancak hiçbir veri bulunmayınca idam edilmesine veya hücrede tutulmasına gerek görülmeyip askeri bir araçla Türkiye sınırına bir çuval gibi atılmıştı. Aylarca gördüğü işkenceden sonra Hasan'ın ayakları tutmaz hale gelmişti, yürüyemez olmuştu. Yolda gelip geçen araçlardan hayırsever bir tanesi durup onu aracına almış ve evinde birkaç gün iyileştirdikten sonra Türkiye'ye gitmesine yardım etmişti. Hasan sapasağlam gittiği İran'dan yürüyemez halde geri dönmüştü. Belki hayatının sonuna kadar tekerlekli sandalyeye mahkûmdu ama bu durum umurunda değildi çünkü ölmeyi göze almıştı.

Tek derdi Semih'ti. Türkiye'ye döndüğü zaman otobüsten iner inmez onu tanıyanlar eve ulaşmasını sağlamıştı. İlk başta Semih onun ziyaretine gelmiş ve tekrar kavuşmanın mutluluğuyla sıkıca sarılmışlardı. Hasan hemen Semih'e soran gözlerle baktı, Semih başıyla onay vererek görevin tamamlandığını söylediğinde Hasan sevinç gözyaşları ile ağlamaya başladı. Semih ve Hasan'ın neler yaşadığını hiç kimse bilmiyordu, Hasan eşine bir kaza geçirdiğini söyleyerek bu durumu açıklamıştı.

10. BÖLÜM

Antakya, 2016

Demir, Şeyh Hasan'dan ayrılır ayrılmaz elindeki notlarla birlikte eve doğru yola koyuldu, elindeki hazinenin içinde neler olduğunu çok merak ediyordu, bu hayata boşuna gelmemiş bu yeteneklerle boşuna doğmamıştı. Artık ne aşk acısı ne yalnızlık ne değersizlik hissi, hiçbir şeyin kıymeti yoktu, bu yaşamda bir görevi olduğunu hep hissediyor ama taşları bir türlü yerine oturtamıyordu. Şimdi artık taşları yerine oturtma zamanı gelmişti. Şeyh Hasan her bir sayfayı tek tek Türkçeye çevirmişti.

Hasan, Demir'e yolculuğunda yanında ona yoldaşlık eden Semih'ten bahsetmişti, dedesinin yaşadıklarına o da şahit olmuştu ve öğreneceği her bilgi çok kıymetliydi. Üstelik Şeyh Hasan'ın anlattığına göre bu yazıların ulaşmasını Semih sağlamıştı, onunla mutlaka tanışmalıydı. Eve geçtiğinde anne ve babasına biraz yorgun olduğunu söyleyerek odasına geçti, hızla defteri açtı, incelemeye başladı. Bugüne kadar birçok hastalığı görebiliyor ama nasıl iyileştirebileceğini bir türlü çözemiyordu Demir, aradığı kaynak şimdi elindeydi, yıllarca ona ulaşmayı beklemişti. Davut ilk sayfaya bunu bulacak kişiye not yazmıştı:

"Ey benim ruhumun parçası, bu bilgiler sana boşuna ulaşmadı. Bu bilgileri insanlığa sunman için hiç vazgeçmedim, şifanın kaynağı senin elinde kıymet bulacak ve sen bizden sonraki nesillere bunu aktardıkça ruhumuz özgürleşecek. Bugüne kadar yaşadığın her şey buna hizmet etti ve artık ikimizin de ruhu özgürleşecek. Buradaki bütün bilgiler kıymetli ve bir kısmını sen doğuştan biliyorsun aslında, bunların üstüne ekleyeceklerin olacak ama göreceksin ki hastalanan bedenler değil ruhlardır. Her ne yaparsan yap ama ruhu iyileştirmekten vazgeçme. Ve önce kendi ruhundan başla..."

Demir'in gözleri dolmuştu, daha dünyaya gelmeden önce ona bir mesaj iletilmiş ve şu an mesaj yerine ulaşmıştı. Devam etti okumaya:

"Bir insan doğmadan önce annesinin babasının kaderiyle yüklü gelir, bu yüzdendir ki her canlı döllenmeden önce annesinin babasının ne yaşadığını bilmelidir. Hayat boyunca onların yükünü taşıdığını bilmezse şifayı bulamaz."

Çok kıymetli bilgiler paylaşıyordu, Demir'in parça parça ve dağınık yaşadığı olayları toparlıyordu adeta.

"Üstelik bir insan doğduktan sonra bile anne babasının yükünü almaya devam eder. Yani herkes döllenmeden önce ve doğduktan sonraki bir yıl ve hamilelikte anne babasının yaşadığı hayatları kaderine alır. Ama bunlardan kurtulması mümkündür ve bir ömür boyu başına gelenlerin bu dönemle ilgili olduğunu bilmezse aynı şeyleri yaşar durur, ilerleme kaydedemez. Bu kader hastalıkta da yaşanan olaylarda da, aşkta da, arkadaşlıkta da değişmez. Kişi önce kendine sormalı: 'Ben kimin hayatını hayatıma aldım, bu benim hayatıma kimden geldi?' diye."

Bilgileri sindire sindire almak istiyordu Demir çünkü her bir söz altın değerindeydi, başlayacağı yer çok belliydi; kendi hayatından başlayacaktı, tepesinde dolaşan kara bulutun sebebini bulmuştu. Her bir cümlede içinde bir şeyler şifalanıyordu. Devam ediyordu bilgiler:

"Ey insanoğlu, sen kendi kaderini yaşadığını sanıyorsun ama atalarının yükleri sana miras kaldı, bu mirası anlaman için sana hastalıklar gönderildi. Sen bunlardan korktun, halbuki hastalıkların tek sebebi ruhunu anlaman içindi. Şunu bil ki kaybettiğin kişilerin yükleri hâlâ bedeninde yaşıyor, giden ruhu özgürleştirdiğinde sen özgürleşeceksin, insanın bütün yükü omurgasında toplandı ve omurganın her bir zerresi yükleri sırtına yükledi. Ne zaman bu yükü boşaltmayı öğrenirsen o gün özgürleşeceksin, bu yaşam deneyimindeki en büyük sorumluluğun omurgandaki yüklerden özgürleşmendir. Ve bil ki en büyük yükü gidenler bırakır, sırtındaki ruh parçaları seni hareketsiz bırakır, giden ruhları özgürleştirirsen hem ona hem kendine büyük bir iyilik yaparsın. Bu dünya senden önce de vardı, senden sonra da devam edecek, burayı anlamaya çalışma ve teslimiyete geç. Sadece omurgana yapışıp kalan ruhları göndermen bile seni şifalandıracak. Hastalıkların sebebini bedende aramaktan vazgeç, hastalığının olduğu yer ruhunun hasta olduğu yerlerdir ve en çok ölen ruhların enerjisi seni hasta eder. Birini kaybettiğinde onun acısına tutunduğunda onun bütün yükü sana geçer, bu yükü görüp boşaltmayı başarırsan kendi özgür hayatına döner, şifalanırsın.

Ruhları özgür bırakman için sana bir yöntem hazırladım, bunu kullanarak hem giden ruhu hem de kendini özgürleştireceksin, giden ruhları ağlayarak değil, güzel anılarıyla hatırlayacaksın. Giden ruhları unutmak değil, onların ağırlığından kurtulmak için yapacaksın bunu ve göreceksin ki senin ruhun hafifleyecek. Ölümün bir son olmadığını bilmeli ve ölümle barışmalısın, ölüm kapısından girmeyen hiçbir canlı olmadığını bildiğin halde bu kapıdan korkmak niye? Bu kapı sana doğumun da kapısını açacak, yeni deneyimler için tekrar tekrar geleceksin, ama buradaki yaşam deneyimini özgürce yaşayabilmen için öncelikle hayatındaki yasları sonlandırman gerekecek...

Öncelikle şifalanmak isteyen kişinin ruh rehberiyle tanışması gerekmektedir, ruh rehberlerimiz bu dünyada en çok güveneceğimiz varlıklardır ve yaşam deneyimimizi sağlıklı geçirebilmemiz için onlar bizi seçmiştir. Ruh rehberinle iletişime girmen için öncelikle gözlerini kapat ve içinden onunla konuş: 'Sevgili ruh rehberim, varlığını hissetmeye ihtiyacım var, lütfen yanımda olduğunu hissetmeme yardımcı ol, varlığını bana hissettir, şifalanmam için bana yardım et ve ruhumu özgürleştir.'

Bunu yaparken derin nefesler al ve odanın içinde yemyeşil bir şifa ışığı olduğunu hayal et. Her nefes alışında o yeşil şifa ışığının bedenine dolduğunu hisset, ruh rehberleri ölüme yaklaştığın anlarda ve sen çağırdığın anlarda yanına gelir ve şifa enerjisini sana taşır. Rehberinden yardım istediğinde bir süre sonra bedeninde bir ürperme, kamaşma hissedeceksin, işte o an rehberinin yanına geldiği andır. Bir süre sonra senin sorularına cevap vereceğini göreceksin. İlk başlarda sadece varlığını hissedebilirsin ve bu his senin yolculuğunda hep yanında olacak, o hisse güven ve o hisse teslim ol. Ruh rehberinin yardımıyla sana bahşedilen ruhsal alana giriş için küçük bir çalışma ile başla. Lübnan'ın dağlarında gezdiğim yıllarda eski bir Şaman'dan öğrendiğim bu çalışma bütün çalışmalarda işime yaradı. Fiziksel bedeninle ruhun arasındaki bağlantıyı kurmak için Şamanların "vira koça" dediği bu alanı açman bütün enerji alanındaki yaraları tamir edebileceğin bir alandır. İki defa derin nefes al ve ellerini kalbinin önünde birleştir.

1. Ellerini yavaş yavaş yukarıya doğru kaldırıp başının üzerindeki bölgeye getir. Burada altın rengi bir topun varlığını hayal et. Şamanların 8. çakra dediği yerdir burası. 8. çakra başımızın üstünde altın bir top şeklindedir ve bizim enerji bedenimizin bilgilerinin depolandığı yerdir. Elini bu çakranın içine geçirdiğinde elinde ısınma hissedeceksin, ilk denemede bu ısıyı hissetmezsen bir sorun olduğunu düşünme; bu durum senin alacağın sonucu etkilemeyecektir, zaman içinde vücudun uyumlandıkça bu ısıyı hissedeceksin."

Bilgiler su gibi akıyordu. "Ne büyük emek vermiş dedem" diye düşündü. Hastalıkların, bedenin ruhla ilgili olduğunu bilse de bu kadar ayrıntılı bilgiler başını döndürüyordu. Dedesi gerçek bir şifacıydı ve Demir daha yolun çok başındaydı. Heyecanla okumaya devam etti:

"2. Ellerin başının üstündeyken avuçlarını dışa, sağa ve sola doğru genişleterek sanki şeffaf altın bir yumurta içindeymişsin gibi yumurta sınırlarını hayali olarak elinle oluştur, bu sınırı ayağının altına kadar genişlet.

3. Ellerini göbeğinde topla ve kendini altın rengi şeffaf bir yumurtanın içinde hayal et. Elinle yumurtanın iç çeperini kontrol et. Yumurtanın iç çeperinde elini gezdirirken aynı ısıyı bir kez daha hissedebilirsin, bazı bölgelerde elde soğuma hissedersen tıpkı bir camı ovalar gibi o bölgeyi ovalayarak ısıt. Çalışma bitince tekrar kapatacağımız bu alan eğer gece açılmışsa uykuya daldığında kendiliğinden kapanır. Ruhsal alanını açtıktan sonra

gelmen gereken dengeyi burada bulacaksın ve artık zaman tüneline girebilecek boyuta geçebilirsin."

Demir zaman tünelini çok iyi biliyordu, defalarca rüyasında zaman tünelinde gezmişti. Dedesi de bunu anlatıyordu, heyecanı gittikçe artıyordu, hayat ona ne güzel bir sürpriz hazırlamıştı, yaşam amacı tam önündeki defterde yazılıydı. Zaman tünelini okumaya başladı:

"Önünde halka halka geçmişe doğru giden bir zaman tüneli hayal et, bu tünelde her bir halka bir seneyi temsil edecektir, zihin gözünü açmak için halkaların her birinden birer yıl geriye geçerek o döneme ait yaşanmışlıkların fotoğraflarını yakalamaya çalış. Ve hayatında kaybettiğin bir sevdiğin varsa onunla dünya gözüyle son karşılaştığın ana git, zaman tünelinin tam o anında bir ateş göreceksin, o ateşe doğru yaklaş. Ateşten korkma, seni yakmayacak o ateş, sadece söndürülmeyi bekliyor. Ve sonra kaybettiğin kişinin ruhuyla senin o yaştaki ruhunu karşı karşıya getir, bunu yaparken rehberinden yardım iste, rehberin her anında yanında, bu yolculukta onunla beraber olacağını unutma ve rahatla. Ve şimdi artık giden ruhu da kendini de özgürleştirebilirsin, giden ruhla konuş; onunla yarım kalan yaşanmışlıkları, kaybıyla düştüğün acıları, söylemek istediğin her şeyi konuş, bir süre sonra sana cevap verdiğini göreceksin. Konuşman şu şekilde olmalı:

'Canım babacığım/anneciğim/eşim/kardeşim, yıllarca yasını tutarak sana acı çektirdiğimi yeni öğrendim, döktüğüm her gözyaşıyla gözün arkada kaldığı için ışığa ulaşamadığını yeni fark ettim. Bunun için özür dilerim, lütfen beni affet. Benim babam olduğun için sana çok teşekkür ediyorum, seni çok seviyorum.

Sırtımdaki simsiyah çuvalın içindeki kimsesizlik, yetimlik, özlem, çaresizlik duygularının olumsuz etkilerini ateşe atıp yok ediyorum. (İyice yanıp küle dönmesini bekleriz.) Seni hiç unutmayacak olsam da, bu yasın sana ve bana zarar verdiğini bildiğim için, bugün bu yası sonlandıracağım. Bu asla seni unutmak anlamına gelmiyor, ben de bir gün ışığa kavuştuğumda kapıda beni karşılayacağını çok iyi biliyorum. Sana tekrar sarılacağım, ellerini tutacağım, kokunu hissedeceğim. O güne kadar sana elveda demek zorundayım canım babacığım/anneciğim/eşim/kardeşim. Seni toprağa vermeyi, ışığa uğurlamayı kabul ediyorum ve tekrar görüşene kadar elveda diyorum.'

Bu konuşmadan sonra kaybedilen kişinin görüntüsünü gülücüklerle, öpücüklerle uğurla ve ateşi söndür. Sonra kendine, 'Sırtımda, omurgamda yıllarca taşıdığım babamın/annemin/eşimin/kardeşimin vs. ruh kalıntılarını ışığa doğru gönderiyorum. Kimsesizlik, yetimlik, özlem, çaresizlik duygularının olumsuz etkilerini boynumdan, omzumdan, kollarımdan, sırtımdan, belimden, bacaklarımdan, ayaklarımdan toprağa karışıp gitmesi için tamamen serbest bırakıyorum' şeklinde telkinler ver, eller ve ayaklarda soğukluk, kamaşma başlayınca boşaltım başlar, bitene kadar devam et."

Aklına Süreyya geldi Demir'in, Süreyya'yı gönderemediğini ve omurgasında onun ruh parçalarını taşıdığını anladı o an, hiç bunu daha önce düşünmemişti. Bu yüzden miydi yalnızlığı, yıllarca kızlarla ilişki kuramayışı bu yükten dolayı mıydı? Okumaya devam etti:

"Hayatında bir yakınının kaybı varsa kaç yıl geçerse geçsin bu çalışmayı yapmanın çok faydası olur, bu çalışma hem giden ruhu hem kalan ruhu özgürlüğüne kavuşturur."

Her bir bilgi için saatlerce uygulama yapmak gerekiyordu. Demir o gece sabaha kadar sürekli çalışmaları okudu, sabaha karşı yorgun düşüp uyuyakaldı. Ertesi gün öğlen saatlerinde uyandığı gibi yataktan fırladı, önce defterleri kontrol etti, bir rüya değildi, hâlâ orada duruyordu defterler. Sonra aklına Semih geldi, bugün gidip onunla tanışmak istiyordu, Şeyh Hasan, Semih'in numarasını vermişti ona, dedesiyle ilgili yaşanmış anılar çok kıymetliydi. Bu defterlere daha uzun uzun bakacaktı ancak sindirmesi gerekiyordu. Bugün Semih'le buluşmak bu bilgiler kadar önemliydi Demir için. Semih'i aradı, Şeyh Hasan, Demir'den bahsetmişti Semih'e, Şeyh Hasan'ın evinde buluşmak üzere sözleştiler.

Hiç zaman kaybetmeden Şeyh Hasan'ın evine gitti, şeyh onu kapıda karşıladı. Aralarında akrabalık bağı vardı, ailesinin bir ferdi gibi karşıladı onu. Bahçede oturup beklemeye başladılar, bir süre sonra Semih'in arabası göründü. Semih gelir gelmez Şeyh Hasan'ı gördüğünde araçtan inip ellerini öptü, sonra Demir'e bir süre bakıp "Hoş geldin" diyerek sarıldı. Yıllardır sakladığı emanetin sahibi gelmiş şu an karşısında kanlı canlı duruyordu. Demir'e baktığında Davut'u görüyordu sanki. Bir süre Demir'den gözlerini ayırmadı. Semih 60 yaşlarında, dinç görünümlü, temiz yüzlü bir adamdı. Bu kadar yıl sonra bu hikâyenin tamamlanacağından ümidini kesmişti ve şu an bir mucizeye tanıklık ediyordu.

Demir'e döndü. "Bana istediğin her şeyi sorabilirsin, biz yıllarca bu emaneti ulaştırmak için seni bekledik ve şu andan itibaren her konuda sana yardıma hazırım."

Demir, "Sizin hikâyenizi dinledim ve dedem için yaptıklarınızı biliyorum. Çok kutsal bir emaneti bana ulaştırdığınız için minnettarım, şimdi bize çok büyük bir görev düşüyor. Kaybedecek zamanımız yok, bizi bekleyen bilgiler var, dedemin ruhunu rahatlatmak için beraberce bu görevi yerine getirmeliyiz" dedi.

"Ben hazırım, dedenin emeklerini boşa çıkarmayacağız, ben yıllarca bunun için bekledim ve sen istediğin sürece yanında olacağım."

Demir ellerini Semih'in ellerine kenetledi. "Şeyh Yusuf El Hekim Türbesi'ne yakın bir yerde bir mekân bulmalıyız, türbenin enerjisini hissedebileceğimiz bir yer. Orada hastalarla çalışmaya başlamalıyız, dedemin anlattıklarını hayata geçirmeliyiz." Semih bu durumu halledeceğini, bir iki gün içinde mekânın hazır olacağı sözünü verip hemen çalışmalara başladı.

Türbenin hemen bitişiğinde terk edilmiş bir ev vardı, iki gün içinde duvarları tamir ettirip hızla yaşanacak hale getirdi. Demir bu sırada anne babasına haber verdi, bir süre eve gelemeyeceğini, onu merak etmemelerini, Antakya civarında olduğunu bildirdikten sonra yanına birkaç parça eşya alarak Semih'in hazırladığı mekâna geçti. Mekâna girer girmez türbenin ışığının oraya yansıdığını fark etti. Çok heyecanlıydı çünkü atasının ona emanet ettiği bu bilgileri kullanacak büyük bir coşku veriyordu ona. Yıllarca teşhis gücünü fark etmiş ama tedaviyi nasıl yapacağını hiç bulamamıştı. Kafasında yüzlerce soru vardı ama hayatını ortaya koyacağı bir yere giriyordu ve biliyordu ki bütün cevaplar gelecekti. Semih de karısına bir süre eve gelemeyeceği bilgisini verdi, işyerine telefon açarak bir süre yola çıkmayacağını bildirdi, tır şoförü olarak çalışıyordu, iş çıktıkça sefere gidiyordu.

İkisi beraberce Şeyh Hasan'ın yanına uğrayıp bilgi verdiler ve beraberce çalışma odasına kapandılar. Çalışma odalarının yeşil ışıkla kaplı olduğunu sadece Demir görebiliyordu, defterini açtı ve Semih'e döndü:

"Bunları hayata geçirmemiz lazım Semih, bu kadar önemli bir bilgi dururken zaman kaybedemeyiz. Bize bir görev verildi ve etrafımızdaki hastalarla bu çalışmalara başlamalıyız, etrafımızdaki ağır hastalara yas sonlandırma çalışması yapmak için hemen bir liste çıkaralım."

Bunu söylerken yas çalışmasıyla ilgili bölümü okumaya devam ediyordu:

"Giden bir ruhu onurlandırmak ve özgürleştirmek için önce onunla yarım kalan hesabı kapatman gerekir. Birçok insanda gördüm ki kırgın ayrılan ruhlarda yasları sonlandırmak çok mümkün olmuyor, öncelikle bu hesabı kapatıp, ondan sonra ruhunu özgürleştirmek gerekir. İnsanlar bazen kaybettikleri kişilerle ilgili büyük bir özlem duyarken aynı zamanda onlara öfke de duyabiliyorlar. Bu yüzden giden ruhun yasını sonlandırmadan hemen önce o kırgınlıkların, öfkelerin hesabını kapatmak gerekir. Bunun için giden ruhu affetmek zorunda değilsin ama sırtındaki yükü boşaltman çok büyük bir rahatlama sağlayacaktır.

İlgili yaştaki görüntümüzü ateş başına çağırdıktan sonra, çatışma yaşadığımız kişiyle yüzleşme yaptırıyoruz. Ve çatışma yaşayan görüntümüze soruyoruz: 'Karşındaki seni üzen kişiye ne söylemek istersin?' Burada o yaştaki görüntümüzün içinde sıkışıp kalmış bütün kelimeleri dökmesi için yardımcı oluyoruz. Sonra karşısındaki kişinin ne cevap verdiğini bize aktarmasını istiyoruz. Cevap vermiyorsa bile yüzündeki ifadeyi bize anlatmasını istiyoruz. Bu diyalogda bütün sıkışmış kelimelerin dökülmesini sağladıktan sonra bizim çatışma yaşadığımız yaşın görüntüsüne 'Sırtındaki simsiyah çuvalın içindeki değersizlik, öfke, kimsesizlik, terk edilmişlik (yaşanan duygu her ne ise) vs. duygusunu birer birer ateşe atıp yok ediyorum' şeklinde bir telkin veriyoruz. Burada her duygunun birer birer yakılması önemlidir. Örneğin öfke duygusunu yakıyorsak, çuvaldan o duyguyu çıkarıp ateşe atmasını, ateşin içinde çıtır çıtır yanmasını izlemesini, çıkardığı simsiyah dumanı görmesini ve küle dönüşene kadar beklemesini istiyoruz. Tamamen küle dönüştükten sonra ikinci olumsuz duyguyu çıkarmasını isteyerek, çuval boşalana kadar bu seremoniye devam ediyoruz. Çuval tamamen boşaldıktan sonra çuvalı da ateşe atmasını isteyerek yanıp kül olmasını beklemesini söyleyerek, ilgili yaştaki duygusal yükü tamamen boşaltıyoruz. Çuval da küle dönüştükten sonra ilgili yaştaki görüntüsüne şunu sormasını istiyoruz: 'Karşındaki kişiyi affetmek ister misin?' Bazen affetmek mümkün olmayabilir, burada önemli olan sırtımızda taşıdığımız o yükten kurtulmaktır. Affetmek mümkün olursa daha hızlı sonuçlar almak mümkündür, ama kişi affetmek istemiyorsa ona zorla telkin veremezsin, bu durumu beyni reddeder ve çalışma hiçbir işe yaramaz. Eğer o yaştaki görüntümüz affetmeyi kabul ederse karşısındaki görüntüye şuna benzer bir metin okutabiliriz:

'Ben seninle yaşadığım olayla ilgili yıllarca birçok hastalıkla mücadele ettim, yıllarca seni suçladım, hayatım kâbusa döndü. Ama anladım ki kendime yüklediğim bu olumsuz duygular beni hasta etmiş, hayatımı zincire vurmuş. Öncelikle özgürleşmek, iyileşmek için, hayatımı güzelleştirmek için az önce sırtımdaki bütün yüklerden kurtuldum. Seni de anlıyorum, bu hatayı yaparken belki bana zarar vereceğini düşünemedin. Belki de bu öğretiyi yaşamaya ihtiyacım vardı, belki karmanın öğretisini bana iletmen gerekiyordu. Bu yüzden seni bütün kalbimle affediyorum, evrenin sevgi, şefkat ve merhamet düzeninde sen de gerekli dersleri alacaksın bunu biliyorum. Bu öğretiden gerekli dersi aldığım için kendimi tamamen bu yükten özgürleştiriyorum.' Bu konuşmayı yaptırdıktan sonra çatışma yaşadığımız kişinin görüntüsünü sevgi ve şefkatle uğurlayıp gönderiyoruz. Daha sonra şimdiki halimiz, çatışma yaşadığımız yaştaki halimize sarılarak şunları söylüyor: 'Seni tebrik ederim, yıllarca sırtımızda yaşadığımız yüklerden bizi kurtardın, bizi özgürleştirdin. Bu öğretinin mesajını aldık ve beraberce bu mesajı devre dışı bıraktık.' O halimize sarılıp sevgi ve şefkatle gönderiyoruz. Ateşin içindeki her şeyin küle dönüşmesini bekleyip, ateşi söndürüyoruz ve çalışmayı bitiriyoruz. Bu çalışma sırasında affetmek istemediğimiz bir durumdaysak ne yapmalıyız? O zaman konuşmanın yük boşalttıktan sonraki kısmı şöyle uyarlanmalı:

'Yıllarca senin yüzünden çok acı çektim, hayatım bir kâbusa döndü, yıllarca hastalıklarla mücadele ettim. Kendimi değersiz, kimsesiz, bir köşeye atılmış vs. (duygunun adını koyun) hissettim. Ve bugün karşımdasın, sırf kendimi özgürleştirmek için, hayatımı hafifletmek, sağlığıma kavuşmak için az önce sırtımdaki bütün yükleri ateşe atıp yok ettim. Artık acılarım bitti ama bu asla seni affettiğim anlamına gelmiyor. Seni evrenin, ilahi adaletin öğretisine teslim ediyorum. Evrenin bir adalet terazisi olduğunu biliyorum ve kendimi bu öfkeden arındırdığım için, seni adalete teslim ediyorum. Umarım benimle yolların tekrar kesişmez' diyerek onu gönderiyoruz.

Özellikle anne veya babayla ilgili bir yas sonlandırıyorsan ve onlara öfken çok fazla ise, kırgınsan onların nasıl bir ailede büyüdüklerini, nasıl acılar çektiğini, senden önceki hayatlarının hikâyesini araştır. Hücrelerinde anne ve babanın enerjisi dolaştığı için onların hayatına bir anlayış geliştirmen çok faydalı olacaktır. Belki yine de affetmeyeceksin ama hesabı kapatman mümkün."

Etrafında o kadar çok hasta insan varken durumu çok güzel toparlayan bilgiler hayatına girmişti Demir'in. Büyük bir heyecanla burayı uygulamaya karar verdi ancak bir taraftan da bilgilerin hepsini hızla öğrenmek istiyor, içi içine sığmıyordu.

"İnsan en büyük öfkeyi sevdiklerine duyar ve bu öfke aslında onu hayatta tutar. Ancak anne ve babanın hücrelerinin enerjisi içinde olduğu için kendine saldırırsın bu öfkeyle. Ve kendinle uzlaşmak anlamına gelir anne ve babayla yüzleşmek. Onlardan devraldığın enerjiyi sevgi, şefkat, anlayışa dönüştürdüğün yerde sen de bu enerjiyle yaşarsın. Hayatınızda bu öfke varsa yasın olmasa bile yas kadar yaralar seni. Her şey omurgaya yüklenir, sen onu boşaltana kadar o yükle yaşarsın" diyordu Davut.

Bu bilgi Demir için çok kıymetliydi, ayrıca annesine babasına duyduğu kin, öfke, nefret, kırgınlık kişiyi rahat bırakmıyordu çünkü hücreler kendine saldırıyordu. Bazı şeylerin tamamlanmış halini öğreniyordu şimdi ve bu kaynak onun yol göstericisiydi artık.

Semih yakınındaki hastaların listesini çıkarmaya başlamıştı, listenin başına kendi komşusunun ismini yazmıştı. Komşusuna Parkinson teşhisi konulmuştu ve iki kardeşini arka arkaya kaybettikten hemen sonra bu hastalık başlamıştı, bulunmaz bir fırsattı onlar için. Semih'in komşusu Mithat Bey yaklaşık bir yıldır yürüyemiyor, sol eli de tutmuyordu. Çalışmaya Mithat Bey'le başlamaya karar verdiler. Demir yas çalışmasıyla ilgili okumaya devam ediyordu, bir çalışmaya başlamadan önce bu bölümü bitirmeliydi:

"Kişi öldüğü zaman, diğer boyuta geçtiği zaman hücrelerin enerjisi kendisine yakın enerjilere tutunma meylindedir ve o hücreler onu bırakmadığı sürece yolculuğu tamamlayamaz yani gitmek isteyen ruhu da özgürleştirmek gerekir, bazen yıllarca arafta yaşarlar, tutunduğu beden ölene kadar orada kalırlar ve giden ruh da, kalan ruh da deneyimini yaşayamaz. Giden ruhlar en fazla omurgaya yapışır çünkü omurga dediğimiz yer yaşamın ilk belirtisinin başladığı yerdir ve omurgadan ayrışmamış milyarlarca ruh deneyimlerini tamamlayamamıştır.

Rehber ruhlar omurgadan ayrışmayı başaranlardır. Yaşarken de ölürken de omurganın boşaltılması gerekir. Omurganın 33 tane omurdan oluşmasının da bir sebebi vardır; insan varlığını 33 ayda tamamlar. Bir yasın bitirilmesi demek bir doğumun başlaması demektir, doğumun başlaması için yasın bitmesi lazım. Bedenden ayrışma olmazsa ruh başka bir bedene göç edemez, yakınlarına tutunur. Her insanın kaybettikleri omurgasında yaşar ama her insan hasta olmaz, eğer bir hastalık varsa öncelikle ruhun benzer hücrelere yani kendi soyuna yapışıp yapışmadığına bakılmalıdır. Bir yapışma ayrıştırıldıktan sonra benzer hücrelerden oluşan fizyolojik bağ olan bedenler de özgürleşir. Bunu yapmak her zaman çok kolay değildir, öncelikle giden ruhla barışmak, uzlaşmak, hesaplaşmak gerekir, bu hesabı kapattıktan sonra ancak ayrışmayı başarabilir ve gitmesine izin vermek gerekir.

İnsanın bedenindeki her bir salgıbezi bir enerji alanıdır: Epifiz, hipofiz, tiroit, timüs, pankreas, böbreküstübezleri, yumurtalık-testis. Bunların hepsi bir enerji giriş kapısıdır ve hepsinin omurgayla bir teması vardır ve omurga temizlenmeden hastalık iyileşmez."

Demir okuduğu her bilgi karşısında bir kez daha şok geçiriyordu, müthiş bir emek ve çalışma vardı burada, müthiş buluşlar vardı. Omurganın bütün sırların kapısı olduğunu bulmuştu dedesi, hayatı pahasına ne çok şeyi keşfetmişti... Semih'e dönerek hızla komşusunu çağırmasını söyledi. "Onu buraya çağır ve onun hikâyesini öğrenelim, en azından yaslarını temizleyelim, olabildiğince çabuk yol alacağımızı düşünüyorum çünkü durup dururken bu hastalık onu ziyaret etmedi, bundan eminim."

Semih, Mithat'a Demir'den bahsetmişti, Mithat zaten çaresizdi ve bu tedaviyi kabul etmişti, Mithat'ı getirmek üzere evlerine gitti, kapıyı çaldı. Mithat Bey'in eşi kapıyı açtı. "Mithat içeride mi?" diye içeri girdi Semih. Eşi gülümseyerek "Tabii ki içeride, başka nerede olabilir? Sadece uyuyor, uyanıyor, yemek yiyor."

"Tamam" dedi Semih. "Onu tekerlekli sandalyeyle almaya geldim."

Mithat'ın eşi artık soru bile sormuyordu, o kadar büyük umutsuzluğa girmişti ki nereye gittiklerini sormadı. Semih "Değişik bir tedavi yapılacak" dedi sadece eşine. "İstanbul'dan gelen yeni bir doktor var, çok özel bir tedavi yapıyor, Mithat birkaç gün bizimle kalacak, ilaçlarını, eşyalarını hazırla, onu hemen götüreceğim."

Mithat'ın eşi zaten kendi halinde bir kadındı, çok da merak etmiyordu çünkü iki yıldır Mithat hareket etmiyordu zaten, en azından birkaç gün kafasını dinleyecekti, hiç itiraz etmeden hemen eşyalarını hazırladı, tekerlekli sandalyeye bindirdiler, Semih etraftakilerden yardım alarak Mithat'ı getirdi. Demir Mithat'ı kapıda karşıladı. "Hoş geldin" dedi. Mithat umutsuz gözlerle Demire baktı, hâlâ konuşabiliyordu. "Neden buraya getirdin beni?" diye sordu. Demir ona sadece şunu söyledi: "Hastalığınla ilgili çok önemli bilgilerim var, eğer bana izin verirsen bu hastalığa iyi gelecek bir şeyler yapmak istiyorum sana, senden izin istiyorum" dedi.

Mithat başını sallayarak, "Zaten başka çarem yok" dedi. "Bu hayatta denemediğim şey kalmadı, ilaçları denedim, değişik otlar da kullandım, gittikçe daha kötüye gitti hastalığım, bu yüzden sana itiraz edecek değilim."

Demir sözü aldı:

"Bugün seninle sadece sohbet edeceğiz" dedi. "Ben sorup sen cevaplarsan çok yol alabiliriz ve birkaç gün bizim misafirimiz olacaksın, biz sana burada çok iyi bakacağız, hiç merak etme."

Demir kendi bilgileri ve Davut'tan öğrendiği bilgiler ışığında Mithat'a sorular sormaya başladı; çocukluğundaki anılarını, kaybettiği kişileri, annesinin babasının ilişkisini, onlara duyduğu öfkeyi, parayla ilişkisini vs. her şeyi soruyordu. Mithat iki yıl önce bir trafik kazasında iki kardeşini birden kaybetmişti, hemen arkasından kas sisteminde zayıflamalar ve titremeler başlamıştı. Doktorlar Parkinson teşhisi koymuştu, günden güne daha kötüye gidiyordu. Bu çok kıymetli bir veriydi. Davut notlarında en çok bu konuya önem veriyordu. Gün boyunca Mithat'a bazı bilgiler aktardı, Davut'un yazdığı bilgilerin daha anlaşılır halini ona anlatmaya başladı; ölen ruhların gitmekte zorlandığını, hem kalanın hem gidenin hayatına ruhun hapsolduğunu, yolculuğun başlayamadığını...

Mithat inançlı biriydi, bunları onun inancını zedelemeden anlatmaya çalıştı. Mithat o gün biraz ikna olmuş, içinde küçücük bir umut ışığı yanmıştı ve yapılacak işlemin bir ilaçla yapılmayacağını bildiği için güvenle kabul etti, farkında olmadan teslimiyete geçti. İlk gün sadece sohbet ettiler, Mithat'ın ilaçları verildi, yemeği yedirildi, bakımı yapıldı. Ertesi sabah uyandıklarında Mithat dinlenmiş bir şekilde gözlerini açtığında karşısında Demir'i gördü, Demir onu uykuda izlemişti çünkü enerji alanını görmeye çalışıyordu. Mithat'ın gerçekten de omurgasında parça parça kırmızı lekeler görüyordu, bildiği kadarıyla omurgasında bir sorun yoktu. Yıllardır sadece organlardaki hasarı görebiliyordu, acaba yanlış yere mi bakıyordu?

Organ hasarlarının omurgada bir karşılığı olduğunu Davut'un notlarından öğrenmişti, omurgayı görebiliyordu şimdi, heyecanlandı, bütün parçalar yavaş yavaş birleşiyordu. Mithat'ı eliyle doğrulttu. "Günaydın" dedi. "Bugün çok güzel bir gün ve seninle çok özel bir çalışma yapacağız." Mithat'a kahvaltılık bir şeyler yedirdikten sonra bir önceki günün sohbetinin özetini geçti ona ve sonra çalışmanın hazırlıklarına başladı:

"Lütfen gözlerini kapat, ruh rehberinin sana eşlik etmesine izin ver" diyerek Mithat'ın enerji alanını açmasına yardım etti, bir yumurta şeklinde enerji alanı açarak ruh rehberinin ona yardım etmesi için istekte bulunmasını söyledi. Mithat bütün vücudunda ürperme hissediyordu, rehberinin varlığını hissetmişti, Demir ona sık sık telkin veriyordu:

"Sakın paniğe kapılma, rehberin sadece ve sadece sana yardım için burada, sana hiçbir zarar vermeyecek, yeter ki onun yardım etmesine izin ver."

Mithat ilk başta tedirgin olsa da vücudundaki o kamaşmayı hissettiği an müthiş bir rahatlama hissetti. "Ve şimdi..." dedi Demir. "Önünde bir zaman tüneli açılıyor, burası senin hayat hikâyenin geçtiği yer, halka halka geçmişe doğru yolculuk yapabileceğin bir yer, her bir halka bir yılı temsil ediyor, o zaman tünelini görmeni istiyorum" dedi.

Mithat gerçekten de ilginç bir şekilde Demir'in söylediği gibi bir zaman tüneli görmeye başladı, halkaları görmeye başladı, ruh rehberini görmese de sırtındaki güven verici ürperme onun varlığını hissettiriyordu.

"Şimdi... O halkalardan birer birer geriye doğru git, kardeşlerinden önce büyük olanın görüntüsüne ulaşacaksın, kaza haberini, ölüm haberini aldığın ana git lütfen" dedi. Mithat o günü zaten unutamıyordu, hatırlamasına gerek yoktu anında orada gördü kendini ve Demir devam etti:

"Orada bir ateş göreceksin, o ateşin yanında dur ve bekle, lütfen kaybettiğin ağabeyini çağır."

Mithat'ın büyük ağabeyi Ali karşısında duruyordu, bir anda gözleri doldu, hiç onu bu kadar canlı hayal edememişti şimdiye kadar, bu bir hayal değildi, gerçekten onunla karşı karşıyaydı.

"Sana bir şans verildi, son kez onunla helalleşmen için bir şans verildi ve onunla yarım kalan bütün konuşmaları tamamlayabileceğin bir şans verildi, ona ne söylemek istersen şimdi söyleyebilirsin, o seni duyacak" dedi Demir.

Mithat öyle heyecanlıydı ki gerçek hayattaki gibi kanlı canlı karşısında duruyordu ağabeyi, hüngür hüngür ağlamaya başladı, elini uzatıyordu ona doğru, Demir uyardı:

"Onun artık bir bedeni yok ama seni duyabilir, ona dokunamazsın ama onunla konuşabilirsin, lütfen onunla konuş."

Mithat hıçkıra hıçkıra, "Ağabeyciğim" dedi. "Nasıl hasretim sana, nasıl özledim seni canım ağabeyim, sen gittiğin günden beri yolumu şaşırdım, elim ayağım tutmaz oldu, hayatımın anlamı kalmadı, her yerde seni aradım, senin yol göstericiliğini aradım, senin desteğini aradım, darmadağın oldum, nasıl bizi böyle bırakıp gittin? Hiç hazır değildim bu gidişe ağabeyciğim, biz buna nasıl katlanabilirdik hiç düşünmedin mi, bizi nasıl bırakıp gidebildin?"

Demir araya girdi. "İyi dinle" dedi. "Sana cevap verecek, lütfen dinle onu, ruhunun seninle konuşmaya ihtiyacı var ve söylediklerini bana aktar."

Mithat ağabeyine izin verdi konuşmaya başladı:

"Canım kardeşim, kaderimiz böyleymiş, yapacak bir şey yok, ben de bu kadar erken gideceğimi bilmiyordum ve öyle ani oldu ki bu gidiş ne gidebildim ne kalabildim, sıkışıp kaldım, arkamdan döktüğünüz her gözyaşı beni yolumdan alıkoydu, ben de istemezdim ama bu kaderin önüne hiçbirimiz geçemeyiz. Artık beni göndermen lazım, sen acı çektikçe ben gidemiyorum, ben gidemedikçe sen acı çekiyorsun, birbirimize yardım etmemiz lazım."

Mithat devam etti:

"Ben seni gönderirsem sensiz kalacağım diye korkuyorum, ben seni nasıl göndereyim, ben seni unutabilir miyim ağabeyciğim? Küçüklüğümüzdeki anılar, yaşadığımız zorluklar, gençliğimizde geçirdiğimiz anlar, hiçbirini unutamam ki, seni nasıl gönderebilirim?"

Demir hemen devreye girdi:

"Ağabeyinin özgürleşmeye ihtiyacı var, senin de onun da özgürleşmesi için ona veda etmelisin, bu asla onu unutmak anlamına gelmiyor, onu gözyaşlarıyla değil güzel anılarla anmak için gitmesine izin ver."

Mithat'ın doya doya Ali'yle sohbet etmesine izin verdi ve sonra tekrar devreye girdi:

"Şimdi benimle tekrar et: Ağabeyciğim, ben seni çok sevsem de, varlığın hayatımda büyük katkı olsa da, seni göndermek zorundayım. İyi ki ağabeyim oldun, senin yolculuğunu engellediğim için bütün kalbimle senden özür dilerim, lütfen beni affet, seni çok seviyorum, benim ağabeyim olduğun için şükrediyorum. Bu bir ayrılık değil, seni uğurlamak zorundayım. Yoksa ne sen ne ben özgürleşebileceğiz ve sana söz veriyorum seni güzel anılarla anacağım, gidişini kabul ediyorum. Seni toprağa, taşlara, bitkilere ve ışığa doğru gönderiyorum." Bu sözü söylediği anda Ali bir ışık topuna dönüştü, Mithat'ın karşısında yavaş yavaş yükselmeye başladı ve Demir tekrar devreye girdi:

"Onu gülümseyerek uğurla, el salla ve sözleş: 'Ben de bir gün ışığa kavuştuğumda yanına geleceğim, o güne kadar elveda canım ağabeyciğim, seni ellerimle toprağa, taşlara, bitkilere ve ışığa gönderiyorum' diyerek tekrar tekrar el salla lütfen" dedi.

Mithat bunu yaparken Ali yavaş yavaş yükselen bir ışık topuna dönüştü, o kadar yükseldi, o kadar yükseldi ki artık gözden kayboldu ve "Ona tekrar söz ver" dedi Demir. "Ben de bir gün ışığa kavuştuğumda kapıda senin beni karşılayacağını biliyorum, o güne kadar elveda canım ağabeyciğim." Ağabeyi tamamen gözden kayboldu, Demir tekrar Mithat'a şunları söyledi:

"Şu an yanındaki ateşin ısısını hisset, içini yakan o ateşin yüzüne yansıyan ışığını hisset, benimle tekrar et: 'Sırtımdaki simsiyah çuvalın içindeki ayrılık acısını çıkarıp ateşe atıyorum' diyerek sırtındaki çuvaldan bir kütük çıkar."

Mithat sırtındaki hayali çuvaldan bir kütük çıkardı ve ateşe attı.

"O kütük ateşte yanarken ağabeyin gittikten sonra akıttığın gözyaşlarını, ayrılık anılarının hepsini ateşte yak, bırak küle dönsün."

Mithat'ın sırtı hafiflemişti ama daha yükü vardı, Demir devam etti:

"Ve yine sırtımdaki simsiyah çuvalın içindeki acı verici özlem, yalnızlık, çaresizlik duygusunu da ateşe atıyorum."

Mithat bir kütük daha çıkardı, ateşe atıp küle dönüşmesini bekledi, sırtı bayağı bir hafiflemişti.

"Bir bak bakalım sırtındaki çuvalda hangi duygular kaldı?" diye sordu Demir.

"Öksüzlük duygusu kaldı" dedi.

"Onu da çıkar ateşe at, iyice küle dönüşsün, kendini öksüz, kimsesiz, çaresiz, yolunu kaybetmiş hissettiğin bütün anılarla birlikte yanmasına izin ver."

Mithat onu da attı, artık çuvalı bomboştu, sırtı gittikçe dikleşiyordu ve Demir son olarak "Şimdi o çuvalı da ateşe at, bırak tamamen küle dönüşsün, artık sırtında bir yük taşımaya ihtiyacın yok" dedi. Mithat onu da attı ve çuvalın tamamen küle dönüştüğünü gördü. "Şimdi o ateşin içine gir, ayaklarınla ateşe bas, ateşin seni yakmadığını ve gittikçe söndüğünü göreceksin." Mithat ayaklarıyla hayalindeki ateşi söndürmeye başladı, ateş küçüldü küçüldü önce bir köze döndü ve tamamen kayboldu. Ateşin sönmesi ile birlikte içindeki bir acının da azaldığını fark etti, o anda içinde bir ateş sönmüştü sanki. "Şimdi" dedi Demir. "Omurgandaki yükü boşaltacağız." Eliyle Mithat'ın omurgasının başladığı yere ve bittiği yere elini koyarak "Şimdi..." dedi. "Buradaki yükü boşaltacağız, buranın ısındığını, kor bir ateşe dönüştüğünü hisset." İlginç bir şekilde Mithat'ın omurgası ısınmaya, alev alev yanmaya başladı. "Benimle tekrar et: Yıllarca omurgamda taşıdığım ağabeyimin ruh parçalarını ışığa doğru gönderiyorum, onun ışık yolculuğunu başlatıyorum, sırtıma yapışıp kalan hücrelerimden onun ruh parçalarını ayırıp ışığa doğru gönderiyorum ve omurgama yapışıp kalan özlem, çaresizlik, yalnızlık, öksüzlük duygularını, boynumdan, omzumdan, kollarımdan, ellerimden, sırtımdan, göğsümden, kalbimden, karnımdan, kalçamdan, bacaklarımdan, ayaklarımdan toprağa akıp gitmesi için tamamen serbest bırakıyorum, ağabeyimi ve kendimi özgürleştiriyorum, bu yolculuğu başlatıyorum."

Demir bu boşaltmayı defalarca tekrar ettirdi. "Bu enerjiyi ellerinde ve ayaklarında uyuşma hissedene kadar boşalt" dedi. Mithat'ın garip şekilde ayakları yanmaya, uyuşmaya başlamıştı, ellerinde bir karıncalanma hissediyordu, bu telkini tekrar tekrar yaparak omurgasından, kemiklerinden, hücrelerinden ağabeyinin bütün acısını boşalttı, ruh parçalarını ışığa gönderdi. "Şimdi de rehberine teşekkür et" dedi Demir. "Ve zaman tünelinden bugüne doğru halka halka geçerek geri gel, gözlerini açabilirsin."

Mithat gözlerini açtığında sanki başka biriydi, hâlâ omurgasında başka yaslar taşısa da çok büyük bir yası omurgasından boşalmıştı, müthiş yorgun hissediyordu, vakit öğlen saatini bulmuştu. Mithat, Demir'e döndü ve "Çok uykum geldi" dedi.

"Rahat ol, istediğin kadar uyuyabilirsin, bugün artık başka bir çalışma yapmayacağız" diye cevapladı Demir. Mithat'a hazırladıkları derin bir uykuya daldı, öyle bir uykuydu ki bu ertesi gün sabaha kadar uyanmadı. Mithat uyuduktan sonra Demir hemen notlarının yanına koştu. "Bir yası sonlandırdıktan sonra o hastanın iki üç gün dinlenmesi lazım ve aynı yasla ilgili en az iki veya üç defa daha boşaltım yapılmalı, çünkü o kadar inatçıdır ki omurga, mıknatıs gibi ruh parçalarını çeker. İlk çalışmada o enerjinin yarısı boşalsa bile kalan yarısı ancak iki üç çalışmada boşalır ve bu üç gün boyunca o insanın başka hiçbir çalışma yapmaması lazım. Çok fazla uyku olabilir, çok fazla sarsılabilir, ağrılar olabilir, o yüzden beklemek zorundasınız" diye yazıyordu notlarda.

Her şey çok yolunda gidiyordu, hastanın uykusunun gelmesi de iyiye işaretti ve hastayı en az üç gün dinlendirmesi gerekiyordu. Ertesi sabah uyandığı zaman Mithat'ı üç günlüğüne eve götürmeye karar verdi. Mithat eve girdiğinde bir pelte gibiydi, onu tekerlekli sandalyeyle getirdiklerinde karısı şaşırmıştı:

"Buradan giderken kocam daha sağlamdı, şimdi tam yatalak olmuş, neden böyle oldu?" diye Semih'e kızdı.

Demir ona sakin olmasını söyledi. "Biraz zaman alacak" dedi. "Birkaç gün evde dinlensin tekrar gelip alacağım onu."

Aynı şekilde üç gün arayla üç kez daha onu evden alıp aynı çalışmayı yaptılar ve geri gönderdiler. Birinci yası sonlanmıştı, vücudunda henüz görünür bir şey yoktu ama biraz beklemeleri gerekiyordu. Birinci yasın çalışmasını bitirdikten sonra bir haftalığına Mithat'ı eve gönderdiler ancak her gün ziyaretine gittiler. Semih eve gittiği zaman birinci gün yataktan bile kalkamadı, ikinci ve üçüncü gün vücudunda şişmeler başladı, karısı paniğe kapılmıştı. Bedeninde ödem tutmasının kötü bir şey olmadığını biliyordu.

Demir, karısını sakinleştirmeye çalıştı. "Sadece bize biraz zaman ver" dedi. "Kocan iyi olacak."

Dördüncü gün Mithat'ın şişlikleri inmeye başladı, Parkinson titremeleri de azalmıştı, bu çok iyi bir gelişmeydi. Bir yıldır kullanamadığı ayaklarını oynatmaya başladı, hâlâ ayağa kalkamıyor ama ayaklarını hissedebiliyordu. Demir her gün ziyaretine gidip Mithat'ın kontrollerini yapıyordu, ayaklarını hissetmesi çok büyük bir gelişmeydi, elinin titremesi de geçmişti, elini rahatça kullanıyordu. Parkinson gibi bir hastalıkta beyindeki bir hasardan dolayı oluşan bu hastalıkta, geri dönüşe şahit olmak neredeyse imkânsızdı, karısı da bu gelişmeye inanamıyordu.

Daha sonra ikinci yası için Mithat'ı tekrar aldılar, bu süreçte Mithat yanlarında kalsın istedi Demir çünkü hem Şeyh Yusuf Türbesi'ne yakın olmak hem de gözünün önünde hastayı takip etmek anlamında faydalı olacağını düşünmüştü. Kaybettiği diğer kardeşi için de Mithat'a üç gün arayla üç defa aynı uygulamaları yaptı. Kardeşi için çektiği acı daha farklı bir acıydı, evladını kaybetmiş gibi hissediyordu, sonra tekrar vücudunda ödem oldu ve bekleme süresi başladı. Hiçbir çalışma yapmadan sadece takip edecekleri döneme girmişlerdi.

Semih günlük olarak gidip karısına her şeyin yolunda olduğunu söylüyordu, karısı görmek istediğini söylediğinde ise biraz sabırlı olmasını, çok az bir süre kaldığını söylüyordu. Yedinci günün sonunda Mithat ilk defa ayağa kalktı ve tekerlekli sandalye ile girdiği odadan Mithat bebek adımlarıyla yürüyerek çıkmayı başardı. Demir, Semih ve Mithat birbirlerine sarıldılar, bu gerçek bir mucizeydi, inanılmazdı. Mithat, Demir'in ellerini öpüp dualar etmeye başladı. Mithat'ı evine bu sefer yürüyerek geçireceklerdi.

Her biri bir koluna girerek evinin zilini çaldılar, karısı Mithat'ı ayakta görünce şok geçirdi, çığlık attı, boynuna sarıldı, yerlere kapandı, Demir'in ellerini, ayaklarını öpmeye başladı. Demir omzundan tutup kadını kaldırdı, "Sen merak etme" dedi. "Daha iyi olacak, biraz evinde zaman geçirsin."

Semih'le Demir erken bir zafer kutluyorlardı, Demir o kadar sabırsızdı ki, dedesinin yasla ilgili tecrübeler kısmını henüz okumadan hayata geçirmeye kalkmıştı. Mithat ilk üç haftayı çok güzel geçirdi, bebek adımlarla yürüyordu, elindeki titreme kaybolmuş ve hayata dönmüştü ancak aradan üç hafta geçtikten sonra Mithat tekrar yürüyemez oldu ve eli tekrar tutmaz oldu. Mithat'ın karısı panikle Demir'le Semih'in yanına ağlayarak geldi. "Mithat ölüyor yardım edin bir şeyler oldu" dedi. Demir o kadar emindi ki Mithat'ın iyileştiğine artık ziyaretine bile gitmiyordu. Duyduklarına inanamadı bir süre, olamazdı, bu kadar şey tesadüf olamazdı, bu kadar iyileşme bir plasebo etkisi olamazdı, bir yerde bir hata, bir eksiklik vardı. Hemen beraberce Mithat'ın yanına gittiler, Mithat inancını hâlâ kaybetmemiş, Demir'e sevgiyle bakıyordu. Bu inanç Demir için gerçekten önemliydi çünkü bu inancı kaybetseydi işi çok zordu. Üç hafta bile olsa Mithat'ta bir düzelme gördüğü için doğru bir şey yaptığını biliyordu. Mithat'ın elini tuttu. "Mithat sakın üzülme, bu dalgalanmalar olacak, eskisinden daha iyi olacaksın, seninle tekrar bir çalışma yapacağız."

Bunları söylerken de bir yandan neden böyle bir şey olduğunu kendi kendine sorup duruyordu. Mithat'ı alıp kendi mekânlarına götürdüler, Demir hızla notları karıştırmaya başladı, Davut sanki başına gelecekleri önceden hesaplamış gibi bir başlık yazmıştı: "İyileşmeden Geri Dönmesi." Sayfa sayfa, kelime kelime incelemeye başladı, aynen şöyle yazıyordu:

"Hasta bazen birkaç hafta iyiye gider, sonra tekrar eskiye döner, böyle durumlarda bilmelisin ki hedeflerin hepsini vurmamışsındır."

Demir çok şaşırmıştı, mademki öyle neden o iyileşme olmuştu? Hemen cevap geldi notlardan:

"Bir musluğun uzun bir hortumu olduğunu düşün, hedefleri sondan başa doğru boşaltırsın ama ilk hedefi bulamazsan o musluk damlamaya devam ettiği için o hortumu ne kadar boşaltırsan boşalt tekrar içine su dolacaktır, yani hastalık tekrar dönecektir. Ama bil ki doğru yerde çalışıyorsun, bulduğun konu doğrudur, hedefler eksiktir. Bazen insanlar yasla doğarlar, eğer anne karnına düşmeden önceki bir yıl, hamilelikteki dokuz ay ve doğumdan sonraki bir yıl içinde ebeveynlerden birinin yası varsa, çocuk onların yasını yüklenmiş olarak doğar, bazen de bir düşük, kürtaj anısından hemen sonra dünyaya gelen bir bebek yine yaslı bir rahme dünyaya gelmiştir. Burası ana musluk gibidir, çoğu hastalıkta ilk başta buraya bakmak gerekir, burayı atlarsanız hastalıklar geri dönebilir. Eğer yas yüzünden bir hastalık varsa ayrıca hastanın kaybettiği herkese, bir ev hayvanına dahi çalışmak gerekir."

Demir büyük bir pişmanlık yaşıyordu, nasıl da burayı atlamıştı? Sabırsızlığı ve heyecanı yüzünden Mithat'a hayal kırıklığı yaşatmıştı. Hemen bir zaman tüneli çalışması yapmaya karar verdi, Mithat'a enerji alanını açtırıp rehberinden yardım istedi, zaman tünelini görmesini sağladı. Doğum dönemine ve küçüklüğüne bakmak için zaman tünelinde gezmesini sağladı. Zaman tünelinde halkaları tek tek gezdirdi. Altı yaşında köpeğini kaybetmişti. Mithat onu hatırladı ve sonra annesinin ağladığını gördü bir sahnede. Henüz hamile değilken annesi babasını kaybetmişti, bu anıyı duymuştu annesinden ama şimdi zaman tünelinde bu sahneyi görüyordu.

Demir heyecanla not alıyordu, evet parçaları birleştirdiğinde her şey yerli yerine oturuyordu. Mithat bir yas programı ile dünyaya gelmişti, tetiklene tetiklene bu hale gelmişti, ana kaynak aslında Davut'un bahsettiği 33 ayda saklıydı, neden 33 ay olduğunu da şöyle açıklıyordu Davut:

"Omurgada 33 tane omurumuz olması hiç tesadüf değil, 33 omurun her biri hayatımızdaki bir zamanı temsil eder ve biz 33 aylık yaşanan olayların ürünüyüz. Her bir omura bir çatışma, bir enerji, bir ruh parçası depolansın diye 33 tane omurumuz var ve biz 33 ayda her bir omurun yüküyle dünyaya geliyoruz, 33 ayda enerjimiz olgunlaşıyor."

Mithat'ı ilk gördüğünde omurgasında fark ettiği kırmızı ışıklar aklına geldi. İlk defa bir organda değil de omurganın belirli yerlerinde bu kırmızı ışığı görüyordu, taşlar gittikçe oturuyordu. Mithat'a annesinin yasını yüklendiği anın çalışmasını yaparak işe koyuldu, bunun için Mithat'ı zaman tünelinde doğum anına götürdü ve doğum anında yanında bir ateş hayal ettirdi. Ruh rehberinden yardım isteyerek çalışmaya başladı ve bir telkin yaptırdı:

"Bugün anladım ki ben annemin yası ile dünyaya gelmişim ve benim omurgama annemin yaşadığı yas programı olduğu gibi yapışmış, tetiklene tetiklene bugüne gelmişim. Ve bugün anladım ki aslında ana çatışma ben doğmadan önce bana yüklenmiş, sırtımda ağır bir yükle doğmuşum. Sırtımdaki simsiyah çuvalın içindeki kayıp, çaresizlik, yalnızlık, özlem, öksüzlük duygusunu bugün fark ettim" diyerek Davut'a tekrar bir ateş başında sırtındaki çuvalı ve omurgasındaki bu ana çatışmanın yükünü boşalttırdı. Üç gün arayla yine üç kez yaptıktan sonra altı yaşında yaşadığı yası, köpeğinin ölümünü de üç gün arayla üç kez yaptırdı. Bu çalışmalar sonrasında yine takibini yaptı, bu sefer de evine göndermeden saat başı kontrollerini yapıyordu.

Mithat'ın bütün vücudu tekrar şişmişti, daha önceden hazırlıklıydı buna Demir. Bir doktor olarak önlemini alarak gerekeni yapıyor, bütün değerleri kontrol altında tutuyordu. Davut'un yazdığı notlardan çok önemli bir madde beyninde dolaşıyordu:

"Eğer doğru bir taşı oynatmışsanız beden mutlaka tepki verecektir, bedenin verdiği tepkilerden korkmayın çünkü beyin ödem göndererek iyileştirir, beynin iyileşme prensibi budur."

Bu bilgi Demir için çok önemliydi, normal zamanda bir hastanın vücudunun şişmesinden paniğe kapılabilirdi. Ödem iki gün devam etti, Mithat ikinci, üçüncü çalışmadan sonra tekrar hareket etmeye başladı, kolunu tekrar oynatmaya başladı, artık bebek adımlarıyla değil sağlıklı bir insan gibi yürüyordu, sadece kasları zayıfladığı için biraz ayakları titriyordu.

Demir onu on beş gün gözetim altında tuttu ve tıp tarihine geçecek bir ilke imza atarak, Parkinson iyileşmesini sağlamıştı, bu tıp tarihinde çok önemli bir adımdı ama Demir'in daha çok ilgilendiği şey Mithat'ın sağlığına kavuşmasıydı. Aradan geçen on beş gün zarfında sık sık Mithat'ı yürüttüler, ayak kasları için fizik tedavi uyguladı Demir ve Mithat bu sefer yanında kimsenin desteği olmadan kapısını çalarak evine girdi. Karısı boynuna atladı, inanılmaz bir gelişmeydi bu.

Demir artık emindi, yaptığı uygulama eksik, hedefler doğruydu. Burası hasta için de Demir için de çok iyi bir başlangıç olmuştu çünkü. 33 aylık enerji bedenin oluşma süresinde çoğu çatışma başlıyor, daha sonra tetikleniyordu, bu bilgi başlı başına insan sağlığının gen haritasıydı. Bu durumu raporlamak için Mithat'ı hastaneye götürdü, nörolojik muayeneler, klinik muayene ve testler sonucunda hastalıktan eser kalmadığı anlaşıldı. Parkinson teşhisi kaldırıldı. Böyle bir hastalığın teşhisinin kaldırılması dünyada bir ilkti. Demir önünde çok büyük bir okyanus açıldığını yeni fark ediyordu ve bütün bilgileri tek tek incelemeye başladı, her bir sayfa altın değerindeydi:

"Omurga 33 tane omurdan oluşur ve her bir omurun bir anlamı vardır, biz daha doğmadan önce omurgamızın enerjisi şekillenir; biz doğmadan önceki bir yılda Sacrum bölgesi, hamilelikteki dönemde göğüs omurları ve doğumdan sonraki dönemde ise boyun omurlarımızın enerji alanları şekillenir ve bu dönemlere çok dikkat etmek gerekir. Bugün tıp bilimi buraları hiç önemsemese de enerji bedenimizin oluştuğu yer tam da burasıdır. Ben birçok hastalığın buradan çözüldüğüne şahit oldum, insanların bunu bilmeleri hayatlarında birçok hastalığın iyileşmesini sağlayacaktır çünkü burası aslında bizim haritamızdır ve omurga dendiği zaman sadece bir kemik parçası olarak anlaşılmamalıdır, yüklerin hepsi burada toparlanmıştır. Bütün tıbbi çalışmalarda organı isterseniz yerinden alın ama omurgadaki enerjiyi boşaltmazsanız hastalık geri gelecektir. Her bir omurun anlamını bilirsek onları boşaltmayı da öğreniriz, ruhumuz bu yükten kurtulmak için bize yardım edecektir, biz ruhumuza bir adım attığımızda o bize on adım atacaktır.

Herkesin kendi enerji bedenini tanıması çok önemlidir, başımızın üstündeki çakra bizim enerji bedenimizdir, omurgadaki her bir omurla bağlantı halindedir burası. Yine omurga ile bağlantı halinde olan salgıbezlerimiz vardır, bunların her birinin rengi farklıdır, bir hekim bunları bilmeden sadece beden üstünde çalışırsa genellikle başarısızlığa uğrayacaktır. Omurganın beynimizle ve organlarla bağlantısı koptuğunda organlarda hasarlar oluşuyor ve sinyaller geliyor, bizim organ üstünde gördüğümüz sinyaller omurgadaki ve beyindeki sinyallerdir, zaman içinde tıp ilerledikçe buraları ölçebileceğiz ama şimdilik sadece buraların ışığını görebilenler buraları çalışabilirler. Bazen sadece yaslar değil, yaşadığımız büyük sıkıntılar da omurganın ilgili omurunda birikir, boşaltılmayı bekler. Oradan mesajı bedene iletir, o mesaj alınana kadar orası tetiklenir ve karşılığı vardır.

Yas kadar önemli bir başka duygu var ki hayatımızda enerji alanımızı zedeler, enerji alanımız yaralandığı zaman bedende mutlaka bir karşılığı görülür; cinsellikle ilgili her şeyden etkileniriz çünkü insanoğlunun en hassas noktasıdır cinsellik. Eğer ki küçük yaşlarda bir istismar varsa, bir daha iflah olmayacak şekilde bedene yansıma olur, buraları görebilmek için bir hekimin öncelikle kişinin enerji alanındaki defoları görmeyi öğrenmesi lazım. Tıp bunu görüntüleyemese de bir hekim zaman içinde buralara çalışarak buradaki yaraları görebilir. Herkes aslında yumurta şeklinde şeffaf bir enerji alanı içinde hareket eder, çalışmalarımda anladım ki herkesin böyle bir enerji alanı var. Bunları görmeyi zamanla öğrendim, bu bilgileri emanet edeceğim kişinin de zamanla burayı göreceğini biliyorum."

Demir her bilgiyle bir kez daha coşuyordu, bu enerji alanını insanlarda yer yer görüyordu, göremedikleri de vardı, enerji alanını gördüğü kişiler bağ kurduğu kişilerdi ve istese herkesin enerji alanını görebileceğini ilk defa yazılı bir metinden öğreniyordu. Küçüklüğünde kimselere anlatamadığı o sarı halkanın bir enerji alanı olduğunu şimdi dedesi ona anlatıyordu. Okumaya devam etti:

"Hastaların omurgasındaki yükü boşalttığın zaman bedende bazen bir ödem olur, dalgalanmalar olur, birkaç gün kıpırdanmalar olur, ilgili çatışma veya ilgili travma tamamen boşaldıktan sonra tam olarak zihinsel, ruhsal, duygusal ve fiziksel bir sağlık dengeye gelir, biz orada sağlıktan bahsedebiliriz ancak elimizde tıbbın imkânlarının yetersiz olduğu yerler olduğu için bazen omurganın hangi bölgesinin ne sebeple zedelendiğini bulamayabiliriz, yıllarca yaptığım çalışmalardan sonra oraya bir çare bulduğumu düşünüyorum, ruhumuzu yolculuğa çıkarabiliriz. Ruhsal yolculuk aslında o kişinin unuttuğu çatışmaları hatırlatmaya yarar. Çünkü ruh unutmaz, önceki hayatları bile hatırlar, o ruh sana açılmayı bekleyen kilitli bir oda gibidir, o kilidi bir defa çevirdiğinde, içeridekini dışarıya çıkarmaya heveslidir."

Demir insanların zaman tünelinde yaşadığı çatışmaları görebilse de, dedesi bunu bir sistem haline getirmeyi başarmıştı, insanlığa kendini adamış, hayatından olmuştu, bu bilgilerin insanlara ulaşması için bir hayat feda etmişti. Sorumluluğunun bilincindeydi Demir, ne yapıp edip bu bilgileri hem tıp bilimine hem de hastalara ulaştırmalıydı, yazdıkları ışık saçıyordu resmen:

"Ruhsal yolculuğu başlatmak için ilk yapacağın şey o kişinin o enerji alanını açmaktır, enerji alanını açtıktan sonra artık beynin anladığı dilden konuşmak gerekir. Her bir canlının yüzyıllardır bin yıllardır hatta yüz bin yıllardır zihninde tuttuğu resimler vardır, bu resimlerden faydalanarak o kişiyi geçmişine götürmek mümkündür. Ruhun kendini anlatabileceği bir ortam yaratmak için öncelikle ruha bir ışık göndermek gerekir, o ışığın varlığını hatırlatmak gerekir ve kişinin enerji alanının içinde o ışığı hissetmesi gerekir. Ruh rehberlerimiz bize yardım için beklerler, ne zaman başımız sıkışsa ve ne zaman yardım istersek onlar yardımımıza gelirler, herkesin öncelikle kendi ruh rehberiyle tanışması lazım.

Ruhsal yolculuğa başlamadan önce onunla iletişim kurmak gerekir. Yeryüzündeki bütün insanlar için söylüyorum, bu alanı açtıktan sonra sadece ruh rehberinden yardım isteyip beklemesi, bedende bir titreşim hissettirecektir.

'Sevgili rehberim, varlığını hissetmek istiyorum, lütfen bana varlığını hissettir' diyerek içten birkaç defa çağırdığımızda gelirler, kamaşma, ısınma, ürperme hissimizle bizi selamlarlar. Bu ürperme başladıktan hemen sonra o beden boyutundan ruh boyutuna geçmek için belli bir basamak indirmemiz ve bir kapıdan geçirmemiz gerekir kişiyi. Bu kapıdan geçtikten sonra ruh rehberiyle yüz yüze tanışma yeri tam orasıdır. Sonra onu bekleyen, yolculuğunu yapacağı kayığa bindir hastayı. Suyun insanlık tarihinde önemi malumdur, hayat suda başlamıştır. Suyun içine yolculuk yaptır ona rehber ile beraber. O kayık derin derin suların içinde, dalgaların içinde bir yerlere götürecektir onu, ama bırak istediği yere doğru gitsin. Kayık bir kıyıya yaklaşana kadar yolculuğa devam etmesini sağla, kıyıya vardığında o kişinin ruhunu kayıktan indir, rehberi ona eşlik edecektir. Ateşi burada kullanmamız lazım, rehberi oraya büyük bir ateş yakacak, ikisini ateşin yanına oturt. Hastan ateş başındayken karşısında görüntüler dönmeye başlayacaktır, beyninde, ruhunda en çok sıkışmış olan görüntü ilk olarak ortaya çıktığında o görüntüyü anlattır. O görüntüleri yakalarsan hastanın tam çatışmasının ne olduğunu bu yolculukta bulursun. Bu yolculukta bulduğun görüntülerin omurgadaki karşılığını hızla boşaltıp yolculuğun tekrar başladığı yere geri getir. Şu unutulmamalıdır ki beden başına bir şey geldiğinde tek bir seferde hasta olmaz, konunun ve duygunun ne olduğunu o ekranda, o resimde gördüğün zaman, 33 aylık dönemde karşılığını mutlaka bulmalısın. Ya anneye ya babaya ya da bebeğe ait bir çatışmanın orada olduğunu göreceksin. Tıpkı bir bardağa suyun yavaş yavaş dolması gibi, bu acılar bardak taştığında bedende hastalık olarak ortaya çıkacak."

Demir içinden Davut'a söz verdi:

"Sana yemin ediyorum ki bunların insanlara ulaşmasını sağlayacağım."

Hemen hazırlıklara başladı, bu kaynağı kitap haline getirip akademik olarak yayımlanmasını sağlamak istiyordu. Belki kendi adını bile kullanmayacaktı, ama ne yapıp edip hekimlerin ve hastaların bu bilgilere ulaşmasını sağlayacaktı. Kendi basit yeteneği bu kadar yol aldıramazdı ona, dedesi tekrar tekrar başımıza gelen benzer durumların bizi hasta ettiğini yazıyordu, döngülerden bahsediyordu:

"Dünyanın, ayın, bütün gezegenlerin bir döngüsü olduğu gibi bizim de ruhumuzun bir döngüsü var, yaslar hariç diğer konularla ilgili üzüntüler, kötü olaylar tekrar ettiğinde bizi hasta ederler ve hayatımızda aynı duyguyu, aynı olayı nerede yaşadığımızı bulur, oraları boşaltırsak ilgili hastalık bedeni terk edecektir. Bu bilgileri yay, insanlığa hediye et, boşu boşuna hayatlarını hastalıklarla geçiriyorlar, bu bilgilerle kurtarabileceğin milyonlarca insan var, bu bilgiye sahip olan kişinin en büyük sorumluluğu bunu insanlara ulaştırmaktır."

İyileşme haberleri etrafta öyle hızla yayıldı ki kısa zaman içinde Demir'in çevresindeki hastalar bir anda kapısını çalmaya başladı. Birkaç ay içinde yüzlerce iyileşme vakaları birbirini izledi. Büro olarak kullandıkları yer eski bir evdi ama buranın türbeye yakın olması sebebiyle hastalara burada bakmak istiyordu Demir.

Bu süreç içerisinde içerikleri yazmadan sekiz tane üniversiteye "Alternatif Tedaviler" başlığı ile sunum isteği göndermişti. Kendi üniversitesi dahil hiçbir üniversiteden cevap bile gelmedi.

Kendi üniversitesine gitmeye karar verdi, bazı sınıf arkadaşları üniversitede yönetim kademesindeydi çünkü. En azından onlara yüz yüze bu tedavi şeklini anlatır ve okulda bir tamamlayıcı bilgi olarak öğretilebilir düşüncesiyle İstanbul'a doğru yola çıktı.

Tıp fakültesinden sınıf arkadaşı Tahir onkoloji bölümünde bölüm başkanı olmuştu. Onu telefonla arayarak randevu aldı ve makamında ziyaretine gitti. Tahir onu çok sıcak karşılasa da anlattıkları karşısında şaşırıp kalmış, Demir'in verdiği bilgilerden çok bu saçmalıklarla neden uğraştığına kafa yormuştu.

"Demirciğim, buraya kadar zahmet edip gelmişsin ama yıllardır tıp biliminin çare bulamadığı hastalıklara bu saçmalıklarla çözüm bulacağımızı mı sanıyorsun? Okuldayken de sen hep garip şeylerle uğraşırdın, keşke kafanı uzman olmak için çalıştırsaydın. Ben bu kadar yıl bilimadamı olarak uğraşıp didinirken sen bu saçma ritüellerle mi uğraştın?"

Demir işinin zor olduğunu biliyordu ancak bu kadar hızlı reddedileceğini beklemiyordu.

"Bak Tahir, bir sürü iyileşmemiz var; Parkinson, Alzheimer, kanserler... Sence bir deneme yapmaya değmez mi? Herhangi bir ilaç, ışın, kimyasal, enjeksiyon kullanmadan yapıyoruz bunu, ne kaybedebilirsin ki?"

Tahir bir çocuğa davranır gibi davranmaya başladı Demir'e:

"Bunca yıllık emeğimi, sıfatımı, kariyerimi ve şerefimi kaybedebilirim. Biz seninle eski bir dosttuk, öyle de kalalım, sen pratisyen bir hekimsin, benim geçtiğim yollardan ve yıllardan geçmedin" diyerek ayağa kalkıp nazikçe kapıyı açtı.

"Ben hastaların bu uygulamayı bilmeye hakları olduğunu düşünüyorum, eninde sonunda bu bilgileri hastalarla buluşturacağım" diyerek kapıdan çıktı. Elleri boş bir şekilde hızla Antakya'ya dönme hazırlığı yaptı, onu bekleyen hastaları vardı. Antakya'ya döner dönmez tanıdığı bütün kariyer sahibi meslektaşlarına mektup yazarak bu sistemin başlıklarını, başarılarını, kolaylığını anlattı ancak hepsi de aynı tavırla geri çevirdiler. Kariyer yapmış arkadaşlarının yüksek egolarını hesaba katmadığı için her seferinde sonuçsuz kaldı bu girişimler. Bir gün kapıları çalındı, kapıda uzun boylu bir adam belirdi. Demir bu adamı hatırlar gibiydi, gözleri ona birini çağrıştırıyor ama kim olduğunu tam olarak kestiremiyordu. "Beni tanıdın mı Demir?" diye sordu kapıdaki adam. "Ben İrfan, Dr. Arif'in oğlu." Demir hemen hatırladı, Dr. Arif küçüklüğünün kahramanıydı, ailece de görüşürlerdi ama İrfan öyle değişmiş, öyle uzun boylu olmuştu ki, bir anda tanıyamadı. "İrfan Ağabey hoş geldin, gerçekten tanıyamadım, yıllar geçti" diyerek onu içeriye davet etti. İrfan babasının hastalığı için gelmişti, kısa bir sohbetten sonra derdini anlattı:

"Babam çok hasta Demir, Alzheimer teşhisi kondu ve hiçbirimizi tanımıyor, ona yardımcı olabilir misin?"

Dr. Arif gerçekten çocukluğunun kahramanıydı, defalarca çocukken evlerine gelmiş, tedavilerini yapmıştı, bu yardımı zevkle yapacaktı. "İrfan Ağabey, elbette yardım ederim, sadece çocuklarından bir kişinin yardımına ihtiyacım olacak, bana bir gün zaman ver onunla 21 günlük bir çalışma yapacağız" diyerek İrfan'ı rahatlattı.

"Ben yardıma hazırım, ne zaman istersen çalışmaya başlayabiliriz" dedi İrfan.

"Yarın öğleden sonra Arif Amca'yı ziyaret edeceğim, annenden bazı bilgiler almam gerekiyor" diyerek İrfan'ı kapıdan uğurladı. Semih sağlıkçı olmasa da Demir'in asistanı gibiydi artık. İrfan'la sohbetlerini dinlemişti. İrfan çıktıktan sonra, "Demir

Hocam, beni yanlış anlamazsan bir şey soracağım. Konuşamayan, hiçbir şey hatırlamayan bir kişiye ne şekilde bir çalışma yapacaksın?"

Demir gülümsedi, "Dedem en önemli bilgiyi en sona saklamış" diyerek Semih'e defterin son bölümündeki "Fotoğraf Çalışması" bölümünü açtı:

"Bazen hastalar bu çalışmaları yapamayacak hale gelirler, bu durumda hastanın eşi, çocuğu veya anne babası onun yerine vekâleten çalışabilir. Bu çalışmada hastanın yakını hastanın fotoğrafını kullanabilir ve onun adına çalışmalar yapabilir. Buradaki en önemli şey fotoğraf üzerinde çalışma yapılırsa 21 gün aralıksız yapılmalıdır."

Semih defterde yazan her şeyi okumuyor, Demir ne derse onu yapıyordu, Demir ise burada yazılanları ezberlemişti artık. "Hocam bugüne kadar hiç yapmadık, böyle bir bilgiyi neden kullanmadık?" diye sordu Semih.

"Zamanı gelmemişti, tekniği tam anlayabilmem için zaman geçmesi gerekiyordu. Arif Amca'ya ne yapacağımı artık biliyorum."

Ertesi gün öğleden sonra Semih'le birlikte Dr. Arif'in evine gittiler. Eşi Ferda Hanım ve oğlu İrfan kapıyı açtı, kızı Selda bu çalışmaya karşıydı, o da babası gibi doktor olmuştu ama yine de Demir'in söyleyeceklerini duymak üzere evde bekliyordu. Demir, Semih'le birlikte Ferda Hanım ve İrfan eşliğinde Arif Bey'in odasına girdi, çok kötü görünüyor, tavana boş boş bakıyordu. Henüz 60 yaşındaydı, bu hastalık için çok erken bir yaştı ancak bu avantaj da olabilirdi iyileşme için.

"Arif Amca merhaba, Ben Demir, Kerim'in oğlu, tanıyabildin mi beni?" diye seslendi ona.

Selda sinirli bir şekilde, "Hiçbirimizi tanımıyor, boşuna ses-lenme" diye Demir'i azarladı. Belli ki Demir'in yaptıkları kulağına gitmiş, hoşlanmamıştı bu çalışmalardan.

"Selda, ben babanın beni tanımasından çok tepkilerini ölç-mek için seslendim, çok geçmiş olsun" diyerek ortamı yumuşat-maya çalıştı. Selda hiçbir şey demeden odadan çıktı, İrfan, De-mir'e göz kırparak mahcup bir bakış attı:

"Sen onun kusuruna bakma, babam gece gündüz uyuyamı-yor, Selda'nın verdiği ilaçlar bile uyutmuyor onu, hepimizin si-nirleri bozuk."

İrfan'ın işbirliği yapması önemliydi çünkü. Ferda Hanım'la biraz sohbet etmek istediğini söyleyerek herkesi odadan çıkar-dı, sonra Ferda Hanım'dan aile albümünü getirmesini rica etti. Demir elindeki not defterine notlar alarak geçmişteki çoğu fo-toğrafla ilgili Ferda Hanım'a sorular soruyordu. Ferda Hanım kayınvalidesinin fotoğrafına bakarak anlatmaya başladı:

"Annesinin gözbebeğiydi Arif. Üç kızdan sonra dünyaya gel-miş, el üstünde tutulmuştu, kendisi doğduğu dönemde bir yaş bü-yük ablası hastalanmış, vefat etmiş, bu yüzden de annesi çok düş-kündü ona. Evliliğimiz boyunca her gün ya annesini ziyaret eder ya da onu eve getirirdi, hatta bazen bu durum yüzünden kavga ederdik. Annesinin hastalığının teşhisini kendisi koymuştu ama onu kurtaramadığı için kendini hiç affetmedi. Bundan üç yıl önce annesi karaciğer kanserinden vefat etti, o dönemlerde gece gündüz tıp kitaplarını karıştırıyor, annesine çare arıyordu, son ana kadar annesini kurtarmak için uğraştı ama mümkün olmadı."

Ferda Hanım bundan on yıl önce babasını kaybettiğinde o kadar sarsılmadığını aktardı Demir'e. Evet hiç kimsenin önemsemeyeceği yerin aslında hastalığının başladığı yer olduğunu yakalamıştı Demir; yaslı bir annenin çocuğu olarak dünyaya gelmişti Arif Bey, 33 aylık döneminde başlamıştı yası. Albümden annesiyle ve babasıyla beraber çekildiği fotoğrafları alıp not defterinin arasına koydu.

"Ben gerekli bilgileri aldım Ferda Teyze, şimdi İrfan Ağabey'le biraz çalışma yapacağız" diyerek İrfan'ı odaya çağırdı. İrfan'a ayrıntılı bir şekilde yapacakları çalışmayı anlattı:

"İlk çalışmayı beraber yapacağız ve sesini kaydedeceğiz. Ben gittikten sonra 21 gün boyunca bu çalışmayı tekrar etmen lazım, bu arada her gün gelişmelerden haberdar et beni. Bence daha iyiye gidecek" diyerek boş bir odaya geçtiler. Girdikleri oda Arif Bey'in çalışma ve muayene odasıydı. Bazen eve hastalar geldiğinde bu odada muayenelerini yapardı, çalışmak için iyi bir şifa odasıydı. Demir, Arif Bey'in annesiyle olan fotoğrafını İrfan'a verdi:

"Şimdi babanın gözbebeklerine odaklan ve başının etrafında altın rengi bir çember olduğunu hayal et, bu çember babanın kuantum alanı ve ne anlatırsak buraya anlatacağız, benimle tekrar et:

'Canım babacığım seni çok seviyorum, babam olduğun için şükrediyorum. Yaşadığın hastalığın ruhundaki yaslarla ilgili olduğunu biliyorum, onların yasını sonlandırana kadar bu hastalık seni bırakmayacak. Hem giden ruhları hem de seni özgürleştirmek için öncelikle annenle vedalaşman gerekiyor, bu asla onu unuttuğun anlamına gelmiyor, onun huzurla gitmesi ve senin özgürleşmen için onunla vedalaşacağız. Giden ruhlar arkalarından gözyaşı döküldüğü sürece yolculuklarına çıkamazlar, annenin yolculuğunu başlatacağız. Şimdi annenle seni yüzleştiriyorum, onunla vedalaşman için sana yardımcı olacağım, anneni kaybettiğin gün bir ateş yandı, o ateşin yanına git. Annenin gözlerine bak, onu çok sevdiğini söyleyeceğiz beraberce, sen de bir gün ışığa kavuştuğunda onunla tekrar buluşacağını ama o güne kadar vedalaşmak zorunda olduğunu söyleyeceğiz: Canım anneciğim bugün anladım ki ben yıllarca senin gidişini kabul edememişim, sen de beni bırakıp gidememişsin. Yolculuğunu engellediğimi bugün öğrendim, bunu asla istemem. Seni durdurduğum için bütün kalbimle özür dilerim, lütfen beni affet. Seni çok seviyorum ve annem olduğun için şükrediyorum. Ama seni özgürleştirmek için ışığa göndermek zorundayım, bu asla seni unutmak anlamına gelmiyor, ben de bir gün ışığa kavuştuğumda seninle tekrar buluşacağız. Seni toprağa, taşlara, bitkilere ve ışığa doğru gönderiyorum canım anneciğim.'

Annene son kez sarıl babacığım ve yavaş yavaş bir ışığa dönüştüğünü fark et. Gittikçe yükselen bir ışığa dönüşüyor annen ve arkasından gülücüklerle, öpücüklerle uğurla onu ve beraberce söz verdik, arkasından gözyaşı dökmeyeceğiz, onu güzel anılarla hatırlayacağız. Omurgana yapışıp kalan annenin ruh parçalarını beraberce ışığa doğru gönderiyoruz ve yine omurgana yapışıp kalan özlem, yalnızlık, öksüzlük, yas duygularını zihninden, boynundan, omzundan, kollarından, ellerinden, göğsünden, kalbinden, karnından, kalçandan, bacaklarından, ayaklarından toprağa akıp gitmesi için tamamen serbest bırakıyoruz, bu akışa izin veriyoruz, anneni ve seni özgürleştiriyoruz." (Bu telkini üç dört defa yaptırdı Demir, İrfan'ın el ve ayaklarında uyuşma başlayana kadar tekrar ettirdi.)

İrfan, Demir'in söylediklerini harfiyen uyguladı, bu ilk gün çalışmasının ses kaydını aldılar. İrfan bu çalışmanın sonunda esnemeye ve uyuklamaya başladı. "İrfan Ağabey, sen biraz dinlen, bu çalışmayı yaparken sen de etkileneceksin çünkü. Arif Amca'yı bir kez daha ziyaret edeyim, sonra ben izninle giderim. Günlük olarak bu çalışmaları yapıp not almanı istiyorum" diyerek ayağa kalktı Demir.

Arif Bey'in kapısını açtıklarında Ferda Hanım yüzünde gülümsemeyle kısık sesle "Uyudu..." dedi. "Günlerdir uyumuyordu, mışıl mışıl uykuya daldı."

Selda kısık sesle annesine, "O kadar ilaç verdik, etkileri başladı" dediğinde Demir gülümseyerek İrfan'ın kulağına eğildi:

"Çalışmanın etkisiyle babanın ve senin uykun geldi, bu bizim doğru yolda olduğumuzu gösterir" diyerek izin isteyip kapıya yöneldi. İrfan ona kapıda "Ben sana inanıyorum, az önce vücudumdan boşalan bir yük hissettim, ellerim, ayaklarım hâlâ uyuşuk. Yaptığın şey çok kıymetli, çok teşekkür ediyorum" diyerek uğurladı.

Fotoğraf çalışmasını ilk defa yapıyordu ama diğer çalışmalardan biliyordu ki dedesi sonuç almadığı hiçbir çalışmayı buraya aktarmamıştı. Üstelik fotoğraf çalışmasını sona saklamasının sebebi sonuçları toparlaması için zamanı sonuna kadar kullanmasıydı:

"Fotoğrafın içindeki mucizeyi anlaman zaman alacak ama emin ol yapacağın çalışmalar arasında en büyük mucizelere burada şahit olacaksın. İlk zamanlar çalışma yaptığın kişinin fotoğrafına baktığında sadece hissedecek, büyük ihtimalle enerji alanını göremeyeceksin, zaman içinde çalıştıkça gözbebeklerinin sana gülümsediğini ve seninle birlikte değiştiğini fark edeceksin. Fotoğrafına baktığın kişinin gözlerine odaklandığında zaman, mekân, ortam fark etmeksizin bir alışveriş başlar, orada geçmişe gidip her şeyi düzeltip geri gelebilir, hastanın dengesini sağlamasına yardımcı olabilirsin. Yapacağın çalışmalarda şunu bilmelisin ki anneler, babalar, çocuklar ve torunların enerji alanları birbirine açıktır ve bir çalışma yapıldığı zaman üç kuşak birden etkilenir. Fotoğraftaki en büyük mucize ise kendi fotoğrafında saklıdır, aynaya bakıp yapamayacağın şeyleri kendi fotoğrafına bakarak yapabilirsin, kendinle yüzleşeceğin yer orasıdır. Sana atalarından, annenden, babandan kalan bütün yükleri kendi fotoğrafına bakarak atabilirsin. Sana bu mirası bırakırken aynı zamanda büyük bir yük de bırakıyorum; bu kadar sırrı bilirken normal bir hayat süremeyeceksin çünkü bütün kapılar yüzüne kapanacak başlarda. Sana en büyük tepkiyi bir kısım doktorlar gösterecek, seni kapılarından kovacaklar, görüşmek istemeyecekler. Bunların hiçbiri seni yıldırmasın, bu bilgileri hastalara ulaştırman hepsinden daha değerli, çünkü zaman içinde çalışma yaparak her hasta kendi hastalığına bu bilgilerle çare bulabilir. Senden en büyük isteğim bu bilgileri kitap haline getirip hastalara ulaştırman, eninde sonunda her hasta kendi şifasını nasıl bulacağını öğrenecek. Sen de bir gün ışığa kavuştuğunda tekrar görüşmek üzere, elveda..."

Davut bu sözlerle bitirmişti yazılarını, neredeyse her şeyi öngörmüş, Demir'in başına gelecekler konusunda onu uyarmıştı. Demir yazılanları okudukça sanki yaşayacaklarının öngörüsünü okuyor gibiydi, dedesinin uyarılarına aldırmadan üniversitelere başvurması hiçbir işe yaramayınca gerçeği daha iyi görmeye başladı. Çok doğru söylüyordu dedesi, bu bilgilerin doktorlara değil hastalara ulaşması önemliydi, çünkü çalışmalar tamamen kişinin kendi enerji bedeniyle ilgiliydi, doktorların yardımına ihtiyaç yoktu.

Gece yarısı telefonu çaldı, arayan İrfan'dı, paniğe kapılmış bir halde, "İyi geceler Demir, bu saatte rahatsız ettiğim için özür dilerim ama sen gittiğinden beri babam uyuyor, onu uyandıramıyoruz, bu gelişmeyi bildirmem gerektiğini düşündüm" dedi.

"İrfan Ağabey, merak etmeyin, sabah kontrole gelirim ama seni uyarmıştım, bu uykuyu bekliyorduk" diyerek onu sakinleştirmeye çalıştı. Aldığı habere aslında sevinmişti çünkü aylardır uyumuyordu Arif Bey, yine de sabah erkenden kalkıp evlerine gitti, kapıyı Ferda Hanım açtı, gözleri korku doluydu.

"Demir, ne yaptıysak uyandıramadık, en son yüzüne su damlattık, ufak bir tepki verdi" diyerek Demir'i Arif Bey'in odasına aldı. Arif Bey öyle derin uyuyordu ki daha da saatlerce uyuyacak gibiydi, daha sonra İrfan geldi odaya. Demir, Arif Bey'in tansiyonunu ve nabzını ölçtü, solunumunu dinledi; her şey yolundaydı. İrfan'ın koluna girerek Arif Bey'in çalışma odasına girdiler, Demir söze girdi:

"İrfan Ağabey, senden bir ricam olacak; ben sana bazı dalgalanmalar ve uyku hali olabileceğinden bahsetmiştim ve ne zaman hastalar bunu yaşasalar hasta yakınları paniğe kapılıyor. Baban gayet güzel uyuyor, nabzı da solunumu da gayet düzenli. Bu 21 gün bizim için çok önemli ve ara sıra baban dalgalanmalar yaşayacak, bu süreci çok iyi yönetmen gerekiyor, annen ve ablan bu süreçte işini zorlaştırabilirler ama bu çalışmayı tamamlamamız lazım. Senden bir söz istiyorum, bu çalışmayı aksatmadan tamamlamanı istiyorum, beni istediğin zaman arayabilirsin ama ne olursa olsun bu çalışmayı aksatma."

İrfan başıyla onayladı Demir'i:

"Bu kadar saat uyanmayınca önce senin söylediklerin aklıma geldi, önemsemedim, ancak sonra Selda eve gelip babamı muayene ettiğinde nörolojik bir sıkıntısı olduğunu ve acilen hastaneye kaldırmamız gerektiğini söyledi, açıkçası benim de aklımı karıştırdı, ben de seni aradım."

Selda hastanede acil servis doktoruydu ve Demir'in çocukluk arkadaşıydı ancak yaptığı uygulamayı şarlatanlık olarak görüyor, annesinin ve ağabeyinin buna onay vermesine çok sinirleniyordu. "Bunu anlayabiliyorum" dedi Demir. "Hayatım boyunca bu konuda eleştirildim ama bu eleştirilere kulak tıkadım, yoksa bu kadar iyileşmeyi başaramazdık. Selda'yı anlıyorum, fakat tıp çare bulsaydı zaten bunlara gerek kalmayacaktı, kaldı ki babana hiçbir ilaç, ışın, kimyasal madde vermiyoruz, babanda gelişmeler başlayınca o da ikna olacak" diyerek İrfan'ı sakinleştirdi ve babası uyandığında mutlaka haber vermesini tembihleyip evden ayrıldı.

Ertesi gün sabah Arif Bey gözlerini aralayıp etrafına bakmış, tekrar uykuya dalmış, akşamüstü uyanmıştı. İrfan anbean gelişmeleri Demir'e telefonla bildiriyordu. Akşam Arif Bey'in yanına gittiğinde hâlâ kimseyi tanımıyordu ve konuşamıyordu. Ama Ferda Hanım'ın yüzüne bakıp onu tanıyormuş gibi hafifçe gülümsüyordu. Demir tepkilerini ölçmek için ona eski şarkılar dinletti, eski anılarıyla ilgili bazı sahneleri anlattı, kaybettiği annesiyle ilgili sorular sordu ama hiçbirine tepki vermiyordu, sadece Ferda Hanım'ın yüzüne bakıp hafifçe gülümsüyordu. Bu gülümseme bile aslında çok iyi bir gelişmeydi, belli ki bir şeylerin farkına varıyordu.

Bir hafta boyunca her gün ziyaretlerine gitti Demir ancak gülümsemeden daha öteye geçmedi Arif Bey. Bir gece yine telefonu çaldı Demir'in, arayan İrfan'dı.

"Demir olaylar biraz karıştı, dün Selda annemle ve benimle kavga edip evi terk etti, bugün öğrendik ki seni sağlık müdürlügüne şikâyet etmiş, hastanın tedavisini, ilaçlarını kullanmasını engellediğini, babasına zarar verdiğini yazmış şikâyetinde."

Demir şaşırmamıştı, Selda öyle nefretle bakıyordu ki, dedesinin tavsiyesi aklına geldi:

"Bir kısım doktorlar sana karşı çıkacak."

"İrfan Ağabey, hiç önemli değil, ben gider ifademi veririm, önemli olan tek şey Arif Amca'ya yaptığın çalışmanın devam etmesi."

İrfan aslında özür diliyordu bir bakıma, çünkü Selda'yı durdurmayı başaramamıştı. Kendileri yüzünden Demir'in başına iş açılmıştı, kendisini çok mahcup hissetmişti. Çalışmaların ikinci haftasına girmişlerdi, Arif Bey'in uykuları düzenli hale gelmişti, bir sabah uyandığında "Ferda" diye seslendiğini duydular evde. Selda babasının annesini çağırdığını duyduğunda önce kulaklarına inanamadı. Ferda Hanım koşarak yanına geldi, İrfan uyuyordu. Arif Bey konuşuyor, Ferda Hanım'dan su istiyordu, ancak Selda'yı hâlâ tanımıyordu. İrfan'ı uyandırdılar, Arif Bey onu da tanımadı. "Ferda bu gençler kim?" diye soruyordu. İrfan hemen Demir'i aradı, müjdeyi verdi, Demir hızla Arif Bey'in evine gelip bu gelişmeyi görmek istedi. Tabii ki Arif Bey Demir'i de tanımadı ama Ferda Hanım'la sohbet ediyor, sanki kaldıkları yerden devam ediyor gibi sorular soruyordu.

Bu muhteşem bir gelişmeydi, tıp tarihinde Alzheimer hastasının iyiye gittiği hiç görülmemişti. Selda'yla Demir göz göze geldiler. Selda başını öne eğmiş, yüzü kızarmıştı. Demir, İrfan'a aynı önerilerini hatırlatarak tekrar ofisine döndü. 21 gün tamamlanana kadar Arif Bey bir tek Ferda Hanım'ı hatırlamıştı.

Çalışma bittikten üç gün sonra bir sabah Arif Bey eski bir şarkıyı söyleyerek uyandı. Ferda Hanım'la dışarıya çıkıp gezmek istedi. Aynı haftanın sonunda çocuklarını da tanımaya başladı, hatta Demir'i bile tanımış, babasına selam söylemesini istemiş, çocukluk anılarını hatırlatmıştı ona. Bu süreçte Demir sağlık müdürlüğünden uyarı cezası almıştı, Selda babasındaki bu gelişmeleri görüyor, ne yapacağını bilmiyordu. Bu kadar kolay olabilir miydi? Üstelik Demir'le ilgili şikâyetini de geri çekmemiş, hâlâ bu iyileşmenin Demir'in başarısı olduğunu kabul etmiyordu. Çalışma bittikten 15 gün sonra yapılan nörolojik muayenede Arif Bey'in Alzheimer teşhisi kaldırılmıştı, bu vaka Demir'in fotoğraf çalışmasıyla başardığı ilk vakasıydı.

Hastanedeki doktorlar, hastalar, tanıdığı herkes bu iyileşmeden bahsediyordu, ofisinin önünde iyileşmeyi bekleyen hastalar dolup taşmıştı. Ancak bu başarıyı kutlayanlar yanında Demir'in bu başarısından rahatsız olan doktorlar da hiç az değildi, üst üste onu şikâyet etmeye başladılar. Uyarı cezasının hemen ardından Demir'in çalışma yaptığı ofis mühürlendi ve geçici olarak Demir'in diplomasına el konuldu. Artık bu savaştan yorulmuştu Demir, ruhsatının iptal edilmesine itiraz bile etmedi, doktorluk yapmayacaktı ancak hastalarla buluşmasının yollarını da kapatmaya çalışıyorlardı. Şehirdeki bir grup doktor birlik olmuşçasına Demir'i savunmasız bırakacak şekilde şikâyet üstüne şikâyette bulunuyorlardı.

Zaman içinde Demir'in diploması tamamen iptal edildi, bu süreç içinde Demir hiçbir dilekçeye savunma bile yapmadı. Gerçekten o diplomanın da onu koruyamayacağını gördükten sonra, iptal edilmesi umurunda bile değildi. Ancak hedefi bu bilgileri yaymaktı ve bunun için çok fazla çalışması gerekiyordu, kararını verdi. Bu bilgilerin hepsini bir kitapta toplayacak ve hastaların anlayabileceği bir dilde bunu elinden geldiğince yayacaktı.

Ancak hastalar bir şekilde Demir'e ulaşmaya devam ediyor, yardım istiyorlardı. Demir hastaların içinde özellikle durumu acil olanlara yardım etmek zorunda kalıyordu. Ofislerine hasta kabul edemiyorlar, acil hastaların evlerine giderek Semih'le birlikte yardımcı olmaya çalışıyorlardı, geceleri ofiste kalarak hastaların bilgilerini dosyalıyorlardı.

Bir sabah erken saatlerde ofisin kapısı çaldı, Semih kapıyı açtığında polisler hızla onu yere yatırıp Demir'in odasına daldılar. Demir'in hakkında gerçeği yansıtmayan bir rapor düzenlenmişti, Demir'e tebligat yapılmasına rağmen cevap vermemiş, rapordaki suçlamaları kabul etmiş saymışlardı. Demir'i ve Semih'i kelepçeleyerek emniyet müdürlüğüne götürdüler. Semih bir sağlıkçı değildi, tek suçu o ofiste bulunmaktı, ancak Demir için emir büyük yerden gelmişti. Çalışma odalarında herhangi bir kimyasal veya cerrahi alet bulamadıkları için oradan delil alamadılar, yine de Demir'i tutukladılar.

Bölgedeki emniyet müdürlüğü dahil herkes Demir'in varlığını artık duymuştu. Mahkemeye çıkarılmadan ve herhangi bir suçlama dosyasını göremeden tutuklanmasına karşı çıksa da onu avukatıyla bile görüştürmediler, bu arada Semih'i de sorgulamışlar ancak tutuklamamışlardı. Demir bu işin içinde birilerinin ayağına bastığının farkına varmıştı, o kadar çok işine dalmıştı ki hiçbir şekilde kendini koruması gereken durumlarla ilgili tedbir almamıştı. Ancak bu basit bir doktor şikâyetinden öte, organize bir işe benziyordu.

Mahkemeyi beklemekten başka çaresi yoktu. Yaklaşık iki hafta kadar nezarethanede tutulduğu süreç içinde Kerim ne kadar uğraştıysa da Demir'i ne onunla ne de avukatıyla görüştürdüler. İki hafta sonra Demir'i savcının karşısına çıkardılar, hayatında duymadığı isimlerle ilgili ona sorular soruluyordu ve gerçek şahısların imzası olduğu iddia edilen ifadeler onu okutuluyordu.

Demir bir kâbus gördüğünü düşünmeye başlamıştı çünkü hayatında tanımadığı, duymadığı, görmediği kişilerin onun hakkında şikâyetçi olduğu bir dosya vardı karşısında, üstelik her bir dosyada doktor rapor vardı, yani Demir'in onlara zarar verdiğine dair raporlar. Demir suçlamalar karşısında ilk başlarda çok şaşırsa da kısa süre sonra birilerinin tekerine çomak soktuğunu ve onu devre dışı bırakmak istediklerini anlamaya başladı. İlaç firmalarına kadar ulaşmıştı Demir'in başarıları. Özellikle kanser ilacı üreten firmalar ciddi bir kayıp yaşayabilirdi. Bu durum çok fazla duyulmadan Demir'i susturmak gelecekteki tehlikeyi ortadan kaldıracaktı. Savcının iddiaları karşısında bütün suçlamaları reddetti ama sanki hükmü önceden verilmişti, boşuna savunma yapıyor gibiydi. Yerel hapishanede tutuluyordu, çok yakında başka bir yere sevk edileceğini tahmin ediyordu. Bu şehirde doğup büyüdüğü için emniyet görevlilerinden bazılarını tanıyordu. Serdar, Demir'in liseden arkadaşıydı, yıllarca öncesinden, polis olarak göreve başlamış, Demir'in tutulduğu nezarethanede görevliydi. Demir'in derdi başka bir hapishaneye sevk edilmeden önce notlarını toparlayıp baskıya hazırlamaktı. Gelecekle ilgili hayalleri, bu hapishane macerasının nerede sonlanacağı, başına gelecekler konusunu kafasına bile takmıyordu artık. Serdar'dan dosyasına ait bilgileri sorduğunda işin ucunda ilaç firmalarının olduğunu öğrenmişti. Ondan son bir iyilik olarak bolca kâğıt ve kalem istedi, nezarethanede tek başına tutulduğu için Serdar onun için bir şans olmuştu.

Tam on iki gün boyunca bildiği her şeyi kâğıtlara döktü, öyle ki hapishanede olduğunu bile unutmuş, geçe gündüz yazıyordu.

Notlarını kitap haline getirmiş, kitabı hazırlamıştı bu süreçte. Serdar ne zaman başka hapishaneye gideceği bilgisini vermişti Demir'e, bu yüzden elini çabuk tutup dedesinden öğrendiği bütün bilgileri kâğıda döktü. Serdar'a bu kâğıtları gizlice vereceği adrese ulaştırmasını tembihledi, Semih'le çok önceden konuşmuşlardı, bir şeyler ters giderse bu notları bir yayınevine ulaştırması konusunda ona ne yapacağını anlatmıştı. Ayrıca Davut'un notlarını türbede sakladığını bir tek Semih biliyordu, dedesinin vasiyetiydi bu; defterin türbede kalmasını istemişti notlarında. Semih hâlâ takip edildiği için polisin şüphelenmediği bir adrese, Şeyh Hasan'a yönlendirdi Serdar'ı. Şeyh Hasan gelişmelerden haberdardı, Serdar onun evine sivil kıyafetle gidip hem notları iletti hem de Demir'in durumu hakkında bilgi verdi. "Dedesinin bilgilerini alırken onun döngüsünü de aldı" diye düşündü Şeyh Hasan, haklıydı da... Demir'in hayatındaki çoğu şey Davut'un hayatına çok benziyordu. Aşk hayatı, okul hayatı, verdiği mücadele, hapishaneye düşmesi... Sanki Davut'un hayatını tekrardan yaşıyor gibiydi.

Şeyh Hasan yeşil bir bez parçası ve bir zarf verdi Serdar'a. "Bunu Demir'e götür, yeşil bezi bileğine bağlasın, ne olursa olsun bu bezi yanından ayırmasın, Şeyh Yusuf Türbesi'nden alınmış bir bez bu, bu mektubu da ona ver, onun işine yarayacak" diyerek Serdar'ı uğurladı. Ertesi gün Demir'i şehir dışındaki bir hapishaneye göndereceklerdi, Serdar aynı günün akşamı Demir'le vedalaşmak ve emaneti vermek üzere hapishaneye geldi. Demir zayıflamış ve bitkin bir haldeydi, tek gördüğü kişi Serdar'dı, onu görür görmez ayağa kalktı:

"Teslim edebildin mi notları?" diye merakla sordu. Serdar etrafına baktı, kimse olmadığından emin olduktan sonra, "Merak etme, Hasan Amca'da, güvende notların" diyerek cebinden yeşil bir bez parçası ve zarf çıkardı. "Bunları sana gönderdi, türbeden alınmış bir bez ve sakın yanından ayırmasın dedi, ayrıca bu zarfı yolladı." Serdar cebinden bir bez değil sanki yeşil bir ışık çıkarmıştı, türbede gördüğü ışığı görüyordu adeta. Bezi aldı, öpüp alnına koydu, özenle bileğine bağladı. Serdar konuşmaya devam etti:

"Yarın hangi şehre götürüleceğini hiçbirimiz bilmiyoruz ama öğrenir öğrenmez bir yolunu bulup seni ziyaret etmeye geleceğim" diyerek vedalaştı. Serdar, Demir'e çok büyük bir iyilik yapmıştı. "Benim için çok kıymetli bir şey yaptın, olur da bir gün bu davadan kurtulursam sana borcumu ödeyeceğim, hakkını helal et" diyerek parmaklıklar arasından sarıldı ona.

Serdar gittikten sonra Demir zarfı açtı, Şeyh Hasan, Demir'in, Davut'un hayatıyla ilgili bazı ayrıntıları yazıp göndermişti ona:

"Evladım Demir, bana ulaştırdığın notların gereğini yapacağımdan emin olabilirsin, Semih hemen yayıneviyle görüşmeye gidecek ve gerekeni yapacağız. Dedenin bize öğrettiği her şeyi hakkıyla hayata geçirdin ama bir şeyi unuttuk. Deden bana sık sık hepimizin atalarımızın yüküyle yaşadığımızı söyler dururdu, onların döngüsünü fark edip kendimizi özgürleştirmeliyiz derdi. Bugün başına gelenlere baktığımda dehşetle dedenin döngüsünü yaşadığını yeni fark ettim; dedenin de annesi yetim bir kızdı tıpkı senin annen gibi ve onun da doktorluğu iptal edildi. En önemlisi de onu da haksız yere tutukladılar ve şimdi dehşetle görüyorum ki onun sonuna doğru gidiyorsun. Hastalıkların sebepleriyle o kadar uğraşırken hiçbirimiz dönüp de dedenin döngüsünü bire bir aldığını fark edemedik, bunun için beni affet evlat. Kendin için bir çalışma yapmanı istiyorum, dedenin öğrettiği kamp ateşi yöntemiyle dedenin döngüsünden özgürleş, yoksa sonun onun gibi olacak. Bir kez daha bu acıya katlanamam, bu mektup eline ulaştığında hemen çalışmalarına başla, döngünün değişeceğini göreceksin. Allah'a emanet ol."

Demir şaşkınlık içinde mektubu okuduktan sonra elindeki yeşil kumaşa baktı. Dedesi notlarında atalardan gelen döngülerden bahsetmemişti ama çok mantıklıydı, bu kadar tesadüf olamazdı. Gerçekten dedesinin hayatını yaşıyordu, üstelik Şeyh Hasan'ın bilmediği benzerlikler de vardı, o da aşk yangınına düşmüş, hayal kırıklığına uğramıştı. Semih'ten Leyla'nın hikâyesini dinlediğinde dedesiyle aynı ateşe düştüğünü fark etmişti. Şimdiye kadar hep hastalıklarla ilgili kafa yormuştu, dönüp de dedesinin hayatına ne kadar benzer bir hayat yaşadığını fark edememişti.

Ne yapacağını çok iyi biliyordu, tıpkı hastalıklarda yaptığı gibi bir kamp ateşiyle bu döngüden özgürleşecekti, bu döngüyü kıracaktı. İçinde bir umut ışığı doğmuştu, bugüne kadar tek derdi bu bilgileri hayata geçirmek olmuştu ama şimdi kendi hayatına bakmak zamanı gelmişti. Kerim bütün tanıdıklarını araya koymuş, Demir'le bir kere görüşmeye çalışıyordu ancak kesin emir vardı, hiçbir şekilde görüşemezdi. Serdar arada babasının yanına uğrayarak bilgi veriyordu, başka bir yere sevk edileceğinden haberdar olmuştu. Kolundaki bez parçası ve mektup Demir'in umudu olmuştu, her şey bu ışıkla başlamıştı, içine huzur yayılıyordu. Şeyh Hasan, Demir'e sabır ve huzur versin diye göndermişti bu bezi. Yazdıkları çok kıymetliydi, döngüsünü değiştirebileceğini biliyordu. Demir daha mektubu aldığı günün gecesinde dedesinin döngüsünden özgürleşmek için kamp ateşi yaktı. Önce gözlerini kapattı, enerji alanını açtı ve dedesinin yüzünü hayal etti, kendi kendine telkin yaparak başladı.

"Bugün ilk defa anladım ki ben Davut dedemin döngüsüyle dünyaya gelmişim, dedemin torunu olmaktan onur duyuyor, onu çok seviyorum ve varlığına şükrediyorum. Yaşam yolculuğumda başıma gelenlerin hepsinin dedemin başına gelenlerin aynısı olduğunu fark ettiğimde onun döngüsüyle yaşadığımı anladım. Dedemi onurlandırıyorum ancak kendi yaşam döngümle yaşamayı seçiyorum." Bu telkini bitirdikten sonra yanında bir ateş hayal etti ve sırtında siyah bir çuval varmış gibi dedesinden devraldığı yükleri sırtında hissetti.

"Sırtımdaki simsiyah çuvalın içindeki dedeme ait hayal kırıklıklarını çıkarıp ateşe atıyorum" diyerek sırtından hayalinde bir kütük çıkardı, ateşe attı. O kütük yanarken hayatı boyunca yaşadığı bütün hayal kırıklıklarını düşünerek anılarını da beraber yaktı. Sonra sırasıyla aldatılmışlık, tuzağa düşürülme, önemsenmeme, yok sayılma, adaletsizlik ile ilgili kütükleri de tek tek ateşe atıp bu anılarının da küle dönüşmesini bekledi. Hayalinde dedesiyle helalleşip onunla vedalaştı, son olarak omurgasındaki enerjiyi boşalttı:

"Omurgama yapışıp kalan dedemin ruh parçalarını ışığa doğru gönderiyorum, bana dedemin hayatını yaşatan hayal kırıklığı, adaletsizlik, tuzağa düşürülme, aldatılma ile ilgili bütün negatif duyguları boynumdan, omzumdan, kollarımdan, ellerimden, göğsümden, kalbimden, karnımdan, kalçamdan, bacaklarımdan, dizlerimden, ayaklarımdan toprağa akıp gitmesi için tamamen serbest bırakıyorum. Kendimi bu döngüden özgürleştiriyorum" diyerek üç dört defa omurgadaki yükünü boşalttı. Ayaklarında ve ellerinde müthiş bir uyuşma ve akış hissediyordu, bunları hissederken dedesiyle vedalaşıyordu. İşlerin bu kadar ters gitmesinin sebebini bulmuştu, bu yükü boşalttıktan sonra neler olacağını bilmiyordu ama bir şekilde bu döngüden çıkacağından emindi.

Şeyh Hasan kimsenin görmediği tehlikeyi görmüş ve Demir'e çok kıymetli bir hediye vermişti. Ertesi sabah Diyarbakır Cezaevi'ne gönderilecekti, erkenden uyandırdılar, arabaya bindirdiler. O gece boyunca yol aldılar, Demir'in içinde bir huzur vardı, olayların nasıl gelişeceğini bilmemekle birlikte bu döngüden kurtulacağına dair bir huzur vardı. Şu ana kadar tek baktığı şey hastalıklar, travmalar arasındaki ilişkiydi, ama kendine hiç bakmamıştı. Kendisinin bire bir dedesinin döngüsünü aldığı yeri hatırladığı andan itibaren bu döngüden çıkacağını çok iyi biliyordu, bugüne kadar dedesinin söylediği her şey gerçek olmuştu ve arabada uyuyakaldı. Sabahın ilk ışıklarıyla Diyarbakır Cezaevi'ne girdiklerinde hapishanenin rutubet kokusu ve umutsuzluğu dışarı kadar yayılıyordu. İçi rahattı çünkü bir şekilde tekrar özgürlüğüne kavuşacağını biliyor, sadece bunun ne şekilde olacağını kestiremiyordu.

Hapishanede gazete okumak, kitap okumak serbestti, ilk gün yerleşip dinlendikten sonra gardiyanlara gazete siparişi verdi. Kalacağı süre içinde okumak ona iyi gelecekti. İlk haftayı bulduğu gazete ve dergileri okumakla geçirdi, cezaevinde geçirdiği bir haftanın sonunda bir sabah sipariş ettiği gazeteler gelmişti, gözüne orta sayfadaki bir haber ilişti, onu mahkemeye veren ilaç şirketinin kara para akladığı ve şirket sorumlusunun tutuklandığı yazıyordu. Bu şirket Amerikan ortaklı bir şirketti ve yüzlerce sahte evrak düzenleyip Amerika'dan Türkiye'ye yasadışı ilaç ticareti yapıp çoğuna fatura kesmiyor, sahte faturalarla kara para aklıyordu. Şirketin bütün mal varlığına el konulmuş, bütün evrakları gözden geçiriliyordu, bununla ilgili elli iki kişi gözaltına alınmıştı. Bu haber Demir için bir umut olmuştu, her ne kadar kendi konusu ile ilgili olmasa da bu tutuklama, şirketin bütün evrakları tekrar incelenecekti. Demir'in avukatı defalarca hakkında düzenlenen belgelerin sahte olduğunu mahkemeye yazsa da, mahkeme o itirazları önemsememişti. Şimdi şirket büyüteç altına alındığı için bütün evrakları, mahkeme dosyaları, bağlantıları ve siyasi uzantıları tek tek inceleniyordu. Cezaevinden avukatına telefon etti; avukatı da bu durumun Demir'in lehine olduğunu hatta bu davanın tekrar görülme ihtimalinin çok büyük olduğunu söylüyordu. Şirketin faturalarındaki ve dava dosyalarındaki bütün imzaların tek tek incelenmesine karar verilmişti. Üstelik Demir'in mahkemesi devam ediyordu, kaçma ihtimaline karşı tutuklu bulunuyordu. Avukatının verdiği bilgiye göre dava dosyasındaki delillerin sahte olduğu ihtimali ile tutukluluk hali kaldırılabilirdi.

Yaklaşık bir ay boyunca Diyarbakır Cezaevi'nde kaldı Demir, her gün gazetelerden gelişmeleri okuyordu. Son olarak şirketin bütün davaları durdurulmuştu, yani artık beklediği süreç başlamıştı. Bu haberi okuduğu günün akşamı gardiyanlar koğuşa gelerek Demir'e eşyalarını toplamasını, sabah ilk nakil aracıyla Antakya'ya götürüleceğini söylediler. Henüz Antakya'dayken avukatı Demir'i şikâyet edenlerin yalancı şahit olduklarını ve bu kişilerle bağlantılarının olmadığını söylemişti, bu davanın kapsamı büyüdüğü için artık bütün itirazlar tekrar gündeme alınmış, Demir'in davası durdurulmuştu. Bunun bir tesadüf olmadığının farkındaydı çünkü bu döngüyü artık kırmıştı, döngülerimiz geleceğimizi belirlemez, biz onun yükünü attığımız an hayatımız değişir, bunu çok iyi biliyordu Demir.

Üç beş parça eşyasını hızla toplayarak hazırlıklara başladı, ertesi gün sabaha karşı Demir'i nakil aracına bindirdiler ve Antakya'ya doğru yol almaya başladılar. Gece yarısı Antakya'ya ulaşmıştı Demir ve direkt olarak nezarethaneye aldılar. Sanki katil gibi muamele yapılmıştı şu ana kadar, ama artık haksız yere içeride tutulduğu anlaşılmıştı. Bir gün sonraki sabah savcılık tekrar Demir'i çağırmıştı ve dosyanın incelenmek üzere rafa kaldırılmasını, bir süre bekletilmesini ve bu sürede tutukluluk halinin kaldırılmasını talep etmişti. Savcı ertesi gün Demir'i şartlı olarak salıverdi, tutukluluk hali kaldırmıştı ancak dosya tekrar incelenecekti ve avukatın savunmadaki itirazlarının hepsi değerlendirilecekti. Bu bile en azından altı aylık bir süreçti, yani Demir geçici bir süre bile olsa özgürlüğüne kavuşmuştu.

Sabah emniyet müdürlüğünden salıverilme yazısı gelir gelmez onu cezaevinden çıkardılar. Saadet ve Kerim onu kapıda bekliyorlardı, Saadet'in ağlamaktan gözleri şişmişti. Demir'in boynuna sımsıkı sarıldı. İşin buralara geleceğini, Demir'in hayatının tehlikeye gireceğini hiç düşünmemişti. Gecelerce uyumamış, Demir'den gelecek bir haber beklemişti, tamamen umudunu kestiği bir dönemde böyle bir gelişme olmuştu, çok yorgun ve mutluydu Saadet. Kerim de çok korkmuştu ve şükrediyordu çıkmasına. Eve kadar yürüyerek gittiler, yol boyunca belki de hayatında ilk defa Saadet Demir'in koluna girmiş, sımsıkı tutuyordu. Demir'in hapisten çıkacağını duyduğu için Rana da gelmişti o gün, evde onu bekliyordu. Cezaevine gelmesini Kerim istememişti o gün, onu evde beklemişti. Eve ulaştıklarında Rana da boynuna sarıldı, gözyaşlarıyla sıkı sıkı sarıldı. Herkes artık Demir'in yıllarca bu davadan kurtulamayacağını düşünüyordu, sanki Demir yeniden hayata gelmiş gibi mutlu olmuştu herkes. Başına gelenlerin ne olduğunu, neden bu kadar olayların büyüdüğünü, işin içine kimlerin karıştığını bilmeden Demir'i eleştirmeye başlamışlardı. Sanki bütün olanlar Demir'in suçuymuş gibi "Artık bu işlerle uğraşma, hayatın tehlikeye girdi hâlâ bırakmadın, herkes gibi normal yoldan doktorluk yap" diye nasihat vermeye başladı Kerim. Rana da sürekli ona dikkat etmesini, bu işlerin onun işi olmadığını anlatıp duruyordu.

Demir hapishaneden yeni çıkmıştı ama yolundan vazgeçmemişti. Ailesine bazı tanımları yapmanın zamanı gelmişti:

"Anneciğim, babacığım, canım ablacığım, sizlere yaşattığım şeyler için gerçekten üzgünüm. Ama benim seçme şansım yok, ben bir yola girdim ve bu yol benim yaşam amacım oldu. Eğer benim mutluluğumu önemsiyorsanız, benim yapmaya çalıştığım şeyi anlamaya çalışın. İster kabul edin ister etmeyin, benim bazı yeteneklerim var ve bunlarla birçok başarıya, iyileşmeye vesile oldum. Bu yaptığım çalışmaların bir kısmı benim yeteneğimle ilgili olsa da bir kısmı bana ulaştırılan bazı bilgilerle gerçekleşti. Zamanı gelince size bazı sırlardan bahsedeceğim ve bana hak vereceksiniz, ama şimdilik beni biraz seviyorsanız bu yolu yürümeme destek olun. Şimdilik şunu söyleyebilirim ki benim yerimde olsanız siz de bu yoldan yürürdünüz. Hiçbirinizin bilmediği, ailemize ait bazı sırlara bir şekilde ulaştım, şu an bunları açıklayamam, size söz veriyorum görevimi yakın zamanda tamamladıktan sonra bütün bu sırları sizinle paylaşacağım."

Kerim şaşkınlıkla ve öfkeyle, "Nasıl bir sırmış bu? Ailemizde ne olmuş da benim haberim olmamış?" dedi.

"Babacığım, kimsenin bir yanlışı yok ailemizde, kimse bilmiyor bu sırrı, ben de bir tesadüfle öğrendim ve biraz zamana ihtiyacım var, öğrendiğin zaman benim neden bu işlerle uğraştığımı anlayacaksın" dedi Demir.

Saadet bu sırrın kendisiyle ilgili olacağını aklından bile geçirmeden şaşkınlıkla dinliyordu. Rana Demir'in ona küçükken bahsettiği ışıkları, sarı çemberleri düşünmeye başladı, bu çocuğun gerçekten bir yeteneği olduğunu zaten düşünüyordu. Demir'in bu seçimine saygı duymaktan başka çareleri yoktu ama en azından girişimlerinden haberdar olmak istediklerini söylediler.

"Merak etmeyin, artık kendimi tehlikeye atmayacağım, bir kitap yayımlayacağım ve yasal çerçevede çalışmalar yapacağım" diyerek ailesini biraz sakinleştirdi. Evde olmanın tadını çıkarmak istiyordu artık, önce güzel bir banyo yaptı, yaklaşık bir saat kendini küvetin içinde sıcak suya bıraktı. Akşam hep beraber güzel bir yemek yediler ve bu konuyu ona bir daha açmadılar.

O gece çok rahat bir uyku çekti, sabah uyandığında kendisini yenilenmiş gibi hissediyordu. Uyandığında aklında bir tek konu vardı; Semih'le buluşup Şeyh Yusuf Türbesi'ne gitmeliydi, içerideyken bazı emanetleri buraya göndermişti, bu belgeleri kontrol etmek istiyordu. Semih Demir'in hapishaneden çıktığını bilmiyordu, çıkar çıkmaz onu aramış, ertesi gün buluşmak için sözleşmişlerdi. Semih sabahtan Demir'in evine geldi, kapıda sanki yıllardır görüşmemiş gibi sarıldılar. Demir'in evinde kahve içerlerken Semih de başına gelenleri anlattı ona. Onu sorgulayıp bırakmışlar ama uzun süre takip etmişlerdi, bu yüzden ona emanet ettiği notları Şeyh Hasan Şeyh Yusuf Türbesi'ne saklamıştı. Herhangi bir aramada belgeleri yakalatmamak içi evine bile sokmamıştı. Kahvelerini içtikten sonra ilk başta Şeyh Hasan'ı evinde ziyaret ederek ona sürpriz yaptılar, hep beraber türbeye doğru yürüdüler oradan. Yol boyunca Şeyh Hasan dualar ediyor, şükrediyordu. Demir için o da çok telaşlanmış, her gün dua etmişti. "Bana gönderdiğin mektup hayatımı kurtardı şeyhim, sana ne kadar teşekkür etsem azdır. Ve bu yeşil kumaş bana yol gösterdi" diyerek şeyhin ellerini öptü Demir. Türbeye geldiklerinde her zamankinden görkemli bir şekilde parlak göründü gözüne, her şey yerli yerindeydi, yeşil ışık pırıl pırıl parlıyordu. Türbede kimse yoktu ve Şeyh Hasan belgeleri özenle örtünün altından çıkardı. Kitabın yayımlanması için her şey hazırdı ancak Demir'in bir görevi daha vardı. Evet bu kitap çıkacaktı, bu kaynak insanlığa ulaşacaktı ama dedesini de onurlandırmak istiyordu, dedesinin mezarını bulmak istiyordu. Mahkeme yurtdışına çıkma yasağı koymuştu, bu süreç bitene kadar fazla gürültü çıkarmadan ufak tefek araştırmalarına devam edecekti ve bunu evinden yapacaktı. Dedesinin mezarını bulmadan bu kitabı yayımlamak istemiyordu, hatta mümkün olursa mezarını bulursa Türkiye'ye getirtmek istiyordu. Şu an süreci beklemekten başka çaresi yoktu, mahkeme beş ay sonrası için duruşma tarihi vermişti.

Aradan aylar geçti, mahkeme tarihi geldi ve nihayet beklenen beraat kararı çıktı, yurtdışı yasağı ortadan kalkmıştı. Artık tamamen özgürleşmişti. Dedesine verdiği sözü tutmak için kolları sıvadı. Semih'le planlarını yaptılar, ilk iş olarak dedesinin mezarını ziyaret etmek istiyordu. Ancak bu çok kolay değildi, siyasi suçluların kimsesizler mezarlığına gömüldüğünü araştırıp öğrenmişti fakat yine de elinden geleni yapacaktı. Tebriz'e gitmek üzere otobüsle yola koyuldular, yaklaşık 16 saatlik bir yolculuktan sonra Tebriz şehrine girdiler. Tebriz'e girdiklerinde Semih bir zamanlar arşınladığı sokakları görür görmez tanıdı, neredeyse hiçbir şey değişmemişti şehirde. Demir'in Semih'ten en büyük isteği Tebriz'de dedesinin yaşadığı evi ziyaret etmekti.

Otobüsten inip taksiyle Tebriz'e girdiklerinde Semih gözyaşlarını tutamadı, her yeri tanıyordu sanki ve Davut'u aradığı yıllar gözünün önünden geçti, sokakları o kadar iyi ezberlemişti ki sanki çocukluğuna geri dönmüş gibi hissetti. Direkt olarak taksiciye Davut'un annesinin babasının yaşadığı o kenar mahallenin olduğu bölgeyi tarif etti. Mahalleye girdiklerinde evi gördü, eskiden etrafı boş olan müstakil ev bir yıkıntı haline gelmişti, içinde kimseler yaşamıyordu, etrafına yeni yeni evler yapılmıştı. Evin arkasındaki tepeyi ve tepedeki ceviz ağacını gördüğünde doğru yere geldiklerinden emin oldu. Taksiye evin önünde durmasını söyledi ve Demir'e dönüp, "İşte her şey bu evde başladı" dedi. "Deden bu evde büyüdü ve şanslıyız ki hâlâ ayakta duruyor."

Arabadan indiler Demir bir zaman makinesinde yürüyormuşçasına eve doğru yaklaşmaya başladı, evin camları kırılmıştı, ahşap kapısı bir tekmeyle açılacak durumdaydı, çatısının yarısı yoktu, belli ki uzun süredir terk edilmişti bu ev, kimseler yaşamıyordu. Kapıyı açtılar, Semih'le birlikte içeri girdiler, bir yaşam belirtisi yoktu. İşin garip tarafı eşyalar duruyordu. Köhnemiş, eskimiş, çürümüş eşyaları kimse tenezzül edip almamıştı bile. Sanki bir savaşta terk edilmiş bir eve benziyordu, garip bir şeyler vardı, neden kimse el atmamıştı bugüne kadar?

İçeriye girdiler ve Semih Demir'e rehberlik etti, Davut'un odasına götürdü onu. Demir vücudunda bir kamaşma hissediyordu, tüyleri diken diken olmuştu, Davut'un çalışma odasında hâlâ duvarlarında kalem izleri vardı. Öyle anlar yaşamıştı ki Davut bazı bilgilerini duvarlarına yazmıştı ve ona aktardığı bilgilerin ana kaynağı burasıydı. Davut'un çalışma masasına baktı, Davut'un sandalyesi köhnemiş bir şekilde orada duruyordu, yatağı da paramparça olmuş, artık bir tahta parçasına dönmüştü. Semih'e döndü: "Dedemden sonra annesi yaşamamış mıydı burada? Neden eşyalara kimse dokunmamış, kimseleri yok muydu?"

Semih cevapladı: "Bildiğim kadarıyla kimseleri yoktu, çoğu yakınlarını zaten Tebriz Ayaklanması'nda kaybetmişlerdi." Yan binayı göstererek, "Bir tek komşusu Efser Hanım vardı görüştüğü, akrabadan da yakındı, eğer hâlâ hayattaysa onun bilgisi vardır" dedi.

Demir evin diğer odalarını da hızlıca gezdikten sonra, "Haydi Efser Hanım'ın kapısını çalalım, belki bilgi alırız" diyerek kapıya yöneldi. Efser Hanım'ın evinden ışık sızıyordu, içeride hâlâ yaşayan birileri vardı, kapısını çaldılar. İçeriden bir aksayan ayak sesi geliyor, "Kim o?" diye sesleniyordu. Semih Farsça olarak "Efser Teyze, biz Nadide Teyze'nin akrabalarıyız" diye cevap verdi. Efser Hanım kapıyı açtı, gözleri görmüyordu, Nadide Hanım'ın akrabaları olduğunu duyunca hiç düşünmeden açmıştı kapıyı, onun da kimsesi kalmamıştı ve Semih ona Farsça olarak kim olduğunu söyledi:

"Yıllar önce buraya gelmiştik Efser Teyze. Nadide Teyze'nin misafiri olmuştuk, sen de buradaydın ve Davut'u aramaya gelmiştik o zamanlar. Bu sefer rahmetli Davut'un torunu ile birlikte geldik, ben Davut'un yanındaydım hatırlarsan."

Efser Hanım eskileri çok iyi hatırlıyordu, artık hafızası eskisi gibi olmasa da geçmişteki bütün olayları çok net hatırlıyordu. "Hatırlamaz mıyım evladım?" dedi. "Ellerimle size yemekler yapmıştım, çok iyi hatırlıyorum, ah keşke yıllar önce gelseydiniz, Nadide Hanım yalnızlıklar içinde neler çekti görseydiniz" diyerek kapının önüne oturup onlara Nadide Hanım'ın hikâyesini anlatmaya başladı.

1979 Şah devriminde Nadide Hanım yokluklar içinde elektriksiz, susuz ve parasız kalmıştı, amansız bir hastalığa kapılmıştı ve o dönemde hastaların bakımı aksadığı için devrim zamanı pankreas kanserinden ölmüştü. Davut'un ölümünden hemen sonra zaten bir daha sağlığı hiç düzelmemişti, yapayalnız, kimsesiz, o evde tek başına ölmüştü. Demir bir an içinden düşündü; dedesi bütün dünyayı kurtarmak üzere yola çıkmışken annesine hiçbir faydası olamamıştı, hayatta olsaydı kim bilir ne kadar üzülürdü bu duruma diye aklından geçirdi. Ayağa kalktı, Efser Hanım'a sarıldı. Semih'e Farsçaya çevirmesini söyleyerek, "Teyzeciğim, ben Davut'un torunuyum ve dedemin onurunu, hatırasını yaşatmak üzere geldim buraya, mezarının nerede olduğunu biliyor musun?" diye sordu. Efser elleriyle Demir'in yüzüne dokunarak yüzünün kıvrımlarını hissetmeye çalıştı, onu alnından öptü, Nadide Hanım'ın bununla ilgili verdiği mücadeleyi anlattı:

"Annesi yıllarca Davut'un mezarını aradı, en sonunda Davut'un eski arkadaşlarından bir hükümet yetkilisi ona yardımcı oldu ve annesiyle birlikte onu evin hemen arkasındaki ceviz ağacının dibine gömdük, annesi de vefat edince yanına gömdük, annesiyle koyun koyuna yatıyor oğlum, hiç huzurunu bozma olur mu?"

Semih'le Demir bunu duydukları anda gözlerinden yaşlar boşanmıştı, aslında en doğrusunu yapmışlardı; Davut'un en huzurla yatacağı yer orasıydı. Bütün hikâyelerinde Semih'e, Hasan'a bu ağacı anlatmıştı ve bu ağacın altında ilk çalışmalarına başlamıştı. En huzurlu olduğu yerde şimdi yatıyordu. Efser Hanım'ın ellerini öptüler ve ona bir miktar para bıraktılar, Efser Hanım kabul etmese de Semih "Biz de senin torunun sayılırız" diyerek onu ikna etti, sık sık onu ziyaret edeceklerini söyleyip ayrıldılar.

Dedesinin ve annesinin ruhunu onurlandırmak, dua etmek için Semih'le birlikte evlerinin arkasındaki tepeye çıktılar. Ağacın dibinde bir kum yığını ve üstünde iki tane tahta parçası vardı, üzerlerinde doğum ve ölüm tarihleri Farsça olarak yazılmıştı. Annesiyle kucak kucağa yatıyordu dedesi, ilk defa onun bedenine yakın durmanın huzuru kaplamıştı Demir'in içini. Semih'e döndü, "Onları kıpırdatmayalım, bırakalım kucak kucağa yatsınlar, ikisi de bu hayatın içinde çok yoruldular, insanlar da onları huzursuz etmesin, en azından dedemin nerede yattığını biliyorum" diyerek mezarını Türkiye'ye götürmekten vazgeçtiğini söyledi. Elindeki yeşil kumaş parçasını ceviz ağacının dalına bağladı. Demir o geceyi Davut'un evinde geçirmek istiyordu, Semih'le birlikte kendilerine birkaç parça eşya alarak geceyi Davut'un evinde geçirdiler, Demir Davut'un odasında uyudu. Cam kırık, kapı açık olmasına rağmen içini ısıtan bu duygu onu anne kucağında hissettirmiş, mışıl mışıl uyumuştu.

O gece rüyasında daha önce hiç görmediği Hızır dedesini gördü, dedesi ona minnetle bakıyor, Demir'in boynundaki izi eliyle siliyordu, sanki boynundaki ip izini değil, vebalini siliyordu. Uykuda dedesiyle hiç konuşmadan vedalaştı Demir. Sabah uyandığında rüyasını hatırladığı anda aynaya koştu, yıllarca boynunda taşıdığı ip izi kaybolmuştu. Dedesinin vebalini boynunda taşıdığını ve artık bu vebalin kalktığını görmüştü aslında rüyasında.Bu iz onun doğum lekesi değil dedesinin iziydi.

Sabah uyandığında aklına bir fikir gelmişti, Semih'in uyanmasını bekledi. "Ben burayı müze haline getirmek istiyorum, dedemin yaşantısını herkes bilmeli ve kitapları onun ismiyle burada, İran'da Farsça ve Türkçe olarak bastıracağım. Ne dersin?" diye sordu Semih'e. "Kendi adımla basmak istemiyorum bu kitapları, üstelik dedemin bu bilgileri toplarken neler çektiğini herkes bilmeli."

Semih, Demir'e sarıldı. "Çok güzel bir fikir, hayattayken kıymeti bilinmedi belki öldükten sonra anılması onun ruhunu onurlandırır" dedi.

Efser Hanım'ın kapısını çalarak onunla biraz sohbet ettiler, kahve içtiler, Demir söze girdi, Semih'e çevirmesini söyledi. "Dedemin evini bir müze haline getirmek istiyorum. Yaşam mücadelesini herkesin bilmesi gerek, bunun için bizi tanıdığı ustalara yönlendirebilir mi?" diye sordu. Efser Hanım Davut'un babasının arkadaşlarından yardım isteyebileceğini ve bu fikrin muhteşem bir fikir olduğunu söyledi. Davut'un babasını tanıyan birkaç ustaya yönlendirdi onları, kapalı çarşıdaki yaşlı ustalar babasını çok iyi tanıyorlardı, elbirliği içinde hepsi yardımcı oldular. Evin tadilatıyla işe başladılar, evi aslına uygun olarak restore ettiler, Demir her ayrıntıya dikkat ederek tadilat boyunca ustaların başında bekledi. Bu süreç içinde Davut'un evinde yatıp kalkıyorlardı. Yaklaşık bir ay sonra ev aslına uygun olarak restore edilmişti, hatta eşyalar bile aynı şekilde restore edilmişti. Sanki Davut'un bu evde yaşadığı haline dönmüş gibiydi ev. Bu arada arkadaki ceviz ağacının dibine Davut'la annesinin mezarlarını yaptırmayı düşünüyordu ancak öncesinde Antakya'ya gidip annesine bu büyük sırrı açıklamak zorundaydı artık. Annesinden onay alırsa anneannesinin yani Rahime Hanım'ın da mezarını buraya getirmek istiyordu. Bu fikrini Semih'e açtığında Semih Şeyh Hasan'dan de onay almaları gerektiğini söyledi.

"Semih, Hasan Amca ile konuşmaya beraber gideriz, öncelikle buradan gerekli izinleri alalım. Rahime Hanım'ın cenazesi için tek yetkili resmi olarak Hasan Amca. Annemi ikna etmek bana düşüyor, sonra hep beraber buraya ziyarete geliriz."

Haklıydı, Şeyh Hasan onun babası gibiydi, annesinden sonra hayattaki tek akrabasıydı. Bugüne kadar yaptığı hiçbir şey onu zorlamamıştı ama annesine bu sırrı açıklamak konusunda içinde büyük bir yük vardı, yıllar sonra bu eski sandığı açmak hiç kolay olmayacaktı.

İran'daki resmi kurumlardan gerekli izinleri aldıktan sonra Semih'le birlikte Antakya'ya döndüler, ilk iş olarak Şeyh Hasan'ın kapısına gittiler, Demir henüz eve bile uğramadan şeyhe durumu anlatmak istiyordu. Şeyh Hasan Davut'un mezarını bulduklarına çok sevinmişti çünkü bu durumdan umutsuzdu. Demir şeyhe bütün gelişmeleri anlattı; evi restore ettiklerini, mezarını taşımak istediğini, topluca bir ziyarete gitmek istediklerini... Mezarın yerini değiştirmek bir ölü için çok iyi bir şey olmasa da böyle bir amaca hizmet edeceği için Hasan bu duruma ikna oldu. Beraberce işlemleri yapmaya başladılar, öncelikle mezarlıklar müdürlüğüne gittiler, sonra konsolosluğa gittiler, evrakları tamamlamaları için bir süre geçmesi gerekiyordu.

Demir de ailesine geldiğini haber vermişti, işlemler sonuçlanana kadar ailesiyle kalacaktı. Evine geçtiğinde hayatında olmadığı kadar huzurlu hissediyordu, bu yük ona ağır gelse de bir an önce bu sırrı artık sahibine teslim etmek zamanı gelmişti. Rana'yı da Antakya'ya gelmesi için ikna etmişti, bir taraftan Demir konuyu açmak için hazırlıklarını yapıyordu. Ailesine Tebriz'de danışmanlık merkezi açtığını, eski bir evi restore ettiğini, burada yaptığı çalışmaları anlatıyordu. Demir'in yaşadıklarından sonra artık ailede kimse onu eleştirmiyordu, onu desteklemekten başka çareleri kalmamıştı. Ailece akşam yemeğine oturduklarında "Yarın akşam yemeğinde size bir aile sırrımızı açıklayacağım" dedi Demir. "Ve bu sırrın hayatımızdaki yerini, benim bu değişimleri yaşamamın sebebini, neden İran'a gittiğimi, neden bu işlere bulaştığımı bu sırla birlikte anlatmış olacağım. Lütfen yarını bekleyin ve yarın akşama kadar bana soru sormayın" diyerek sofradan kalktı. Gençliğinin geçtiği yatakta güzel bir uyku çekti, sırrı açıklamasa da bir kapı açmanın rahatlığıyla mışıl mışıl uyudu.

Sabah uyandığında Saadet alışılmadık şekilde güzel bir kahvaltı hazırlamıştı, Saadet eskiden yapmadığı her şeyi telafi etmeye çalışıyor gibiydi. Demir'i kaybetme korkusunu yaşadığında kendisini çok suçlu hissetmişti. Sabah güzel bir kahvaltı ettiler ve Demir biraz işi olduğunu söyleyerek dışarı çıktı. Anneannesi Lütfiye Hanım'ın kız kardeşi, Saadet Hanım'ın teyzesi Nuriye Hanım Antakya'nın eski mahallelerinde oturuyordu, arada sırada ziyaretine giderdi, epeydir gitmemişti. İlk olarak onun evine gitti, Nuriye Hanım hiç evlenmemişti, tek başına yaşıyordu. Yaşlıydı ama dinçti, Türkçesi zayıftı. Demir küçüklüğünden beri onunla Arapça anlaşmıştı. Kapısını çalarak "Nuriye nine, ben Demir, müsait misin?" diye Arapça seslendi. Nuriye Hanım'ın evine sürekli misafir geldiği için kapısı açık kalırdı, kapıdan ikramlara başlar, misafirleri ağırlardı. Arapça "Hoş geldin yavrum benim, nerelerdesin, niye nineni hiç aramadın sormadın? Çok özledim seni" diyerek Demir'e sarıldı. Tabii ki Nuriye Hanım'ın Demir'in başına gelenlerin hiçbirinden haberi yoktu ve aslında Saadet'in kimin çocuğu olduğuna dair sırları sahiplerinden biri de kendisiydi, yıllar önce Şeyh Hasan bu sırrı kendilerinden başka kimsenin bilmediğini söylese de Lütfiye Hanım'ın bir kardeşi olduğunu unutmuşlardı.

Demir daha ilk duyduğunda Nuriye Hanım'ın bu sırrı bildiğinden emindi, Lütfiye ninesi kardeşinden gizleyemezdi çünkü. Nuriye nine daha Demir kapıdan girer girmez ikramlara başladı, havadan sudan sohbet etmeye başladılar. Nuriye ninenin ellerini tutarak konuya girdi Demir: "Nineciğim, ben okudum doktor oldum, bir sürü girişimlerde bulundum, duymamışsındır belki, bir ara hapishaneye girdim çıktım." Nuriye nine, Arapça çok üzüldüğünü söyleyerek Demir'e sarıldı. "Merak etme nineciğim, bir yanlış anlaşılma vardı, çözüldü, artık sorun kalmadı" dedi ona. "Şimdi benim hayatımı ilgilendiren ve çok iyi bildiğin bir soru soracağım."

"Sor evladım..." dedi Nuriye nine. "Ne istersen sor."

Demir, Nuriye ninenin gözlerinin içine bakarak, "Ben annemin evlatlık olduğunu biliyorum" dedi. Nuriye Hanım gözlerini açıp Demir'e baktı korkuyla. "Merak etme..." dedi Demir. "Annem bilmiyor, sadece ben biliyorum ve lütfen sadece dinle beni, ben annemin babasının kim olduğunu da biliyorum, İranlı bir doktor ve ben onun izin sürerek, onun yaptıklarını araştırarak bugünlere kadar geldim."

Nuriye Hanım ne yapacağını şaşırmıştı, Demir yüzünü avuçladı Nuriye Hanım'ın.

"Bu sırrı saklamanı söylediklerini biliyorum ama senden bir yardım isteyeceğim; sen saklasan da saklamasan da ben bugün akşam anneme bu sırrı söyleyeceğim ve bana yardım etmeni, bildiklerini anlatmanı istiyorum."

Nuriye Hanım'ın gözleri ufuk çizgisine doğru uzaklara daldı, pencereden dışarı bakmaya başladı. "Oğlum..." dedi. "Annen çok üzülecek, yapmasan bunu daha iyi değil mi?"

"Nineciğim..." dedi. "Ben dedemin İran'daki ailesini de buldum ve annemi seviyorsan böyle bir hakkı olduğunu düşün, ayrıca bu sır onu hasta etmesin diye bunu söylemek istiyorum, dedemin ve annemin onurlandırılmasını istiyorum. Bu saatten sonra oturup da hayatını değiştirmeyeceğini biliyorsun, böyle bir hakkı var, kendini annemin yerine koy, böyle bir sırla yaşamak ister miydin? Zaten sorumluluk bende, dediğim gibi, sen söylemesen de ben söyleyeceğim ve bunu senin de ağzından duyması çok kıymetli."

Nuriye Hanım cebinden çıkardığı işlemeli mendil ile gözyaşlarını sildi. "Peki oğlum, sen bilirsin, aslında ben defalarca söylemek istedim, ablam izin vermedi, bana yeminler ettirdi, bu sır seninle mezara girecek diye. Ama artık buralara kadar gelmiş iş, aslında Saadet'e her baktığımda gözlerim dolardı çünkü onun bu sırrı bilmeye hakkı vardı. Dediğin doğru, hayatını belki değiştirmeyecek ama onun hakkını elinden almış gibi hissediyorum ben de. Ne yapmamı istiyorsan söyle yapayım."

Demir ayağa kalktı, Nuriye Hanım'a sarıldı. "Canım ninem" dedi. "Güzel kalpli ninem, bugün akşam gelip seni alacağım, bizim evde annem, babam, Rana, sen, ben hep beraber yemek yiyeceğiz ve ben oradan bu konuyu anlatacağım. Sen de bildiklerini anlat lütfen, annem belki başta bir şok geçirecek, belki inanmayacak ama senin de anlatman, bana yardımcı olman bu anlamda çok kıymetli."

Akşam saat yedi gibi gelip onu alacağını söyleyerek Nuriye Hanım'ın yanından ayrıldı, akşama kadar yapacak işi yoktu. Etrafta dolaşmak, Antakya sokaklarında gezmek iyi geliyordu, o gün akşama kadar eve girmedi, zaten akşam yedi buçuk gibi herkes evde olacaktı, sözleşmişlerdi. Arkadaşlarını ziyaret edip çocukluk arkadaşlarından Antakya'da kalanlarla görüştü, çaylarını içti sohbet etti. Akşam yedi gibi Nuriye Hanım'ın evinin kapısının önüne gitti. Nuriye Hanım'ın evi ile Saadet'in evi arası iki yüz metreydi. Saadet sık sık ziyaretine giderdi, bazen de Nuriye

Hanım yaptığı böreklerden, poğaçalardan, kurabiyelerden sırtına yüklenip Saadet'e getirirdi, fakat hiçbir zaman böyle özel bir akşam yemeğine gelmemişti.

Demir, Nuriye Hanım'ı koluna takıp yürüye yürüye eve getirdi, kapıyı çaldığında Rana açmıştı kapıyı, Demir'in yanında Nuriye Hanım'ı görünce elini öptü ama Demir'e de şaşkın şaşkın baktı. "Nuriye ninenin burada ne işi var?" der gibi baktı. Demir sadece gülümsedi. "Evin önünden geçerken uğradım, bize getirdim, çok özlemiştim, beraber yemek yeriz diye düşündüm."

Bir gün önce Demir özel bir aile sırrını açacağını söylemişti, Saadet de Nuriye teyzesinin elini öperken şaşkın şaşkın bakıyordu. "Madem özel bir sırrımız var, teyzemi niye getirdi bu çocuk?" diye düşündü. Demir ellerini annesinin omzuna koyarak, "Bugün akşam anlatacağım konu Nuriye nineyi de ilgilendiriyor" diyerek Saadet'in şaşkınlığını daha da artırdı. Bir süre ailece sohbet ettiler, havadan sudan konuştular, Rana çalıştığı yerle ilgili sohbet ediyordu, Nuriye Hanım da arada Arapça birkaç kelime ediyordu. Saadet sadece izliyordu, çok şaşkındı, belli ki bu sır onu ilgilendiriyordu. Kerim huzursuz ve sinirli duruyordu. Hep beraber yemeğe oturdular, sofrada biraz sessizlik hâkimdi ve Demir artık konuyu açma zamanı geldiğini fark etti. Kerim nedense huzursuz duruyordu, kendisini ilgilendiren çok önemli bir konu olmamasına rağmen kendi kendine huzursuz olup duruyordu, kendisiyle ilgili olma ihtimali vardı bu sırrın.

Demir sandalyesini Saadet'in yanına çekti, eliyle omzunu sardı, biraz sonra duyacaklarından dolayı yaşayacağı sarsıntıyı azaltabilmek için elini sırtına, omurgasının başladığı yere, boyun kısmına koydu. "Anneciğim..." dedi. "Bu sır seninle ilgili, hayatında belki de duyacağın en şaşırtıcı olay olabilir, lütfen hazırlıklı ol ama kötü bir şey değil, bunu söyleyebilirim. Biraz sonra duyacakların yüzünden biraz sarsılabilirsin fakat hayatında bir şey değişmesi gerekmiyor." Saadet Demir'e şaşkın şaşkın, "Oğlum söyle artık, çatlatma beni, neler oluyor?" dedi. Rana ve Kerim de şaşkınlıkla Demir'e bakıyordu, Nuriye nine ise önüne bakıyordu.

"Anneciğim..." dedi. "Lütfiye ninemin senden başka çocuğu yok değil mi?"

"Evet" dedi Saadet.

"Çünkü..." dedi Demir. "Çocuğu olmuyordu."

"Evet, bunu da duymuştum" dedi.

Demir, Saadet'e bakarak, "Ama çocuğu hiç olmadı zaten" dedi. Saadet şaşkın şaşkın baktı. "İyi de ben varım" dedi.

"Hayır anneciğim, sen Yusuf ile Lütfiye'nin çocuğu değilsin, bu yüzden Nuriye nineyi çağırdım, zaman içinde ben bir şekilde bu gerçeğe ulaştım ve herkes senden bunu sır gibi saklamış."

Saadet gülmeye başladı. "Olur mu canım, bir sürü çocukluk fotoğrafımız var, ben çocukluğumu hatırlıyorum" derken etraftan yardım ister gibi Kerim'e ve Nuriye Hanım'a bakıyordu. Kerim zaten olayı yeni duyduğu için o da şaşkındı ama Nuriye Hanım'ın hiçbir şey demeden yere bakmasına şaşırıyordu. Arapça hemen ona "Teyzeciğim ne diyor Demir?" dediğinde Nuriye Hanım başını kaldırdı, "Doğru söylüyor" dedi.

Bir çığlık attı Saadet:

"Nasıl yani?"

"Kızım, doğru söylüyor Demir, ablamın hiç çocuğu olmamıştı ve eniştemle birlikte İskenderun'dan buraya geldiklerinde seni evlatlık olarak aldılar, sen yeni doğmuştun" diyebildi Nuriye Hanım.

"Siz benimle dalga mı geçiyorsunuz?" diyerek önündeki tabağı fırlattı. "Bu kadar yıl bana nasıl söylemezsiniz, bu kadar basit mi her şey?" diye bağırıyordu. Kerim ve Demir, Saadet'in kollarına girdi, bir ağlama krizi başladı. "Kâbus mu görüyorum, neler oluyor, teyze bana ne olduğunu hemen anlatır mısın?" diye bağırmaya başladı Saadet.

Demir ona önce bir bardak su içirdi, sırtını sıvazlayarak sakinleştirdi:

"Anneciğim, bunu bilmen hayatında bir şey değiştirmeyecek belki de, Nuriye ninenin bir suçu yok çünkü Lütfiye nine ona yemin ettirmiş ve baban İhsan Ağa da yemin ettirmiş, o defalarca söylemek istemiş engellemişler, önce bir sakinleş, bir otur, derin bir nefes al."

Yüzünü kolonyayla ovalayıp nefesinin düzene girmesini bekledi. Bu arada Rana da Demir'e şaşkın şaşkın bakıyordu, Kerim de karman çorman olmuştu. Nuriye Hanım Saadet'e döndü, hikâyeyi anlatmaya başladı:

"Buralara İran'dan gelen Hızır isimli bir şifacı vardı, o dönemlerde Şeyh Hasan'ın yeğeni ile evlenmişti ve annenin çocuğu olmuyordu. Annen çocuk sahibi olmak için Şeyh Hasan'a ve Hızır'a şifa için yardım almaya gidiyordu ama bir türlü çocukları olmuyordu. O dönemde Hızır, Şeyh Hasan'ın yeğeni ile yeni evlenmişti, sonra Hızır İran'a döndü fakat ondan bir daha haber alınamadı. Orada idam edildiğini öğrendik, hemen arkasından karısı intihar etti, bu çocuk yani sen üç aylık bir bebekken öksüz kalmıştın. Sana Hasan ve eşi bakıyordu, annen seni gördüğünde seni yanına almak istedi, başka çaresi olmadığı için Hasan ve eşi kabul etti. Ben defalarca ona büyüdüğü zaman bu sırrı söyleyelim desem de kabul etmedi, gideceğinden korktu, onlardan vazgeçeceğinden korktu, çünkü seni o kadar çok seviyorlardı ki hayatlarını senin için yaşadılar diyebilirim."

Saadet'in öfkeli hali geçmiş, hüngür hüngür ağlamaya başlamıştı.

"Neden beklediniz peki, neden bu kadar beklediniz? Belki bir şey değişmeyecekti ama bu hakkımı nasıl elimden alırsınız? Ben annemin babamın kim olduğunu bilmeyerek mi geçirdim ömrümü?"

Demir biraz ağlaması için etraftakilere onu kendi haline bırakmaları için el işareti yaptı, içindekileri tamamen dökene kadar bekledi ve söze girdi:

"Anneciğim, bu kadar beklememizin bir sebebi var çünkü bu işin içine ben de karıştım."

Saadet başını Demir'e çevirdi, bu durumun Demir'le alakasını kuramamıştı.

"Benim bu işlerle uğraşmam, hapse girmem, İran'a gitmem gelmem hep bu yüzden" diyerek Demir hayatındaki yaşadıklarını anlatmaya başladı. Hızır'ın İran'da doktor olsa da aslında özel yetenekleri olan bir şifacı olduğunu, küçükken hasta insanlarda gördüğü ışıkların dedesinden gelen bir yetenek olduğunu, yıllar sonra Şeyh Hasan'la buluştuğunda türbeyi yemyeşil parlak olarak gördüğünü ve bunu sadece Yusuf'un öğrencilerinin görebildiğini, dedesinin de gördüğünü anlattı. Dedesinin bütün yeteneklerini aldığını, bu yüzden bu yola girdiğini anlattı.

"Ben tıp fakültesinden boşuna vazgeçmedim, benim yakamı bırakmayan bilgilerim, yeteneklerim beni buraya getirdi ve sağ olsun Şeyh Hasan sayesinde en son bu bilgiyi almış oldum. Sonra dedemin izini sürmeye başladım, çok trajik bir hayatı olmuş babanın, annenle zaten çok kısa bir süre yaşamışlar ve annen sana hamile kalmış. İran'a gidip ilk iş olarak dedemin mezarını ve evini buldum, sağ olsun Semih yıllar önce Şeyh Hasan'la birlikte onun bu maceralarına ortak olmuş, idam edilmeden önceki dönemde onu kurtarmak için çok uğraşmışlar. Dedemin hayatı pahasına toparladığı bilgileri saklayıp bana aktardılar. Semih'le birlikte Tebriz'de dedemin evini restore ettik, oturulabilir hale getirdik. Son bir işimiz kaldı; annenin buradaki mezarını da babanın yanına, oraya taşımak istiyorum çünkü baban oraya ait ve evinin arkasındaki çok sevdiği ceviz ağacının altında yatıyor. Bu sırrı öğrenmiş olmak belki seni başta üzecek ama dedemin bana bıraktığı belgelerde yazdığı bir cümle beni anlatmaya zorladı: 'Sırlarımız kadar hastayız.' Senin hasta olmanı istemediğim için bunu sana anlattım, en çok bu sebep bu sırrı sana açıklamaya itti beni. İznin olursa annenin mezarını da buradan alıp İran'a götürmek istiyoruz."

Saadet yorum yapacak durumda değildi, şok üstüne şok geçiriyordu; Demir'in ağzından çıkan her bilgi onda ayrı bir travma oluşturuyordu. Daha babasının durumuna alışmadan, yaşadığı şehirde hiç görmediği annesinin de bir mezarı olduğunu öğrenmişti. Bunları sindirmek çok kolay değildi. Demir tekrar söze girdi:

"Başlarda dedemin mezarını buraya getirmeyi düşündüm ama yaşlı annesi kendi çabasıyla kimsesizler mezarlığından oğlunun cenazesini alıp evin arkasına gömmüş, daha sonra annesini de yanına gömmüşler. Buraya saygısızlık edemezdim ve onu yerinden kıpırdatmamız gerektiğini düşündüm, iznin olursa Rahime Hanım'ın mezarını oraya götürelim."

Saadet gözlerini açtı, ağlayarak, "Annemin adı Rahime miymiş?" dedi. Demir başıyla onayladı. "Ah be oğlum!" dedi. "Keşke bana bu sırlardan bahsetseydin gitmeden önce, bu hakkımı verseydin, şimdi ben sana kızayım mı sana öfkeleneyim mi ne yapayım?" diyerek biraz normal hayata dönmeye başlamıştı.

"İstersen öncelikle annenin mezarını ziyaret edelim yarın, hem biraz onların hikâyesini Şeyh Hasan'dan duyarsın" dedi Demir.

Başını kaldırdı, "Şeyh Hasan bu yüzden mi benimle bu kadar ilgiliydi? Yıllarca bana evladı gibi davrandı, her geldiğinde uzun uzun sohbet ederdi" dedi.

Demir gülümsedi, "Evet anneciğim" dedi. "Çünkü sen ona emanet gibiydin, senin hayatını hep gözetti, evliliğini, yaşantını, mutluluğunu, her şeyini gözetti ve yarın istersen onun da elini öpmeye gideriz, hep beraber annenin mezarına gideriz. İşin gerçeği şu ki resmi olarak buradaki ve İran'daki bütün işlemleri tamamladık, izinleri aldık, sadece senin onayın gerekiyor. Sen de onay verirsen bu işlemi yapacağız ama istersen hemen karar verme, önce bir annenin mezarını ziyaret etmeye gidelim."

Saadet ayağa kalktı. "Biraz yalnız kalmak istiyorum" dedi ve salonun çekmecesindeki fotoğraf albümlerini eline alarak odasına doğru yürümeye başladı.

"Tamam anneciğim..." dedi Demir. "Acelemiz yok, istediğimiz kadar bekleriz ve bütün kararlarına hepimizin saygı duyacağına emin ol" diyerek yanağına bir öpücük kondurdu. Salonda dört kişi kalmışlardı ve Demir dedesinin yaşadıklarını, maceralarını, bilgilerini, her şeyi salonda babasına, Rana'ya ve Nuriye Hanım'a anlattı.

Saadet gece boyunca odada yalnız kaldı, Nuriye Hanım da o gece onlarla birlikte kaldı. Demir uyandığında Saadet balkonda kahvesini içiyordu, ev halkı henüz uyanmamıştı. Demir Saadet'e sarılarak "Günaydın" dedi. Saadet Demir'in alnına bir öpücük kondurdu. "Günaydın. Bir an önce annemin mezarına gidelim, bütün gece uyuyamadım."

Demir hiçbir şey sormadan ev halkını uyandırdı. Saadet bir kabule geçmişti. Hızla hazırlanıp evden çıkarken Demir Semih'i aradı, hep beraber mezarlıkta buluşmak üzere sözleştiler. Mezarlığa girdiklerinde kapıda onları Semih karşıladı. Saadet hiç konuşmuyor, sadece etraftaki mezarlara bakıyordu. Biraz ileride Şeyh Hasan ve eşi bir mezarın başında onu bekliyordu. Saadet hızlı adımlarla o mezarın yanına gitti, diz çöktü. "Rahime Sultani" yazıyordu mezarın başında. Toprağına kapandı, uzun uzun ağladı, dertleşti, dua etti. Artık tamamen kabule geçmiş, gerçek annesiyle ilk defa yan yana gelmişti. Bir süre sonra Demir ve Şeyh Hasan yanına gelip diz çöktü. Şeyh Hasan elini Saadet'in omzuna koyarak, "Ben ömür boyu seni evladım gibi gözettim, bizi affet, bu sırrı söylememe izin vermediler. Sen bana yeğenimin emanetiydin" dedi.

Saadet dönüp şeyhin ellerini öptü. "Ben sana kızgın değilim, sadece şaşırdım, hiçbirinize kırgın değilim" diyerek ona sarıldı. Saadet'in doğduğu günden beri içinde taşıdığı huzursuzluğun aslında bu sır olduğunu bir tek Demir anlayabiliyordu. Saadet'in değişiminin başladığı an başlamıştı çünkü yükünü atıyordu. Rahime'nin mezarının hemen yanında "Saadet Özkaya" isimli bir mezar vardı. "Bu kimin mezarı?" diye sordu Saadet.

"O senin anneannen, annen bu yüzden senin adını Saadet koymuştu" diye cevapladı şeyh. Ellerini açıp onun için de dua etti, sanki mezar taşları hayatında eksik taşlar gibiydi. İçini gittikçe bir huzur kaplıyordu, Rana ve Kerim bir film izler gibi gelişmeleri izliyordu. Mezarlıkta saatlerce kaldılar, bir süre Saadet annesinin mezarında tek başına kaldı, onunla vedalaştı.

Mezarlık çıkışında Saadet Demir'e "Annemi babamın yanına götürelim, yapayalnız bir hayat yaşamış, hayatında mutluluğu babamla tatmış madem" diyerek nakledilmesi için onay verdi. Nakil işlemleri için Demir ve Semih cenazeyi alarak önden Tebriz'e gittiler, ceviz ağacının altına büyük bir mezar inşa ettiler. Bir haftalık düzenlemeden sonra Demir Antakya'yı arayarak yola çıkabileceklerini, her şeyin hazır olduğunu söyledi.

Şeyh Hasan ve eşi, Rana, Kerim ve Saadet hep beraber yola çıktılar. Tebriz'e vardıklarında onları Semih ve Demir karşıladı, doğruca Davut'un evine götürdüler. Öncelikle babasının, annesinin ve anneannesinin mezarlarını ziyaret etti Saadet. Demir mezar taşlarına Saadet'in annesinin ve babasının tek fotoğrafını koymuştu, mezar taşına şu yazıyı yazdırmıştı:

"Gerçekten biz ölüleri diriltiriz, onların önceden yapıp gönderdiklerini ve bıraktıkları eserlerini yazarız. Zaten biz her şeyi açık bir kütükte, Levh-i Mahfuz'da sayıp tespit etmişizdir."

Saadet saatlerce fotoğraflara sarılarak ağladı. Küçüklüğünden beri kendini kaybolmuş ve kandırılmış hissederdi, hayatında herkesin ona yalan söylediğini düşünürdü, içine ilk defa huzur dolmuştu. Sonra eve geçtiler, aslına uygun olarak yapılmıştı ev, yaşanacak hale getirilmişti. Saadet bir çocuk gibi merakla evin her tarafını gezdi, her ayrıntıya tek tek bakıyordu. "Anneciğim sana bir sürprizim var" dedi Demir. Onu elinden tutup Davut'un odasına götürdü, masasında bir kitap duruyordu.

Levh-i Mahfuz isimli bir kitap, kitabın kapağında babasının fotoğrafı. Yazan kısmında "Ebu Saadet Sultani" yazıyordu. Demir İran'da geçirdiği süre içinde ülkenin en büyük yayınevine kitabı bastırmıştı. Bir anda en çok satan kitap olmuştu İran'da. Antakya'da insanlar Arap kültüründe en büyük çocuklarının ismiyle anılırdı, yani dedesinin bu kültüre göre ismi Ebu Saadet'ti. Bu yüzden yazarın ismini bu şekilde yazmıştı.